remoni

(Regensburger Montessori Institut)
Albertstraße 1 · 93047 Regensburg
Tel: 0941 / 600924-80 · Fax 0941 / 600924-89
www.remoni.de · info@remoni.de

Georg-Simon-Ohm Fachhochschule
Fachbereich Sozialwesen
Bogenstr. 31
90419 Nürnberg

Mit kollegialen Grüßen

Sozialpsychologie

Soziale Einstellungen, Vorurteile, Einstellungsänderungen

Von

Prof. Peter O. Güttler ´

Zweite, überarbeitete und erweiterte Auflage

R. Oldenbourg Verlag München Wien

Die Deutsche Bibliothek - CIP-Einheitsaufnahme

Güttler, Peter O.:
Sozialpsychologie : soziale Einstellungen, Vorurteile,
Einstellungsänderungen / Peter O. Güttler. - 2., überarb. und
erw. Aufl. - München ; Wien : Oldenbourg, 1996
  ISBN 3-486-23909-0

© 1996 R. Oldenbourg Verlag GmbH, München

Gesamtherstellung: R. Oldenbourg Graphische Betriebe GmbH, München

ISBN 3-486-23909-0

Inhalt

Vorwort

Die ausgewählten Inhalte dieses Buches beziehen sich auf zentrale, empirisch abgesicherte und bewährte Ansätze zur Einstellungs- und Vorurteilsforschung, eines der Schwerpunktthemen der Sozialpsychologie. Für alle, die mitten in der Sozialen Arbeit stehen oder dies anstreben, ist es unabdingbar, fundierte Kenntnisse über soziale Einstellungen, Vorurteile und deren Änderung zu besitzen. Der zunehmende Trend zu einer multinationalen Gesellschaft, die massiven Ausschreitungen in jüngster Zeit gegen ausländische MitbürgerInnen und die beunruhigenden sozialen Diskriminierungen von Mitmenschen erfordern es außerdem, über die grundlegenden sozialen Prozesse, wie wir miteinander umgehen, Bescheid zu wissen. Prozesse der Wahrnehmung und Beurteilung von Menschen, die Verarbeitung von Informationen über andere, Wege der Selbstwerterhöhung oder Formen der Selbstdarstellung sind zu reflektieren und zu hinterfragen, wenn wir neue Beziehungsmuster des kollektiven Miteinander und nicht des Gegeneinander entwickeln und (er)leben wollen.

Teil I vermittelt die Grundlagen für eine empirisch und kognitiv ausgerichtete Sozialpsychologie. Dieser Abschnitt bezweckt insbesondere einen Bezugsrahmen zu erstellen, in den die Inhalte von Teil II und Teil III eingeordnet werden können. Auch soll typisch sozialpsychologisches Denken und die Theorienbildung angesprochen werden.
Teil II konzentriert sich auf sozialpsychologische Ansätze zur Einstellungsforschung, die zum einen vom Individuum ausgehen und zum anderen vom Individuum als Mitglied sozialer Gruppen. Ferner werden der Zusammenhang zwischen Einstellungen und Verhalten problematisiert und neuere Modelle vorgestellt.
In **Teil III** geht es um die Modifikationen von Einstellungen. Im Mittelpunkt stehen dabei das relativ neue und weitgehend unbekannte Modell zweier amerikanischer Sozialpsychologen - Petty & Cacioppo. Auch von der 40 Jahre jungen und altbewährten kognitiven Dissonanztheorie von Leon Festinger wird die Rede sein. Ebenso wird das Konzept der Reaktanz von Brehm - ein Widerstandsmotiv zur Herstellung eingeschränkter persönlicher Handlungsfreiheit - abgehandelt.

Die einzelnen Kapitel sind auf das Wesentliche ausgerichtet, das didaktisch in Boxes zusammengefaßt und hervorgehoben ist. Experimente, die in der Fachwelt Aufsehen erregten, werden ausführlich geschildert und sollen theoretisch-abstrakte Formulierungen veranschaulichen und konkretisieren. Ähnliches gilt für die zahlreichen Graphiken und Abbildungen. Im Anhang befindet sich darüber hinaus ein umfangreiches **Glossar**, das Fachbegriffe und Fremdwörter kurz und bündig erläutert. Gelegentlich werden am Ende der einzelnen Abschnitte Aufgaben gestellt, zu deren Durchführung Sie sich persönlich verpflichten sollten.

In den Lehrveranstaltungen gelang es mir oftmals, StudentInnen von sozialpsychologischen Thematiken persönlich betroffen zu machen. Ihrem Interesse und ihrer Diskussionsfreudigkeit ist es vorallem zuzuschreiben, daß dieses Lehrbuch im Laufe der Zeit immer mehr Gestalt annahm. Besonders herzlich gedankt sei Frau Bärbel Häckel, die es verstand als Tutorin sozialpsychologische Fragestellungen an die ZuhörerInnen rüberzubringen. Ihrer kritischen Durchsicht des Manuskripts, den vielen wertvollen Hinweisen, Anregungen und Diskussionen ist es auch zu verdanken, daß dieses Buch für StudentInnen lesbarer und verständlicher wurde.

Peter O. Güttler

Vorbemerkung

Stellen Sie sich einen beliebigen Kreis vor. Wenn Sie diesen **interpunktieren** - auf dem Kreisbogen irgendwo einen Punkt setzen - wird das Muster strukturiert und Sie erhalten einen Anfangs- und zugleich einen Endpunkt. Ob Sie nun von diesem Punkt aus im oder gegen den Uhrzeigersinn den Verlauf des Kreises verfolgen, Sie kehren immer wieder zum Start/Endpunkt zurück. Der Anfang ist das Ende und das Ende ist der Anfang. Beide sind rekursiv, zirkulär miteinander verbunden.

Führen wir eine zweite Interpunktion durch, bekommen wir 2 Punkte - sie seien mit A, B bezeichnet. Durchlaufen wir den Kreis nun mehrmals von A aus, dann ergibt dies folgende Sukzession: Auf A folgt B, daraufhin A, dann wieder B usw.. Linearisiert dargestellt: $A \to B \to A \to B \to$ ... Möglich ist aber auch, die Abfolge von B aus zu starten, was dann natürlich zur Reihenfolge $B \to A \to B \to A \to B \to$ ... führt. A wie B sind jeweils ante- und postzedent. Durch eine rekursive Schreibweise $A \leftrightarrow B$ werden beide partiellen Sichtweisen vereinigt. Die zirkuläre Sicht ist mehr als nur die Summe der beiden linearen Abfolgen $A \to B$ bzw. $B \to A$.

Diese auf den ersten Blick triviale Betrachtungsweise verliert ihre Banalität, wenn wir uns einem typischen Beispiel eines zirkulären Ablaufes einer sozialen Interaktion wie dem Streit zwischen zwei Personen A und B zuwenden. Oftmals eskaliert der Streit in Abhängigkeit von der jeweiligen Interpunktion der beiden Streitenden:

Person A: "Ich reagiere so, weil du (B) ....." Daraufhin B: "Nein, du (A) bist ......" Person A: "Das stimmt nicht, du (B) hast ..." usw.

Die unterschiedliche Interpunktion dieses Kommunikationsablaufes (vgl. WATZLAWICK et. al., 1971) führt zwangsläufig zu repetierenden Verhaltenssequenzen. Gegenseitige Beschuldigungen und Schuldzuweisungen der Partner halten diesen interaktiven Kreisprozeß aufrecht und hindern an der Lösung dieses Interaktionskonfliktes. Übrigens stellt der Beginn der Streitsequenz mit Person A eine Interpunktion des Autors dar. Person B hätte genauso als erste angeführt werden können.

Im Alltag neigen wir alle mit Vorliebe dazu, simple, eingleisige Mechanismen der Verursachung zu akzeptieren und insbesondere, wenn die eigene Person tangiert ist, zu konstruieren. Dabei vergessen wir, daß es noch andere Sicht- und Betrachtungsweisen als das unidirektionale Denken im Sinne von Ursache-Wirkung gibt. Lösen wir unsere zwischenmenschlichen Probleme nur durch einseitige Schuldzuweisungen, werden das Vorhandensein komplexer Wechselbeziehungen und was viel wichtiger ist, die Chance zur Übernahme von **Selbstverantwortung** außer acht gelassen.

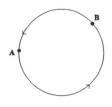

Verantwortung an externe Faktoren oder Umstände, an die Vergangenheit, an andere Personen oder sogar an staatliche Institutionen zu delegieren, schafft uns ein ausgezeichnetes Alibi, eigenverantwortliches Verhalten und Handeln **nicht** übernehmen zu müssen. Immer dann, wenn etwas schief läuft, ist Fremdverantwortung eine willkommene, entlastende, doch meist trügerische Lösungsstrategie zum "Nulltarif".

TEIL I

I.1 Grundlagen zur Sozialpsychologie, Theorie und Experiment.

Wörtlich übersetzt heißt Psychologie die "Lehre von der Seele". Nach der griechischen Seelenauf-
fassung eines ARISTOTELES (384-322 v. Chr.) - sie ist in einer Abhandlung "Über die Seele" (peri
psychès) überliefert - ist die Seele ein gestaltendes Prinzip, eine zielstrebige im Organismus innewohnende, regulierende Kraft, die ihm Form, Wachstum, Fortpflanzung und Ernährung ermöglicht.
Für Aristoteles ist die Psychologie die Wissenschaft vom Leben. Neben dem vegetativ-vitalen
Aspekt der Seele als Entelechie des Körpers konzipiert er eine sensitive (Wahrnehmung, Empfindungen, Begehren) und eine rationale Seele (Denken, Geist, Phantasie). Diese Einteilung ist bis in
die Neuzeit tradiert; insbesondere findet sie sich im psychoanalytischen Schichtmodell (ES-ICH-
ÜBERICH) wieder. Bei der Besprechung des Dreikomponenten-Modells der Einstellung werden wir
ebenfalls einer triadischen Aufgliederung, die sich offenkundig großer Beliebtheit in der Psychologie
erfreut, begegnen.
[< Entelechie > (griech.) eine, dem Organismus innewohnende, zielstrebige Kraft.]

Die Jahrhunderte überspringend sei kurz Wilhelm WUNDT (1832-1920) erwähnt, der 1879 in Leipzig das erste
Institut für experimentelle Psychologie gründete und damit weltweit die Entwicklung des psychologischen
Denkens beeinflußte. Ihm ist insbesondere die naturwissenschaftliche, experimentelle Vorgehensweise in der
Psychologie zu verdanken, die u. a. darauf abzielte, psychische Phänomene zu messen. Es verwundert daher
nicht, wenn C.G. LANGE (1834-1900) die empirische Psychologie Wundt's als eine "**Psychologie ohne Seele**"
bezeichnete (vgl. HEHLMANN, 1967). Somit ist es nur noch eine Frage von Jahrzehnten bis zur gänzlichen
"Entseelung" der Psychologie.

Heutzutage werden in der modernen Psychologie die Begriffe "Seele", "Seelenkräfte", "Seelenver-
mögen", "seelischeVorgänge" kaum noch verwendet. Demzufolge ist die Psychologie keine Wissenschaft der Seele mehr, sondern nach ZIMBARDO, RUCH (1978, S. 24) "die Wissenschaft vom
Verhalten der Lebewesen", wobei vorallem äußere Aktivitäten und Prozesse gemeint sind, die
objektiv beurteilt werden können - objektiv im Sinne von intersubjektiver Übereinstimmung. Damit
soll zum Ausdruck kommen, daß das Ergebnis der Beobachtung unabhängig von der beobachtenden
Person ist. Aber auch innere (**internale**) Prozesse wie Denken, Gefühle, Wahrnehmungen ect. sind
Gegenstand der Psychologie. Letztere können als internale Reaktionen bezeichnet werden, die aus
Beobachtungen **externalen Verhaltens** erschlossen werden. Was eine Person tut, wie sie reagiert,
worüber sie spricht, all dies ist "öffentliches" Verhalten (overt behavior) und der unmittelbaren Be-
obachtung durch beliebig viele Personen zugänglich. Ihre Gedanken,Gefühle, Motive, Erwartungen,
Einstellungen usw. jedoch stellen inneres "nicht öffentliches" (covert) Verhalten bzw. subjektive
Sachverhalte dar, die sich gegebenenfalls aus dem äußeren, sichtbaren Verhalten ableiten lassen bzw.
vermutet werden können.

Auf ähnliche Weise definiert und schließt sich LANGFELDT (1993, S. 19), ein Lehrbuchautor
neueren Datums, einer weitverbreiteten Definition der Psychologie als eine "**empirische** Wissenschaft vom **Verhalten und Erleben**" an.

Die **Sozialpsychologie** als eine Teildisziplin der Psychologie befaßt sich wie diese mit der Erklärung und Vorhersage menschlichen Verhaltens. Ihre zentrale Fragestellung besteht darin, zu erforschen, welchen Einfluß die Charakteristika der sozialen Situation auf das Verhalten haben. Ein Sozialpsychologe untersucht menschliches Verhalten im **sozialen Kontext** (vgl. SECORD/BACKMAN, 1976). Etwas anders akzentuiert ist die Position von GERGEN und GERGEN (1986, S. 4): Beide begrenzen das Territorium der Sozialpsychologie, indem sie diese als eine Disziplin betrachten, die dem "systematischen Studium der menschlichen **Interaktion**" gewidmet ist. Kurzum: In der Sozialpsychologie geht es um die wechselseitigen Abhängigkeiten und die Beeinflußbarkeit des Verhaltens, die sich in der Interaktion und Kommunikation zwischen Menschen manifestieren. ARONSON (1994, S. 29), ein prominenter amerikanischer Sozialpsychologe, hebt in seiner Arbeitsdefinition der Sozialpsychologie den Schlüsselbegriff **"sozialer Einfluß"** hervor und bezeichnet damit den "Einfluß, den Menschen auf die Überzeugungen und Verhaltensweisen anderer Menschen ausüben".

Im Gegensatz zur Soziologie - diese untersucht u. a. die Struktur von sozialen Interaktionen, wobei das handelnde Individuum weitgehend ausgeblendet wird - ist die (traditionelle) Sozialpsychologie vorwiegend **individualistisch** orientiert: Im Mittelpunkt der Betrachtungen steht das Individuum mit seinen Meinungen, Einstellungen, Vorurteilen, Motiven usw., die als "Ursachen" der Geordnetheit zwischenmenschlicher Interaktionen gesehen werden. Die relativ bevorzugte Richtung dabei ist, wie wird das äußere wie innere Verhalten eines Individuums durch die Gegenwart anderer beeinflußt. TAJFEL (1919-1982), einem englischen Sozialpsychologen, gelang es, diese einseitige Zentrierung auf das Individuum zu überwinden und die Sozialpsychologie zu "sozialisieren", d. h. sie auf ihren genuinen Gegenstandsbereich zurückzuführen und sie zu einer "sozialen Sozialpsychologie" umzugestalten. Seinem Gedankengut wird in einem besonderen Abschnitt Aufmerksamkeit gewidmet.

Die grundlegenden **Ziele** und **Aufgaben** einer empirischen Psychologie bzw. Sozialpsychologie, über die unter Fachleuten durchwegs Einigkeit besteht, sind in untenstehender Box stichpunktartig aufgelistet und informieren indirekt darüber, was (Sozial)Psychologen tun:

❑ Verhalten und Erleben **beschreiben**; d. h. beobachten, messen, quantifizieren, operationalisieren

❑ **erklären**, d. h. wissenschaftliche Verallgemeinerungen erstellen. Fragen nach dem Warum, den Bedingungen und Ursachen für Verhalten und Erleben; Theorienbildung (siehe dazu u. a. den Abschnitt laienhafte Erklärungen; Attributionspsychologie)

❑ **vorhersagen** bzw. Prognosen über zukünftiges Verhalten/Erleben erstellen

❑ **verändern** (beeinflussen, modifizieren, kontrollieren, therapieren, intervenieren). Verändern im Sinne von **Korrektur** (Rehabilitation, heilpädagogische Arbeit z. B.), **Förderung** bzw. Optimierung (Erziehung, Unterricht, Ausbildung, Training) und **Prävention** (z. B. psychohygienische Maßnahmen, Erlernen von Mechanismen zur Stressbewältigung u. dgl.)

❑ **bewerten**, z. B. nach Angemessenheit, Normalität des Verhaltens; siehe jemand ist "verhaltensgestört", "kriminell", "pathologisch", "hysterisch", "verrückt", "asozial" ect.

Der Geltungsbereich dieser 5 Ziele beschränkt sich nicht nur auf wissenschaftliche Psychologien und Theorien. Er kann ohne weiteres auch auf **alltagstheoretisches Wissen** bzw. **"naive" Theorien** (siehe weiter unten) erweitert werden. Tagtäglich investieren wir viel Zeit in die Interaktion mit anderen, beeinflussen wir unsere Mitmenschen und werden von diesen beeinflußt. Eine Vielzahl an Erfahrungsdaten überflutet uns und stellt uns vor die Aufgabe, sich in einer immer komplexer werdenden Welt zurechtzufinden. Dabei benehmen wir uns wie "Laienpsychologen", d. h. wir konstruieren mehr oder weniger bewährte (Alltags)Theorien, erklären und bewerten eigenes wie fremdes Verhalten, wagen Vorhersagen über zukünftige Verhaltensereignisse und bedienen uns effizienter Interventionen, die in unserem erlernten Verhaltensrepertoire zur Verfügung stehen - alles Aktivitäten, die auch ein Fachpsychologe vollzieht.

Die folgende kleine Geschichte (entnommen aus FRIES et. al., 1993, S. 171 f.), die sich zur Zeit Laotses in China zutrug, und die Laotse sehr liebte, möge die allzu menschliche Tendenz, **Verhalten zu beurteilen und zu bewerten**, verdeutlichen:

"Ein alter Mann lebte in einem Dorf, sehr arm, aber selbst Könige waren neidisch auf ihn, denn er besaß ein wunderschönes weißes Pferd. Könige boten phantastische Summen für das Pferd, aber der Mann sagte dann: "Dieses Pferd ist für mich kein Pferd, sondern ein Mensch. Und wie könnte man einen Menschen, einen Freund verkaufen?". Der Mann war arm, aber sein Pferd verkaufte er nie.

Eines Morgens fand er sein Pferd nicht im Stall. Das ganze Dorf versammelte sich, und die Leute sagten: "Du dummer alter Mann! Wir haben immer gewußt, daß das Pferd eines Tages gestohlen würde. Es wäre besser gewesen, es zu verkaufen. Welch ein Unglück!".

Der alte Mann sagte: "Geht nicht soweit das zu sagen. Sagt einfach: Das Pferd ist nicht im Stall. Soviel ist Tatsache; ob es ein Unglück ist oder ein Segen, weiß ich nicht, weil dies ja nur ein Bruchstück ist. Wer weiß, was darauf folgen wird?".

Die Leute lachten den Alten aus. Sie hatten schon immer gewußt, daß er ein bißchen verrückt war. Aber nach fünfzehn Tagen kehrte eines Abends das Pferd plötzlich zurück. Es war nicht gestohlen worden, sondern in die Wildnis ausgebrochen. Und nicht nur das, es brachte auch noch ein Dutzend wilder Pferde mit.

Wieder versammelten sich die Leute und sagten: "Alter Mann, du hattest recht. Es war kein Unglück, es hat sich tatsächlich als ein Segen erwiesen."

Der Alte entgegnete: "Wieder geht ihr zu weit. Sagt einfach: Das Pferd ist zurück... wer weiß, ob das ein Segen ist oder nicht? Es ist nur ein Bruchstück, Ihr lest nur ein einziges Wort in einem Satz - wie könnt Ihr das ganze Buch beurteilen?" Dieses Mal wußten die Leute nicht viel einzuwenden, aber innerlich wußten sie, daß der Alte unrecht hatte. Zwölf herrliche Pferde waren gekommen...

Der alte Mann hatte einen einzigen Sohn, der begann die Wildpferde zu trainieren. Schon eine Woche später fiel er vom Pferd und brach sich die Beine. Wieder versammelten sich die Leute und wieder urteilten sie. Sie sagten: "Wieder hattest du recht! Es war ein Unglück. Dein einziger Sohn kann jetzt seine Beine nicht mehr gebrauchen, und er war die einzige Stütze deines Alters. Jetzt bist du ärmer als je zuvor."

Der Alte antwortete: "Ihr seid besessen von Urteilen. Geht nicht zu weit. Sagt nur, daß mein Sohn sich die Beine gebrochen hat. Niemand weiß, ob dies ein Unglück oder ein Segen ist. Das Leben kommt in Fragmenten und mehr bekommt Ihr nie zu sehen."

Es ergab sich, daß das Land nach ein paar Wochen einen Krieg begann. Alle jungen Männer des Ortes wurden zwangsweise zum Militär eingezogen. Nur der Sohn des alten Mannes blieb zurück, weil er verkrüppelt war. Der ganze Ort war von Klagen und Wehgeschrei erfüllt, weil dieser Krieg nicht zu gewinnen war und man wußte, daß die meisten der jungen Männer nicht nach Hause zurückkehren würden.

Sie kamen zu dem alten Mann und sagten: Du hattest recht, alter Mann - es hat sich als Segen erwiesen. Dein Sohn ist zwar verkrüppelt, aber immerhin ist er noch bei dir. Unsere Söhne sind für immer fort."

Der alte Mann antwortete wieder: "Ihr hört nicht auf zu urteilen. Sagt nur dies: Daß man Eure Söhne in die Armee eingezogen hat und daß mein Sohn nicht eingezogen wurde. Wer weiß, ob dies ein Segen oder ein Unglück ist?" "

Diese Erzählung lehrt uns u.a., daß eine Fragmentierung des Verhaltensstromes zu inadäquaten Bewertungen führt. Wird Verhalten nur punktuell betrachtet und nicht im Rahmen des gesamten Ereignisstromes, dann kann dies zu fehlgeleiteten Bedeutungszuschreibungen veranlassen. Außerdem wird nahegelegt, daß diese Bedeutungen mehrdeutig sind und die Bedeutung eines Verhaltens nicht das Verhalten ist. Ferner sind Bedeutungen/Bewertungen dem Verhalten nicht immanent, sondern soziale Konstruktionen im Sinne eines sozialen Zuschreibungsprozesses. Verhält sich der alte Mann nicht erwartungsgemäß und zeigt er von den sozialen Definitionen abweichendes Verhalten, wird er etikettiert und als "verrückt" abgestempelt (siehe: "Sie hatten schon immer gewußt, daß er ein bißchen verrückt war"). Diese Geschichte weist auch darauf hin, zwischen der Deskription konkreten Verhaltens und der Evaluation des Verhaltens zu unterscheiden und beide Aspekte auseinanderzuhalten. Die begriffliche Trennung zwischen beobachtbarem Verhalten und den Bedeutungen, der Semantik des Verhaltens, wird im Abschnitt "zirkuläres Denken" (I.5) ausführlich expliziert.

❏ Die Sozialpsychologie ist eine **empirisch-experimentelle Wissenschaft**. In kurzen Worten formuliert besagt dies, daß sie **Theorien** bzw. Gesetzmäßigkeiten über menschliches Verhalten und Erleben entwickelt, daraus **Hypothesen** ableitet und diese einer empirisch zugänglichen Überprüfung unterzieht. Solche wissenschaftlichen Theorien bestehen aus Begriffen, sog. **"Konstrukten"**, Hypothesen über die Beziehungen zwischen diesen Konstrukten und Korrespondenzen zwischen empirischem Befund und Theorie. Konstrukte sind Erfindungen, geistige Gebilde bzw. Wortschöpfungen, die der Forscher als Ergebnis seiner empiriegeleiteten theoretischen Arbeit kreiert. Mit diesen sprachlichen Schöpfungen wird in der Fachsprache die Wirklichkeit beschrieben und erklärt. Beispiele für zentrale, relativ allgemeine theoretische Konstrukte in der Psychologie sind: Wahrnehmung, Denken, Motivation, Intelligenz, Persönlichkeit, Angst, Neurotizismus, Aggressivität usw. Näheres dazu siehe u.a. WELLHÖFER (1988, 1990).

Durch **Operationalisierung** der theoretischen Begriffe wird die Theorie einer empirischen Prüfung zugänglich gemacht. Die anfangs vorläufigen hypothetischen Konstrukte werden durch empirische Verankerung in der beobachtbaren Welt allmählich präzisiert und ihre Bedeutung im Beziehungsnetzwerk empirischer Informationen und Sachverhalte spezifiziert. Darunter versteht man folgendes: Die Begriffe der theoretischen Sprache werden in eine Beobachtungssprache umgeformt. Dies geschieht durch Angabe von beobachtbaren **Meßindikatoren.** Einige Beispiele: Die Temperatur (ein theoretischer Begriff) wird durch Ablesen des Grades in Celsius an einem Thermometer beobachtbar und somit definiert. Die Angst vor Hunden läßt sich operational messen und definieren durch die Angabe in Zentimetern, die eine Person sich getraut, einem ausgewachsenen Schäferhund zu nähern. Für Durst ist z. B. der zeitliche Abstand zur letzten Flüssigkeitsaufnahme oder die getrunkene Flüssigkeitsmenge pro Zeiteinheit einer von vielen möglichen empirischen Indikatoren. Theoretische Begriffe lassen sich durch einen oder mehrere Indikatoren definieren. Diese Indikatoren repräsentieren dann empirisch die nicht beobachtbaren, latenten Variablen (Merkmale). Das hypothetische Konstrukt "Einstellung gegenüber Produkt X" kann beispielsweise über die Statements eines Fragebogens, der Aspekte wie Preis, Qualität, Zufriedenheit mit dem Produkt X usw. erfaßt, operationalisiert werden. Ebenso läßt sich das Konstrukt "Kaufverhalten" durch Verhaltenskonkretisierungen wie Zahl, Regelmäßigkeit der Käufe u.s.f. abdecken und empirisch verankern. Mit statistischen Methoden können dann Zusammenhänge zwischen den direkt beobachtbaren Erfahrungsdaten beider Konstrukte ermittelt werden.

Neben der Entwicklung von Beschreibungssystemen besteht ein weiteres Ziel einer empirischen Wissenschaft darin, regelhafte Beziehungen zwischen diesen empirischen Variablen aufzudecken und befriedigende Erklärungen zu finden. Die Verbindungen von zwei oder mehr beobachteten Variablen werden **Erklärungen 1. Ordnung** genannt. Die Fragen nach dem "Warum, wieso geschieht dies so?" sind **Erklärungen 2. Ordnung** (vgl. LAUCKEN, SCHICK, 1978). "Wenn Herr Y zwei Schoppen Wein getrunken hat, wird er immer redseliger" ist eine Erklärung 1. Ordnung; der zeitlich vorausgehende Sachverhalt (Trinken) ist die Bedingung für die "Redseligkeit", die auf das Trinken folgt. Die Beantwortung der Frage nach dem "Warum" das Trinken die Redseligkeit erhöht, wäre eine Erklärung 2. Ordnung, denn es wird/werden intervenierende Bedingungen des Bedingungszusammenhangs (der "wenn - dann" Äußerung) angegeben und zwischengeschaltet. Solche intervenierende, hypothetische Zwischenbedingungen für das Beispiel "Redseligkeit" wären etwa Angaben über (hirn)physiologische, biochemische Prozesse oder psychische Enthemmungsmechanismen, eine veränderte Wahrnehmung, Kontrollinstanzen u. dgl.

Ferner wird im Rahmen psychologischer Forschungsarbeit die interindividuelle Verhaltens- und Erlebensunterschiedlichkeit **aufgeklärt.** Wir Menschen unterscheiden uns in einer Vielzahl an Merkmalen. Nehmen wir beispielsweise eine Variable aus dem Sportbereich, die Disziplin 100 Meterlauf. In der Laufleistung auf dieser Distanz werden zweifelsohne unterschiedliche Laufzeiten von verschiedenen Personen erzielt. Die Variable Laufzeit in Sekunden dürfte erheblich "interindividuell variieren". Diese **Variabilität** - der Empiriker bezeichnet dies auch als "Varianz" - bedarf ihrer (statistischen) "Aufklärung". Denkbare Konzepte dieser **Varianzaufklärung** wären: Training, körperliche Konstitution, Art des Coaching, Sportbegabung, Alter, Geschlecht, Motivation, Wettkampferfahrung, mentale Befindlichkeit, Beschaffenheit der Laufstrecke, Stärke und Richtung des Windes, um nur einige interpretative Hinweise anzumerken. Diese Aufzählung verdeutlicht zudem, daß situative, organismische, persönlichkeitsspezifische und soziale Indikatoren für die Explikation des jeweiligen Verhaltens in Frage kommen. Diese wirken in der Regel nicht einzeln, sondern gemeinsam und meist in komplexer Wechselwirkung auf das Verhalten und Erleben. Einer derartigen Betrachtungsweise liegt außerdem die Annahme zugrunde, daß schlechte 100 Meter Läufer in ihrer Persönlichkeit u./o.Begabungs- und Motivationsstruktur sowie sozialen Umwelt anders organisiert sind als gute Läufer.

Noch eine kurze Anmerkung zum subjektiven Erleben, zur "Eigenwelt" eines anderen Menschen. Innere Vorgänge einer anderen Person lassen sich ebenfalls erschließen, wenn diese über die Sprache öffentlich so vermittelt und geäußert werden, daß eine objektive und zuverlässige (reliable) Beobachtung möglich ist. Sagt jemand z.B. "die Belastungen meines Jobs machen mir erheblich zu schaffen", dann ist dies eine öffentliche, der Beobachtung zugängliche Äußerung. Ob der Betreffende nun unter Stress, Burn-out (Ausgebranntsein), Frustration, Fähigkeitsmangel ect. leidet, sind vom Beobachter vermutete hypothetische Annahmen, psychologische Konstrukte also, die er aus dieser Verbaläußerung erschließt bzw. dahinter stehend vermutet. Ob diese "Konstruktionen" richtig sind, ist eine andere Frage, die schwer zu entscheiden ist.

Theorien bestehen im allgemeinen aus **Wenn-dann-Aussagen** u./o. **Je-desto-Aussagen.** "Wenn Aggressionen positiv verstärkt werden, dann nimmt ihre Frequenz zu" ist ein theoretischer Satz aus dem experimentell fundierten Theoriegebäude der Lerntheorie SKINNER's (siehe dazu z.B. WELL-

HÖFER, 1990). Die Formulierung "Je höher die Schulbildung, desto größer ist in der Regel das monatliche Durchschnittseinkommen" ist eine hypothetische Aussage, die einen monoton steigenden Zusammenhang zwischen den beiden Variablen Schulabschluß und Einkommen postuliert. Daß das Einkommen nicht nur durch den Schulabschluß bedingt ist, sondern von einer Vielzahl weiterer Merkmale abhängt, leuchtet unmittelbar ein. Daraus ergibt sich, - dies nur nebenbei -, daß perfekte, funktionale Beziehungen, wie sie in der Mathematik üblich sind, bei Merkmalszusammenhängen in den Sozialwissenschaften eher die Ausnahme darstellen. Dennoch lassen sich Assoziationen bzw. Zusammenhänge zwischen Merkmalen durch eine Vielzahl an mathematischen Funktionen (z.B. linear, u-förmig, s-förmig, exponentiell fallend) modellieren und mehr oder weniger gut passend spezifizieren.

Die Aussagen in der Psychologie sind ferner vorwiegend **probabilistisch**, d.h. deren Wahrscheinlichkeit liegt zwischen Null und Eins. Im Gegensatz dazu sind viele Aussagen der Naturwissenschaften **deterministisch**: Sie gelten **immer oder nie**. Die Formulierung "die Wahrscheinlichkeit ist relativ hoch, daß unangemessenes Verhalten durch eine konsequente Nichtbeachtung reduziert wird" wäre ein Beispiel für eine probabilistische Aussage. Dies besagt, daß diese "Gesetzmäßigkeit" nicht immer zutrifft, jedoch ist es sehr wahrscheinlich, daß inadäquates Verhalten gelöscht wird, wenn sämtliche Verstärker entzogen werden.
Ein beliebiger Gegenstand, der aus einem Fenster geworfen wird, fällt wegen der Anziehungskraft der Erde "immer" nach unten. Eine solche Aussage ist deterministisch (siehe Fallgesetz der Physik). Wegen der hohen Quote nicht-deterministischer Hypothesen und Aussagen in den Sozialwissenschaften, kommt übrigens der bei StudentInnen oft wenig beliebten Fachdisziplin Statistik ein so hoher Stellenwert zu.

WissenschaftlicheTheorien erklären das Verhalten und sagen es voraus. Anders gewendet: Über hypothetische Konstrukte werden Erleben und Verhalten einer Person erklärt und Prognosen erstellt und das Eintreffen empirischer Daten vorhergesagt. Letzteres wird als "prognostische Valenz" einer Theorie bezeichnet. Theorien liefern aber auch **Handlungsanweisungen**, d.h. sie bieten dem Anwender einen Rahmen an, innerhalb dessen er sein Verhalten, sein Handeln planen und auch rechtfertigen kann. Eine Theorie kann folglich auch sehr **praktisch** sein. Wenn z.B. Lob seltenes, aber wünschenswertes Verhalten im Sinne der Lerntheorie Skinner's verstärkt, ist die praktische Konsequenz, lobende Anerkennung auf Verhaltensmuster unmittelbar folgen zu lassen. Eine Empfehlung, die Lernpsychologen gerne an ErzieherInnen weitergeben.

Durch die empirische Prüfung einer Theorie (z.B. durch experimentelles Testen daraus abgeleiteter Hypothesen) kann die Theorie aber nicht als **wahr** erwiesen (verifiziert) werden: Bestätigung der empirischen Hypothesen bedeutet nur, daß die Theorie sich bewährt hat und bis auf weiteres beibehalten werden kann. Bei Nichtbestätigung (Falsifikation) einer Hypothese muß die Theorie aber nicht zwangsläufig verworfen werden, denn das der Theorie widersprechende empirische Ergebnis könnte ja durch störende Bedingungen, die versuchstechnisch nicht kontrolliert wurden oder sich zufällig einstellten, oder andere Unwägbarkeiten verursacht worden sein. Eine Theorie wird meistens erst dann verworfen, wenn eine neue Theorie mit größerem empirischen Gehalt entwickelt wurde. Somit sind theoretische Erklärungen ebenfalls nur vorläufig und werden durch die Konstruktion besserer Theorien verbessert.

Abb. 1: Schematische Darstellung einer Theorie (in Anlehnung an LAUCKEN, SCHICK, 1978)

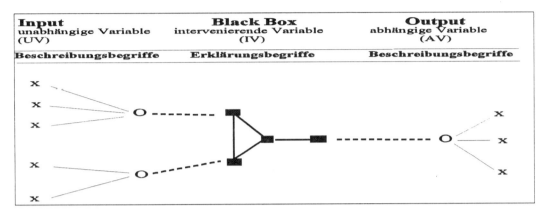

▪ 4 hypothetische, nicht beobachtbare Konstrukte der Black Box des menschlichen Organismus. Die Linien stellen die Abhängigkeitsbeziehungen dar. Diese Konstrukte sind die Zwischenbedingungen bzw. Vermittlungsprozesse, die den beobachteten Zusammenhang zwischen UV und AV bewerkstelligen.

o 2 Erfahrungskonstrukte als Input bzw. unabhängige Variable und 1 Erfahrungskonstrukt als Output (abhängige Variable). Diese Erfahrungskonstrukte sind den hypothetischen Konstrukten zugeordnet. Beispiel: Dem Begriff "**Leistungsfähigkeit**" kann das Erfahrungskonstrukt "**Erfolg haben**" zugeordnet werden, das wegen seiner begrifflichen Unklarheit noch konkreter zu fassen ist.

x Konkreteste Stufe des Beschreibungsniveaus; ein raumzeitlich fixiertes Datum: z. B. Note in der 2. Schulaufgabe des Faches Y im 2. Schulhalbjahr.

Eine Theorie vermittelt zwischen Input und Output, zwischen unabhängigen und abhängigen Merkmalen. Das Gefüge der intervenierenden - in der Black Box vermuteten, angenommenen, gedanklich konstruierten Variablen - ist gleichzusetzen mit der Theorie (siehe Abb. 1). Sie ist empirisch verankert sowohl auf der Bedingungsseite (Input), wie auch auf der Folgeseite (Output). Diese empirische Verankerung erfolgt über deutliche Zuordnungsbeziehungen zwischen Erfahrungs- und Theoriekonstrukt. Vage, unklare Erfahrungsbegriffe lassen sich bis zu einem raumzeitlich fixierten Datum konkretisieren, präzisieren und auf eine klare Anweisung zur Datenerhebung, sprich Operationalisierung, zurückführen.

Je mehr eine Theorie empirisch verankert ist, desto resistenter dürfte sie gegen Anfechtungen jeglicher Art sein. Die Analogie zu einem Freiluftballon sei dazu erlaubt: Je stärker dieser vor dem Start durch Seile und Taue mit dem Erdboden verbunden (verankert) ist, desto weniger können ihm die Unbilden der Winde etwas antun. Ist der Ballon jedoch nur notdürftig verankert, wird er beim ersten Windstoß "bodenlos" und zum Spielball der Winde werden. Mit psychologischen Theorien ist es ähnlich. Sind diese reichhaltig empirisch untermauert, dann dürften sie, so gesehen, bewährungserprobt und widerstandsfähig gegen argumentative Angriffe sein. Aus dem bisher Gesagten geht hervor, daß psychologische Theorien empirisch überprüfbar sein müssen. Um immun gegen Gegenargumentationen zu sein, sollten sie ferner aber auch widerspruchsfrei und logisch kohärent formuliert sein.

Abschließend seien zur besseren Einschätzung einer beliebigen Theorie einige Kriterien aufgeführt:
Eine **Theorie** ist **umso besser,**

> ❐ je mehr Phänomene sie erklärt und voraussagt
> ❐ je präziser ihre Aussagen sind
> ❐ je einfacher sie ist
> ❐ je größer ihre empirische Überprüfbarkeit ist
> ❐ je mehr sie durch empirische Daten bzw. Untersuchungen gestützt wird
> ❐ je größer ihr Anwendungsbereich ist und
> ❐ je praxisrelevanter sie ist.

❐ Unterscheide: A) **Wissenschaftliche Theorien** und B) **Alltagstheorien** oder **"naive" Theorien.**
Letztere beziehen sich auf das Alltagswissen, auf laienhafte Erklärungsmodelle eines Individuums,
auf das "naive" Wissen bzw. die Vorstellungen darüber, wie der Mensch funktioniert. Die Alltagstheorien - jeder von uns verfügt über sie mehr als genug - ermöglichen eine schnelle Orientierung in
einer sich ständig verändernden komplexen Umwelt. Nach LAUCKEN (1974) gestatten uns diese
Alltagskonzepte eine "rasche Lagekodierung und Informationsverarbeitung". Zudem bieten sie dem
Individuum eine "subjektive Orientierungsgewißheit".
Alltagstheorien sind im Gegensatz zu wissenschaftlichen Theorien meist **vage** und **diffus** formuliert
und weisen einen **Mangel an Falsifizierbarkeit und Überprüfbarkeit** auf. Dennoch geben sie dem
Individuum eine subjektive Gewißheit, sich in seiner Umwelt zu orientieren und diese zu strukturieren. Zur Vagheit (d.h. nicht explizit und klar formuliert) vieler Alltagskonzepte kommt hinzu, daß
sie meist **unwiderlegbar** sind und dem Anwender der direkte Zugang nicht bewußt ist. Die Erklärungen, Begründungen, Argumentationen, die wir im Alltag verwenden, bilden ein in sich geschlos-
senes, theoretisches System, ein Gefüge von miteinander verknüpften Erklärungsbegriffen, deren
Beziehungen untereinander allerdings vieldeutig sind. Oft verfügt der Alltagspsychologe über verschiedene voneinander unabhängige naivpsychologische Theorien und Erklärungsmodelle, die er
jedoch nicht expressis verbis als "Theorie" versteht, sodaß es erschwerend ist, seine subjektive Indi-
vidualtheorie unmittelbar zu hinterfragen.
Diese naiven - für den Menschen unentbehrlichen - Theorien erklären nicht nur unserer Verhalten
und das der anderen, sondern sie bieten auch einen verhaltenssteuernden und verhaltensrechtferti-
genden Orientierungsrahmen.
Synonyme Bezeichnungen für Alltagstheorien sind: **Laientheorien, Common-sense-Theorien,**
implizite Persönlichkeitstheorien, Individualtheorien, Privattheorien.

Beispiele: Für den "Alltagstheoretiker" ist "**Lernen**" z.B. das Aneignen von Wissen, das durch einen Vermittler
(z.B. Lehrer) beigebracht wird. Oder: Lernen wird gleichgesetzt mit stetigem Wiederholen ("Büffeln").
Siehe auch alltagstheoretische Erklärungen für **kriminelles** Verhalten, das auf eine "schlechte Kinderstube",
Eltern als Vorbild ("der Apfel fällt nicht weit vom Stamm") oder auf einen Heimaufenthalt in der Kindheit
(lernte dort sich durchzusetzen, die "Ellbogen" zu gebrauchen) zurückgeführt wird. Oder das Alltagsverständnis
für **Abhängigkeit und Suchtverhalten**: Oft zu hören sind dogmatische Erklärungen wie "süchtig werden nur
entsprechend veranlagte Menschen", "Alkoholiker sind willensschwach", "eine Sucht beherrscht den ganzen
Menschen", "Sucht führt immer zu sozialem Abstieg", oder "eine Sucht ist unheilbar, sie bleibt bis zum Lebens-
ende" (vgl. HARTEN, 1991).

Diese Dogmen werden erheblich in Frage gestellt, wenn man sich das von diesem Autor erstellte "Sucht-lexikon" vor Augen führt, das ein heterogenes, historisches Gesamtbild **121fachen süchtigen Verhaltens** liefert, das sich von Abenteuersucht,... Fernsehsucht, Fettsucht über Kaufsucht,... Laufsucht,... Mannsucht,... Prahlsucht, Redesucht,... Saufsucht,... Tanzsucht bis hin zu Zanksucht und schließlich Zweifelsucht erstreckt.

Zwischen Wissenschaftssprache und Alltagssprache bestehen erhebliche Unterschiede. Während die Sprache der Wissenschaft präzise, trennscharf, konkret, logisch eindeutig ist, trifft für die Alltags-sprache eher das Gegenteil zu: Unklarheit, Vagheit, Allgemeinheit und logische Mehrdeutigkeit. Eine Kluft öffnet sich auch bezüglich der Verwertbarkeit: Wissenschaftssprachliche Äußerungen sind oft "praktisch", Alltagsäußerungen meist "wissenschaftlich" unverwertbar (vgl. FISCHER, 1977).

Aufgaben zur Vertiefung:
  a) Wie wird im Gegensatz zur Alltagstheorie in der Lernpsychologie "Lernen" definiert?
  b) Wie erklären Sie sich, daß jemand in einer Notsituation (z.B. Autounfall mit Verletzten) hilft.
     Auf welche "theoretischen" Grundlagen stützt sich Ihr Erklärungsversuch? Gibt es noch ande-
     re Sichtweisen?
  c) Inwieweit treffen die Kriterien einer Theorie auch für sog. "Laientheorien" zu?
  d) Operationalisieren Sie die Begriffe "beruflicher Erfolg", "Aggressivität", "Hilfsbereitschaft",
     "Fleiß", "Aufmerksamkeit" und "Arbeitssucht".

❏ In der Sozialpsychologie ist das **Experiment** die geeignetste und wohl auch die beliebteste Methode zur Überprüfung sozialpsychologischer Theorien und daraus abgeleiteter Hypothesen. Es erlaubt zudem auch **kausale** Hypothesen zu testen, also Schlußfolgerungen über **Ursache - Wirkungs - Zusammenhänge** zu ziehen. Die vorwiegend **empirisch-experimentell** orientierte sozialpsychologische Laborforschung variiert kurz gesagt die Merkmale der sozialen Reizsituation und untersucht die Wirkung dieser Variation auf das Verhalten. Im Gegensatz zur Feldforschung in natürlichen Kontexten liegt in der willkürlichen Kontrolle von Störeinflüssen im Rahmen eines Experi-mentes zwar ein nicht zu unterschätzender Vorteil, der jedoch auch die Gefahr mit sich bringt, daß Laborexperimente die soziale Wirklichkeit unrealistisch widerspiegeln.

Das allgemeine Prinzip des (sozialpsychologischen) Experimentierens läßt sich kurz und bündig auf folgenden Nenner bringen: Verändert sich B (die **abhängige Variable** oder das Kriterium), wenn ich A (die **unabhängige Variable**) verändere? Dabei wird die Variation von A versuchstechnisch kon-trolliert und beobachtet, ob die abhängige Variable B ansteigt, abnimmt oder gleich bleibt, falls beide in Beziehung miteinander stehen. Konkret: Werden Englischvokabeln unter Musikeinfluß besser bzw. schneller gelernt als ohne Musikeinwirkung? Das Lernen von Vokabeln ist hier die abhängige Variable; die zweistufige Bedingung "mit/ohne Musik" repräsentiert die unabhängige Variable, deren Auswirkung auf das Vokabellernen zu beobachten ist. Beide Variable sind natürlich zur Überprüfung des vermuteten Effektes angemessen zu operationalisieren. Unmittelbar einsichtig ist, daß ein der-artiges Experiment nicht an einer einzigen Versuchsperson (Vp), sondern an mehreren Versuchs-personen (Vpn) resp. an einer repräsentativen Stichprobe von Vpn durchgeführt wird.

Ohne zu sehr ins Detail zu gehen, sei das grundlegende, minimale **Design (Versuchsplan)** eines echten Experimentes, das häufig in der Sozialpsychologie Anwendung findet, kurz skizziert:

Abb.2:   Schema eines **Zweigruppen**experimentes.

```
        R Grp1 [ X ]  O1   (EG)
        R Grp2 [ - ]  O2   (KG)

        --------------------------------
                  Zeit
```

R	Randomisierung (Zufallsaufteilung) von n Vpn auf 2 (oder mehr) Gruppen; [engl. < random > Zufall]
EG	Experimentalgruppe
KG	Kontrollgruppe
X	Behandlung (treatment), Manipulation der unabhängigen Variablen (**UV**); KG ist ohne treatment.
O1,2	Beobachtung der abhängigen Variablen (**AV**)

Die **unabhängigen Merkmale (Variablen)** werden vom Versuchsleiter (Experimentator) systematisch variiert bzw. manipuliert. Störende Bedingungen, die eine alternative Erklärung der Beziehung zwischen **unabhängiger** und **abhängiger Variable** ermöglichen, werden in der Regel kontrolliert oder konstant gehalten. Die abhängige Variable (AV) wird "gemessen", um die Effekte der unabhängigen (UV) festzustellen. Wenn O1 nun statistisch signifikant (überzufällig) größer O2 ist - beide Gruppen werden oft anhand ihrer mittleren, d.h. durchschnittlichen Werte verglichen -, dann ist der Unterschied auf X, d.h. auf das spezifische Treatment zurückzuführen. Die Auswertung experimenteller Versuchsanordnungen erfolgt mittels statistischer Methoden und Verfahrensweisen (z.B. BORTZ, 1993; GÜTTLER, 1996; WELLHÖFER, 1984).

Zur Abklärung von Kausalbeziehungen müssen folgende 3 Voraussetzungen erfüllt sein:

1. Die unabhängige Variable (UV) muß zeitlich vor der abhängigen Variable (AV) sein.
2. Veränderungen in der UV gehen mit Veränderungen in der AV einher (beide "korrelieren").
3. Es ist auszuschließen, daß die gemeinsame Variation von UV-AV durch eine Drittvariable (C) verursacht wird.

Punkt 3 bedeutet: Wird eine Drittvariable C kontrolliert und verschwindet die gemeinsame Variation zwischen UV und AV nicht, sondern bleibt bestehen, dann kann ausgeschlossen werden, daß C für den Zusammenhang zwischen UV und AV in Frage kommt. Beispiel: Schuhgröße und Einkommen korrelieren positiv: Wer große Füße hat verdient eher viel; Leute mit kleiner Schuhgröße beziehen dagegen ein eher geringeres Entgeld. Diese "Scheinbeziehung" (nonsense Korrelation) ist nicht kausal - dies sagt uns schon der gesunde Menschenverstand, auch wenn die Statistik rechnerisch einen Zusammenhang serviert. Wird nämlich die Drittvariable Geschlecht (C) einbezogen (kontrolliert), verschwindet die scheinkorrelative Beziehung, denn Männer haben im Durchschnitt eine größere Schuhgröße und auch ein durchschnittlich höheres Einkommen als Frauen. In diesem Fall wird die gemeinsame Variation von UV und AV durch die Drittvariable Geschlecht bedingt, die sowohl mit AV als auch mit UV in einem Zusammenhang steht und eine gemeinsame Variation beider vortäuscht.

In der experimentellen Sozialpsychologie gibt es eine Vielzahl an Versuchplänen. Erwähnt seien noch die **faktoriellen Pläne**. Konkrete Beispiele dazu finden Sie unter II.2.4.2 (Experiment zur S.I.T.), unter III.4, Abb. 29 - 35 und III.5 [Experiment zum ELM]. In einem faktoriellen Experimentaldesign, das beispielsweise 2 zweistufige Faktoren vorsieht - ein sog. **2x2 Design** - gibt es 4 Bedingungskombinationen (2x2), deren Auswirkungen auf die abhängige Variable bestimmt werden können.

❏ Zur Veranschaulichung sei ein sozialpsychologisch-experimenteller Untersuchungsplan, ein **3x2 Design**, zur **Selbstdarstellung (Impression-Management)** bei Sportlern (MUMMENDEY, 1990) dargestellt. Unter Bezugnahme auf EYSENCK et. al. (1982), die über empirisch belegte Zusammenhänge zwischen Sportlern und den grundlegenden Persönlichkeitsdimensionen "Extraversion", "Neurotizismus" und "Psychotizismus" - erfaßt mittels vielfach erprobter Persönlichkeitsfragebögen - berichten, wird der Frage nachgegangen, ob Sportler mit unterschiedlichem Leistungsniveau (Faktor B) sich unter verschiedenen Impression-Management Bedingungen (Faktor A) in unterschiedlicher Weise als Persönlichkeit (abhängige Variable) darstellen.

Der **Bedingungsfaktor A** (Impression-Management) wurde 3 stufig gestaltet:

A1: Die Probanden wurden ohne jeden Hinweis auf Sport und in einem nicht sportbezogenen Kontext untersucht.

A2: Die Untersuchung fand in einem sportbezogenem Kontext (z. B. beim Training) statt.

A3: Ebenfalls sportbezogener Kontext mit Hinweis auf Sportlerrolle; zusätzlich erhielten die Untersuchungsteilnehmer die Instruktion, in der Untersuchung gehe es um das Idealbild von Sportlern; sie sollten die Antworten so geben, "daß sich ein möglichst positives Bild von Ihnen als Sportler ergibt". Diese 3 Stufen konstituieren 3 unterschiedliche Anreize zu einer sportspezifischen Selbstdarstellung:

> A1: Kein oder nur minimaler Anreiz zur sportspezifischen Selbstdarstellung
> A2: Ein sportspezifischer Selbstdarstellungsanreiz
> A3: "Verschärfte" Impression-Management Bedingung

Der zweite **Bedingungsfaktor B** (sportliches Leistungsniveau) wurde 2 stufig festgelegt:

B1: Sporttreibende mit geringem Trainingsumfang und geringer Leistungshöhe ("Breitensportler"), die weniger als 3 Stunden Zeit pro Woche für Sport investieren.

B2: Sporttreibende mit hohem Trainingsumfang und Spitzenleistungen ("Leistungssportler"), die mehr als 8 Stunden pro Woche trainieren und an Wettkämpfen teilnehmen.

Die Kombination beider Bedingungsfaktoren ergibt eine 3x2 Tafel mit 6 verschiedenen Bedingungskonstellationen, nämlich die Zellen A1B1, A1B2, A2B1, A2B2, A3B1 und A3B2 des Untersuchungsplanes. Diesen 6 Zellen wurden 72 Personen nach einem geschichteten Stichprobenplan, der auch unterschiedliche Sportarten berücksichtigte, zugeteilt. Jede Zelle des Versuchsplanes war demnach mit 12 Untersuchungsteilnehmern besetzt.

Alle 72 Personen füllten zunächst einen Fragebogen mit 62 Statements aus, der die Skalen "Extraversion", "Neurotizismus" und "Psychotizismus" enthielt. Zum anderen bearbeiteten sie einen Selbst-Ratingbogen mit 56 Items, der die 6 Persönlichkeitsdimensionen "Leistungsfähigkeit", "Selbstsicherheit", "Flexibilität", "Soziale Kontaktfähigkeit", "Toleranz" und "Disziplin" erfaßt, sowie ein Globalmaß zur positiven Selbsteinschätzung, den "Selbstkonzept-Gesamtwert", ermöglicht.

Diese 10 Persönlichkeitskonstrukte - sie sind über die 118 Statements operationalisiert - wurden mit sog. 3x2 Varianzanalysen (Näheres dazu z.B. BORZ, 1993, S. 266 ff.) statistisch ausgewertet. Aus der Vielzahl der Befunde seien nur einige mitgeteilt:

Sportler beschrieben sich als umso extravertierter, ferner umso psychisch stabiler (also weniger neurotizistisch), je größer die Gelegenheit zum Impression-Management war (signifikanter Haupteffekt des Faktors A). Leistungssportler beschrieben sich als tendenziell extravertierter und als tendenziell sozial kontaktfähiger als die Breitensportler (knapp an der Signifikanzgrenze liegende Werte für den Haupteffekt des Faktors B). Des weiteren sei ein Befund einer typischen **Wechselwirkung** zwischen dem **Faktor A** (Impression-Management-Bedingung) und dem **Faktor B** (sportliches Leistungsniveau), ein sog. statistischer "Interaktionseffekt" der beiden Untersuchungsfaktoren auf die Persönlichkeitsbeschreibung, zitiert: "Ein entsprechender Wechselwirkungseffekt ergibt sich auf die Persönlichkeitsdimension "Leistungsfähigkeit"; in diesem Falle sind die Selbstbeschreibungen der Breiten- und der Leistungssportler unter A1 und A3 nahezu identisch, während sie unter der "echten" Impression - Management - Bedingung (A2) sehr stark divergieren" (MUMMENDEY, 1990, S. 219). Abbildung 3 illustriert die durchschnittliche Selbstbeschreibung auf der Dimension "Leistungsfähigkeit" von Sportlern mit niedrigem und hohem Leistungsniveau (Breitensportler versus Leistungssportler) unter den 3 verschiedenen Impression-Management-Bedingungen.

Abb. 3: Wechselwirkungseffekt zwischen sportlichem Leistungslevel und den 3 Impression-Management-Bedingungen

[x: Leistungssportler; o: Breitensportler]

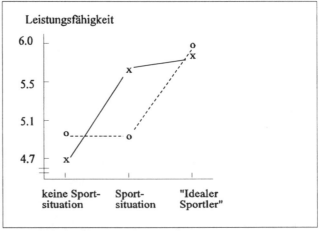

Anmerkung: Die drei x bzw. o sind die statistischen Durchschnittswerte der je 12 Untersuchungsteilnehmer der 6 Zellen des 3x2 Design bezüglich der abhängigen (Kriteriums) Variablen Leistungsfähigkeit, deren Ausprägungen (Punktwerte) auf der Ordinate aufgetragen sind. Die Durchschnittswerte der beiden Vergleichsgruppen (Leistungssportler bzw. Breitensportler) werden konventionsgemäß durch Linienzüge miteinander verbunden, um die Lesbarkeit und Unterschiedlichkeit der graphischen Darstellung zu erhöhen.

Bei der Bedingung "Sportsituation" (A2) wird die starke Divergenz der durchschnittlichen Skores bezüglich "Leistungsfähigkeit" recht augenfällig. Breitensportler (o) beschreiben sich selbst unter dieser Bedingung (Zelle A2B1 des Designs) weniger leistungsfähig als Leistungssportler (Zelle A2B2). Die Formulierung der beiden anderen Bedingungskombinationen sei dem Leser bzw. der Leserin überlassen.

Die Ergebnisse dieser experimentellen Studie belegen, daß bei Persönlichkeitsfragebogenuntersuchungen mit eindeutigen **Selbstdarstellungstendenzen** zu rechnen ist, die vom Ausmaß des Sporttreibens abhängig sind. Wird durch den Untersuchungskontext die Sportlerrolle für die Probanden salient und liegen explizit sportbezogene Hinweise vor, zeigen sich in den Selbstpräsentationen von Sportlern mit unterschiedlichem Trainings- und Leistungsniveau gravierende "Persönlichkeits"unterschiede. "Sportler mit hohem Leistungsniveau zeigen dann wesentlich positiver zu bewertende "Persönlichkeits"eigenschaften als Breiten- oder Gelegenheitssportler. Dieser Effekt stellt sich zunächst relativ unabhängig von der jeweils betriebenen Sportart ein" (MUMMENDEY, 1990, S. 224).

Diese Untersuchung wurde etwas ausführlicher besprochen, zum einen, um das experimentelle Vorgehen exemplarisch zu vermitteln, zum anderen, um eine sozialpsychologische Fragestellung einzuführen. Die Ergebnisse dieser Studie - die Auswertung erfolgte komplexer als hier mitgeteilt - werden unmittelbar einsichtig, wenn wir das Konstrukt **Selbstdarstellung** (Impression-Management) etwas näher beleuchten. Selbstpräsentationen erfolgen in der Regel in einem sozialen Kontext, in dem ein oder mehrere Interaktionspartner, d.h. andere Menschen präsent sind oder antizipiert werden. Diese Adressaten, seien es ein passives Publikum oder ein sozialer Partner, mit dem man/ frau aktiv interagiert, können, falls das Individuum die soziale Situation als eine Selbstdarstellungssituation definiert und soziale Hinweisreize einen solchen Definitionsrahmen ermöglichen, spezifische, auf die AdressatIn bezogene Selbstbilder bzw. Selbstdarstellungsbereiche aktivieren oder erzeugen. Abhängig vom jeweiligen Adressaten ist dann eine Wechselwirkung von Selbstdarstellungsbereich und sozialer Zielperson auf die Beschreibung der eigenen Persönlichkeit wahrscheinlich. Die adressatenabhängige Selbstpräsentation muß dabei keineswegs ein bewußtes Täuschungs- oder soziales Anpassungsmanöver sein. Eine beliebige Person wird wahrscheinlich unterschiedliche Themen und Facetten ihrer Persönlichkeit in den Vordergrund rücken, wenn sie beispielshalber mit einem Politiker, Arzt, Lehrer oder Sozialpädagogen interagiert, vorausgesetzt sie perzipiert die soziale Situation als opportun zur Selbstdarstellung. Dem Politiker gegenüber tendiert sie womöglich eher dazu, sich politisch engagiert und kompetent zu präsentieren - daß beide über religiöse Sachverhalte diskutieren ist relativ unwahrscheinlich -, in Gegenwart des Arztes wird sie möglicherweise ein auf Gesundheit-Krankheit bezogenes Selbstbild generieren und in der Kommunikation mit einem Sozialpädagogen wird sie sich eventuell sozial- und gesellschaftskritisch äußern.

Daß die Selbstdarstellung **bereichs- und adressatenspezifisch** ist, wurde von MUMMENDEY (1990) u.a. in einem Experiment mit 42 männlichen Studierenden belegt:

Die freien Selbstbeschreibungen erfolgten für die Hälfte der Studierenden unter der Instruktion, daß die Auswertung von der **Forschungsgruppe "Auswirkungen der Frauenbewegung"** vorgenommen werde. Die zweite Hälfte der Untersuchungsteilnehmer dagegen wurde informiert, daß der Adressat die **Forschungsgruppe "Selbstkonzept"** der Fakultät für Soziologie (Kontrollbedingung) sei. Die Ergebnisse können von interessierten LeserInnen in der schon mehrmals erwähnten Monographie von MUMMENDEY (1990, S. 238 ff.) nachgelesen werden.

Bemerkenswert ist, daß die männlichen Probanden sich gegenüber "Frauenforscherinnen" als psychisch weniger stabil, als weniger "diszipliniert" und tendenziell als sozial kontaktfähiger darstellten als unter der Kontrollbedingung "Selbstkonzeptforscher". Kurzerhand eine Tendenz, sich beim Adressaten der Selbstbeschreibung beliebt zu machen und sich selbst zu beschönigen, notfalls durch "Selbstherabsetzung", indem man sich ""allzu männliche" Merkmale zugunsten alternativer Eigenschaften" (MUMMENDEY, 1990, S. 241) abspricht.

Bei der Besprechung der Theorie SNYDER's zur Selbstüberwachung (self-monitoring) werden wir erneut dem Konzept des Impression-Management begegnen (siehe unter II.2.5.4).

Wie die Wirkung von **Publikum**, die einfache **Präsenz anderer**, unser Verhalten und Erleben beeinflußt, soll im nächsten Abschnitt dargelegt werden. Dabei werden ein Jahrhundert sozialpsychologische Forschung quasi im Zeitraffer behandelt.

I.2 SOZIALE ERLEICHTERUNG *** SOZIALE AKTIVIERUNG (SOCIAL FACILITATION)

Das nun folgende sozialpsychologische Konzept - es gilt als eines der fundamentalsten - läßt sich sowohl auf den Menschen wie das Tier und nahezu jedes Verhalten anwenden, wenn ein **Publikum** präsent und die **dominante Reaktion** identifiziert ist.
Es wird hier dargestellt, um die die Bildung, Weiterentwicklung und Präzisierung theoretischer Konzepte beispielhaft zu demonstrieren.

Die nicht zu unterschätzende Wirkung anderer Leute auf das individuelle Leistungsverhalten läßt sich sehr schön am Sachverhalt des "social loafing", der **"sozialen Faulheit"** oder "sozialen Nachlässigkeit" demonstrieren, der besagt, daß die durchschnittliche Einzelleistung erheblich absinkt, wenn mehrere Personen in einer Gruppe zusammenarbeiten. StudentInnen, die in Kleingruppenarbeit eine seminaristische, gemeinsame Hausarbeit anfertigen, benötigen oft die mehrfache Bearbeitungszeit im Vergleich zu Studierenden, die den Leistungsnachweis "allein" erbringen. Insbesondere bei einfachen motorischen Tätigkeiten wie etwa dem Seil-/Tauziehen des beliebten Wettkampfspieles im Kindesalter oder beim Applaus, beim Klatschen in einem vollen Konzertsaal, kann derselbe Effekt beobachtet werden. Vielleicht erinnern Sie sich an eine solche Situation. Haben Sie dann weniger intensiv gezogen oder geklatscht? Wenn ja, dann gibt es dafür eine ganz einfache und einleuchtende Erklärung: Sie haben darauf vertraut, daß die anderen ihr Verhalten intensivieren oder sie nahmen einfach an, auf die anderen sei schon Verlaß, diese würden sich schon anstrengen bzw. ihren Beifall angemessen zum Ausdruck bringen. Daß man/frau sich also weniger "ins Zeug" legt und weniger Anstrengung mobilisiert, erklärt sich durch den sozialen Einfluß der "bloßen Anwesenheit anderer". Eine wichtige Bedingung dieses Effektes besteht darin, daß der Einzelne davon ausgehen kann, sein individueller Beitrag zur Gruppenleistung sei nur schwerlich zu registrieren. In einem solchen Falle verteilt sich dann die Verantwortung für die gemeinsame Leistung auf viele einzelne, mit der Folge, daß die individuelle Motivation und der Grad der Verantwortlichkeit abnimmt, da man ja im Glauben ist, die anderen werden es schon machen. Natürlich ist beim Beispiel des Leistungsnachweises in Kleingruppen die soziale Situation viel komplexer und dynamischer als beim Nebeneinander im Konzertsaal, sodaß neben der Verschiebung der Verantwortlichkeit im Sinne des Effektes der "sozialen Faulheit" wohl auch Einflußgrößen interaktioneller, gruppendynamischer und persönlichkeitsspezifischer Art eine Rolle bei der Aufklärung der Abnahme kooperativen Verhaltens spielen.

Ein Anliegen der Sozialpsychologie ist, die grundlegenden sozialen Einflußprozesse und die Minimalbedingungen möglichst einfacher sozialer Prozesse in den Griff zu bekommen. Der minimalste soziale Kontext ist wohl die **bloße Präsenz** anderer, die entweder einer Einzelperson zuschauen oder das Gleiche tun wie diese. In einer solchen Situation sind direkte wechselseitige soziale Interaktionen und gruppendynamische Aspekte minimiert bzw. weitgehend ausgeschaltet. Es ist naheliegend, daß schon diese einfache und überschaubare Sozialbeziehung "bloße Anwesenheit anderer Personen" eine Einzelperson in ihrem Verhalten, Denken, Handeln, Fühlen, Erleben beeinflußt. Doch lassen Sie mich bei den Anfängen der sozialpsychologischen Forschung zu diesem Themenkomplex beginnen und einen knappen Abriß der Forschungstrends wiedergeben.

TRIPLETT (1897), der Begründer der Sozialpsychologie, stellte fest, daß Radfahrer in Anwesenheit anderer Fahrer schneller in die Pedale treten als allein. Diese Beobachtung erklärte er mit dem Begriff der **Dynamogenese**, was soviel wie "Erzeugung von Kraft" bedeutet: Durch die physische Gegenwart anderer Personen werde ein "Wettkampfinstinkt", so seine Erklärung, ausgelöst, nervöse Energie freigesetzt, was folglich zu einer Leistungssteigerung führt. Auch optische Bewegungsreize des anderen sollen dabei mit zur Stimulation der motorischen Anstrengung beitragen. Dieses Phänomen wird seitdem als **dynamogenetischer Effekt** bezeichnet.
In einem Laborexperiment mit 40 Kindern an einer "Wettbewerbs-Maschine", in dem unter zwei Bedingungen a) "allein" und b) "im Wettbewerb mit einem anderen" Angelschnüre auf eine Spule aufgewickelt werden mußten, konnte TRIPLETT feststellen, daß unter der Versuchsbedingung Anwesenheit eines Konkurrenten ein weit schnelleres Aufwickeln erfolgte. Demnach werde durch die Anwesenheit einer zweiten Person latente, nicht disponible Energie freigesetzt und dem aktuellen Verhalten zur Verfügung gestellt. Anzumerken ist, daß die Arbeitshypothese Triplett's ein nicht signifikantes, d.h. den Zufall nicht ausschließendes Resultat ergibt, wenn der empirische Datensatz nach heutigen statistischen Kriterien ausgewertet wird.

ALLPORT (1924) hat diesen leistungssteigernden Effekt der Anwesenheit anderer Menschen ebenfalls untersucht: Auch er konnte nachweisen, daß in Kleingruppen (3-5 Vpn) schneller gearbeitet wird als in der "Allein"- Bedingung. Für diesen Befund führte er den Begriff **social facilitation** ein, was soviel wie soziale Leistungssteigerung bzw. Quantitätssteigerung bei **Co-Aktion** besagt. Er fand jedoch auch einen gegenläufigen Einfluß, den er **social inhibition** (soziale Hemmung) benannte und der hauptsächlich durch Emotionen, Übererregung oder Voreingenommenheit verursacht ist. Für den förderlichen Einfluß der "sozialen Erleichterung" seien der Anblick, die Geräusche der anderen, die das Gleiche tun, verantwortlich. Nach Allport (1924, S. 295) verhält sich der Einzelne in der Menge so wie er sich auch alleine verhalten würde, nur noch verstärkt - **"only more so"**.

Zu ähnlichen Forschungsergebnissen kam auch **MOEDE** (1920), ein Schüler von W. WUNDT: Die bloße Präsenz der anderen, die nur zuschauen, erhöht die Leistung. In der Gruppenssituation kommt es zu einem Leistungsanstieg und zu einer Assimilationstendenz. Versuchspersonen waren Kinder, die einfache Tätigkeiten, wie z.B. viele Punkte auf ein Stück Papier setzen oder ein Dynamometer drücken, unter den Versuchsbedingungen "allein", "zu mehreren" oder "vor Zuschauern" durchführten. MOEDE differenziert u.a. die "Präsenz anderer", indem er folgende Unterscheidungen einführt:

Präsenz anderer

↙   ↘

statisch   dynamisch

↙   ↘   ↓

Co-Aktion   Publikum   Gruppe, Interaktionen
(Audience)

Erläuterungen:

statisch: Das Beisammensein mit anderen ist so gestaltet, daß die einzelnen Personen nebeneinander, jeder für sich, still und stumm agierten.

Co-Aktion: Die Anwesenden, die anderen, verrichten die gleiche Tätigkeit wie der Akteur.

Publikum (Audience): Die anderen sind präsent und nur Zuschauer. Dies wird auch als Publikums- oder Audience-Bedingung bezeichnet.

dynamisch: Während des Beisammenseins finden Wechselbeziehungen, Interaktionen und deutliche Gruppenprozesse statt. Diese finden im Rahmen der social facilitation Forschung allerdings wenig Beachtung.

Die vielfältigen Untersuchungen in den folgenden Jahren zu dieser Problematik waren oft widerspruchsvoll, d.h. mal kam es zu einer Leistungszunahme, mal trat das Gegenteil ein, eine Abnahme der Leistung.

Erst **1965** hatte **ZAJONC**, ein neobehavioristisch orientierter Sozialpsychologe, ein einheitliches Erklärungsprinzip geliefert, das alle widersprüchlichen Befunde integriert und auf einen gemeinsamen Nenner bringt. Die **Haupthypothese** seiner Erregungstheorie war:

PUBLIKUM erleichtert die Abgabe **dominanter Reaktionen** in **CO-AKTION** und **AUDIENCE** Bedingung. Individuelles Verhalten nahezu jeder Art kann durch die Präsenz anderer (bloße Anwesenheit; Nebeneinander) intensiviert werden, aber nur, wenn das Verhalten vorher eine hohe Auftrittswahrscheinlichkeit hatte.

☞ Erläuterungen zu dieser Kernhypothese

Dominante Reaktionen sind sehr wahrscheinliche, gut gelernte und etablierte Verhaltensweisen. Dadurch, daß diesen "Energie" zugeführt wird, werden sie wahrscheinlicher und das Verhalten der Reaktionshierarchie insgesamt rigider, starrer, festgefahrener (siehe unten).

Beispiele für dominante Reaktionen: Vorliebe für eine Farbe; allgemeine Präferenzen einer Person (Vorliebe etwa für Krimis); Häufigkeit mit der fremde Worte, Fachworte ect. ausgesprochen werden; der Hang einer Person Witze zu erzählen, über bestimmte Themen zu sprechen usw.

Bei dem Terminus "dominante Reaktion" bezieht sich ZAJONC auf die Lerntheorie von HULL (1943, 1952), in der u.a. die Stärke einer Reaktion, das **Reaktionspotential** (E) oder die Verhaltenshäufigkeit eine Funktion der multiplikativen Beziehung zwischen gelernten **Habits** (H), das sind über Verstärkung gelernte Reiz-Reaktionsverbindungen (ganz allgemein Lernerfahrungen), und der **Triebstärke** bzw. Triebspannung D (drive) ist. Seine berühmte Verhaltensformel dazu lautet:

$$E = H \times D$$

Diese Verhaltensformel wurde 1956 von SPENCE erweitert, indem äußere Anreize (formalisiert durch K) integriert wurden:

$$E = H \times (D + K)$$

Habit (H): Verhaltensgewohnheiten; die gelernte Tendenz eines Reizes (Stimulus, S), eine bestimmte Reaktion R auszulösen; ein Stimulus und eine Reaktion sind also miteinander verknüpft. Die Stärke eines Habits (Habitstärke $_sH_R$) ist eine Funktion der Anzahl der Lernversuche und der Verstärkungen.
Drive (D): Primäre Motivation oder primärer Trieb. Die primäre Motivation ist u. a. abhängig vom spezifischen Triebzustand (z.B. der Dauer der Deprivation eines Triebes, d.h. der zeitlichen Entzugsdauer).

Reaktionspotential ($_sE_R$): Die <u>tatsächliche</u> Tendenz eines Stimulus, eine spezifische Reaktion auszulösen.
Ansporkomponente (incentive motivation; symbolisiert durch "**K**"): Sie steht in Beziehung zur Menge eines Verstärkers (Belohnungsmenge) oder anderer äußerer Anreize, die als Verstärker wirksam sind.

Jeder innere (An)Trieb (D), wie auch äußere Anreize (K), sind energetisierend und aktivieren das Verhalten. Beide wirken additiv (D+K). Nach diesen Vorstellungen tritt, vereinfacht gesagt, Verhalten auf, wenn die Reaktionsstärke (E) größer als Null ist. Ist H > 0, dann muß D oder K ebenfalls größer Null sein, damit es zu Verhaltensäußerungen kommt. Fehlen die inneren und die äußeren Anreize (D+K = 0) kommt es wegen der multiplikativen Verbindung, auch wenn H > 0 (d.h. es wurde gelernt) zu keinem Verhalten. [Die Multiplikation beider Terme ergibt den Wert Null.]

Die Zusammenhänge sind deshalb vereinfacht, weil das Konzept des "Hemmungspotentiales" z.B., das die Tendenz abschwächt, eine betreffende Reaktion auszuführen, und weitere hypothetische Konstrukte HULL's, um das Ganze nicht allzusehr zu komplizieren, ausgeklammert sind.

Gelerntes Verhalten ist ferner nach der Lerntheorie HULL's in Verhaltens- bzw. **Reaktionshierarchien** organisiert, die zentral-nervös abgespeichert sind. Eine Reaktionshierarchie meint die verschiedenen Verhaltensweisen, die der menschliche Organismus in einer Situation gelernt hat und die ihm fortan zur Verfügung stehen. Abbildung 4 zeigt in grober Vereinfachung das Prinzip einer Verhaltenshierarchie.

Abb. 4: Schematische Darstellung einer Reaktionshierarchie
    (D: Drive, Trieb; K: äußere Anreize; R: Reaktion)

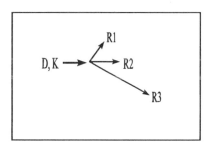

R1, R2 und R3 seien drei mehr oder weniger gut gelernte ("verstärkte") Reaktionen, die sich gegenseitig ausschließen. R1 hat die geringste Reaktionsstärke (symbolisiert durch die Länge des Pfeiles); R3 ist am besten gelernt, wurde somit am häufigsten verstärkt und steht daher an oberster Position in der Hierarchie. Mit anderen Worten R3 ist **dominant** über

R2 und R1. Dominant im Sinne, daß R3 die größere Reaktionsstärke hat und häufiger auftritt. Die 3 Reaktionen "schlummern" quasi als Lernerfahrungen (H) in der Hierarchie und bedürfen ihrer Verhaltensaktivierung, was durch D, K → angedeutet wird. In dieser mechanistischen Sichtweise profitiert vorwiegend die dominante Reaktion R3 von einer Energiezufuhr. Die vorherrschende Verhaltensweise zieht gewissermaßen die zugeführte Energie (D, K) an und wird nach der oben besprochenen Verhaltensformel aktualisiert, d.h. in die Tat umgesetzt. Im Vergleich zu den beiden Alternativen R1 und R2, die wegen ihrer schwachen Position in der Hierarchie nur eine geringe Chance zur Realisierung haben, wird, wenn Sie den Ablauf mehrmals durchspielen, die dominante Reaktion immer dominanter, frequenter, spontaner. Infolge der übermächtigen Position und Stärke der dominanten Reaktion wird das Verhalten dann auch immer starrer, rigider, uniformer oder wenig flexibel.

Die Quellen der Aktivierung des Organismus können vielfältig sein: Triebspannungen, Konflikte, Frustrationen, Emotionen oder komplexe, neuartige, intensive Reizkonstellationen, die zu verarbeiten sind. Die "Präsenz anderer" stellt ebenfalls eine derartige Reizsituation dar und erhöht den Aktiviertheitsgrad des menschlichen Organismus.

Nehmen wir ein fünfjähriges Kind, das im Kindergarten des öfteren in Freispielsituationen mit anderen Kindern durch aggressives Verhalten (mit Bausteinen werfen, die Aufbauten der anderen Kinder zerstören ect.) auffällt. Werden diese Verhaltensweisen vergleichsweise oft geäußert, können wir aus lerntheoretischer Sicht mit SKINNER (siehe dazu WELLHÖFER, 1990) annehmen, daß diese operanten Reaktionen gut gelernt bzw. verstärkt sind, demnach in der situationsspezifischen Verhaltenshierarchie einen hohen Rangplatz haben und folglich leicht erregbar und in aktuelles Verhalten umsetzbar sind. Die Präsenz anderer Personen (Kinder, ErzieherInnen) führt zu einer Steigerung des Antriebs-, Aktivierungsniveaus des Kindes, mit der Folge, daß die dominante Reaktion (z.B. mit Bausteinen werfen) durch diese Energiezufuhr energetisiert und aktualisiert wird. Ist diese dominante Verhaltensweise erfolgreich, d.h. folgen auf sie Verstärker, dann steigt nach den Prinzipien des operanten Konditionierens ihre Auftrittswahrscheinlichkeit an. Je öfters dieses Ereignis sich wiederholt, desto rigider wird das Verhaltensrepertoire des Kindes, sodaß es nicht verwundert, daß die Verhaltensweise "mit Bausteinen werfen" immer häufiger zu registrieren ist.

Die an diesem Beispiel vorgenommene **Verhaltenserklärung** ist relativ **sparsam** - sie bedient sich nur einer geringen Anzahl theoretischer Begriffe - und fußt auf Konzepte aus der Erregungstheorie ZAJONC's und der behavioristischen Lerntheorie SKINNER's, die beide empirisch-experimentell fundiert sind und als bewährt gelten. Natürlich gibt es noch andere Erklärungen, z.B. tiefenpsychologische, die aber wegen ihrer geringen empirischen Verankerung gelegentlich spekulativ anmuten.

Für Zajoncs Hypothese existieren zahlreiche Humanbelege, aber auch tierpsychologische Befunde: Küchenschaben laufen vor Publikum schneller ins Dunkle; ebenso Ratten; Hühner zeigen vor Publikum vermehrtes Freßverhalten; Ameisen transportieren in Gruppen (2, 3 Ameisen) mehr Sand zum Nestbau als die alleine arbeitenden Ameisen. Unter "Publikum" sind hier natürlich andere zuschauende Tiere gemeint.

Abb.5:   Zusammenfassendes Schema zu **ZAJONC**'s Theorie

Präsenz anderer

↓

Arousal
(das physiologische Erregungsniveau, Antriebs-Aktivierungsniveau steigt durch Ausschüttung
von Hormonen autonom und unbewußt, quasi automatisch an)

↓

Abgabe dominanter Reaktionen (R)

↓   ↓

dominante R **angemessen**   dominante R **unangemessen**
(leistungsförderlich)   (leistungshinderlich)

↓   ↓

Leistungssteigerung   Leistungsabnahme
(social facilitation)   (social inhibition)

Arousal, angemessene versus unangemessene dominante Reaktion, soziale Erleichtung bzw. Hemmung sind die theoretischen (hypothetischen) Vermittlungsprozesse, die den empirisch beobachteten Zusammenhang zwischen der Bedingung "Präsenz anderer" (operationalisiert z.B. durch die Anzahl der Zuschauer) und der Folge "Leistungssteigerung/abnahme" (operationalisiert etwa durch die Fehleranzahl) erklären. In diesem Sinne sind diese Konzepte Erklärungen 2. Ordnung.

❏ Dominante Reaktion **angemessen**: Bei leichten Aufgaben und der Darbietung gut gelernten Materials ist es wahrscheinlicher, daß die adäquate Verhaltensweise durch den Arousalanstieg aktualisiert wird, da sie nicht nur an erster Stelle in der Reaktionshierarchie steht, sondern auch für die jeweilige Leistungsaufgabe förderlich ist, sodaß mit einer Leistungssteigerung, einer "Erleichterung" zur Leistung, einer besseren Bewältigung, sprich mit einem "social facilitation" Effekt zu rechnen ist.

❏ Dominante Reaktion **inadäquat**, d.h. die **nicht dominante Reaktion ist adäquat**: Diese Möglichkeit trifft eher bei neuen, komplexen, schwierigen Aufgaben zu, denn die Anwesenheit anderer stört beim Lösen der gestellten Aufgabe, sodaß **soziale Inhibition**, Leistungsabnahme eintritt. Zudem werden bei schwierigen Problemlösungsaufgaben eher die falschen Lösungswege ausprobiert, was nichts anderes heißt, daß diese dominanten Verhaltensweisen unangemessen, also lösungshinderlich sind. Verhaltensweisen, die zur Lösung führen und daher adäquat sind, sind jedoch weniger reaktionsstark und demnach nicht dominant.

Belege zu dieser Hypothese liegen z.B. von HUNT u. HILLERY (1973) vor, die Probanden unter der Bedingung "allein" oder "in Gesellschaft anderer" eine "leichte" oder "schwere" Labyrinthaufgabe lösen ließen. Beim leichten Labyrinth waren die Fehlerversuche vor zuschauendem Publikum weniger zahlreich als unter der "Alleinbedingung" (36,2 versus 44,7 Versuche). Beim schwierigen Labyrinth war es genau umgekehrt: Unter Publikum erhöhten sich die Fehlerversuche im Vergleich zu Lösungsversuchen "allein" (220,3 versus 184,9 Versuche). Das schwierige Labyrinth wurde also schneller durchschaut, wenn die Versuchspersonen allein waren. Das erhöhte Antriebsniveau, das sich durch die Gegenwart anderer bei neuen und schwierigen Aufgaben gewissermaßen automatisch nach ZAJONC einstellt, erschwert und behindert die zu erbringende Leistung.

ZAJONC revidierte 1980: Das Publikum steigert die Erregung, weil es **Ungewißheit** erzeugt; falls das Verhalten der anwesenden Leute schwer vorhersagbar ist, erhöhe dies die Ungewißheit und somit den Grad der Aktivierung - das Arousalniveau steigt an.

Von anderen Forschern [z.B. COTTRELL (1968), SANDERS (1981), DUVAL & WICKLUND (1972)] wurden alternative Erklärungen für die Erregungssteigerung angeboten:

Nach COTTRELL führt **Bewertungsangst** (z.B. negativ bewertet, kritisiert, blamiert werden) bzw. die **Erwartung von positiver Bewertung** (Lob, Zustimmung, Beifall; positive Evaluation) durch die Präsenz anderer zu einer Erregungszunahme, deren Anstieg nicht automatisch, sondern gelernt ist. Von Bedeutung sind auch spezifische Aspekte des zuschauenden Publikums wie Kompetenz, Expertentum, Relevanz, Machtbefugnisse u.ä.

Für SANDERS (1981) entsteht die Zunahme der Erregung durch **Ablenkung der Aufmerksamkeit** infolge von Vergleichsprozessen, die bei Präsenz anderer vorgenommen werden, die dasselbe tun. Geräusche, Gesten, antizipierte Zustimmung/Ablehnung der koagierenden anderen können einen **Ablenkungs-Aufmerksamkeitskonflikt** herbeiführen, der einen Erregungszuwachs bewirkt. Die gleichzeitige Konzentration auf ablenkende Reize und die zu erbringende Leistung, zwei antagonistische, schwer zu vereinbarende Zustände also, die das Arousal-Niveau des Individuums ansteigen lassen.

DUVAL & WICKLUND (1972) liefern eine **kognitive** Erklärung mit ihrer Theorie der **objektiven Selbstaufmerksamkeit** (siehe dazu das Kapitel Einstellungs-Verhaltens-Relation; II.2.5).

Jeder von uns kennt und hat eine Vielzahl an Alltagssituationen erfahren, in denen der Zuschauer-(Publikums) Effekt mit den Prozessen sozialer Hemmung oder Erleichterung zum Tragen kam. Besonders in neuartigen, bedrohlichen, wenig kontrollierbaren Situationen ist mit Beeinflussungen durch die bloße Präsenz anderer zu rechnen. In welchem Ausmaß die besprochenen Phänomene eintreten, hängt auch von Persönlichkeitsfaktoren (z.B. Neigung zu Lampenfieber), Lernerfahrungen und aktuellen Prozessen (Wahrnehmung, Denken, Gefühlen) ab. Auch die auf Seite 13 f. angedeuteten **Selbstdarstellungstendenzen** (Impression-Management) können im Umfeld des Publikumseffektes eine Rolle spielen, wie FORGAS (1987) vermutet:

Squashspieler wurden während ihres Spieles eine Zeit lang "heimlich" beobachtet (Kontrollbedingung; ohne Zuschauer) und "ostentativ" (Experimentalbedingung; Publikum). Der Leistungsvergleich der dyadischen Interaktionen beider Spielphasen (unbeobachtet versus beobachtet) zeigte, daß der **Publikumseffekt** im wesentlichen darin bestand, "daß beide Spieler ihre Schläge besser miteinander koordinierten als zuvor" (FORGAS, 1987, S. 248). Die ahnungslosen Probanden wurden zuvor mit objektiven Meßverfahren in "Könner", "Anfänger", "unterlegener", "überlegener Spieler" klassifiziert. Unter der Publikumsbedingung konnte auch eine **Assimilation** des spielerischen Könnens festgestellt werden: Die überlegenen Spieler wurden etwas schlechter, die unterlegenen etwas besser. Unterschiede in der Leistung und dem Können nivellieren sich also, wenn man beobachtet wird. Der Spielablauf gestaltete sich ferner fließender, mit weniger Unterbrechungen, als "ob das Paar gemeinsam darauf bedacht war, sich dem Publikum von seiner besten Seite zu präsentieren" (FORGAS, 1987, S. 248).

In einer ausschließlich wettbewerbsorientierten Spielsituation dagegen würde dieser Assimilationseffekt eher unwahrscheinlich sein; jeder der beiden Spieler wird vielmehr sein Bestes geben, um nicht als Verlierer das Spielfeld zu verlassen.

Aufgaben:

Wie reagieren Sie, wenn Sie z.B. **vor Publikum** sprechen, ein Referat halten, eine sportliche Tätigkeit (Tanzen, Tischtennisspielen, Gymnastik ...) ausführen? Treffen die dargestellten Informationen auch für Sie zu? Was geht in Ihrem Kopf vor, wenn Sie im Mittelpunkt stehen? Wie lassen sich die Situationen, in denen soziale Hemmungsprozesse auftreten, charakterisieren? Welcher Art ist das Publikum (Autoritäten, Fachleute, Kollegen, Bekannte usw.)? Welche Unterschiede beobachten Sie bei sich im Vergleich zu Situationen mit "sozialer Erleichterung"?

In welchen Alltagssituationen präsentieren Sie sich besonders positiv? Welchen Leuten gegenüber? Was sind die Effekte einer derartigen Selbstpräsentation?

Exkurs zum Hilfeverhalten

Die negative Wirkung der **Anwesenheit von Publikum** konnte auch im Forschungssektor zum **Hilfeverhalten** (prosozialen, altruistischen Verhalten) überzeugend nachgewiesen werden: In Notsituationen, bei Unfällen, Überfällen ect. ist oft ein Ausbleiben jeglicher Hilfe seitens der Zuschauer bzw. eine erhebliche Reduktion hilfreichen Verhaltens zu beobachten, ein zahlreich labor - wie feldexperimentell bestätigter Befund, der als **Zuschauer-** oder **Publikumseffekt** bezeichnet und durch eine **Verantwortungsdiffusion** bei den Anwesenden erklärt wird.

Gelegentlich ist in Tageszeitungen zu lesen, daß Kinder im Winter, trotz vieler Anwesender, auf Eis einbrechen und ertrinken,Verletzten, Notbedürftigen in Bahnhöfen und auf öffentlichen Plätzen nicht Erste Hilfe zuteil wird und bei Gewalttätigkeiten zwischen den Geschlechtern oder In-und Ausländern nicht interveniert wird. In all diesen Situationen sind andere Leute präsent, die passiv zuschauen, wegschauen, "gaffen".

Nach § 323c StGB sind wir doch alle zur ersten Hilfeleistung in Notsituationen verpflichtet! Wie wird nun diese Wegschaumentalität, Schaulust oder das "Gaffertum" des zuschauenden, passiven Publikums sozialpsychologisch erklärt? DARLEY und LATANÈ (1968) schlagen die Hypothese der **Verschiebung der Verantwortung** (diffusion of responsibility) vor, nach der sich keiner der Zuschauenden verantwortlich fühlt, wenn viele Leute präsent sind. Jeder nimmt dann an, der andere werde schon eingreifen, etwas der Situation angemessenes tun und helfen. "Wofür gibt es denn die Polizei, Sanitäter oder den Rettungsdienst?" - eine oft zu hörende Äußerung, bei der die Verantwortung auf Spezialisten verlegt wird.

Verhält sich aus der Sicht eines Zuschauers das übrige Publikum passiv, können auch **Denk-** und **Urteilsprozesse** die Wahrnehmung so verzerren und dazu veranlassen, die Sachlage als nicht interventionsbedürftig zu interpretieren: Da die anderen nicht eingreifen und nur herumstehen, kann ja keine echte Notlage gegeben sein. Diese Fehlinterpretation - ein kognitiver Prozeß - einer Notsituation führt dann zur besagten Passivität und dem Unterlassen von Hilfe.

Trifft das Erklärungskonzept der Verantwortungsdiffusion oder der kognitiven Fehlwahrnehmung wie auch der Fehlinterpretation zu, kann die theoretische Kenntnis darüber sehr leicht in die Praxis umgesetzt werden. Allerdings ist dazu etwas Zivilcourage erforderlich: Die Notsituation muß nur von jemandem aus dem Publikum strukturiert und als echter Notfall deklariert werden. Dies etwa durch Zuteilen von Rollen an die Zuschauer, sodaß diese sich verantwortlich und verpflichtet fühlen: "Rufen **Sie** doch bitte die Polizei oder den Rettungsdienst an"; "**wer** hat Kenntnisse in Erster Hilfe?"; "der Mann/die Frau dort verblutet, holen **Sie** doch aus Ihrem Auto den Verbandskasten" u.ä.

Simulationsexperimente in natürlichen Situationen bestätigten, daß umso weniger geholfen wird, je mehr Personen in Notsituationen anwesend sind. Ferner nimmt die Hilfsbereitschaft bei Opfern, die als Mitglieder sozialer Randgruppen "identifiziert" werden (Obdachlose beispielsweise), erheblich ab. Das Eingreifen in derartigen sozialen Kontexten ist laut zahlreicher Studien **weniger von Persönlichkeitsmerkmalen** als vielmehr von **situativen** Faktoren abhängig. Neben der genannten Verantwortungsdiffusion und Fehlinterpretation, kommen u.a. auch folgende Bedingungen und Faktoren, die helfendes Verhalten im Alltag beeinflussen, in Frage:

❒ **Kosten der Hilfe**: Zeitaufwand, Zeitdruck, riskante Situation (persönliche Gefahr für den Intervenierenden), Anstrengung für den Helfer, Blut (Reinigungskosten, Ansteckung). Je höher die antizipierten Kosten für den Helfenden, desto weniger wahrscheinlich ist die Hilfeleistung.

❒ **Eindeutigkeit bzw. Unübersichtlichkeit der Situation**: Die Wahrscheinlichkeit helfend einzugreifen, ist größer, wenn man mit eigenen Augen die Notlage wahrnimmt (Sichtbarkeit, Unmittelbarkeit des Opfers); zuweilen sind auch, wie schon gesagt, Mißdeutungen und Fehlinterpretationen der konkreten Notlagensituation - **kognitive** Informationsprozesse also - für mangelndes Hilfeverhalten ausschlaggebend. Ist die Notsituation "unklar" wird seltener Hilfe zuteil. Wir benutzen dann die Handlungsweisen der anderen als Orientierungshilfen für das eigene Verhalten. Gehen diese in einer Notsituation weiter, imitieren wir sie und lassen den Hilfsbedürftigen ebenfalls links liegen. Den Verhaltensweisen der anderen, die herumstehen, nicht eingreifen, weitergehen u. dgl. schreiben wir dann die Bedeutung zu, daß keine akute Notsituation vorliegt und keine Intervention erforderlich ist.

❒ **Persönlichkeitsmerkmale des Helfenden**:
Z.B. Fertigkeiten (Kompetenz) wie Ausbildung in Erster Hilfe, Geschlecht, moralische Verpflichtung gegenüber dem Opfer, **Empathie** (Mitleiden, Mitfühlen), Schamgefühle, Kompensation von Schuldgefühlen. All dies erhöht die Wahrscheinlichkeit zur Hilfe. Aktiv sofort eingreifende Individuen waren laut einer Studie "sehr selbstbewußt und handelten in der Gewißheit, die Situation selbst bewältigen zu können ... fast alle waren männlichen Geschlechts" (SHOTLAND, 1985, S. 50).

❒ **Normative Bedingungen**, wie etwa die Norm der **sozialen Verantwortlichkeit**. Oder die Norm der **Reziprozität** (Gegenseitigkeit): Helfe ich, dann wird mir in einer ähnlichen Lage auch geholfen werden bzw. die Vermutung, der Hilfeempfänger werde sich später erkenntlich zeigen. Dabei spielt die "Bekanntheit" der Person eine Rolle. Erhielt man/frau von einer bekannten Person schon einmal Hilfe, wird dieser gegenüber eine Hilfeleistung bereitwilliger erwidert.

Nach LÜCK (1987, S. 115 f.) steigt die Hilfeleistung wahrscheinlich u.a. an, wenn
☞ das Opfer Hinweise gibt, wie man ihm helfen kann,
☞ die Zeugen interagieren, besonders wenn sie in Freundschaftsbeziehung stehen,
☞ der Hilfeappell auf die betreffende Person zentriert ist,
☞ an Gruppennormen appelliert wird.

Übrigens sind die beobachteten Unterlassungen von Hilfeleistungen in Notsituationen bei Präsenz anderer keine typisch deutsche Erscheinung, sondern weltweit feststellbar.

Durch diesen Katalog an Bedingungen der Nichthilfe soll keiner defätistischen Perspektive Platz gemacht werden. Auch das oft unter Einsatz des eigenen Lebens helfende Eingreifen zahlloser HelferInnen sei keineswegs geschmälert. Altruistisches (helfendes) Verhalten ist nicht nur eine Angelegenheit der Persönlichkeit des und der Sozialisation des Helfers, sondern wird auch - dies sei ausdrücklich betont - durch eine Vielzahl an **externen** und **situativen Bedingungskonstellationen** eingeschränkt, wenn nicht gar verhindert.

remoni

(Regensburger Montessori Institut)
Albertstraße 1 · 93047 Regensburg
Tel: 0941 / 600924-80 · Fax 0941 / 600924-89
www.remoni.de · info@remoni.de

Abschließend sei das Entscheidungs-Schema von DARLEY und LATANÉ (1970) wiedergegeben, das das Ergebnis ihrer Forschungen zusammenfaßt (siehe Abb. 6).

Abb. 6: Entscheidungsschema zum Hilfeverhalten (nach DARLEY, LATANÉ, 1970)

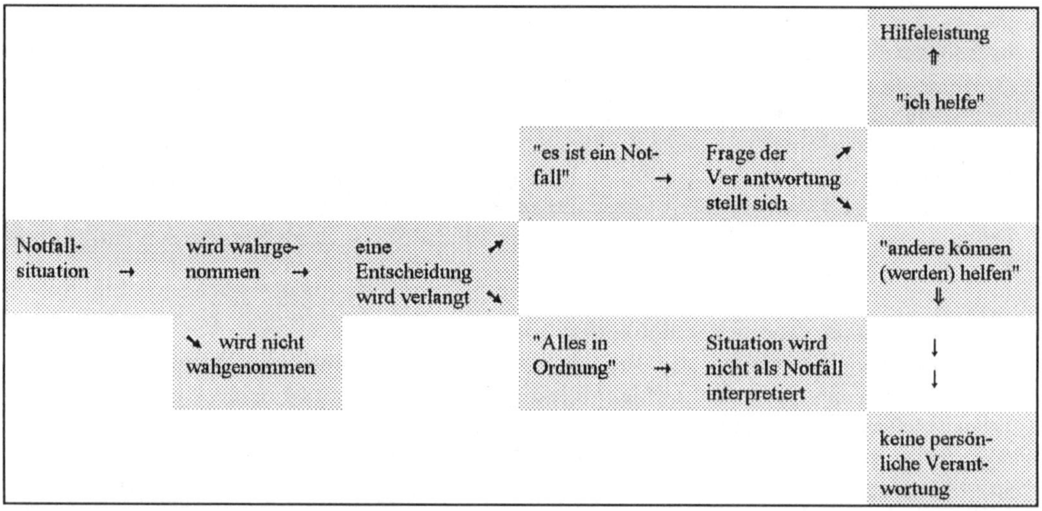

```
                                                                    Hilfeleistung
                                                                         ⇑
                                                                    "ich helfe"

                                      "es ist ein Not-   Frage der        ↗
                                      fall"          →   Ver antwortung
                                                         stellt sich       ↘

Notfall-        wird wahrge-    eine              ↗                    "andere können
situation   →   nommen      →   Entscheidung                          (werden) helfen"
                                wird verlangt ↘                              ⇓

            ↘  wird nicht                     "Alles in        Situation wird        ↓
               wahgenommen                    Ordnung"    →    nicht als Notfall
                                                               interpretiert          ↓

                                                                    keine persön-
                                                                    liche Verant-
                                                                    wortung
```

Kurze Anmerkung zu einigen Entscheidungpunkten: Ausgangsbasis sind **Wahrnehmungs-und Interpreta-tionsprozesse**. Fallen diese positiv aus, d.h. es kommt zu einer **Entscheidung**, daß ein akuter Notfall vorliegt, muß als nächstes **persönliche Verantwortung** zugeschrieben werden. Die Bereitschaft zum spezifischen Handeln mündet, je nach Kompetenzgrad, Fertigkeiten, Wissen ect. des Helfers, in eine Realisierung der Hilfe-leistung. Beim "verneinenden" Verzweigungsstrang unterbleibt die Hilfeleistung oder wird im Falle der Ver-neinung von persönlicher Verantwortung von den anderen anwesenden Personen erwartet. Soziale **Vergleichs-prozesse**, das sind Orientierungen am Verhalten der anderen, können u.a. zu **sozialer Hemmung** führen, sodaß durch die Hinweisreize des Publikums die Situation verkannt wird. Die **Verantwortungsdiffusion**, das **kognitive Umdefinieren** der Sachlage im Sinne "das Opfer ist selbst schuld" (siehe: "Wenn er/sie soviel säuft, dann geschieht es ihm/ihr zurecht; ... dann ist er/sie selbst schuld an dem Schlamassel") oder **Abwertungen** des Opfers begünstigen die Nein-Entscheidung bei der Frage nach der persönlichen Verantwortungszuschreibung bzw. sind eine Folge davon.

In beiden Strängen kommt es beim Zuschauer zu einer **empathischen** Erregung, einem mehr oder weniger ausgeprägten Mitgefühl und Mitleiden. Durch die aktuelle Hilfeleistung, aber auch durch Abwertungen des Opfers und/oder durch Uminterpretieren dieser emotionalen Erregung (z.B. in "Empörung") reduziert sich der Erregungsgrad der Empathie beim Zuschauer, ob er nun hilft oder nicht, und diese gewissermaßen "indirekten" Kosten der Hilfe werden erniedrigt und erträglicher. Die durch die wahrgenommene Notlage ausgelöste em-pathische Erregung kann auch effektiv vermindert werden, wenn statt der eigenen Person ein anderer Zuschauer einschreitet und hilft.

Die Prozesse, die zwischen Notfallsituation und Hilfeleistung in obiger Abbildung zwischengeschaltet sind, konstituieren die Theorie und erklären helfendes Verhalten. Die Zuschreibung von Verantwortung oder die Ver-antwortungsdiffusion legen u.a. im Sinne einer Erklärung 2. Ordnung dar, warum Menschen in Notsituationen helfen oder nicht. Zu sagen, er/sie hilft, weil er/sie hilfsbereit ist, führt dagegen in eine Sackgasse und ist zudem noch eine einschläfernde (dormitive) Erklärung (siehe auch unter I.5).

Auswahl an Literatur zum Hilfeverhalten:

H.W. BIERHOFF: Psychologie hilfreichen Verhaltens. Kohlhammer 1990.

H.W. BIERHOFF: Sozialpsychologie. Kohlhammer 1993
(Kap. 3. Hilfreiches Verhalten; S. 104 - 140)

A. KOHN: Warum wir helfen.
Psychologie heute März 1989, S. 20 - 29

H.E. LÜCK: Prosoziales Verhalten. Empirische Untersuchungen zur Hilfeleistung. Köln: Kiepenheuer & Witsch, 1975

R.L. SHOTLAND: Hilfe! Wer greift bei Notfällen ein?
Psychologie heute, August 1985, S. 45 - 51

Dieses Kapitel machte deutlich, daß die sozialpsychologische Forschung, ausgehend von einer simplen Fragestellung, sich im Laufe der Jahrzehnte immer mehr verästelte und ihre theoretischen Konzepte differenzierte. Dieser kurze Abriß sollte auch vor Augen führen, daß alternative und unterschiedlich komplexe Erklärungsmöglichkeiten für ein und dasselbe Verhalten und Erleben einer Person nicht nur bestehen, sondern auch möglich sind.

Es ist nun an der Zeit, ein allgemeines Orientierungsschema anzubieten, das das psychische Geschehen in einen ganzheitlichen Rahmen einordnen und systematisieren läßt.

I.3 Integrationsmodell des psychischen Systems (NOLTING, PAULUS, 1993)

Dieses Modell liefert eine weitgehend theorieneutrale Zusammenfassung psychologischer Kernbegriffe zu einem geordneten Zueinander. Es bietet für den Laien wie für den Fachmann einen noch überschaubaren Bezugsrahmen der wichtigsten psychologischen Grundbegriffe und der grundlegenden Aspekte des psychischen Systems (siehe Abb. 7):

Abb. 7: Integrierendes Modell des psychischen Systems nach NOLTING & PAULUS (1993)

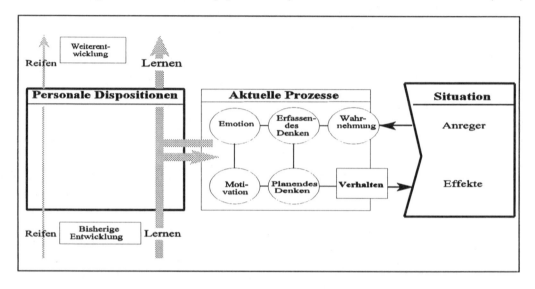

Die von beiden Autoren vorgeschlagene theorieübergreifende Makrosstruktur des psychischen Systems wird in vier elementare Aspekte eingeteilt:

❏ Aktuelle Prozesse
❏ Situation
❏ Personale Dispositionen
❏ Weiterentwicklung der Person im Sinne von Reifungs- und Lernprozessen

Aktuelle Prozesse sind im wesentlichen die momentanen, aktuellen psychischen Vorgänge und Zustände in einer Person während einer Verhaltensäußerung: **Wahrnehmung**, erfassendes, wahrnehmungsverarbeitendes **Denken** und **emotionale Reaktionen** bilden den "Strang der aufnehmenden Seite", **Motivation**, planendes, problemlösendes **Denken** und **äußeres Verhalten** den "abgebenden, verhaltensbezogenen Strang" (siehe Abbildung 7). Im Gegensatz zum Verhalten, das beobachtbar ist, sind diese inneren Prozesse z.T. erschließbar, erfragbar und bei sich erlebbar. Die inneren Prozesse verarbeiten einerseits die Informationen aus der Umwelt, andererseits wirken sie über das Verhalten auf diese zurück. Sie sind mit der Situation **zirkulär** im Sinne eines Kreisprozesses verbunden.

Situation bzw. situative Bedingungen:
Diese sind ebenfalls beobachtbar und erfragbar. Die situativen Bedingungen lassen sich in **"Anreger"**, die auf die aktuellen Prozesse einer Person einwirken, und in **"Effekte"**, d.h. auf das Verhalten nachfolgende Bedingungen ("Konsequenzen") einteilen. Zu den Anregern (Auslöse- und Hinweisreize) zählen: Anlässe (Aufgaben, Themen usw.), das soziale Umfeld, andere Personen, räumliche, materielle, klimatische u. a. Bedingungen. Effekte sind z.B. Erfolg, Mißerfolg, unmittelbare Reaktionen der Interaktionspartner (Lob, Kritik ect.).

Personale Dispositionen:
Diese sind z.T. erschließbar, vermutbar und erfragbar. Der Terminus Dispositionen beinhaltet Personmerkmale, Eigenschaften der Person (Persönlichkeit, Charakter) und Verhaltensbereitschaften bzw. Verfügbarkeiten: Interessen, Motive, Neigungen, **Einstellungen**, Kompetenzen, Fähigkeiten, Gewohnheiten, Fertigkeiten, Kenntnisse, Begabungen, eingeschliffene Reaktionen, das Verhaltensrepertoire ect.

Entwicklungsbedingungen: Darunter fallen Informationen über vergangene Erfahrungen, Lern- und Reifungsprozesse, Sozialisationsbedingungen, Krankheiten u. dgl., die teilweise im konkreten Fall erfragbar sind.

NOLTING, PAULUS unterscheiden 3 Ebenen der Erklärung:

1. Verhalten wird durch psychische **aktuelle Prozesse** erklärt, die direkt hinter dem Verhalten angenommen werden (siehe Abb. 7). Er/sie tut dies und jenes, weil er/sie sieht, denkt, fühlt, beabsichtigt, plant ..., daß ...
   Erklärungen dieser Art sind jedoch meist unzureichend.

2. Horizontale Erklärungsebene: **Personale und situative** Bedingungen wirken zusammen und erklären die **aktuellen Prozesse** (siehe in Abb. 7).

3. Vertikale Erklärungsebene: Reifen, Lernen erklärt die **personalen** Merkmale, die personalen Dispositionen. Dies wird in Abb. 7 durch die beiden nach oben (vertikal) verlaufenden Pfeile angedeutet. Über Lern- und anlagebedingte Reifungsprozesse kommt es zu situationsüberdauernden Veränderungen der personalen Dispositionen.

Abbildung 7 legt nahe, daß psychische Prozesse in einem **Person - Umweltbezug** stehen. Zudem ist die Person jederzeit in Entwicklung begriffen. Für ein und dasselbe Verhalten gibt es verschiedene Erklärungs- und Zugangsweisen. Es liegt kein unidirektionales Ursache-Wirkungsverhältnis, sondern ein **Bedingungsgefüge** vor: Mehrere Bedingungen wirken zusammen und "erklären" das Verhalten.

Wichtig erscheint mir darauf hinzuweisen, daß die einzelnen Prozesse in einem System "Mensch-Umwelt" stattfinden, daß keine einfachen Linearitäten oder kettenartige Abfolgen die Regel sind, sondern das Ganze als ein kompliziertes Netzwerk mit rekursiven Schleifen und Rückkoppelungen zu betrachten und zu verstehen ist. Beispielsweise können Einstellungen (personale Disposition in

Abb. 7) für die Wahrnehmung und das informationsverarbeitende Denken bezüglich situativer Begebenheiten richtungsweisend sein; andererseits können situative Anreize aber auch über Gefühle und
kognitive Prozesse (aktuelle Prozesse in Abb. 7) Einstellungen aktualisieren, sodaß diese wiederum
auf die aktuellen Prozesse einstellungsspezifisch rückwirken. Eine lineare Betrachtungsweise einzel-
ner Komponenten führt nur zu partiellen Wahrheiten, die das gesamte Netzwerk nur ungenau und
fragmentarisch einfangen. Hinzukommt, daß ein "Einstieg" in ein System zu Interpunktionen führt,
die gegebenenfalls zu unnützen Fragen führen, was zuerst komme, das Denken oder das Wahrnehmen oder die Situation oder ...

Entsprechend dem berühmten Ansatz "Verhalten ist eine Funktion der Person und der Situation"
seien einige mögliche Formen der **Interaktion** von **personalen (P)** und **situativen (S)** Anteil aufgelistet.

> ### V = f (P x S)
> Es bedeuten **V**: Verhalten **P**: Person **S**: Situation **f**: Funktion von

Der Fundamentalgleichung V = f (P,S) zufolge können wir drei Gruppen an Bedingungsgefüge für Verhalten
unterscheiden: 1. Verhalten ist vorwiegend **personbedingt**, d.h. den Einflüssen der Situation bzw. der Umwelt
kommt nur ein vergleichsweise minimales Gewicht zu (z.B. bei klinisch-pathologischem Verhalten wie der
endogenen Depression); 2. das Verhalten ist eher **situationsbedingt** (z.B. Rollenverhalten Käufer-Verkäufer)
und 3. **Interaktion** (Wechselwirkung) zwischen Person (P) und Situation (S).

Formen der Interaktion (PxS)

❏ **komplementäres** Verhältnis
 - Ängstlichkeit (P) und Bedrohung (S) ergeben Angstverhalten (V); d.h. beide ergänzen sich im
   Sinne von Anregung und Aktivierbarkeit.
 - Hilfemotiv (P) und die Notlage anderer (S) ergeben die Hilfemotivation.
 - Interesse (P) und ein bestimmtes Thema (S) führen zu Interessiertsein bzw. entsprechendem
   Verhalten.

❏ **Wirkungsabhängigkeit**, d.h. eine Einflußgröße 1 ist in Wirkung auf Größe 3 (das Kriterium)
   abhängig von Größe 2. In der Fachsprache wird dies auch als (statistischer) **Interaktionseffekt**
   (statistische Wechselwirkung) bezeichnet:
   ❏ Beispiel 1:
   Die 3 Merkmale seien:
   1. eine Behandlung (treatment), die in 2 Ausprägungen Behandlungsform A bzw. B vorliegt,
   2. das Geschlecht (ebenfalls dichotom; männlich versus weiblich) und
   3. der Behandlungserfolg, der z.B. durch ein Verhaltensmaß erfaßt wird, wobei gelten soll: Je
      größer der Wert, desto besser der Behandlungserfolg. Diese Variable ist hier das Kriterium
      bzw. die abhängige Variable (siehe auch S. 12).

Wie sieht nun der Erfolg der Behandlung für Frauen und Männer bei beiden Behandlungsformen (A, B) aus?
Oder anders formuliert: Wie wirken sich Geschlecht **und** Behandlung zusammen auf den Behandlungserfolg
aus? Abb. 8 skizziert 2 fiktive Resultate:

Abb. 8: Statischer **Interaktionseffekt (Wechselwirkung)**

o: weiblich +: männlich

Auf der Ordinate sind die Ausprägungen der abhängigen Variable "Behandlungserfolg", der durch ein geeignetes Verhaltensmaß operationalisiert ist, aufgetragen.

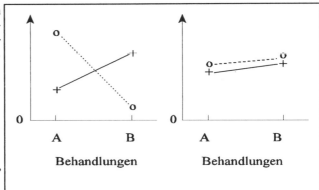

[Je **größer** der Wert auf der Ordinate, desto **besser** ist der Behandlungserfolg]

Linke Abbildung: Der Behandlungserfolg ist abhängig vom Geschlecht und der Behandlungsform: Bei Behandlung A schneiden die Frauen (o) besser ab als die Männer (+), bei Behandlung B ist es umgekehrt: Die Männer profitieren von ihr mehr als die Frauen. Dies wird als eine **Geschlecht x Behandlung** Interaktion bzw. Wechselwirkung bezeichnet. Einen derartigen Wechselwirkungseffekt haben Sie schon auf Seite 14 (siehe auch Abbildung 3) kennengelernt. Diese Interaktionseffekte sind typische Resultate (sozial)psychologischer Experimente. Im Beispiel 1 ist die Behandlungsform in Wirkung auf den Behandlungserfolg abhängig vom Geschlecht.

Rechte Abbildung: Hier liegt **keine** "Interaktion" vor. Beide Geschlechter erzielen in etwa gleiche Durchschnittsergebnisse im Behandlungserfolg. Der durchschnittliche Behandlungserfolg der Männer (+) liegt bei beiden Behandlungsformen (A, B) geringfügig unter dem der Frauen (o). Sind die Unterschiede überzufällig (signifikant) - die räumliche Position (o, +) wäre unter B mehr nach oben versetzt - , ist ein **Behandlungseffekt** gegeben, der sich auf beide Geschlechter je nach Behandlungsform (A, B) etwa gleich auswirkt, wobei die Behandlung B der Behandlungsform A vorzuziehen wäre. B hätte dann auf Männer wie Frauen in etwa übereinstimmende, gute (jedoch bessere als bei Behandlungsform A) Auswirkungen. Läge die (o, +) Konfiguration unter der Behandlung A über der von B, ist entsprechend umgekehrt zu formulieren.

☐ **Beispiel 2:**
Einseitige Kommunikation führt bei Personen mit niedriger Intelligenz zu mehr Einstellungsänderung; bei hoher Intelligenz dagegen zu weniger Einstellungsänderung als zweiseitige Kommunikation. [Eine Kommunikation zu einer Nachricht ist **zweiseitig**, wenn in ihr sowohl die Vorteile wie auch die Nachteile zur übermittelten Botschaft formuliert sind; **einseitig** werden entweder nur die Vorteile oder nur die Nachteile mitgeteilt.]

Die 3 Merkmale sind hier: 1. Kommunikation (einseitig versus zweiseitig); 2. Intelligenz (niedrig versus hoch); 3. die Einstellungsänderung als abhängiges Merkmal bzw. als Kriterium.

☐ **Beispiel 3:**

Zur Überprüfung einer dissonanztheoretischen Hypothese führten LINDER et. al. (1967) ein Experiment durch, das den Effekt der **Belohnung** und der **Entscheidungsfreiheit** auf den Wandel von **Einstellungen** testete. Die Aufgabe für die studentischen Vpn bestand darin, einen polizeifreundlichen Aufsatz zu schreiben und eine Position darin zu vertreten, die gegensätzlich zu ihren Überzeugungen war, also ihren tatsächlichen Einstellungen widersprach. Konkreter Anlaß war die überreaktive Intervention der Polizei bei Studentenunruhen auf einem Universitätscampus. Die Versuchsteilnehmer sollten in ihren schriftlichen Ausführungen insbesondere diese von der Öffentlichkeit nicht akzeptierten Maßnahmen der Ordnungshüter rechtfertigen und gutheißen. Im Anschluß an diese **einstellungsdiskrepanten** Verhaltensäußerungen wurde die Einstellung der Studenten zum Einstellungsobjekt Polizei respektive polizeiliche Maßnahmen gemessen.

Ergebnis:

Bei <u>vorhandener</u> **Wahlfreiheit** (Entscheidungsfreiheit) gilt: **Einstellungskonträres Verhalten** führt zu mehr Einstellungsänderung, je geringer die Belohnung ist (☞ **Dissonanzeffekt;** s.a. Dissonanztheorie in Teil 3). Bei geringer (bzw. nicht vorhandener) Wahlfreiheit dagegen tritt ein **Belohnungseffekt** ein, d.h. je höher die Belohnung, desto größer ist der Einstellungswandel (siehe Abb. 9).

Die 3 Variablen sind hier:

1. unabhängige Variable, dichtotom konzipiert: **Wahl/Entscheidungsfreiheit** (ja versus nein bzw. gering): Die Hälfte der Vpn bekam die Gelegenheit, die experimentelle Aufgabe (einen einstellungskonträren Aufsatz zu schreiben) zuerst sich anzuhören und dann zu entscheiden, ob sie am Experiment teilnehmen und die vorgesehene Aufgabe bearbeiten wollen. Diese Manipulation entspricht der Bedingung < Wahlfreiheit **ja** >. Bei den übrigen Versuchsteilnehmern dagegen wurde sofort mit der Instruktion zur experimentellen Aufgabe begonnen. Diese Vpn fühlten sich demnach nicht frei und waren in ihrem Handlungsspielraum erheblich eingeschränkt, den angesonnenen Aufsatz zu verweigern (< **keine** Wahlfreiheit >).

2. unabhängige Variable, ebenfalls dichtotom: **Belohnung** [niedrig (0,5 \$) versus hoch (2,5 \$)].

3. abhängige (Kriteriums)Variable: **Einstellungsänderung.** Nach der Ausführung des einstellungsdiskrepanten Verhaltens wurde die Einstellung der Versuchsteilnehmer zu den Maßnahmen der Ordnungshüter erfaßt.

Abb. 9: GraphischeDarstellung der Interaktion (Wechselwirkung) des **Beispiels 3**.

Die 4 Versuchsbedingungen sind:

1. niedrige Belohnung (1/2 \$) **und** Entscheidungsfreiheit
2. niedrige Belohnung **und keine** Entscheidungsfreiheit
3. hohe Belohnung (2,5 \$) **und** Entscheidungsfreiheit
4. hohe Belohnung **und keine** Entscheidungsfreiheit

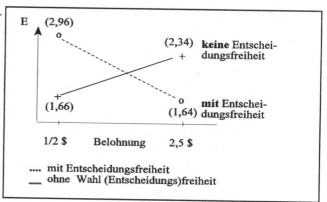

Ordinate: Maß der Einstellung (E); die 4 Werte in Klammern geben die durchschnittlichen Skores unter den 4 Bedingungskombinationen wieder. Je größer der Zahlenwert ist, desto positiver ist die Einstellung. Die mittlere Einstellung einer **Kontrollgruppe,** die **keinen** Aufsatz schrieb und **keine** Belohnung bekam, betrug 1,71.

Abb. 9 zeigt, daß die 4 Versuchsgruppen in den Durchschnittswerten der gemessenen Einstellung beträchtlich differieren. Werden diese Durchschnittswerte jeweils in Relation zu den anderen Bedingungskonstellationen betrachtet, dann bewirken eine niedrige oder hohe Belohnung eine positivere Einstellung, aber nur, wenn die Variable **Entscheidungsfreiheit** systematisch variiert bzw. berücksichtigt wurde: Bei niedriger Belohnung **und** Entscheidungsfreiheit - die Vpn wußten also von vornherein, was auf sie zukommt und worauf sie sich einließen - bekunden die Vpn bei der Einstellungsmessung im Anschluß an das einstellungskonträre Aufsatzschreiben eine positivere (mittlere) Einstellung (siehe 2,96), die in etwa qualitativ mit der Bedingung keine Wahlfreiheit **und** hohe Belohnung (2,34) vergleichbar ist. Der Verlauf der gestrichelten Linie (Entscheidungsfreiheit ist gegeben) legt eine <u>negative Beziehung</u> zwischen der Höhe der Belohnung und der Einstellungsänderung nahe. Ist dagegen die Wahl/Entscheidungsfreiheit nur gering bzw. nicht vorhanden, ist der Zusammenhang <u>positiv</u> (siehe durchgezogene Linie, die "ansteigt"). Diesem experimentellen Befund zufolge hängt die Wirkung einer Belohnung auf den Einstellungswandel vornehmlich von der erlebten Wahl- bzw. Entscheidungsfreiheit ab.

Was besagt dies nun für den "Praktiker"? Gelingt es eine KlientIn zu neuartigem, einstellungskonträrem Verhalten zu veranlassen, dann sollte darauf geachtet werden, daß die KlientIn sich für die Verhaltensausführung verantwortlich und frei von Zwängen und attraktiven Anreizen fühlt, denn letztere sind ein nicht zu unterschätzender Rechtfertigungsgrund, etwas zu tun, was man/frau gar nicht tun wollte. Näheres dazu siehe Abschnitt Dissonanztheorie.

Weitere Beispiele zu Wechselwirkungen: Siehe Experiment von SCHIFFMANN,WAGNER (1985) zur S.I.T. (Teil II), das Beispiel einer empirischen Untersuchung zum ELM (Teil III) und die Schaubilder einiger empirischer Forschungsbelege zum ELM (Abb. 29 - 36).

Aufgabe:
Fertigen Sie für Beispiel 2 eine Graphikskizze an, in der die formulierten Merkmalsinteraktionen veranschaulicht sind! Versuchen Sie diese Wechselwirkungen mit eigenen Worten auszudrücken.

❐ Wechselwirkung in Form von **Kreisprozessen**
Kreisprozesse sind in der Psychologie eher die Regel. Hat eine Person beispielsweise Kopfschmerzen, wird sie diese mit Tabletten eventuell erfolgreich abstellen. Stellen sich die Kopfschmerzen nach einer Weile wieder ein, ist der "erfolgreiche" Griff zur Tablette wahrscheinlich. Die Gefahr besteht darin, daß sich die gesamte Abfolge "Kopfschmerz ↔ Medikament" aufschaukelt, mit der Konsequenz, daß die Dosierung immer mehr erhöht wird. Die interpunktierte Abfolge <... Kopfschmerz-Tablette...> ist auf der Zeitachse linear; das sich wiederholende Muster jedoch ist **zirkulär kausal**, d.h. die Kopfschmerzen, wie auch die Tabletten sind zugleich Ursache und Folge.

Auf Kreisprozesse wird in einem gesonderten Kapitel "**zirkuläres** Denken, **systemische** Sichtweise" näher eingegangen (siehe unter I.5).

❐ Interaktion von P (Person) und S (Situation) im Sinne **sozialer Interaktion** (Kommunikation, Verhalten zwischen zwei Menschen); wechselseitige Beeinflussung von Menschen. Das Verhalten einer anderen Person stellt hier die "Situation" dar.

<u>Beispiel zur Mutter-Kind Interaktion</u>: Eine Mutter befindet sich mit ihrem 5 jährigen Kind im Supermarkt. Als diese mit ihrem Einkaufswagen am Süßigkeitenregal vorbei kommt, insistiert das Kind durch "Quengeln" darauf, daß eine Tafel Schokolade gekauft wird. Gibt die Mutter nach und kauft Schokolade, **verstärkt** sie

das Verhalten des Kindes **positiv**. Andererseits wird sie vom Kind **negativ verstärkt**, denn das Kind beendet sein fortwährendes Bitten und fällt ihr daraufhin nicht mehr zur Last. Beide Verhaltensweisen, "Schokoladekaufen (Mutter)" und "Quengeln (Kind)" halten sich unter diesen **Verstärkerbedingungen** aufrecht (vgl. dazu auch die Lerntheorie von SKINNER).

❑ **Komplexe** wechselseitige Beeinflussungen zwischen personalen (P), situativen (S) Bedingungen und Verhalten. Siehe dazu das gesamte Gefüge der Faktoren in Abb. 7.

Das besprochene Modell von NOLTING und PAULUS kann auch als **Leitfaden** für eine anamnestische Datenerhebung und zur **Analyse von Fallbeispielen** dienen. Die interessierte LeserIn sei dazu auf Kapitel 8 in NOLTING, PAULUS (1993, S. 194 ff.) verwiesen. Dort wird auch das Modell an einem hypothetischen Fallbeispiel "Unsere Anja ist so zurückgezogen" (S. 201) konkretisiert.

Aufgaben:
Achten Sie bitte auf "ungewöhnliche" Äußerungen von Personen aus Ihrem Bekanntenkreis wie etwa "unsere Beziehung ist kaputt", "keinen Bock mehr haben auf ..", "das schaffe ich nie", "er/sie ist hinterhältig", "Ausländer raus".
Versuchen Sie dann in einem Gespräch mit dieser Person zuerst das in der Äußerung "verborgene" Verhalten zu operationalisieren. Was genau **tun** Sie z. B., sodaß Ihre Beziehung kaputt ist? Was verstehen Sie unter "kaputt"? Wie äußert sich dies?
Probieren Sie ferner in Anlehnung an den "Leitfaden" zum Nolting - Paulus - Schema situative, aktuelle personale und dispositionale Bedingungen zu erfragen. Vergessen Sie nicht, die "vertikale Erklärungsebene" (Lern-, Entwicklungsgeschichte)! Holen Sie also auch Informationen über "vergangene" Erfahrungen ein.

I.4 Allgemeines zur Attributionspsychologie

Verhalten und Erleben zu beschreiben und zu erklären ist nicht einfach, wenn Sie sich das Modell von NOLTING und PAULUS nochmals vergegenwärtigen. Es gibt keine simplen Verhaltensursachen, sondern ein Gefüge an miteinander vernetzten Bedingungen. Dieses Gefüge und seine weitere Ausdifferenzierung versucht die Wissenschaft vom Verhalten und Erleben offenzulegen. Wie sieht es nun mit den alltäglichen, subjektiven Verhaltenserklärungen der "Menschen auf der Straße" aus? Dieser Themenkreis steht im Mittelpunkt der folgenden Zeilen. Im Prinzip geht es um eine wissenschaftliche Psychologie der "Psychologie der Menschen im Alltag", um eine Systematisierung ihrer Antworten auf die Frage nach den Ursachen, um ihre Sichtweisen, Vermutungen, Schlußfolgerungen, Zuschreibungen u.ä. - der Fachterminus dazu ist **Attributionen** (lat. < attribuere > zuschreiben). Beginnen wir mit zwei Beispielen aus dem Alltag, in denen solche Zuschreibungsprozesse deutlich werden.

❑ Im Gespräch mit einem Klienten fällt Ihnen auf, daß dieser sich immer mehr zurückzieht, wortkarger wird und Ihre Fragen recht pauschal beantwortet. Beim Meeting zuvor zeigte er ein eher konträres Verhalten. Dort war er offener und mitteilsamer.
Wie erklären Sie sich den plötzlichen Wandel des Klienten in dessen Selbstoffenbarungen? Sie werden sich sicherlich fragen, **warum** verhält er sich auf einmal so, was ist die **Ursache** dafür?

❐ Sie lernen jemanden kennen und verabreden sich zu einem bestimmten Zeitpunkt an einem bestimmten Ort. Sie erscheinen zur ausgemachten Zeit, der/die andere jedoch läßt auf sich warten. Nach einer Wartezeit von 15 Minuten verlassen Sie den Treffpunkt und wenden sich anderen Dingen zu.
Wiederum dürfte sich Ihnen die Frage aufdrängen, warum der/die andere nicht erschien, was ihn/sie dazu veranlaßt hat.

Sollten Sie im ersten Beispiel die Ursache für die Verhaltensänderung beim Klienten z.B. in dessen "Verwundbarkeit" (tiefsitzende Probleme, über die er nicht sprechen will; hat kein Vertrauen, Klient ist "noch nicht soweit" u.ä.) festmachen, haben Sie einen Zuschreibungsprozeß vollzogen, in dem der andere bzw. bestimmte Charakteristika des anderen ursächlich für den Gesprächsverlauf gesehen werden: Sie **attribuieren auf die Person des anderen (Fremdattribution)**.
Möglich ist aber auch, jedoch relativ unwahrscheinlicher, daß Sie die Ursache "bei sich selbst" sehen: Etwa in der Art und Weise, wie Sie das Gespräch führen, wie Sie fragen u. dgl.. Kommen Sie zu der Schlußfolgerung, Sie seien "zu schnell, zu wenig mitfühlend" vorgegangen, **attribuieren** Sie **auf die eigene Person (Selbstattribution)**.
Eine Person, die zu einer Verabredung nicht erscheint oder zu spät kommt, auf die ist "kein Verlaß", "sie ist unpünktlich", "an einem nicht interessiert" usw., all dies sind Zuschreibungen, **Attributionen von Eigenschaften**, die der/die andere hat und die folglich als die Ursache für das Nichterscheinen bzw. Zuspätkommen angesehen werden. Eine andere Art von Attribution ist ebenfalls denkbar: Sie erklären sich das Fernbleiben durch konkrete Umstände wie "hat den Bus verpaßt", " hat vielleicht eine Reifenpanne, einen Unfall oder steckt im Stau" oder "schuld ist das Wetter" oder "der Ort des Treffpunktes wurde ungenau beschrieben" oder ... Dies wären Beispiele für **Attributionen auf Umstände**, auf situative Modalitäten.

Die beiden Beispiele mögen genügen, um den Begriff der Attribution einzuführen. Im Verlauf der weiteren Ausführungen dazu ist nicht beabsichtigt, die gesamte Bandbreite der Attributionsforschung aufzurollen, sondern nur selektiv über einige zentrale Aspekte der Attributionspsychologie zu informieren.

Attribution meint soweit subjektive (keine wissenschaftlichen) Meinungen über **Kausalbeziehungen** (Ursache-Wirkungs-Zusammenhänge). Attribution kann in diesem Sinne als ein Interpretations- bzw. Schlußfolgerungsprozeß bezüglich der Erfahrungswelt verstanden werden. Zu sozialen Ereignissen und Handlungen (eigener wie fremder) werden **Gründe/Ursachen zugeschrieben (attribuiert)**. Attributionspsychologen sprechen daher von einer **Kausalattribution**.

Die Grundannahme, von der die Attributionspsychologie ausgeht, ist, daß sich der Zuschreibende (der Attribuierende) wie ein "naiver (Sozial)Wissenschaftler oder Datenverarbeiter" verhält. Zur Grundposition aller Attributionstheorien gehört auch, daß **kognitiven** Prozessen große Bedeutung beigemessen wird. Demnach verarbeitet der Mensch Informationen, er interpretiert, denkt, vergleicht, selegiert, bewertet, klassifiziert, kombiniert und stiftet Zusammenhänge ... alles kognitive Vorgänge. Auch wird davon ausgegangen, daß Menschen sich über die Gründe ihres Verhaltens und Fühlens tatsächlich Gedanken machen.

Daß Attributionen oft unrealistisch und verzerrt sind und zu unterschiedlich dramatischen Folgen führen, mag die (fiktive) Attributionsleistung einer Person, die jahrzehntelang in einer sozialen Einrichtung mit Schwerstbehinderten arbeitete, verdeutlichen:

Sozialpädagoge X fühlt sich seit einiger Zeit körperlich, emotional und geistig erschöpft. Er macht, wie es im Fachjargon heißt, das sog. **Burnout-Syndrom** (Ausgebranntsein; unter innerer Erschöpfung leiden) durch - einen guten Überblick zu diesem Störungsbild bieten BURISCH (1989) und KLEIBER & ENZMANN (1989). Für die vielfältigen Anzeichen der Erschöpfung wird Herr/Frau X eine Ursachenklärung durchführen und sich fragen, was ist schuld daran.

Attribuiert Soz.päd. X **auf eigene Dispositionen**, d.h. er/sie sucht und findet die Ursachen innerhalb seiner/ ihrer Person (**internal**), dann wird er/sie, falls die "Diagnose" persönliche Unzulänglichkeit, mangelndes Interesse, Gleichgültigkeit, inadäquate Kompetenzen ... lautet, als Folge eventuell den Beruf wechseln u./o. einen Psychotherapeuten aufsuchen und von diesem Hilfe erwarten.

Attribuiert er/sie vorwiegend **auf die Situation**, sieht die Sache eventuell ganz anders aus: Soz.päd. X wird die **Situation verändern**, mit Vorgesetzten und Mitarbeitern über die Arbeitsbedingungen reden, keine Über- stunden mehr machen u.ä. Es werden also ganz andere und weniger dramatische Maßnahmen ergriffen als im Falle einer internalen Selbstattribution, bei der die situativen Umstände hingenommen werden, wie sie sind!

☐ **HEIDER** (1958, deutsch 1977) ist einer der Pioniere der Attributionspsychologie. Von ihm stammt auch der Terminus **naive Psychologie**. Menschen tendieren nach seiner Ansicht grundsätz- lich zur Attribution von Kausalität. Von großer Bedeutung für diesen Forschungssektor ist seine Systematik der **Kausalfaktoren**. Ereignisse im Alltag werden vom sozialen Akteur, der gleichsam ein naiver Wissenschaftler ist und eine Psychologie des gesunden Menschenverstandes ("common- sense-Psychologie") betreibt, mittels einfacher Kausalschemata erklärt. Diese Common-sense- Psychologie leitet in der Alltagspraxis unser Verhalten gegenüber anderen Menschen.

Nach HEIDER ist unser intuitives, common-sense Wissen über andere Menschen so umfassend, daß auch ohne die Kenntnisse der wissenschaftlichen Psychologie "Probleme der zwischenmenschlichen Beziehungen mit Leichtigkeit bewältigt werden und fast genauso gut wie vorher gelöst werden" (HEIDER, 1977, S. 11). Die naiven Vorstellungen über andere Menschen (inklusive der eigenen Person) und soziale Situationen lassen sich nach HEIDER anhand von 10 Grundkomponenten beschreiben. Diese sind:

Bewußtheit der subjektiven Umwelt (Lebensraum); Wahrnehmen; Erleiden; Verursachen; Können; Versuchen; Wollen; Gefühle; Gehören und Sollen.

Beispiel: < Bei einer Geschwindigkeit von 120 km/h auf der Autobahn platzte der Vorderreifen und der Fahrer verlor die Herrschaft über das Fahrzeug, prallte gegen die Leitplanke und überschlug sich >. Dieses Ereignis läßt sich auch allgemeiner formulieren: Besondere **Umstände** (Situation) **verursachten**, daß Person P das beabsich- tigte Verhalten nicht mehr ausführen **konnte**. Wie sehr P dies auch **versuchte**, P **erfuhr** (erlitt) unangenehme, nicht beabsichtigte Folgen.
Der gesunde Menschenverstand sagt uns, daß P für das Ereignis nicht verantwortlich und keine persönliche Kausalität gegeben ist. Wir nehmen stattdessen eher an, P habe Pech oder der Zufall habe die Hand im Spiel gehabt.

In einer "**naiven**" **Handlungs-** bzw. Kausalanalyse werden soziale Ereignisse aus der Sicht des psy- chologischen Laien interpretiert. Nach HEIDER lassen sich zwei Faktoren- bzw. Bedingungs- gruppen unterscheiden, von denen ein Handlungsergebnis abhängt: **Person** und **Umwelt**. Beide Konstituenten einer Handlung (der eigenen, wie der fremden) sind systematisch aufeinander bezo- gen. Die Personmerkmale werden in **Motivation** [Intention (Absichten) und Anstrengung (Intensität der Anstrengung)] und **Fähigkeit** (geistig, körperlich) unterteilt. HEIDER nennt diesen Faktor auch

"Macht" und subsumiert darunter geistige und physische Fähigkeiten. Motivation und Fähigkeit zusammen sind die **"effektiven Person-Kräfte"**, die "inneren" Komponenten einer persönlichen Verursachung. **Anstrengung** und **Absicht** konstituieren das **Versuchen** (Bemühen), also die Motivation zu handeln (siehe Abb. 10, S. 39). Die "Absicht" - das, was eine Person zu tun versucht - ist der zentrale Faktor bei der "persönlichen Kausalität" (siehe weiter unten).

Die Umweltvariablen werden in **Aufgabenschwierigkeit** (bzw. Leichtigkeit) und **Zufall** (Glück oder Pech; Gelegenheit) aufgegliedert. Zusammen ergeben sie die **"wirksame Umwelt-Kraft"**. Ein Handlungsergebnis hängt demnach von einer Kombination wirksamer persönlicher Kraft und wirksamer (apersonaler) Umwelt-Kraft ab (siehe Abb. 10). Sind die Personkräfte größer als die Umweltkräfte, stellt sich ein Handlungsergebnis ein. Im umgekehrten Fall verhindern die Umwelt-Kräfte eine Handlung, wenn ihr ungünstiger Einfluß auf das Handlungsergebnis H wirksamer ist als der der personalen Kräfte.

Es sind also **vier Ursachen**, auf die Handlungsergebnisse reduziert werden können: **Motivation**, **Fähigkeit**, **Schwierigkeit** und **Zufall**. Je zwei sind Eigenschaften der Person oder Aspekte der Situation. Die Verursachungsquellen von Verhalten liegen folglich entweder in der Person (sind **internal**) oder werden in der Umwelt lokalisiert (sind **external**). Der Attribuierende erschließt diese "Kräfte", die für sein eigenes Handeln und Verhalten und das der anderen zuständig sind.

Ein Beobachter zieht nach HEIDER bei der Interpretation eines Ereignisses oder Handlungsergebnisses folgendes algebraische Modell heran (siehe auch STROEBE, 1980, S. 85):

$$H = f [(A \times F) + (S + Z)]$$

Es bedeuten: **H** Handlungsergebnis; **f** Funktion von; **F** Fähigkeit; **A** Anstrengung; **S** Schwierigkeit; **Z** Zufall; (**x** multiplikative, **+** additive Verknüpfung). [Personale Kräfte = Null, wenn (AxF) = 0]

Die **Fähigkeit** - eine Eigenschaft der Person und ein dispositionales Konzept - und die wirksame **Umweltkraft** werden von HEIDER zum Konzept des **Könnens** kombiniert und vom motivationalen Faktor **Versuchen** (Bemühen), der eine Handlung leitet, klar abgetrennt. Beide Konzepte sind notwendige und hinreichende Bedingungen für eine beabsichtigte Handlung:

$$\text{Handlungsergebnis} = f \text{ (versuchen, können)}$$

Diagnostiziert der Laienpsychologe eine "günstige Gelegenheit" oder "pures Glück", attribuiert er auf Umweltbedingungen, die primär für das Verhaltensergebnis verantwortlich und das Resultat eines unvorhersagbaren "Zufalls" sind.

"Können" liegt vor, wenn einschränkende Umweltkräfte absent sind. Kurz gesagt: Wenn Person P es versucht, gelingt es. Sind andererseits die einschränkenden Umweltkräfte größer als die Fähigkeit, wird Person P scheitern, d.h. **"nicht können"**.
Das "Können" allein ist nicht hinreichend für eine Handlung. Siehe etwa: P "könnte" ein Ziel x erreichen (z.B. das Rauchen aufgeben), wenn er/sie es **"versuchen"** würde. Oder: P würde es schaffen, wenn er/sie sich nur genügend **bemühen** würde.

Zufall (Glück, Pech) und die **Absicht** bzw. die Anstrengung sind temporäre (zeitlich veränderliche), variable Einflußfaktoren; die **Schwierigkeit** (einer Aufgabe oder einer Handlung) und die **Fähigkeit** einer Person dagegen sind nach HEIDER zeitstabil, invariant bzw. dispositionell (siehe auch WEINER, 1984 zur Analyse leistungsbezogenen Handelns).

Hinweise für die relativen Beiträge der 4 Komponenten sind beispielsweise für
Fähigkeit: Ähnlich gute Leistungen in der Vergangenheit; Leistungsposition einer Person im Vergleich zu den Leistungen anderer. Ist Person P eine von wenigen, die Erfolg hatte, dann wird ihr in der Regel eine "große" Fähigkeit attestiert. Umgekehrt ist ihre Fähigkeit "klein", wenn sie zu den wenigen Versagern zählt. Möglich ist auch die Übertragung der Fähigkeit von einem Bereich auf andere. Von einer "fähigen" Person erwarten wir in der Regel, daß sie in anderen Gebieten ebenfalls erfolgreich ist. Ferner wirken temporäre, personale Zustände (Ermüdung oder Stimmung) zeitweilig auf die "Fähigkeit" ein und beeinflussen den Ausgang einer Handlung.

Anstrengung: Muskelanspannung, Schweiß, Konzentration, Zeitaufwand für die Vorbereitung. Die Anstrengung informiert auch, ob eine Aufgabe schwierig oder leicht ist. Siehe z.B.: "Er/sie schaffte es mit links".

Zufall: Starke Inkonsistenz der Leistungen ("immer schlecht, plötzlich sehr gut" ⇒ **Glück**; oder "einmal Mißerfolg, ansonsten erfolgreich" ⇒ **Pech**); Ergebnisse bei Glücksspielen.

Aufgabenschwierigkeit: Erfolgsquote einer Aufgabe (z.B. 90% lösen die Aufgabe → "leichte" Aufgabe; nur 10% sind erfolgreich → "schwere" Aufgabe). Ein möglicher Hinweis ist auch die sichtbare Anstrengung (Stöhnen). Die Aufgabenschwierigkeit ist unveränderlich mit einem Objekt oder einer Situation verbunden. Sie steht auch implizit mit der handelnden Person in Relation. Die Äußerung "Dies ist eine unmögliche Aufgabe" legen wir meist so aus, daß eine Person scheitert, wenn sie es versucht zu tun.

Die Konstituenten für **Versuchen** sind zum einen die **Intention** (Absicht) - ein Aspekt der Richtung - und zum anderen die **Anstrengung**, in der sich ein quantitativer Aspekt zeigt, nämlich wie sehr eine Person etwas will. Richtung und Stärke sind die beiden Vektoren dieser Motivationskomponente. Die Absicht im Sinne von "was eine Person gerade zu tun versucht" ist ziel- bzw. ergebnisbezogen. Sie koordiniert eine Vielfalt von Handlungsfolgen mit einem Endergebnis. Für "Absichten" wird eine Person persönlich verantwortlich gemacht.
"Absichten" bei einer Person kognizieren wir u.a., wenn die Person P auch andere Mittel ausprobiert, um dasselbe Ziel zu erreichen oder wenn die verschiedenen koordinierten "Mittel-Handlungen" zu ein und demselben Ziel hin konvergieren. Ist Person P beispielsweise in einem Hotel und packt den Koffer, zahlt die Rechnung und bestellt an der Rezeption ein Taxi, dann sind wir ziemlich sicher, daß sie **beabsichtigt**, die Stadt zu verlassen. Die verschiedenen Mittel-Handlungen (packen, zahlen, ein Taxi rufen) weisen auf eine Absicht hin. Natürlich schließen wir auch auf eine "Absicht", wenn P uns berichtet, was er/sie zu tun versucht.

Die **Anstrengung** ist nach HEIDER direkt proportional zur Schwierigkeit und umgekehrt proportional zur Fähigkeit:
$$A = f\,(S/F)$$
[A Anstrengung; S Schwierigkeit; F Fähigkeit]
Algebraisch umformuliert: $F = f\,(S/A)$. Demnach hat bei einer gleich schweren Aufgabe, die von 2 Personen bearbeitet wird, diejenige Person mehr Fähigkeiten, die sich weniger anstrengt.

Zur Verdeutlichung des Unterschieds zwischen "versuchen" und "können": < P **kann** ans andere Ufer des Sees schwimmen > weist auf die Möglichkeit dieser Handlung hin und auf die Fertigkeit/Fähigkeit des Schwimmens. < P **versucht** ans andere Ufer zu schwimmen > betont die Motivationskomponente und die Absicht von P ein bestimmtes Ziel zu erreichen.

Abb. 10: Zusammenfassung der wahrgenommenen Handlungsbedingungen nach HEIDER (1977)

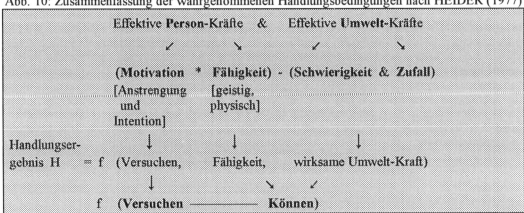

Anmerkung: (*) bedeutet, daß die beiden Personfaktoren Fähigkeit und Motivation untereinander **multiplikativ** verknüpft sind. Demzufolge sind die personalen Kräfte Null, wenn eine der beiden Variablen Null ist.
&: Umweltkräfte und Personkräfte sind **additiv** verbunden. Sind die Umweltfaktoren weder förderlich noch hinderlich - dies entspricht einer Kraft von null - wird das Ereignis bzw. das Handlungsergebnis auf Person-faktoren zurückgeführt (**Personattribution**); sind die personalen Kräfte null (keine Anstrengung u./o. keine Fähigkeit z.B.) läßt es sich durch förderliche Umweltkräfte erklären bzw. wird auf Umweltfaktoren attribuiert (**Situationsattribution**). Die beiden situativen Komponenten Schwierigkeit und Zufall sind ebenfalls additiv ge-koppelt. [f : Funktion von].

Nach HEIDER ist das **Können** (ein Handlungsergebnis herbeiführen können) definiert (siehe Pfeile in Abb.10, die zu "Können" führen):

Können = Fähigkeit - (Schwierigkeit + Zufall)

[+, - : additive bzw. subtraktive Beziehung]

"Können" ist im Sinne von HEIDER demnach das Resultat von 2 Quellen - der Relation zwischen der Person und der Umwelt.
Überwiegen beispielsweise die handlungshemmenden apersonalen Bedingungen (etwa eine "enorm schwierige" Aufgabe) den personalen Faktor "Fähigkeit", dann gelingt einer Person das Ereignis nicht, d.h. sie **kann** es **nicht** und eine Handlung wird trotz vorhandener Fähigkeit unmöglich. Sind die "Kräfte" außerhalb der Person handlungsfördernd und verfügt eine Person über die entsprechende Fähigkeit, dann **kann** sie.
Bei entsprechender Motivation (Anstrengung, Intention) schließlich wird es auch zu einer Handlungs-durchführung kommen bzw. zum Handlungs**versuch** ("**Probieren**"). Auch bei minimalem, äußerem Schwierig-keitsgrad ist eine Handlung auch ohne große Fähigkeit nach dieser "Gleichung" möglich. Scheitert eine Person bei maximaler "Anstrengung" schließen wir, daß ihre Fähigkeit gering ist (F < S). Von der jeweiligen Überlegenheit der beiden Kräfte hängt es ab, ob auf die Person oder auf die Umwelt attribuiert wird. Sind vom Wahrnehmenden die Konstituenten des "Könnens" diagnostiziert, gehen damit bestimmte Erwartungen einher. Ist z.B. die Aufgabe leicht und hat die Person P die "Fähigkeit", erwarten wir, daß sie mit Erfolg abschneidet. Bei geringer Fähigkeit und relativ hohem Schwierigkeitsgrad andererseits werden unsere Erwartungen an die Person P eher umgekehrt sein.

Der Laie entscheidet somit in einer logischen Analyse, ob die Ursache einer Handlung (der eigenen wie fremden) eine internale oder externale ist. **Innere** (persönliche) **Kausalität** kommt kaum in Frage, wenn äußere Bedingungen als Verursachung identifiziert werden. Wird eine Handlung, ein Verhalten andererseits nicht von außen erzwungen, gilt es zu entscheiden, ob sie intentional oder nicht intentional ist: Eine **Absicht** (i. S. von geplant, überlegt) kann in der Regel bei einer Personattribution erst unterstellt bzw. zugeschrieben werden, wenn **Bemühen/Versuchen** festgestellt wird. Versucht eine Person ein Ziel < e > zu verursachen, dann versucht P absichtlich < e >. Nach HEIDER (1977, S. 124) ist die "persönliche Kausalität gekennzeichnet durch **Äquifinalität**, d.h. Invarianz des Ergebnisses und Variabilität der Mittel". Ein weiteres Kennzeichen für die persönliche Kausalität ist die **lokale Ursache**, d.h. die Person, die die Mittel ändert, um ein Ziel zu erreichen, das jedoch selbst unverändert bleibt. Die Absicht bzw. der Plan der Person kontrolliert das Ziel. Siehe Abb. 11 zur Veranschaulichung.

Abb. 11: Äquifinalität bei **persönlicher Kausalität** (nach HEIDER, 1977, S. 132)

Das Zeichen **X** stellt eine Person (die Quelle der persönlichen Kausalität) dar mit der Absicht **e**, ein Endergebnis oder Ziel hervorzurufen.

c1,c2 und c3 sind Umstände bzw. verschiedene Bedingungen.
m1, m2 und m3 sind unterschiedliche Mittel, die Person X auswählt. Diese Mittel sind variabel, das Ziel ist jedoch dasselbe. Die Mittel konvergieren alle auf das Ziel (**Äquifinalität**).

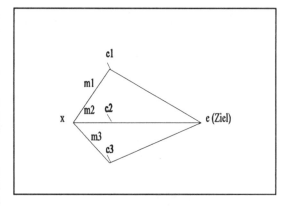

Die (kausalen) Linien gehen von der Person X aus und werden von ihr bis zum Ziel < e > kontrolliert (**lokale Kausalität**). Die Absicht der Person X ist somit die Ursache für ein Ereignis.

Nach HEIDER gibt es bei den Ereignissen einer absichtlichen Handlung einen "initialen Brennpunkt", d.h. eine Absicht (bzw. Plan) und einen "terminalen Brennpunkt" - das Ziel oder Endergebnis. Die "kausalen Linien" divergieren von X aus und konvergieren zum Ziel (siehe Abb. 11). Die Absicht einer Person kontrolliert sowohl die divergente als auch die konvergente Phase. Das beabsichtigte Ziel oder Handlungsergebnis kann von der Person X auf verschiedenen Wegen (m1, m2, m3) erreicht werden. Will ich beispielsweise jemandem einen Gefallen erweisen, kann ich dies auf unterschiedliche Art und Weise realisieren, je nachdem wie die Gelegenheit bzw. die situativen Umstände es zulassen. An Mitteln (m), in Abhängigkeit von den situativen Gegebenheiten (c), stehen mir z.B. zur Verfügung: Etwas schenken, eine Hilfe anbieten, den anderen zum Essen einladen oder ihm eine Mitfahrgelegenheit im Auto anbieten u.ä.. Das Ziel - der Effekt (e), daß der andere sich freut - ist jeweils ein identischer oder ähnlicher finaler Zustand, die Wege jedoch, diesen Effekt zu bewirken, sind vielfältig und werden von meiner "Absicht" auf ein und dasselbe Ziel ausgelenkt und konzentriert. Erlebt der andere nun meine "Mittel-Handlungen" (helfen, einladen ...) wird er auf eine "Absicht" meinerseits schließen, nämlich daß ich dies absichtlich tue, um ihm eine Freude zu bereiten. Diese "Absicht" wird in meiner Person lokalisiert wahrgenommen (**lokale Kausalität**) und mit dem hervorgerufenen Effekt in Verbindung gebracht (**Äquifinalität**).
Eine Person Y kann das beabsichtigte Ziel < e > der Person X nur beeinflussen, indem sie X ändert, d.h. deren Absicht, oder einen neuen Umstand (c4) schafft, der Person X daran hindert oder es ihr sogar unmöglich macht, den Finalzustand < e > hervorzurufen.

Sind viele voneinander unabhängige Teilhandlungen zur Zielerreichung erforderlich, werden sie von der "Absicht" vereinigt und analog einer "konzertierten Aktion" auf das Ziel konvergiert.

Wird keine Intention perzipiert und attribuiert, richtet sich das Augenmerk des Beurteilers mehr auf die Situation.

Die naive Handlungsanalyse erlaubt zudem auch eigenen wie fremden Handlungen eine **Bedeutung** zu verleihen und sie zu beeinflussen (siehe dazu auch unter I.5). Nehmen wir beispielsweise an, P versagt, weil er/sie die nötige Fähigkeit nicht besitzt, dann werden wir anders reagieren, als wenn wir vermuten, P versuchte es nicht ausreichend. Im ersteren Fall erwarten wir, daß P es "nicht kann"; evt. werden wir P die erforderliche Fähigkeit beibringen oder die Aufgabenschwierigkeit verändern, sodaß P die Handlung zustandebringt. Im 2. Fall dagegen stehen ganz andere Prozesse im Vordergrund, nämlich Motivationsprozesse ("versuchen bzw. bemühen"), die darauf abzielen, P zu überzeugen, daß dies etwas ist, was er/sie tun will.

Ein Ergebnis einer Kausalanalyse ist auch die **Attribution von Verantwortlichkeit**. Für Handlungen, die "absichtlich" und unter eigener "Anstrengung" erfolgen, fühlt man sich "verantwortlich" bzw. wird man verantwortlich gemacht. Für Ereignisse, die vorwiegend von situativen Faktoren bedingt sind, wird dementsprechend keine Verantwortung übernommen und zugeschrieben. Je schwieriger die Aufgabe oder je größer das Glück oder je stärker der Druck von außen ist, desto geringer ist die persönliche Verantwortung für Handlungsergebnisse. Vergleiche dazu: "Ich/er/sie konnte unter diesen Bedingungen gar nicht anders als ..."

Hervorgehoben sei noch, daß die Konsequenzen internaler oder externaler Attributionen unterschiedliche Gefühle, Erwartungen und Handlungen zur Folge haben (siehe dazu das Beispiel Soz. Päd. X, Seite 36). Eine experimentelle Untersuchung aus dem Gebiet des Strafvollzugs zur Kausalattribution möge dazu als empirischer Beleg dienen:

Bei Straftaten und Straftätern müssen von den Richtern, Anwälten und Schöffen eine Vielzahl an relevanten, täterspezifischen und das Umfeld der Tat allgemein betreffende Informationen verarbeitet und kombiniert werden, um über die Ursache der Straftat, ein angemessenes Strafmaß und das Wiederholungsrisiko zu entscheiden. Bei diesem Entscheidungsprozeß spielen Kausalattributionen bezüglich der Ursache des Deliktes eine nicht unerhebliche Rolle. Die Beurteilung der Schwere eines Verbrechens und der Länge der Gefängnisstrafe beispielsweise korreliert nach CARROLL & PAYNE (1976, 1977) signifikant mit der wahrgenommenen **Lokation** (internal versus external), der **Stabilität** (stabil versus instabil) und der **Intentionalität** (intentional versus nicht-intentional) der als verantwortlich angesehenen Ursachen:

In einem Experiment mit Studenten wurden diese 3 dichotomen (zweistufigen) Kausaldimensionen kombiniert, sodaß sich 8 mögliche, manipulierte Ursachenbeschreibungen für eine Straftat ergaben. Eine **internale, stabile und intentionale** Ursachenerklärung z.B. beinhaltete neben einer Kurzfassung des Tatherganges die Information, daß der Täter die Tat seit einiger Zeit überlegt und verschiedene Pläne dazu entwickelt hatte. Zum Vergleich dazu die Kombination **external, instabil** und **nicht-intentional**: "Bei der Vernehmung stellte sich heraus, daß der Täter aufgrund der wirtschaftlichen Verhältnisse vorübergehend arbeitslos geworden war. Zum Zeitpunkt der Tat schienen mehrere Umstände zusammenzukommen, die dazu führten, daß die Tat geschah".

Die Probanden, die diesen 8 experimentellen Bedingungen zugeteilt wurden, sollten angeben, welche Gefängnisstrafe ihrer Meinung nach verhängt werden sollte. Einige Ergebnisse dazu: Durchschnittliche, geahndete Gefängnisstrafe für 8 Straftaten mit **internalen Ursachen: 7,8 Jahre**; ... mit **externalen Ursachen: 4,4 Jahre**;

... mit **stabilen** Ursachen: **7,1 Jahre**; ... mit **instabilen** Ursachen: **5,1 Jahre**.
Die Effekte dieser Dimensionen waren additiv: Bei **internaler und stabiler** Attribution wurde für durchschnittlich **9,1 Jahre** Gefängnis plädiert, gegenüber **3,6 Jahren bei externalen und variablen Faktoren.**

Hinweis: Die Untersuchung von CARROLL & PAYNE (1977) und ihr attributionales Modell wird bei WEINER (1984, S. 305 - 307) ausführlich referiert. Dort sind auch die den Probanden zur Urteilsfindung vorgelegten Ursachenmanipulationen und Fallillustrationen wiedergegeben.

Möchten Sie ausführlicher über das Thema Attribution informiert sein und noch andere Attributionstheorien sowie die Weiterentwicklung der Attributionspsychologie seit HEIDER kennenlernen, dann werden z.B. WEINER (1984), FÖRSTERLING (1986) und MEYER (1993) als Vertiefungsliteratur empfohlen.

Attributionen werden in der Literatur seit HEIDER nach unterschiedlichen Dimensionen klassifiziert. Einige **Klassifikationen von Attributionen** im Überblick:
❏ **Distale versus proximale Ursachen.**
Zeitlich vom aktuellen Verhalten bzw. Ereignis weit entfernt liegende und mit ihm nur indirekt in Beziehung stehende Bedingungen sind **distal**. Frühkindliche Erfahrungen und Erlebnisse etwa; Trennung der Eltern vor einigen Jahren u.ä. **Proximale** Ursachen dagegen sind zeitlich näher und bedingen das Verhalten direkter. Gegenwärtig z.B. ohne Freunde sein und depressive Verstimmungen als (Verhaltens)Effekt.

❏ **Internal** versus **external** [sog. "Lokationsdimension" nach ROTTER (1966)]
Internal: Zuschreibung von Eigenschaften, Fähigkeiten, Fertigkeiten u. dgl.
External: ungünstige ökonomische Verhältnisse, schlechte Freunde, schwierige Situation, Glück, Zufall, Schicksal, situative Störbedingungen (Lärm, Publikum...) z.B.

❏ **Stabil** versus **variabel (instabil)**
Unter Stabilität einer Ursache ist deren Zeitinvarianz gemeint. Fähigkeiten, motorische Kompetenzen (z.B. Radfahren) sind weitgehend unveränderlich, wenn sie einmal gelernt sind. Die "Anstrengung" oder das "Glück" bzw. "Pech" dagegen sind (zeit)instabil, veränderlich und somit variabel. Eine Prüfung an einem Freitag und noch dazu am 13. des Monats zu schreiben, ist für viele ein Unding. Dieser Sachverhalt ist attributionspsychologisch gesehen "instabil" und "external".

❏ **Intentional** versus **nicht-intentional** (bzw. kontrollierbar versus unkontrollierbar)
Die Anstrengung bei einer Leistungsaufgabe, die Arbeitshaltung, Absichten, Pläne, Vorsätze ect. sind beabsichtig, d.h. intentional.
Müdigkeit, Krankheit, von einem plötzlichen Impuls "überwältigt" werden, dagegen liegen außerhalb der Kontrolle einer Person. Solche wahrgenommenen Bedingungen sind in der Sprache der Attributionspsychologen "unkontrollierbar" resp. "nicht-intentional".

❏ **Global** versus **spezifisch**
Wird Mißerfolg auf Begabungsmangel, das Scheitern in einer Prüfung auf fehlende intellektuelle Fähigkeiten, das Auseinandergehen einer heterosexuellen Beziehung auf eine Bindungsschwäche,

unzureichende Fertigkeiten im Sozialverhalten oder das Verhaltensergebnis auf die gesamte Persön-lichkeit ("ein durch und durch rücksichtsloser Mensch" z.B.) bezogen und attribuiert, sind dies **globale**, ein weites Spektrum umfassende, **übergeneralisierte** Zuschreibungen. Andererseits sind Bezüge auf spezifische Bereiche (keine technische Begabung, unfaire Prüfung, Sozialbeziehungen zu einer bestimmten Person) nicht so umfassend und demnach **spezifische** Attributionen.

Ein in der klinischen Praxis sehr relevantes Attributionsmuster von KlientInnen ist nach FÖRSTER-LING (1986) eine **internale & stabile & globale Attribution**. Dieses Attributionsmuster kann im Rahmen von therapeutischen **Reattribution**sbemühungen, falls es aufgrund seiner unrealistischen Zuschreibungen zu dysfunktionalen Reaktionen wie Ärger, Wut, Angst oder depressiven Verstim-mungen führt, so modifiziert werden, daß die Attributionen des Klienten realistischer sind, mit der Folge, daß sie der Situation angemessenere, funktionale Reaktionen auslösen. Reagiert jemand auf eine Partnertrennung ängstlich, depressiv und soziale Kontakte meidend, dann könnte ein Attri-butionsmuster bzw. eine "Selbstdiagnose", in der mangelnde, seit jeher schon bestehende defizitäre soziale Fähigkeiten, insbesondere zum anderen Geschlecht, als verantwortlich gesehen werden, dafür in Frage kommen und "dahinter" stehen. Wird diese Fehlattribution zusammen mit dem Klienten unter Einbezug relevanter Information ins rechte Licht gerückt, könnte es sich erweisen, daß die Kausaler-klärungen und Selbstvorwürfe des Klienten nicht gerechtfertigt sind und zur Dramatik der emotio-nalen Reaktionen und Effekte beigetragen haben. - Dieses Beispiel sollte zeigen, daß zwi-schen Kausalattribution und Emotionalität durchaus ein Zusammenhang bestehen kann.

Der Mensch im Alltag macht sich nach den Vorstellungen der Attributionspsychologen Gedanken über die Verursachung seines Verhaltens und das der anderen und kommt auf diese Weise zu "naiven", vorwissenschaftlichen Erklärungen unterschiedlicher Tragweite. Neben dem Erklären von Ereignissen, lassen sich weitere Funktionen einer Attribution unterscheiden:

Fünf Funktionen der Attributionsleistungen

- Attributionen ermöglichen **Voraussagen** über den Ablauf sozialer Ereignisse.
- Sie **erklären** soziale Tatbestände; sie interpretieren sinnvoll eigenes wie fremdes Verhalten.
- Sie ermöglichen Handlungsstrategien zu planen und zu **kontrollieren**.
- Sie erhöhen das Selbstwertgefühl oder schützen vor Selbstwertverlust, falls die Attributionen das Selbst betreffen, d.h. selbstwertbezogen sind.
- Sie **rechtfertigen** das eigene Handeln und weisen auf eine enge Beziehung zwischen eigener Person und dem Handlungsergebnis hin.

Abschließend seien einige gesicherte Ergebnisse aus der Attributionsforschung, sog. **Attributions-fehler** bzw. **Attributionsverzerrungen** ohne Anspruch auf Vollständigkeit aufgelistet:

❒ Der Mensch hat ein allgemeines Bedürfnis, Kausalität, Regelhaftigkeit, Intentionalität wahrzuneh-men, auch wenn keine Notwendigkeit dazu besteht. Ferner nehmen die Attributionstheoretiker eine generelle Tendenz an, eigene wie fremde Handlungen, aber auch unbelebte Objekte, kausal zu erklä-ren.

❐ Verhalten, das von Normen, Konventionen, Erwartungen usw. abweicht, wird bevorzugt auf **Dispositionen** zurückgeführt. Insbesondere ist rollendiskrepantes Verhalten für den Laien informativer. "Abweichendes" Verhalten fällt ins Auge, bekommt von daher mehr Gewicht bei der Informationsverarbeitung und wird so "typisch" und kennzeichnend für eine Person. Ein Polizist, der Verkehrssünder ahndet, Dinge tut, die von seiner Rolle erwartet werden, der also rollenkonformes Verhalten äußert, offenbart uns wenig über seine spezifische Persönlichkeit. Fällt er aus der "Rolle" und tut etwas rollendiskrepantes, dann nehmen wir an, "Bescheid über ihn" zu wissen.

❐ Die meisten Menschen neigen dazu, Rückschlüsse auf Dispositionen zu ziehen. Dabei überschätzt man die dispositionellen Merkmale und unterschätzt die situationsspezifischen Zwänge und Einschränkungen beim Handelnden. Dies wird auch als **fundamentaler Attributionsfehler** bezeichnet.

❐ Es gibt einen grundlegenden Unterschied zwischen Beobachter und Handelndem (**Akteur - Beobachter Verzerrung**): Die Beobachter attribuieren eher dispositional; Handelnde komplementär dazu eher situational. Beobachter unterschätzen eher den Einfluß von Situationsfaktoren als Verhaltensursache.
Der Grund liegt in der unterschiedlichen Verfügbarkeit von Informationen, in den unterschiedlichen Perspektiven und Aufmerksamkeitsfokussierungen von Handelndem bzw. Beobachter.

❐ **Egotismus**: Attribution im Dienste des **Selbst**; selbstwertbezogene Attribution
Insbesondere im Leistungsbereich wird Erfolg als persönlicher Verdienst (Begabung, Anstrengung) **internal** attribuiert, während für Mißerfolg (Pech) oft **externale Ursachen** verantwortlich gemacht werden. Eigener Mißerfolg und die Erfolge anderer sind situationsbedingt. Für Negatives fühlt man sich nicht verantwortlich und neigt dazu es zu leugnen. Eine solche Attributionsstrategie wird Egotismus genannt. Das Bild, das man/frau von sich hat, wird auf diese Weise durch einen Mißerfolg nur geringfügig in Mitleidenschaft gezogen.

Erfolg bei einer beruflichen Intervention: Das Gespräch mit einer KlientIn läuft wie "geschmiert". Wer schmückt sich da nicht mit eigenen Lorbeeren und attestiert sich Kompetenz und Können? Beim Mißlingen jedoch kommt eher der andere, die KlientIn in Frage, bei der man vielleicht mangelnde Motivation, geringes Vertrauen, wenig Selbstoffenbarung oder Widerspenstigkeit entdeckt. Dadurch, daß die Ursachen des Mißerfolges nach "außen" verlegt und in einer anderen Person lokalisiert werden, macht man/frau sich selbst einen Dienst und das eigene Selbst bleibt unangetastet.

❐ **Falscher Konsensus Effekt**: Das eigene Handeln wird als weitverbreitet und normkonform angesehen, die Handlungen anderer als unangemessen und außergewöhnlich. Ebenso oft ist die Annahme zu finden, daß eigene Einstellungen, Überzeugungen und Werte auch von allen anderen geteilt werden. Siehe: "Was ich tue, würden auch die meisten Menschen in der gleichen Situation tun". Oder: "Wer hält sich denn schon auf der Autobahn an die Richtgeschwindigkeit von km/h 130? Viele andere rasen mit 160 km/h und mehr durchs Land; warum nicht auch ich?" Oder die Annahme, wenn man es selbst problemlos schaffte, mit dem Rauchen oder einem beliebigen Laster aufzuhören, dann muß dies jedem anderen ebenso leicht gelingen!

❐ **Auffälligkeitshypothese**: In einem sozialen Kontext besonders auffällige Faktoren erhalten die Funktion von Ursachen. Siehe dazu in Teil III die Theorie der objektiven Selbstwahrnehmung bzw. Selbstaufmerksamkeit von WICKLUND und DUVAL (1972), in der die Person als Ursache des Handelns hervorgehoben wird.

❐ Fehlattribution im Sinne einer **stigmatisierenden Attribution**
ROSENHAN (1985) berichtet von einem in der Fachwelt Aufsehen erregenden Experiment, dessen Ergebnisse 1973 erstmals veröffentlicht wurden und auf eindrucksvolle Weise belegen, wie bereits vorliegende Annahmen, Erwartungen und kognitive Schemata das Wahrnehmungsergebnis, konkret die Bedeutung des Verhaltens "psychisch Kranker" nachhaltig beeinflussen und daß **berufstypische Wahrnehmungsverzerrungen** fatale negative Auswirkungen haben können:

Acht psychisch gesunde Personen wurden von ROSENHAN in psychiatrische Krankenhäuser in den USA eingeschleust. Sie meldeten sich telefonisch bei den Aufnahmebüros an und vereinbarten einen Termin. Der Scheinpatient klagte dann, er habe Stimmen gehört. Diese seien "oft unklar, sagten aber, soweit er verstehen könne, "leer", "hohl" und "dumpf" " (ROSENHAN, 1985, S. 114). Alle **Pseudo-Patienten** wurden daraufhin stationär aufgenommen. Direkt nach der Aufnahme in die Klinik hörten die Pseudo-Patienten auf, irgendwelche Symptome der Abnormalität zu simulieren; sie verhielten sich ganz normal und gaben richtige Auskünfte über ihr Befinden.
Bis auf einen Fall wurden alle mit der Diagnose **Schizophrenie** eingewiesen. Die Entlassungsdiagnose lautete "Schizophrenie in Remission" (im Abklingen). Der durchschnittliche Aufenthalt betrug **19 Tage** bei einer Variationsweite von **7 bis 52 Tagen**. Konkret heißt dies, daß psychisch Gesunde zu Schizophrenen abgestempelt und mit dem Label bzw. Etikett "schizophren" versehen wurden, was einer Stigmatisierung gleichkommt. In keinem Fall entlarvten die Psychiater, Psychologen und Sozialarbeiter die Tatsache der Simulation; auch gab es in den Krankenblättern keinen Hinweis auf einen Verdacht, daß der Pseudo-Patient simulierte. Dieses Etikett der "Anomalität" war so mächtig, daß das normale Verhalten der Pseudo-Patienten völlig übersehen oder sogar gründlich mißdeutet wurde: Gänzlich harmlose Verhaltensweisen wurden als "krank" eingestuft; das Niederschreiben von Notizen eines Scheinpatienten beispielsweise wurde als "zwanghaftes Tun", das mit Schizophrenie zusammenhängt, verkannt. Oder Spazierengehen aus Langeweile wurde als "innere Unrast und Nervosität" umgedeutet. Längeres Warten vor der Kantine - eine reizvolle Aktivität in der wenig anregenden Umwelt des Krankenhauses - war ein "Indiz für die oralfixierte Natur des Krankheitssyndroms", das dem Pseudo-Patienten zugeschrieben wurde. Genug der Beispiele.
Summa summarum: Sitzt ein Diagnoseschema oder ein Label erst einmal fest im Kopf des Beurteilers bzw. wird es in einem spezifischen Kontext aktualisiert, bekommen die wahrgenommenen Verhaltensweisen eine schemaspezifische Bedeutung. Wer Insasse einer psychiatrischen Klinik ist, der "ist" auch krank! Ein und dasselbe Verhalten bedeuten dann, je nach Kontext, unterschiedliches. In Abhängigkeit von der zugeschriebenen Bedeutung werden außerdem die Handlungen und Reaktionen des Wahrnehmenden (des ärztlichen und pflegerischen Personals im Krankenhaus) entsprechend darauf abgestimmt.

In einer späteren Variation des Experimentes wurde von ROSENHAN einem psychiatrischen Krankenhaus, das wegen seiner hohen Treffsicherheit der Diagnose bekannt war, angekündigt, daß in den nächsten Monaten einige Pseudo-Patienten vorstellig würden. Daraufhin wurde vermehrt die Diagnose bzw. das Etikett "Simulant" attribuiert, obwohl in den drei Monaten **kein** Scheinpatient um Aufnahme nachsuchte!

Was man/frau erwartet, erzeugt eine eigene, subjektive Wirklichkeit, solange, bis eine **sich selbst erfüllende Prophezeiung** (self fulfilling prophecy) diese "zurechtgelegte Wirklichkeit" auch bestätigt!

Auf dieses Experiment wurde etwas ausführlicher eingegangen, da es sehr plastisch macht, wie durch zentrale **Klassifikationen** und **Kategorisierungen** von Menschen deren Verhalten "gefärbt" und fehlinterpretiert wird. Beim Vorurteil gegenüber Randgruppen unserer Gesellschaft werden wir auf diesen Aspekt zurückkommen.

Die Befunde von ROSENHAN sind zwar hoch interessant; eine voreilige Generalisierung auf bundesdeutsche Psychiatrieverhältnisse käme jedoch einer ungerechtfertigten Pauschalierung gleich.

❐ Oft kommt es im zwischenmenschlichen Verhalten zu erheblichen Konflikten durch unterschiedliche **Interpunktionen** (WATZLAWICK et. al., 1971) bei der Abfolge von Ereignissen, die zu differenten Sichtweisen der Betroffenen, sprich ungleichen Attributionen, führen. Siehe dazu auch das nächste Kapitel.

Aufgaben:
Eine langjährige Freundschaft ging in die Brüche. Wie haben Sie sich dieses Ereignis erklärt und worauf haben Sie den Bruch zurückgeführt? Wie hat Ihr Partner, Ihre Partnerin dieses "kritische Ereignis" kommentiert und auseinandergelegt?

Achten Sie doch einmal genau auf sprachliche Äußerungen Ihrer Mitmenschen, in denen Verben wie "dürfen", "wollen", "können", "müssen", "sollen", "versuchen" beispielsweise vorkommen. Auf welche Person- bzw. Umweltaspekte nimmt der Sprecher Bezug?

Welche vorwissenschaftlichen Erklärungen haben Sie für kritische Lebensereignisse wie Kündigung, Trennung oder Scheidung in Ihrem sozialen Umfeld gehört? Versuchen Sie diese wahrgenommenen Ursachen zu klassifizieren.

I.5   Zirkuläres, systemisches Denken; Rekursionsmodell

Wissenschaftliches und alltagstheoretisches Denken - die bisherigen Ausführungen bestätigten dies zur Genüge - ist vornehmlich **linear**, d.h. ihm unterliegt das naturwissenschaftliche **Ursache-Wir-kungs-Prinzip**. Diese Art (sozial)wissenschaftlichen Vorgehens ist nach Meinung von Kritikern, die das **"neue Denken"** propagieren, atomistisch, reduktionistisch, analytisch und stark am "medizinischen Modell" orientiert (z.B. BATESON, 1987, 1988; CAPRA, 1987a, 1987b; VESTER, 1983, 1988). Der Glaube, alles sei wissenschaftlich quantifizierbar und meßbar, das Universum und auch der Mensch seien ein mechanisches System, das aus elementaren, manipulierbaren Einzelteilen bzw. Bausteinen zusammengesetzt ist, komme laut dieser Kritiker immer mehr ins Wanken und werde allmählich durch eine "Gegenkultur" mit einem neuen Paradigma abgelöst. Um mit CAPRA (1987) zu sprechen, befinden wir uns momentan in einer Zeit des Umbruchs und der Krise, in einer "Wendezeit", die u.a. alte Denkmuster hinterfragt und ein Umdenken, eine Neuorientierung der Gesellschaft und der Wissenschaft initiiert.

Seit den 60/70 iger Jahren kündigt sich ein Paradigmenwechsel an, der auf einen Wandel des Denkens, Wahrnehmens, des Verhaltens und grundlegender Werte abzielt. Immer mehr wird eine **Systemschau**, ein Systemdenken, ein ganzheitliches, ökologisches, vernetztes und kybernetisches Denken, ein Denken in Prozessen und Wechselwirkungen neben der analytisch-reduktionistischen Sichtweise linearen Denkens gefordert. Eindimensionales Denken, das Zerstuckeln der Wirklichkeit in Einzelkomponenten, fuhrt in eine Sackgasse. Ein bemerkenswertes Beispiel zum "Schubladen"-Denken und atomistischen Vorgehen sei kurz erlaubt: Im DSM (diagnostic and statistical manual of mental disorders), das psychische Störungen klassifiziert, wurden 1952 (DSM I) 60 Arten und Unterarten von psychischen Störungen veröffentlicht; 16 Jahre später (DSM II) gab es schon 145 und in der Ausgabe DSM III wiederum einige Jahre später sind es gar 230 psychische Störungen (ALBEE, 1985).

"Neben dem simplen Ursache-Wirkungs-Denken der Vergangenheit, das sich an getrennten Einzelproblemen orientiert, brauchen wir die Hinwendung zu einem stärkeren Denken in Mustern und dynamischen Strukturen, zu einem Verständnis komplexer Systeme und ihres Verhaltens" (VESTER, 1983, S. 12).
Nicht nur in den Naturwissenschaften (Atom-, Quantenphysik, Molekularbiologie, Neurobiologie beispielsweise), sondern auch in den Sozialwissenschaften kommen immer mehr Zweifel am alten Paradigma des Denkens in Linearitäten auf. Die Alternative zum linearen Denken wird insbesondere in der Familientherapie und in systemischen Therapieansätzen gesehen (z.B. v. SCHLIPPE, 1984; GUNTERN, 1983; de SHAZER, 1989) und realisiert. Dort stehen Interaktionen, Wechselbeziehungen, Kommunikationen, Regelkreise, Strukturen, Selbstorganisation, Realitätskonstruktionen, Systemevolution, zirkuläre Prozesse u. dgl. im Zentrum der Aufmerksamkeit des Therapeuten-Klientensystems.

Nach BATESON (1987) produziert die traditionelle Psychologie eine Menge "einschläfernden" Wissens, indem sie Verhalten mit **"dormitiven Prinzipien"** [lat. < dormire> (ein)schlafen] erklärt. Würde sie sich an die **Vorrangigkeit der Beziehung** halten, könnten die dormitiven Erklärungen, die eine einfache Handlung durch eine Kategorie von Handlungen verursacht sehen, vermieden werden.

Beispiele: Traurigkeit als Folge von Depression; Pseudoerklärungen wie "er/sie führt die Gruppe, weil er/sie Führungsqualitäten besitzt"; oder "alles kurz und klein schlagen" auf ein Aggressionspotential oder Aggressivität zurückzuführen u.ä.

Die Fragen nach den Ursachen, die Identifizierung von Persönlichkeitseigenschaften, allgemein die Suche nach Dingen, die einer Person innewohnen, führen leicht zu derartigen Pseudoerklärungen, wenn die Beziehungen, das Beziehungsmuster und das System der Beziehungen einer Person außenvorgehalten werden, die Person aus einem Beziehungsmuster herausgeschnitten und isoliert betrachtet wird. Eine Kontext- bzw. Systembetrachtung menschlichen Verhaltens kann demnach Abhilfe schaffen.

Für Systemtheoretiker ist der Mensch keine vorhersagbare "**triviale Maschine**", bei der die Beziehung, die Funktion, zwischen Input und Output (Reiz und Reaktion; unabhängiger Variable und abhängiger Variable; Ursache und Wirkung) festgelegt ist. Das "**black box**" Modell des Behaviorismus, das jahrelang die Psychologie beherrschte, ging von der Annahme aus, daß eine einmal beobachtete Reaktion auf einen bestimmten Stimulus (Reiz) auch zu einem späteren Zeitpunkt, wenn der gleiche Stimulus dargeboten wird, wieder auftritt:

Abb. 12: Black-Box Modell

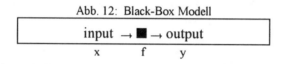

f: Funktionen, Operationen, Naturgesetze ect., die aus der x-y Beziehung erschlossen werden. Es gilt: Der Output ist eine Funktion des Inputs: $y = f(x)$.

In der (Sozial)psychologie ist der Output entweder eine einfache Reaktion oder ein Verhalten ("Benehmen"), das eine mehrdimensionale Konfiguration von Reaktionen ist. Ein einfacher Input wird "Reiz" oder "Stimulus" genannt; eine mehrdimensionale Einwirkung heißt "Situation" oder "Umwelt" (vgl. SIXTL, 1996). Daraus ergibt sich das Fundamentalprinzip $R = f(S)$; R (Reaktion, Verhalten), S (Situation, Stimulus). Eine Psychologie, die vorwiegend die Input-Output Relationen untersucht, wird als **S-R Psychologie** bezeichnet.
Da Menschen interindividuell variieren - verschiedene Persönlichkeiten bzw. Individualitäten aufweisen - schreibt man das Fundamentalprinzip etwas abgewandelt: $R = f(S, P)$; P (Person); siehe auch S. 30.

Die Vorstellung der Metapher einer "**nicht-trivialen Maschine**", die u.a. unvorhersagbar und analytisch undeterminierbar ist, dürfte dagegen eher den "Verhaltenswissenschaften" gerecht werden.

Für BATESON ist die (Sozial)Psychologie das Studium der Reaktionen von Individuen auf die Reaktionen anderer Individuen. Nicht nur die Reaktionen einer Person A auf das Verhalten einer Person B fallen darunter, sondern auch deren Einfluß auf das Verhalten von B, sowie die Wirkung, die dieses wiederum auf Person A hat. Aufgrund dieser Perspektive ist primär nicht mit einer Einzelperson (Klient, Patient) "etwas los", sondern **in der sozialen Situation der Person "ist etwas los"**. Konzentriert man sich darauf, wie die Beteiligten "sich aufeinander beziehen" und welche "Regeln" und Strukturen beispielsweise den Beziehungsmustern zugrunde liegen, hat man einen wichtigen Schritt in diese von BATESON vorgelegte Richtung getan, die auf der epistemologischen Grundeinstellung basiert, daß "Verhalten" ein Signal für die Beziehungen zu anderen Interaktionspartnern ist und nicht eine Eigenschaft des Individuums. So gesehen sind Verhaltenssymptome dann Ausdruck von Kommunikations- bzw. Interaktionsschwierigkeiten in Handlungskontexten.

Kommunikationsabläufe zwischen zwei streitenden Personen lassen sich nur unzureichend **lineal** erfassen, denn der Strom der Ereignisse und Geschehnisse während einer Streitperiode stellt einen

Ablauf bzw. ein **Muster** in einem ganzheitlichen Beziehungssystem dar, in dem das Verhalten des einen wie des anderen Partners zugleich Ursache und Wirkung ist, je nachdem wie die einzelnen Beteiligten dieser Interaktionseinheit oder ein außenstehender Beobachter den Verhaltens- bzw. **Kommunikationsprozess interpunktieren**, d.h. den zirkulären Ablauf strukturieren und ihm Bedeutung zumessen. Axiom 3 bei **WATZLAWICK** et. al. (1971) formuliert dies sehr deutlich:

> "Die Natur einer Beziehung ist durch die **Interpunktion** der Kommunikationsabläufe seitens der Partner bedingt" (Seite 61).

Durch Interpunktion wird Verhalten organisiert. Der Streit nach den **Ursachen**, um beim Beispiel zu bleiben, zeigt eindrucksvoll, daß verschiedene subjektive Realitätsauffassungen zu Störungen und und sich selbsterhaltenden Konflikten in der zwischenmenschlichen Interaktion führen. Die Folge derartiger Interpunktionen ist, daß wir ein uns passendes Bild von den Ereignissen zurechtlegen, meist durch Fremdattribution und selbstwertbezogene, selbstwertdienliche Attributionen.

Zwischenmenschliche Handlungskontexte bzw. Interaktionen lassen sich also durch eine **Doppelbeschreibung** charakterisieren. Die Simultanverbindung der beiden Interpunktionen eines dyadischen Systems - die **Doppelsicht** entsprechend dem binokularen Sehen - **ist** die Beziehung der beiden Streitenden; in der Sprache Watzlawick's - bezogen auf das Beispiel - eine **symmetrische Interaktion**.

Ein zweiter Typ einer binokularen Sichtweise ist die **komplementäre Interaktion** zwischen zwei Personen: Die Handlungen der Person A und B sind zwar unterschiedlich, passen aber zueinander.

Beispiel nach WATZLAWICK et. al. (1971): Ehepaar; P1 nörgelt, P2 zieht sich zurück. Es läuft folgender Prozeß ab: .... → nörgeln → sich zurückziehen → nörgeln → sich zurückziehen → nörgeln → ... usw. Anmerkung: Axiom 5 (WATZLAWICK et. al., 1971) lautet:

> "Zwischenmenschliche Kommunikationsabläufe sind entweder **symmetrisch** oder **komplementär**, je nachdem ob die Beziehung zwischen den Partnern auf Gleichheit oder Unterschiedlichkeit beruht" (S. 70).

Rivalitätskämpfe, Konkurrenz, gegenseitiges Nacheifern unter Partnern stellen **symmetrische Eskalationen** dar, die sich immer mehr aufschaukeln, gegenseitig verstärken, falls sie nicht in ein übergeordnetes Regulationsmuster eingebunden sind, das diese Form der **positiven Rückkoppelung** kontrolliert. Das Motto derartiger Beziehungen ist: Jeder der beiden Partner will ein bißchen gleicher als der andere, sozusagen dessen Spiegelbild sein.

Eine starre Mutter-Kind Bindung andererseits wäre ein Beispiel für eine überzeichnete **Komplementarität**; die Handlungen von Mutter und Kind sind zwar different, aber zueinander passend. Ähnlich verhält es sich mit den Verhaltensmustern "Dominanz - Unterwerfung" oder "Fürsorge - Abhängigkeit". Jeder der beiden Interaktionspartner entwickelt ein **Eigenverhalten**, das ohne den wechselseitigen Kontextbezug zum anderen nicht möglich ist. Komplementäre Abläufe sind auf eine Ergänzung der Partner - sich gegenseitig ergänzende Unterschiedlichkeiten - ausgerichtet. Ein eher "aufbrausender" Ehepartner und seine Partnerin, die eher "die Ruhe selbst" ist, komplettieren sich in ihrer Verschiedenheit. Eskaliert die Komplementarität zu sehr, stabilisiert und chronifiziert sie sich auf diesem hohen Intensitätsniveau, besteht die Gefahr der Abhängigkeit, Unmündigkeit, Unselbständigkeit und der Fremdbestimmung. Beispiel: Eine Mutter, die ihren erwachsenen Sohn nicht "loslassen" will oder eine Tochter, die nicht ohne ihre Mutter leben kann.

Im Falle komplementärer, rekursiver Interaktionen zwischen zwei Individuen bilden sich folglich zum einen stabile, sich unterscheidende Eigenverhaltensweisen aus und zum anderen weist das Interaktionssystem der beiden Interaktionspartner eine gewisse **Bistabilität** auf, d.h. jedes stabile Eigenverhalten erzeugt das andere stabile Eigenverhalten. In der rekursiven Operation kann ein Prinzip der Selbstorganisation erkannt werden, "das aus beliebigen Zuständen bestimmte Strukturen **emergieren**, kristallisieren läßt" (v. FOERSTER, 1993, S. 260; lat. < emergere > auftauchen). Die **Emergenz** eines **systemischen Gleichgewichtes** ist ein zentraler, sich selbst erzeugender Prozeß, der nicht nur in den Naturwissenschaften (z.B. in der Molekularbiologie), sondern auch in zwischenmenschlichen, sozialen Systemen zu beobachten ist.

Unkontrollierte, ungebremste und extrem eskalierende Symmetrie oder Komplementarität - beides zwei Kategorien zur Einteilung menschlicher Interaktionen - führen nach BATESON zur **Schismogenese**, d.h. letztendlich zu einer Auflösung des Beziehungssystems. Eine "gesunde", störungsfreie Kommunikation dagegen pendelt zwischen Symmetrie- und Komplementaritätsbeziehungen der beteiligten Partner. Eine Mischung von symmetrischen und komplementären Interaktionen kann demnach eine Art Gleichgewicht (Homöostase) zwischen den Akteuren herstellen und dies weist darauf hin, daß beide Beziehungsmuster zusammen sich zu einer noch komplexeren Ganzheitsebene organisieren, choreographieren und ein neues, noch komplexeres Muster bilden.

Der Vollständigkeit halber seien die noch fehlenden Axiome 1, 2 und 4 der Kommunikationstheorie von WATZLAWICK et. al. (1971) angeführt. Die fünf Axiome sind grundlegende Lehrsätze, die ohne Beweis einleuchten und als metakommunikative Regeln zu verstehen sind.

Metakommunikation ist eine Kommunikation über die Kommunikation. Wird beispielsweise die Gesprächs-ebene verlassen und über den Verlauf der stattgefundenen Kommunikation quasi von "außen" gesprochen oder es werden die Regeln und typischen Eigentümlichkeiten einer kommunikativen Sequenz aufgedeckt, dann **metakommunizieren** die Gesprächspartner. Auch eine Kommentierung seitens eines Beobachters wäre in diesem Sinne eine Metakommunikation.

Soziale Kommunikation: Austausch von Mitteilungen und Informationen jeglicher Art (auch Gefühle und Bedürfnisse) zwischen Menschen, die interagieren.

Soziale Interaktion: Wechselseitige Beeinflussung und gegenseitige Steuerung von Menschen in einer Beziehung; das Verhalten oder Handeln der Personen, die miteinander in Beziehung treten, orientiert sich am anderen.

Axiom 1:
"Man kann **nicht** nicht kommunizieren" (S. 53).

Jedes Verhalten hat Mitteilungscharakter und für Verhalten gibt es kein Gegenteil und keine Verneinung. Die Autoren unterscheiden vier Reaktionsmöglichkeiten der Beziehungsherstellung:
Abweisung (z.B. jmd. klarmachen, daß man nicht am Gespräch interessiert ist) und **Annahme** des Gesprächs sowie **Entwertung** durch Abwertung der Person u./o. der Botschaft (u.a. das Thema wechseln, den anderen lächerlich machen, absichtlich mißverstehen, Kauderwelsch) und **Symptombildung** wie etwa Schläfrigkeit, Taubheit, Kopfschmerzen, Unfähigkeit vortäuschen oder irgendein allgemeines "Leiden".

Axiom 2:
"Jede Kommunikation hat einen Inhalts- und einen Beziehungsaspekt, derart, daß letzterer den ersteren bestimmt und daher eine Metakommunikation ist" (S. 56).

Inhaltsaspekt: Durch die Sprache werden Information bzw. Daten übermittelt; das "Was" einer Botschaft.

Beziehungsaspekt: Er besagt, wie der Sender die Beziehung zum anderen sieht und wie der Inhalt verstanden werden soll. Er ist eine Anweisung an den anderen, wie die Daten aufzufassen sind. In ihm kommt auch die emotionale Bedeutung des Inhalts zum Ausdruck. Da der Beziehungsaspekt die Daten kommentiert und Hinweise gibt, wie sie zu interpretieren sind, ist er **metakommunikativ**.

Zu den Störungen und Varianten im Bereich des Inhalts- und des Beziehungsaspektes siehe das Kapitel über gestörte Kommunikation in WATZLAWICK et. al. (1971).

Axiom 4:
"Menschliche Kommunikation bedient sich **digitaler** und **analoger** Modalitäten. Digitale Kommunikationen haben eine komplexe und vielseitige logische **Syntax**, aber eine auf dem Gebiet der Beziehungen unzulängliche **Semantik**. Analoge Kommunikationen dagegen besitzen dieses semantische Potential, ermangeln aber die für eindeutige Kommunikationen erforderliche logische Syntax" (S. 68).

Digital: D.h. Darstellung durch Wörter, Sprache. Der Inhaltsaspekt wird digital übermittelt. Die Bedeutung digitaler Mitteilungen ist eindeutiger und präziser. Siehe Zeitanzeige einer "Digitaluhr": 13.58. Digital lassen sich komplexes und abstraktes Material ohne Schwierigkeiten ausdrücken: Siehe z.B. logische Ausdrücke wie "wenn - dann" ,"entweder - oder " oder "nein", die **analog** nicht oder allenfalls mißverständlich zu äußern sind.
Analog: Körpersprache: Gesten, Gebärden, Mimik; Tonlage, Tonalität, Melodie, Lautstärke ect. der Stimme; ferner Zeichnungen, Bilder, Geschenke ect. Diese übermitteln den Beziehungsaspekt und emotionale Inhalte. Analoge Mitteilungen sind mehrdeutig (siehe "Weinen" aus Freude, infolge Schmerzen oder durch Reizung der Bindehaut u. dgl.). [Eine "Analoguhr" zeigt die Zeit durch die Position der Zeiger an.]

Syntax: Lehre vom Satzbau; Menge der formalen Regeln einer Sprache (Grammatik einer Sprache); Struktur einer Sprache und ihrer Satzkonstruktionen.

Semantik: Lehre von der **Bedeutung** der Wörter, Zeichen und Symbole. Analoges, nonverbales Verhalten kann vieles bedeuten; es ist nicht eindeutig, sondern mehrdeutig.

Störungen in der Kommunikation ergeben sich infolge der Vieldeutigkeit analoger Botschaften durch Übersetzungsfehler von der einen Modalität in die andere: Siehe (digitaler) Streit zwischen Partnern über die Bedeutung eines Geschenkes, das eine Analogiekommunikation verkörpert.

Die beiden Beispiele (Nörgeln bzw. Streit) sollten zeigen, daß eine monokulare (einäugige), lineare Sichtweise den Verhaltensproblemen oder Verhaltensmustern bei Kommunikationsabläufen nicht gerecht wird, was zugleich auch eine andere Interventionsform impliziert, nämlich **Lösungen zu finden statt symptomatisches und problematisches Verhalten zu beenden, zu verändern, wegzukonditionieren oder zu korrigieren. Lösungs- und zielorientiert** zu intervenieren, beraten, therapieren ist einfacher, besser und auch erfolgversprechender, als Probleme bei der KlientIn zum Verschwinden zu bringen! Eine lösungsorientierte Intervention zielt im wesentlichen auf eine qualitative Veränderung des Systemverhaltens und auf die Entwicklung neuer Strukturen und Problem-lösefähigkeiten. Diese systeminterne Umstrukturierung entspricht dem, was Kommunikations-theoretiker als einen **Wandel** 2. Ordnung bezeichnen.

Eine Möglichkeit wäre zum Beispiel, sich auf die **Verhaltensausnahmen** zu konzentrieren und diese in vorhandene Verhaltensmuster einbauen, d.h. alte Muster mit neuen Mustern koppeln, ferner **mehr von dem machen, was funktioniert und nicht das wiederholen, was nicht funktioniert** [vgl. u. a. WATZLAWICK, WEAKLAND, FISCH (1979); BERG (1992); WALTER & PELLER (1994); DE SHAZER (1989, 1992 a, 1992 b).
Verhaltensausnahmen sind Augenblicke und Situationen, in denen das "beklagte" Problemverhalten nicht auftritt. Für die KurztherapeutInnen (de Shazer, Insoo Kim Berg, Walter, Peller, Watzlawick et. al.) sind diese "Ausnahmen" ein Schlüssel zur Problemlösung.

Zwei Formen von Verhaltensausnahmen lassen sich unterscheiden: a) **absichtliche** Ausnahmen, die der Klient Schritt für Schritt beschreiben kann und b) **zufällige** Ausnahmen, die seitens des Klienten nicht beschreibbar sind bzw. äußeren Umständen oder anderen Personen zugeschrieben werden; d.h. von ihm nicht kontrolliert werden können.

Indiziert ist auch, schon vorhandene, **kleine** Veränderungen, seien dies kognitive, emotionale oder behaviorale, zu vergrößern, anstatt etwas herzustellen, was noch nicht existiert, denn kleine Verän-derungen ziehen oft unverhältnismäßig große Veränderungen in (sozialen) Systemen nach sich. Lösungsorientierte KurztherapeutInnen, die systemisch mit ihren KlientInnen arbeiten, beherzigen hauptsächlich drei einfache, aber wirkungsvolle Regeln (z.B. Insoo Kim BERG, 1992, S. 30 f.):

> ➡ **Was funktioniert, bedarf keiner Reparatur!**
> ➡ **Mach' mehr von dem, was klappt!**
> ➡ **Wiederhole nicht, was nicht funktioniert, sondern mach etwas anderes!**

Dagegen führt "**mehr desselben**" tun (i. S. eines Lösungsversuches 1. Ordnung) oftmals dazu, daß die vermeintliche Lösung selbst zur Schwere des Problems beiträgt und nicht das Problem löst, sondern die Lösung selbst das Problem ist bzw. zum Problem wird (vgl. WATZLAWICK et. al., 1979, S. 51 ff.).

Für viele Menschen ist die Einnahme von Tabletten ein probates Mittel zur Lösung ihrer Probleme. Doch wie schnell können sich selbsterhaltende körperliche, psychische und soziale Teufelskreise entwickeln, in denen die Erhöhung der Dosierung und der Toleranz, körperliche Entzugserscheinungen, Selbstkontrolle, dysfunktionale Gefühle, soziale Probleme u. dgl. sich wechselseitig einander bedingen. Dieser gesamte Kreislauf schaukelt sich u. U., in Abhängigkeit von Droge und Individuum, so hoch, bis er selbst zum Problem wird oder das anfangs bewährte Lösungsverhalten der oralen Selbst-Medikation nun das Problem ist.

Dem nun folgenden "**Rekursionsmodell**" liegt eine kybernetische, systemische, nicht-lineale Epi-stemologie zugrunde, die die Wechselbeziehungen, die Komplexität, das Gesamtsystem und den Kontext menschlichen Verhaltens betont (siehe Abb. 13, S. 53).

Die Epistemologie beschäftigt sich damit, **wie** und **was** Organismen **erkennen, denken und entscheiden.** BATESON - dies nur nebenbei - gehörte zu den bekanntesten Epistemologen der Neuzeit.

Abb. 13:   Das **REKURSIONSMODELL**
[nach B.P. KEENEY (1987); BATESON (1987)]

Ebenen der **Rekursion**	**Semantik** Bezeichnung von Mustern		**Politik** Beschreibung von Prozessen
Soziale Ökologie (therapeutische Wirklichkeit **3.** Ordnung)	Muster sozialer Choreographie (Semantik$_3$)	\	Beschreibungen sozialer Choreographie (Politik$_3$)
Interaktionaler Kontext (therapeutische Wirklichkeit **2.** Ordnung)	Interaktionsmuster (Semantik$_2$)	/ \	Beschreibung von Interaktionen (Politik$_2$)
Verhalten (therapeutische **Wirklichkeit 1.** Ordnung)	Handlungsmuster (Semantik$_1$)	/ \	Beschreibungen einfacher Aktionen/Handlungen (Politik$_1$)

Erläuterung der Fachbegriffe zur Abb. 13:

Rekursiv (selbstrückbezüglich; lat. < recurrere > zurücklaufen): Wird ein System kurzgeschlossen, d.h. der output des Systems mit dem Eingang (input) rückgekoppelt (Feedbackschleife), dann operiert das System rekursiv. Dieser Ablauf wird auch als **zirkulär** bezeichnet. Dadurch, daß input und output vernetzt sind und einen geschlossenen Kreislauf darstellen, liegt keine lineare Kausalität mehr vor, sondern eine **zirkuläre Kausalität.**

Ein einfaches Beispiel dazu aus der Mathematik: Nehmen Sie eine beliebige Zahl und führen Sie die **Operation** "Quadratwurzel ziehen" durch. Wenden Sie diese Operation dann auf das Ergebnis dieser Operation an und dann immer wieder und wieder. Mit einem herkömmlichen Taschenrechner werden Sie feststellen, daß der Prozeß immer auf einen "Eigenwert" oder ein "Eigenverhalten" von "1" konvergiert. Mit anderen Worten: Der Zyklus dieser rekursiven Operationen strebt einem Gleichgewichtszustand zu: $\sqrt{1} = 1$.

Beachten Sie, daß es längs der Zeitdimension für die menschliche Erfahrung genaugenommen keine zirkulären Beziehungen gibt. Alle Ereignisse sind geradlinig (linear) aufeinander bezogen. Zirkularität wird aber möglich, wenn Handlungen bzw. Ereignisse klassifiziert und abstrahiert werden und Identitäten, d.h. mehr oder ähnliche, sich wiederholende Prozesse und Muster, identifiziert werden.

☞ **Politik** (political frame of reference; siehe Abb. 13):
Bei der menschlichen Kommunikation lassen sich 2 Sichtweisen unterscheiden, die die beiden Seiten ein und derselben Konzeption darstellen und auf zwei verschiedene Möglichkeiten hinweisen, menschliche Kommunikation bzw. Interaktion zu sehen. Politik meint hier die spezifizierte Bezeichnung für einen kommunikativen Kontext unter dem Aspekt **"wer-tut-wem-was-wann-wo-und-wie"**. Der "politische" Rahmen hebt also die soziale Organisation der Kommunikation hervor und konstruiert eine **Beschreibung des sinnlich wahrnehmbaren Verhaltensvorganges bzw. - prozesses.**

☞ **Semantik** (semantic frame of reference; siehe Abb. 13):
Die andere "Seite der Münze" ist der semantische Aspekt, der die **Bedeutung** des kommunikativen Kontextes betont. Semantik bezieht sich auf die Klassifizierung der Form, auf den Namen für die Muster, die die einfache Handlung, die Interaktion und die Choreographie strukturieren. Mit anderen Worten: Die **sinnlichen Wahrnehmungen** (im "politischen" Bezugsrahmen) werden **typologisiert** resp. **kategorisiert**: Spielen, kämpfen, eine Untat begehen, verrückt sein, unter einer Depression leiden, verhaltensgestört sein, therapieren u.s.f. sind Namen und Bezeichnungen, die wir Mustern einfacher u./o. komplexer Handlungen zuschreiben. Diese Kennzeichnungen sind sprachliche Symbolisierungen und Abstraktionen unserer sensorischen Erfahrung.
Die Beschreibung der Art und Weise wie eine Person spricht und welche Körperbewegungen sie zugleich dabei ausführt, ist eine Beschreibung im Sinne von Politik$_1$. Dies als "Nörgeln" zu bezeichnen heißt auf die Semantikseite hinüberzuwechseln (Semantik$_1$), denn das Verhaltens-/Handlungsmuster wird durch die Bezeichnung "nörgeln" klassifiziert und mit "Bedeutung" versehen.

Beide, **Politik** und **Semantik**, sind **rekursiv** aufeinanderbezogen: Jede Handlung (Politik) wird immer zugleich **bewertet** und hat eine **Bedeutung** (Semantik) und **Bedeutungen** sind mit **Handlungen** verknüpft. [Siehe dazu auch das ROSENHAN-Experiment unter I.4].

Viele Klienten geben meist Problemdefinitionen und Ursachenerklärungen auf der untersten Ebene, der Verhaltensebene oder der **individuellen Ebene** ab, indem sie einfache Handlungen (**Politik$_1$**) beschreiben u./o. deren Bedeutungen (**Semantik$_1$**) mitteilen. Oft kommt es dabei auch zu einer Verwechslung der Politik mit der Semantik. Klagt ein Klient, daß er "abhängig" oder "depressiv" oder "verrückt" ist, dann teilt er Bedeutungen von Handlungen mit und keine Beschreibung von Handlungsprozessen! Diese Bedeutungszuschreibungen sind oftmals unangemessen und unrealistisch. Werden zusammen mit dem Therapeuten eigenes wie fremdes Verhalten in einem anderen "Rahmen" (engl.: frame) gesehen und eine andere Bedeutung verliehen - erfolgt ein sog. **Reframing** (vgl. DE SHAZER, 1992 oder BANDLER & DONNER, 1995) - dann hat dies infolge der Rekursivität von Politik und Semantik zwangsweise Auswirkungen auf das Verhalten. Siehe dazu auch S. 57 f.

Beispiele für **Politik$_1$**: Reden, rufen, hüpfen, den Finger heben, schnell atmen, sich ins Bett legen, ein Glas Bier trinken usw. Diesen einfachen Verhaltensweisen können unterschiedliche Bedeutungen zugeschrieben werden. Siehe trinken und die Bedeutungen "saufen" ,"Frust runter spülen", "zur Verdauung einen Schnaps", "Alkohol entspannt, beruhigt"; oder: Im Bett liegen bedeutet u. U. "faul sein", "krank sein", "sich erholen", "nachdenken", "seine Ruhe haben wollen" ect.

Die beobachteten einfachen Bewegungshandlungen der Arme, Beine und des Körpers einer Person werden als "tanzen", "hüpfen", "laufen" u.s.w. klassifiziert (Semantik$_1$). Dabei kann jede beliebige einfache Aktion oder Handlung Bestandteil verschiedener Kategorien sein. Das Heben der rechten Hand z.B. kann Teil des Grüßens, des Tanzens, des Werfens oder des Rufens eines Taxis sein. Der jeweilige Kontext re- und **konstruiert** dann die spezifische Bedeutung dieser einfachen Reaktion, die ihr im Gesamtrahmen der Handlungsabfolge von einem Beobachter zugewiesen wird.

Genaugenommen ist z.B. "tanzen" sowohl eine Beschreibung eines motorischen Koordinationsprozesses, in dem figurale Bewegungsmuster zu einer sequentiellen Bewegungskomposition aneinander gereiht und klar abgrenzbar von anderen Bewegungsabläufen wie etwa "gehen" oder "rennen" sind, als auch eine Bezeichnung bzw. Klassifizierung eines (motorischen) Musters, dem wir die Bedeutung "tanzen" verleihen. Diese implizite, sozial geteilte Bedeutung kann mit weiteren personspezifischen Bedeutungszuschreibungen angereichert werden, die interindividuell breit gestreut sind. Betrachtet jemand "tanzen" beispielsweise als "blöd, kindisch, nicht männlich, oder als albernes Gehopse", kommuniziert er über individuelle Bedeutungen von Handlungen (eigener wie fremder), die mehr über sein Weltbild und seine Realitätskonstruktion aussagen als über das "Tanzen" an sich. Eine Person, die so "eingestellt" ist, wird entsprechend ihres idiographischen Begriffsfeldes handeln und sehr wahrscheinlich keinen Fuß aufs Tanzparkett setzen.

Betrachten wir "tanzen" als eine (paarweise) Interaktion zwischen einer Person P1 und einer zweiten Person P2, verlassen wir die unterste Rekursionsebene und wechseln über zur 2. Rekursionsebene (siehe Abb. 13). Dort ist die Bewegungssequenz von P1 und P2 jeweils wechselseitig aufeinander bezogen und zirkulär kausal.

Die Klage der Eltern, ihr Kind sei "ungezogen und frech", sagt uns etwas über die elterliche Bewertung und Bedeutungszuschreibung von beobachtbaren Handlungsweisen des Kindes aus. Was das Kind im einzelnen tut, erfahren wir, wenn wir die Eltern danach konkret fragen. Diese werden dann Verhaltensweisen des Kindes beschreiben und schildern, die sie als "ungezogen und frech" auslegen. Die beigelegten, spezifischen Bedeutungen der Mutter und des Vaters werden wiederum die Art und Weise des elterlichen Verhaltens dem Kind gegenüber festlegen und dieses evt. bestrafen. Würden die Eltern den Handlungen des Kindes eine andere Bedeutung beimessen und ihren Bezugsrahmen ändern, werden auch die erzieherischen Maßnahmen anders ausfallen (z.B. Nichtbeachtung oder Gespräche mit dem Kind statt Strafe und Zurechtweisung) und rekursiv auf das Verhalten des Kindes rückwirken. Schon eine kleine Veränderung des kognitiven Bezugsrahmen der Eltern bietet an sich eine Chance zur **Lösung** des "Problemverhaltens".

Natürlich sind die Beschreibungen einfacher Handlungen wiederum Beschreibungen **einfachster**, zusammengesetzter Prozesse von Körperbewegungen, denen ebenfalls rekursiv eine Bedeutung bzw. Klassifizierung ihrer Form zugemessen werden kann. [In Abb. 13 ist diese Rekursionsebene nicht berücksichtigt, sie wäre unterhalb der Wirklichkeit 1. Ordnung zu positionieren.]

Wird Handlungen also **Bedeutung verliehen**, dann befinden wir uns auf der **semantischen Seite**: "Streiten" ist eine Bedeutungsverleihung einer einfachen Handlung einer Person (Semantik$_1$); ebenso "Furcht", "Kreativität", "aggressiv sein" usw. Hinter diesen Bedeutungen verbergen sich konkrete, sinnlich wahrnehmbare Verhaltensweisen.

Auf der **2. Rekursionsebene** sind diese einfachen Handlungen Teil einer **Interaktionssequenz**, die **andere** Personen einschließt (**Politik$_2$**). Die Interaktion in einer Zweierbeziehung (Dyade) z.B: Reden (Person 1) → Reden (P2) → Reden (P1) → ... Die einfachen Handlungen einer Person werden hier mit den einfachen Handlungen des anderen Teilnehmers in Verbindung gesetzt, miteinander verschmolzen und beschrieben (**Politik$_2$**). Das organisierende Muster solcher Interaktionen kann entweder als **symmetrisch** oder als **komplementär** klassifiziert werden (**Semantik$_2$**). Wird einer "Streit"interaktion die (kommunikationstheoretische) Bedeutung "symmetrische Eskalation" verliehen, sind wir auf der Zick-Zack-Leiter der Abbildung 13 zur semantischen Seite hinübergewechselt.

Auf der **3. Ebene** schließlich bilden diese Interaktionsmuster selbst wieder Muster, d.h. das Inter-aktionsmuster ist selbst wieder Teil eines umfassenderen, noch größeren Musters. Folgt auf ein symmetrisches Muster beispielsweise ein komplementäres Muster, dann bildet diese Abfolge ein neues, komplexeres Muster, das beschrieben werden (**Politik$_3$**) und dem Bedeutung (**Semantik$_3$**) zu-gemessen werden kann.

Beispiel 1: Stellen Sie sich eine Familie vor, die aus 3 Personen besteht: Vater, Mutter und Kind. Beide Eltern "streiten" über Belanglosigkeiten. Der Streit schaukelt sich immer mehr auf und das im Zimmer anwesende Kind bekommt plötzlich einen "Schreianfall" und wälzt sich am Boden hin und her. Daraufhin kümmert sich die Mutter um das Kind, während der Vater den Raum verläßt.

In dieser fiktiven Episode besteht das umfassendere Muster aus der Interaktionsabfolge der Eltern ("Streiten") **und** dem Verhalten des Kindes. Das Streiten der Eltern und der "Schreianfall" des Kindes sind miteinander verschachtelt. Das Verhalten des Kindes ändert die "eskalierende symme-trische Interaktion" der Eltern; diese wird in eine "komplementäre" Mutter-Kind Beziehung trans-formiert. Man könnte auch sagen, das Verhalten des Kindes ist für die Eltern ein Parameter, der ihren Streit kontrolliert und umgekehrt ist der Streit der Eltern ein Kontrollsignal für das Verhalten des Kindes. Wiederholt sich dieser Vorgang im Laufe der Zeit mehrmals, ist in der Regel sehr schnell ein Schuldiger gefunden, der professioneller Hilfe bedarf:

Steht nur das Verhalten des Kindes im Mittelpunkt, befinden wir uns auf der untersten Ebene der Rekursion, bei der nur **ein** Individuum ins Blickfeld rückt. Natürlich können dies auch das konkrete Verhalten (bzw. dessen Be-deutungszuschreibungen) des Vaters oder der Mutter sein. Die Problematik auf dieser Ebene liegt u.a. darin, daß man sehr schnell ins "**medizinische**" Modell verfällt und nach personalen Ursachen "seziert" und Ausschau hält. Dabei werden die Handlungen des "identifizierten Patienten" aus dem komplexen Handlungssystem dieses triadischen Beziehungsmusters zwischen Eltern und Kind herausgesondert und kontextunabhängig betrachtet. Eine therapeutische Wirklichkeit 1. Ordnung (siehe Abb. 13) führt im allgemeinen zu einer Verlagerung des "Problems" **in** das Individuum und resultiert in Maßnahmen wie personzentrierte Diagnostik, Medikation, Hospitalisation der Person oder Individualtherapie. Daß Verhalten, sei es "symptomatisch" oder "normal", in komplexe Muster mit anderen Bezugspersonen eingebettet ist und ein Signal für die Beziehungen zu anderen Interaktionspartnern darstellt, wird auf der niedrigsten Rekursionsebene zweifelsohne verkannt.

Beispiel 2: Zwei Personen (A, B) "raufen" miteinander, bis Person A den anderen (B) verletzt. A ruft eine dritte Person C zu Hilfe. Zwischen A und C kommt es zu weiteren Auseinandersetzungen, in denen es um die Schuldfrage geht. Person C nimmt schließlich den verletzten B in Schutz und hilft ihm.

Hier haben wir insbesondere zwei eskalierende symmetrische Interaktionsmuster (Interaktionen von A und B bzw. A und C) und ein komplementäres Muster (Interaktion C und B), die zusammen ein neues, übergeordnetes Muster ergeben, in dem die einzelnen Muster (die Interaktionen A-B, A-C, C-B) selbst Teilmuster sind. Das Muster dieser Muster entspricht der 3. Rekursionsebene; seine Beschreibung ist nach Abb. 13 die Beschreibung einer **sozialen Choreographie** (**Politik$_3$**). Die Bedeutung dieser sozialen Choreographie (**Semantik$_3$**) bzw. sozi-alen Struktur dieser Triade (3 Personen) könnte als eine **Koalition der Personen B und C gegen Person A** benannt werden.

Den Handlungen des **Unterscheidens** - ein Verhaltensmuster von einem anderen unterscheiden, einen "Unterschied" machen -, der **Interpunktion** und der **Doppelbeschreibungen** entsprechen bestimmte Ebenen der Rekursion bzw. Unterscheidungsstufen, die ein Beobachter vornimmt (siehe Abb. 13): **Verhaltensebene, Interaktionsebene und ökologische Ebene** (im Sinne eines umfassenderen Gesamtsystems). Diese drei Ebenen können als unterschiedliche Sichtweisen, Realitäten und Wirklichkeiten gesehen und verstanden werden.

Für De SHAZER (1989) gibt es mindestens 12 "Schlüssel", die zum einen darauf hinweisen, wie KlientInnen bevorzugt ihre Probleme und beklagten Sachverhalte definieren - sprich konstruieren - und zum anderen auch 12 "Türen" zur therapeutischen **Lösungskonstruktion** in zwischenmenschlichen Systemen sind. Einer davon sind die dem beklagten Sachverhalt und der Situation "beigelegten Bedeutungen" des Klienten. Da dieser "Schlüssel" auch kontextuell zum Rekursionsmodell paßt und dieses vertieft, sei er zum Abschluß dieses Kapitels durch ein Beispiel dargelegt.

Der Konstruktion des "Bettnässens" liegen nach de SHAZER (1989, S. 45 f.) beispielsweise und vereinfacht dargestellt folgende mögliche **Entweder-Oder-Entscheidungen** der Mutter u./o. des Vaters zugrunde (siehe Abb. 14): Näßt das Kind in der Nacht ein, treffen beide oder jeder einzeln die Entscheidung, welche Bedeutung sie diesem Verhalten beilegen - als "normales" oder als "problematisches" Verhalten. Wird die Bedeutung "problematisch" zugeschrieben, ist die Wahl zwischen "physisch" und "psychisch" zu treffen. Begünstigen die Eltern - nehmen wir der Einfachheit halber an, beide sind sich einig - die Alternative "physisch", wird das elterliche Interaktionsverhalten u.a. sehr wahrscheinlich auf die Konsultation eines Arztes abzielen, mit der Erwartung, dieser werde medizinisch intervenieren und das "Problem" lösen. Optieren die Eltern aber für die Alternative "psychisch", d.h. sie nehmen das Verhaltensmuster ihres Kindes als ein psychisches Problem wahr, dann stehen sie an einem weiteren Verzweigungspunkt, der sie vor die Wahl stellt, ob das Kind "böse" oder "verrückt" sei. Im Falle der Bedeutungsverleihung "böses Kind", werden Maßnahmen der Bestrafung aller Voraussicht nach eingesetzt, um das "böse Verhalten" zu beenden. Andererseits werden sie bei der "Diagnose" "verrückt" professionelle, psychologisch-therapeutische Hilfe in Anspruch nehmen.

Abb. 14: Entscheidungsbaum zum beklagten Sachverhalt (geringfügig modifiziert nach de SHAZER, !989, S. 45)

An jedem Verzweigungspunkt in Abb. 14 wird eine Entweder - Oder - Entscheidung gefällt, die eine Umetikettierung von z.B. "problematisch" in "normal" unmöglich macht. Angenommen die einzelnen Entscheidungsschritte der Eltern sind (siehe Abb. 14 Fettdruck) ein nasses Bett - problematisch - psychisch - böse - Strafe, dann wird, falls die Bestrafungsmaßnahmen nicht effektiv greifen, die Lösungsstrategie **noch mehr desselben** (eine noch wirksamere Form der Strafe) verfolgt werden, da beide ja der Meinung und Überzeugung sind, das ein-

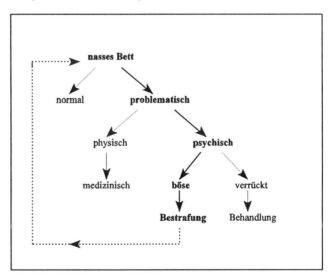

zig Richtige beschlossen zu haben (siehe Rekursionsschleife in Abb. 14). Bettnässen ist dann sowohl die "Ursache" für Bestrafung als auch die Folge. Die vielen Möglichkeiten außerhalb des Rahmens "Strafe" wie z.B. ein trockenes Bett belohnen, ein nasses Bett ignorieren oder das Kind sein nasses Bettzeug selbst waschen zu lassen u.dgl. werden und sind als potentielle Lösungswege ausgeschlossen. Die semantische Rahmenkonstruktion der Beteiligten läßt auch eine solche Sichtweise in diesem Fall gar nicht zu. Dies insbesondere um so mehr, je öfter dieser Kreisprozess sich in realiter wiederholt und einschleift. Im Wiederholungsfall wird in der Regel der gesamte Kreislauf "kurzgeschlossen", d.h. die einzelnen Verzweigungspunkte werden nicht jedes Mal erneut beschlossen, sondern der beklagte Sachverhalt wird gleichsam automatisch mit "böse" gekoppelt und daraufhin dann bedeutungsspezifisch reagiert.

Die Annahmen und die beigelegten Bedeutungen der Eltern stellen einen "Lageplan" dar, der das Interaktionsverhalten Eltern-Kind wechselseitig sowohl auf der "semantischen" wie "politischen" Ebene dirigiert und die Vielfalt möglicher, ebenfalls in Frage kommender Problemlösungen erheblich einengt. Die Erweiterung des elterlichen Entweder-Oder-Schemas in ein **Sowohl-als-auch-Schema** wäre eine kleine Veränderung, die nach systemischen Annahmen eine Veränderung in Gang bringen und große Wirkungen im Sinne eines Welleneffektes erzielen kann. Auch das schon erwähnte **Umdeuten** (reframing) - der negativen Bedeutung "böse" z.B. eine positive beilegen u./o. hinzufügen - könnte ein neues Verhalten initiieren und ein denkbarer, erster Schritt eines Lösungsweges sein.

Die in dieser Skizze dargestellte Situation ist noch verwickelter, wenn beispielsweise beide Eltern unterschiedliche Sichtweisen über das "Problem"verhalten haben, sich uneins sind über die Bedeutungszuschreibungen oder die Frage der Schuld bzw. der Verantwortlichkeit für das "Problem" von den Mitgliedern des Familiensystems zu entscheiden ist.

Noch eine kurze Bemerkung zum Verbum "**sein**". Menschen "sind" nicht aggressiv, böse, verrückt ect., ein Kind oder ein Jugendlicher "ist" nicht still, zurückgezogen, hinterhältig usw., sondern **es scheint so, daß** diese Bedeutungen in ganz bestimmten Situationen "zutreffen". Durch das Zeitwort < sein > wird eher etwas Statisches, Unveränderliches, Definitives suggeriert und die Möglichkeit einer Veränderung bzw. einer **prozeß**-haften Weiterentwicklung ausgeblendet. Wird < sein > durch die Sprachform < es scheint so, daß ... > (oder er/ sie handelt, als ob...) ersetzt, wird die kontextabhängige interaktionale Bedeutungskonstruktion von wahrgenommenen Verhaltensweisen relativiert und ihres Verallgemeinerungsgrades entledigt. "Verben wie zeigen, werden, scheinen und handeln als ob begünstigen eine Auffassung, daß Verhalten befristet und veränderbar ist" (WALTER, PELLER 1994, S. 34).

Dieser Abschnitt sollte Ihnen offenkundig machen, daß individuelle und zwischenmenschliche Probleme (Beziehungsprobleme) im Kontext der Kommunikation zwischen Personen rekonstruierbar sind. Menschliche Probleme werden durch kognitive und sozial-kommunikative Konstruktionen miterzeugt. Werden die Wirklichkeitskonstruktionen und die kommunikativen Strukturen verändert, modifiziert dies das Verhalten und Erleben und vice versa. Eine systemische Sichtweise geht nicht von Defiziten beim Individuum aus, sondern betont die Kontextaspekte, die Wirklichkeitskonstruktionen, Beziehungsdefinitionen und - Strukturen des sozialen Systems.

Aufgabe 1 (entnommen aus VESTER, 1983, S. 45 f.):

Ein Schachbrett hat 64 Felder. Auf das 1. Feld wird 1 Pfennig gelegt; auf das 2. Feld die doppelte Anzahl (zwei Pfennige), auf das 3. Feld wiederum die doppelte Menge (8 Pfennige) und so weiter. Schätzen Sie, wieviele Pfennige auf dem 64. Feld liegen werden! Sie werden verblüfft sein, denn es kommt eine Zahl heraus, die Sie sprachlich wahrscheinlich nicht ausdrücken können.

Dieses Beispiel soll zeigen, daß wir uns alle schwer tun, nicht-linear zu denken. Die Schachbrett-Aufgabe ist ein Beispiel für ein **exponentielles** Wachstum.
[Lösung mit einem Taschenrechner: $2^{63} \rightarrow$ Display Anzeige: 9.2233 18]

Aufgabe 2:

Eltern beklagen sich bei einem professionellen Helfer über ihr Kind, daß es "hinterhältig und böse" sei, denn beim Spielen im Sandkasten zerstöre es beispielsweise immer die Sandbauten der anderen Kinder.

a) **Reframen** Sie die Klage der Eltern, d.h. suchen Sie nach anderen möglichen Bedeutungszuschreibungen.

b) Registrieren Sie einmal bei sich selbst die spezifischen Bedeutungen, die Sie Ihren Handlungen zuschreiben; was sind die Folgen, wenn Sie dem eine andere "Bedeutung" (Semantik) beimessen?

c) Achten Sie bei einem Streitgespräch zwischen zwei Personen bewußt auf den Interaktionsprozeß und weniger auf die einzelnen Akteure! Auf welche Weise ist dieses Muster in ein übergeordnetes Muster eingebettet?

d) Zwischen Polizisten und Demonstranten kommt es zu erheblichen Ausschreitungen. Diskutieren Sie die Schuldfrage!

I.6   Konstruktion der sozialen Welt

Nicht die Dinge ängstigen uns, sondern wir ängstigen uns, wie wir über die Dinge denken (nach EPIKTET, einem griechischen Philosophen des 1. Jhd. n. Chr.)

Lassen Sie mich Teil I mit einigen Bemerkungen zum Begriff **kognitiv** abschließen. Wenn Sie ein Lexikon aufschlagen, erfahren Sie, daß sich dieses Fachwort aus dem Lateinischen ableitet: < Cognoscere > erkennen, wahrnehmen; < cognitus > bekannt, erprobt; < cognitio > Bekanntschaft, Erkenntnis, Begriff.

In der Psychologie umfaßt der Begriff **Kognition** sowohl Wahrnehmungs-, Denk- und Gedächtnis-prozesse. Im allgemeinsten Sinne geht es bei kognitiven Vorgängen um die Informationsverarbeitung einer Vielzahl an sinnlichen Stimulusinputs.

Aus dem bisher Gesagten (siehe u.a. Abschnitt Attribution) ergibt sich, daß wir eine auf sensorische Erfahrung beruhende Realität **konstruieren**. Wir nehmen nicht einfach Informationen von außen auf, sondern verarbeiten sie und werden so zu Konstrukteuren unserer eigenen sozialen Umwelt. Zur Erinnerung: Das Experiment von ROSENHAN (1985) belegte, daß klinische Experten eine subjek-tive Wirklichkeit erfinden bzw. konstruieren und auf der Basis dieser "Einstellung" weitere (Er) Kenntnis von der Realität erwerben.
BANDLER & GRINDER (1990) nehmen eine ähnliche, konstruktivistische Position in ihrem "Meta-Modell" ein, wonach jeder Mensch die Welt subjektiv wahrnimmt und folglich eine ganz bestimmte subjektive Einstellung zur Welt hat:

Diese Einstellung, das **individuelle Modell**, ist wie eine Landkarte von der Welt, es ist aber nicht die Welt selbst. Viele Menschen tun aber so, als wäre ihr Modell die Welt, so als sei eine Landkarte das Gebiet selbst. Jedes menschliche Verhalten wird vom ganz persönlichen Modell geleitet. Die Modelle, die verschiedene Menschen von der Welt haben, sind interindividuell, von Person zu Person, verschieden. Weiß man, nach welcher "Landkarte" ein Mensch sein Handeln ausrichtet, dann verstehen wir ihn besser und können auch besser mit ihm umgehen. In zwischenmenschlichen und intraindividuellen Konflikten spielen nach BANDLER & GRINDER "**verarmte Modelle**", in denen u.a. Erfahrungen getilgt sind, eine wesentliche Rolle.

Besonders in der **rational-emotiven Therapie** (RET) von Albert ELLIS stehen die Kognitionen (engl.: "beliefs") bzw. das "belief system" im Zentrum therapeutischer Intervention (siehe ELLIS und GRIEGER, 1979): Nicht ein Ereignis A bewirkt Emotionen und Verhalten, sondern unsere Gedan-ken, der innere Dialog, unsere Annahmen, Einstellungen, Grundüberzeugungen, Irrglauben, Ge-wohnheiten und Bewertungen führen zur Wahl eines Gefühles u./o. Verhaltens und zwar entspre-chend dem Etikett, das gewählt wurde.

Nach ELLIS A-B-C der RET ist zwischen äußeren oder inneren Ereignissen ("activating events"; A) und den emotionalen und behavioralen Konsequenzen ("consequencies"; C) ein "belief system" (B) dazwischen geschaltet, das rationale wie irrationale Kognitionen (rb, ib) umfaßt. Die irrationalen beliefs sind der Schlüssel für dysfunktionale Gemütszustände und Gefühle. In den irrationalen Kognitionen/Überzeugungen sind laut ELLIS kognitive Defizite und Fehler nachweisbar. Einige solcher irrationalen Denkmuster sind: Schwarz-Weiß Malerei; Verkleinerungen ("nie"); Magnifizieren, Katastrophieren, Dramatisieren; Personalisieren; Über-generalisieren (unzulässige Verallgemeinerungen); selektive Abstraktion (Konzentration z.B. auf ein Detail, wobei weitere relevante Information nicht gesehen wird); oder Irrglauben (z.B. die Annahme, daß es schrecklich und katastrophal ist, wenn die Dinge nicht so sind, wie man sie haben möchte). Durch "disputing" (D) erfolgt in der Therapie eine kognitive Umstrukturierung, die kognitive, emotionale und behaviorale Effekte (E) mit sich bringt. Schematische Darstellung der RET:

$$A \leftarrow B\,(rb, ib) \leftrightarrow C\,(aC, uC) \rightarrow D \rightarrow E\,(kE, eE, bE).$$

[A: activating events; B: beliefs ; rb: rationale beliefs; ib: irrationale beliefs; C: consequencies; aC: angemessene Konsequenzen; uC: unangemessene Konsequenzen; D: disputing (Disputieren, Überreden, sokratischer Dialog); E: Effekte; kE: kognitive Effekte; eE: emotionale; bE: behaviorale Effekte.]

Hauptsächlich "heiße" Kognitionen (z.B. "man/frau wird immer über mich lachen, das ist unerträglich") führen zu unangemessenen emtionalen Reaktionen (uC). "Kalte" Kognitionen (z.B. er/sie lacht, freut sich), die nicht evaluativ, sondern deskriptiv sind, zeitigen dagegen angemessene Konsequenzen (aC).

Für ELLIS entstehen psychische Probleme vor allem aus Fehlwahrnehmungen und falschen Kognitionen über das, was man wahrnimmt. Neurosen sind für ihn "das unintelligente Verhalten prinzipiell intelligenter Menschen".

In den letzten Jahrzehnten fand im Bereich der Psychologie ein Wechsel von der behavioristischen (z.B. SKINNER) zur kognitiven Perspektive statt. Für die (Sozial)Psychologie bedeutete dies, daß sie ihren Schwerpunkt u.a. auf die Verarbeitungsaktivitäten des psychischen Systems wie Selektion, Organisation, Konstruktion von Repräsentationen der Realität, Aufbau von Wissen u.ä. verlegte. Nach der sog. **social cognition** Forschung (soziale Informationsverarbeitung) unterliegt die Informationsverarbeitung zahlreichen Prozessen, die zu einer Verzerrung der Wahrnehmung führen. Die soziale Informationsverarbeitung umfaßt die Selbst-, Fremdwahrnehmung, sowie "naive Theorien". Das Attribut "sozial" kommt ihr deshalb zu, weil sie sich auf soziale Sachverhalte bezieht, durch soziale Interaktionen entsteht und der Verarbeitungsprozeß sozial geteilt ist. Letzteres gilt u.a. für soziale Stereotype als von den Mitgliedern einer Gesellschaft oder sozialen Gruppe geteilte Theorien über die eigene und die Fremdgruppe.

Kognitionen hängen aber nicht nur von den materiellen Merkmalen der Objekte ab, sie sind auch **mentale Rekonstruktionen** dessen, was von Individuen für wirklich gehalten wird und was auf ihren Erfahrungen, Bedürfnissen, Wünschen und Absichten beruht. Unsere Wahrnehmung ist auch vorwiegend vom ökologischen Kontext, in dem wir leben, bestimmt: Soziale Kontexte definieren religiöse, politische, soziale, wissenschaftliche Ideologien. Der soziale Kontext bestimmt sogar die Interpretation der eigenen Gefühle.

Soziale Repräsentationen sind geteilte soziale Ideen und Formen von Alltagstheorien, deren Hauptfunktion darin besteht, eine sinnvolle Welt zu konstruieren und sich darin zurecht zu finden; ferner erleichtern sie die Kommunikation zwischen den Mitgliedern sozialer Gruppen.

Es folgen nun einige wichtige Fachbegriffe, die später (z.B. bei der S.I.T von TAJFEL und dem ELM von PETTY & CACIOPPO) benötigt werden, verfügbar sein sollten und an dieser Stelle schon eingeführt werden.

❏ Prozeß der (sozialen) **Kategorisierung**:
Dieser für **TAJFEL** zentrale Fachbegriff besagt, daß wir die dingliche und soziale Umwelt in Äqui-
valenzklassen aufteilen. Objekte beispielsweise, die ein oder mehrere Merkmale gemeinsam haben,
werden in der Wahrnehmung als äquivalent (gleichwertig) zusammengefaßt und verschiedenartig
gruppiert. Dies gilt auch für Lebewesen: Menschen werden z.B. von einer Gesellschaft in Ausländer
und Deutsche eingeteilt oder nach Hautfarbe, Geschlecht, Religion u.s.f. differenziert und kategorisiert. Das Objekt oder Subjekt, das die Kategorie am besten definiert und repräsentiert, wird als
Prototyp bezeichnet.

❏ **Kognitive Schemata**:
Ein Schema ist eine kognitive Struktur, die organisiertes Wissen über ein gegebenes Konzept, Objekt
oder eine Stimulussituation repräsentiert und die Wahrnehmung, das Gedächtnis und Schlußfolge-
rungsprozesse beeinflußt.
Das gesamte Wissen über die Welt ist in Schemata abgespeichert, kognitiv repräsentiert. Dem
Schema verwandte Fachbegriffe sind: **Bezugsrahmen, Prototyp, (soziale) Kategorie, Skript**.

In der Sozialpsychologie werden vorwiegend unterschieden: Zeitlich geordnete Ereignisschemata, sog. **Skripts**
(z. B. Theaterbesuch, eine Prüfung schreiben); Personenschemata; **Selbst**schemata; Schemata von **Personengruppen oder Typen** (siehe später "Stereotype"); Schemata, die Wissen über Eigenschaften von Personen
beinhalten (sog."implizite Persönlichkeitstheorien") und Denkschemata (Denkregeln, Kausalschemata).
In einem "Skript" sind u.a. die Voraussetzungen und Ergebnisse eines Ereignisablaufes und der typische zeitliche Verlauf von relevanten Verhaltensweisen spezifiziert, sodaß wir wissen, was in einer Situation der Reihe
nach zu tun ist.

Funktionen von Schemata:

- Schemata bestimmen, wie gut wir etwas verstehen.
- Schemata beeinflussen unsere Gedächtnisleistung.
- Sie bewirken automatische Schlußfolgerungen, die oft über die gegebene Information hinausgehen; sie
  wecken "Erwartungen".
- Schemata lenken die Aufmerksamkeit und
- steuern unser Verhalten, unsere Handlungen.

❏ In der social cognition Forschung lassen sich **2 entgegengesetzte Prozesse der Informationsverarbeitung**, die insbesondere bei der Personwahrnehmung und Eindrucksbildung von Personen eine
Rolle spielen, unterscheiden (siehe Abb. 15).

Abb. 15:   Soziale Informationsverarbeitung

Schema (soziale Kategorie, Erwartungen)		
top down	⇓ ⇑	**bottom up**
[Stimuli (Reize), Verhalten, Situation]		

⇓ : Absteigende Informationsverarbeitung: **"top down"** Prozesse (wörtlich von oben nach unten).

Sie werden auch als theorie-, innen-, schema-, konzept- bzw. kategoriegesteuerte Prozesse bezeichnet, d.h. die Verarbeitung geht insbesondere vom Schema, von der sozialen Kategorie aus und den damit verbundenen Erwartungen und weniger von der Datenbasis, den konkreten Verhaltensweisen also, die beim anderen beobachtet werden. Aufgrund der einem Schema impliziten Erwartungen werden die Informationen, die von einer anderen Person dem Wahrnehmenden bereitgestellt werden, einer Prüfung unterzogen und getestet, ob sie diesen Erwartungen entsprechen. Der andere wird, wenn Sie so wollen, mit der Brille des aktualisierten Schemas wahrgenommen und beurteilt. Auch im Schema vorhandene Bewertungen können auf die wahrgenommene Person übertragen werden. Ein kognitives Schema ermöglicht demzufolge eine schnelle, einfache, automatische, aber auch relativ bequeme Urteilsbildung über soziale Sachverhalte. Ist ein bestimmtes Schema beim Wahrnehmungsprozeß aktuell, dann wird die Aufmerksamkeit u.U. auf unterschiedliche Informationsaspekte fokussiert (siehe Funktionen des Schemas).

Dieser Verarbeitungsstrang spielt insbesondere bei Vorurteilen eine wichtige Rolle. Vorurteilsbehaftete Menschen nehmen andere Personen vornehmlich im Kontext der Inhalte eines zugrundeliegenden stereotypen Schemas wahr.

⇑ : Aufsteigende Informationsverarbeitung.

Synonyme Bezeichnungen sind: Daten-, außengesteuert; **"bottom up"**; "individuierende" Informationsverarbeitungsprozesse. Die Pfeilrichtung deutet an, daß der Prozeß umgekehrt verläuft: Von den Daten zu einem Schema. Das wahrgenommene Verhalten bzw. die Aspekte der dargebotenen Information werden mit einem im Gedächtnis verfügbaren Schema verglichen oder es wird auf Personmerkmale geschlossen, die zu einem Gesamteindruck zusammengefaßt, einem passenden Schema zugeordnet werden. Bei Übereinstimmung mit dem Schema übernimmt dann dieses ggf. die weitere Prozessierung.

Im Vergleich zur konzeptgesteuerten Verarbeitung (⇓) stellt dieser Strang einen weniger bequemen, genaueren und gründlicheren Weg zur Urteilsbildung dar, denn die Aufmerksamkeit des Wahrnehmenden und die Informationsverarbeitung sind vorrangig auf die Details der Situation und des wahrgenommenen Verhaltens zentriert, wobei die impliziten Erwartungen seitens des Schemas eher in den Hintergrund treten.

Normalerweise laufen beide Prozesse (⇑⇓) gleichzeitig und in unterschiedlicher Gewichtung vermischt ab.

Die Personwahrnehmung und Eindrucksbildung von Personen ist nach FISKE und PAVELCHAK (1986) eher **kategoriegeleitet** (stereotyp; "absteigend", konzeptgesteuert), wenn dem Wahrnehmenden bekannt ist:

1. nur die Zugehörigkeit zu einer sozialen Kategorie (z.B. Person X ist **depressiv**; Person A ist **Asylant**).
[Beide Informationen aktualisieren jeweils ein spezifisches Personen-Schema: Evt. "psychisch Kranke" bzw. "Ausländer"]

2. Zugehörigkeit zu einer sozialen Kategorie und konsistente Detailinformation geboten wird (Beispiel: Die Person P ist "**paranoid**", mißtrauisch, eifersüchtig, furchtsam usw.)
[Die zum aktualisierten Schema "psychisch krank" zusätzlich mitgeteilte Information ist dem Schema angemessen und paßt zu ihm]

3. Zugehörigkeit zu einer sozialen Kategorie plus belanglose Zusatzinformation über die Person vorliegt.
[Die Vorgabe der Berufskategorie Arzt evoziert ein entsprechendes kognitive Schema, in das relativ unwichtige, unspezifische Informationen ohne weiteres integriert werden können]

Die Personwahrnehmung und Eindrucksbildung von Personen ist dagegen eher **datenorientiert**, "aufsteigend", "individuierend", wenn:

1. die Detailinformationen mit der sozialen Kategorie (Schema) inkonsistent sind. Person P ist z.B. ein ehemaliger **Schizophrener**; dieser ist gesellig, anpassungsfähig, routiniert usw.

[Inkonsistent besagt hier, daß zum Kategorienschema widersprüchliche Information vorliegt, die nicht auf Anhieb dazu paßt.]

2. aufgrund der Detailinformationen über eine Person keine passende soziale Kategorie bzw. Schema beim Wahrnehmenden verfügbar ist; d.h. über eine Person liegt nur Merkmalsinformation vor.
Beispiel: Person X ist praktisch, gebildet, geschickt, sieht fern, liest die Tageszeitung u. dgl.

[Solche Informationen über eine Person rufen kein spezifisches Schema auf den Plan; der Wahrnehmende wird seine Aufmerksamkeit weiterhin "genauer" auf die dargebotene Information lenken und sich einen angemessenen Gesamteindruck bilden, bei dem Einflüsse durch spezifische Personenschemata eine geringe Rolle spielen.]

Von Bedeutung in diesem Zusammenhang ist auch die wahrgenommene **Wichtigkeit** der anderen Person: Hängt das eigene Verhaltensergebnis vom Verhalten eines Partners ab - z.B. bei Bewertungen der **gemeinsamen** Leistung (relativ große Wichtigkeit) versus der individuellen Leistung (relativ niedrige Wichtigkeit) - dann wird wahrscheinlich eine genauere und detailliertere "aufsteigende" Informationsverarbeitung stattfinden und den situativen und verhaltensrelevanten Hinweisen des anderen mehr Aufmerksamkeit gezollt. Näheres dazu kann bei HERKNER (1990, S. 305 und 328 f.) nachgelesen werden, der ausführlich über entsprechende experimentelle Untersuchungen dazu referiert.

❏ Kognitive Heuristiken:

Darunter versteht man **Faustregeln zur Vereinfachung von Schlußfolgerungsprozessen (Inferenzen).** Kognitive Heuristiken sind Urteilsstrategien, die relativ schnell und mit geringem Aufwand an gedanklicher Verarbeitung Erklärungen, Vorhersagen und Inferenzen ermöglichen. Dabei kommt es oft zu systematischen Urteilsfehlern, sog. "kognitiven Täuschungen".
[Heuristik ist die Lehre von den **Verfahren zur Problemlösung.**]

Beispiele von im Alltag oft zu hörenden Heuristiken: "Was teuer ist, muß gut sein" ; "billiges Zeug ist Ramsch"; "das Warenangebot in einem Bio-Laden ist gesund"; "der Vertreter ist so sympathisch, der legt mich nicht herein, wenn ich ... kaufe"; "was mir der Arzt verschreibt, tut meiner Gesundheit gut".
Weitere Beispiele siehe Teil 3 "Cognitive-response" Ansatz der Einstellungsänderung von Petty & Cacioppo, insbesondere die heuristischen Regeln der "peripheren Route".

Es geht also um die Frage, wie Individuen vorgehen, wenn sie unter suboptimalen Bedingungen (zu wenig dargebotene Information, hohe Komplexität der Aufgabe, Zeitdruck) Einschätzungen, Ursachenerklärungen, Schlußfolgerungen und Vorhersagen abgeben oder ganz allgemein ein Problem lösen und Entscheidungen treffen sollen. Auch eine Informationsüberflutung und die relative Unwichtigkeit der Entscheidungssituation können eine gründliche Analyse behindern und den Einsatz einer Heuristik favorisieren. Eine Heuristik kann sich schließlich unmittelbar und gewissermaßen spontan aufdrängen (siehe z.B. die täglich mehrmals wahrgenommenen Werbespots im Fernsehen, die mit einem bestimmten Firmen-, Produktnamen assoziiert sind).

Hervorgehoben sei besonders die **Verfügbarkeitsheuristik,** die beim Prozeß des Abrufens oder Generierens von Information aus dem Gedächtnis eine nicht unwesentliche Rolle spielt. Bei der Beurteilung einer sozialen Situation wird den Merkmalen Priorität gegeben, die am leichtesten **verfügbar** ("greifbar") sind. Ist für jemanden beispielsweise das Wort "feindlich" verfügbarer, weil es ihm kürzlich in verschiedener Form begegnet ist, dann wird er es in mehrdeutigen Situationen mit größerer Wahrscheinlichkeit anwenden als das weniger verfügbare "freundlich".

Informationen, die ins Auge stechen, demnach "auffallen", sind verfügbarer (vgl.: 1 Mann unter mehreren Frauen bzw. umgekehrt). "Verfügbarkeit" in der sozialen Wahrnehmung hängt auch davon ab, worauf die Aufmerksamkeit gelenkt ist (**Augenfälligkeit; Salience). Saliente** Informationen gehen am stärksten in die Urteilsbildung ein; sie werden auch bevorzugt abgespeichert und wieder erinnert. [lat. < salire > (hervor) springen.]

Ist ein Schema oder eine soziale Kategorie vergleichsweise kognitiv verfügbarer als andere Schemata, wird eine dargebotene Information sehr wahrscheinlich selektiv, d.h. kongruent mit den impliziten Erwartungen des Schemas, verarbeitet und interpretiert.

> Aufgabe: Schätzen Sie, wieviele Untergruppen zu je zwei bzw. je acht Personen aus einer Gruppe von zehn Personen gebildet werden können.
> Sollten Sie der Meinung sein, es gäbe mehr Zweier-Gruppierungen als Achter-Gruppierungen, dann sind Sie der Verfügbarkeitsheuristik in die Falle getappt. Eine Kombination von je 2 Personen ist gedanklich leichter zu erzeugen und somit höher "verfügbar" als das kognitive "Zusammenstellen" von je 8 Personen.

Bei Vorurteilen ist auch die sog. **Repräsentationsheuristik** mit im Spiel. Sie dient der Zuordnung von einzelnen Elementen, Personen oder Ereignissen zu übergeordneten sozialen Kategorien. Werden Urteile über eine Person infolge einer wahrgenommenen Ähnlichkeit mit einem Prototyp statt aufgrund von objektiven Daten geformt, ist die Informationsverarbeitung auf einen einfachen Urteilsschritt reduziert worden. Weil ein mehr oder weniger relevantes Merkmal des beobachteten Ereignisses eine Affinität mit einem kognitiven Schema aufweist, wird es diesem zugeordnet und als zugehörig angesehen. Oft werden wir bei Personbeschreibungen und Informationen über einzelne Personen in die Irre geleitet, weil diese Mitteilungen Vorurteile "repräsentieren".

Die Qualität eines Produktes hängt in der Regel von mehreren Kriterien wie Markenname, Verarbeitung, Verpackung, Inhalt, Quantität, Preis u.ä. ab. Wird bei einer Kaufentscheidung zwischen zwei Artikeln das Qualitätskriterium Preis ausgewählt und das teuere Produkt gekauft, ist die Heuristik und Assoziation "das teuere Produkt ist das qualitativ bessere" im Spiel. Die übrigen Kriterien, die ebenfalls mit der Qualität in Zusammenhang stehen, werden dabei vernachlässigt und nicht in Betracht gezogen. Die Qualität ist folglich ausschließlich eine Funktion der Variable Preis. Der Preis **repräsentiert** dann die Qualität.

Die ersten Informationen, die wir über eine Person erhalten, sind besonders bedeutsam und wichtig für die Formation eines ersten Eindruckes. Schließt jemand aufgrund des Statussymboles "dicker Mercedes" oder "Designerkleidung" auf Erfolg im Beruf, hohem Sozialstatus oder überdurchschnittlichem Verdienst, dann stehen diese Statussymbole repräsentativ für berufliche Karriere, gesellschaftliche Stellung oder finanziellem Wohlstand. Ebenso werden einer gut aussehenden, physisch attraktiven Person oftmals vorteilhaftere und "bessere" Persönlichkeitseigenschaften attestiert im Vergleich zu einer Person, der dieses Attribut fehlt. Bei einer solchen assoziativen Verbindung ist die äußere Attraktivität **repräsentativ** für die Persönlichkeitsbeurteilung.

Diese Beispiele zeigen, daß die Anwendung von Heuristiken eine einfache, ungenaue, oberflächliche, schematische und wenig systematische Strategie der Informationsverarbeitung impliziert, die für den Anwender in bestimmten Situationen (Zeitdruck ect.; siehe oben) sowohl Vorteile wie Nachteile bringt. Werden allerdings soziale Sachverhalte (andere Person(en), Personengruppen) mittels solcher Faustregeln eingeschätzt, bewertet und beurteilt, überwiegen eher die Schattenseiten, wenn im Rahmen falscher Entscheidungsfindungen interpersonelle Interaktionen und Kommunikationen ablaufen.

Aufgabe:
Probieren Sie doch einmal folgendes mit zwei beliebigen Personen Ihres Freundeskreises aus: Lassen Sie die eine Person das Produkt: **1 x 2 x 3 x 4 x 5 x 6 x 7 x 8 x 9 x 10** schätzen (nicht rechnen!).
Der anderen Person bieten Sie diese Zahlenabfolge in umgekehrter Reihenfolge an. Also: **10 x 9 x 8 x 7 x 6 x 5 x 4 x 3 x 2 x 1**.

Die beiden Schätzungen werden erheblich divergieren! Die Urteilsverzerrung erfolgt sehr wahrscheinlich in Richtung auf den Anfangswert. Das geschätzte Produkt der aufsteigenden Zahlenreihe wird mit einem niedrigeren, das der absteigenden Reihe (10 x 9 x ..) mit einem höheren Zahlenwert angegeben. Dies ist ein Beispiel für die Heuristik der **Ankerbildung**. Sie kommt bei der Eindrucksbildung (erster Eindruck von einer Person) zum Tragen. Negative Erstinformationen über eine Person werden sehr wahrscheinlich zu einem ungünstigen Gesamteindruck führen, der durch später wahrgenommene positive Mitteilungen nur schwer zu revidieren sein wird. Durch die Vorgabe unvorteilhafter Mitteilungen über eine Person wird der Wahrnehmende gewissermaßen mit "Schlagseite" eingestellt, festgemacht, verankert.

Teil II

Soziale Einstellungen und Vorurteile

II.1 Begriffsklärungen, Definitionen, Grundsätzliches

Sind Maschinen entsprechend "**eingestellt**", benötigen sie weniger Energie und laufen einwandfreier. Bewerber um einen Job werden "**eingestellt**" und bekommen die vakante Stelle, wenn sie die erforderlichen Voraussetzungen erfüllen. StudentInnen haben sich darauf "**eingestellt**", an einer Prüfung, von der vieles abhängt, teilzunehmen. Gelegentlich klagen Eltern, ihr Kind müsse nur richtig "**eingestellt**" sein, wenn es die Schwierigkeiten in einem Schulfach überwinden und meistern wolle. Wer von uns war nicht schon einmal "von Kopf bis Fuß auf Liebe" "**eingestellt**" und ist es vielleicht noch immer? Schließlich, um diese Auflistung des Verbs "**einstellen**" "**einzustellen**", Todkranke sind auf das Sterben und ein Leben nach dem Tode "**eingestellt**".

Diese Sätze machen deutlich, daß dem Zeitwort "einstellen" und dem Substantiv "Einstellung" unterschiedliche Bedeutungen zukommen. Die spezifische Bedeutung ergibt sich aus dem Kontext des jeweiligen Satzes und der Anordnung sowie der Bedeutung der einzelnen Wörter.

Ähnlich verhält es sich mit dem Bedeutungsumfeld des psychologischen Fachbegriffes (**soziale**) **Einstellung**. Dessen schillerndes Bedeutungsspektrum ist nicht nur in der umgangssprachlichen, sondern auch in der fachspezifischen Verwendung nachzuweisen. Jeder, der sich mit Einstellungen beschäftigt, hat mehr oder weniger seine eigene Definition in der Schublade und versteht etwas anderes darunter: "ALLPORT hat 1935 16 Definitionen gekannt und seine 17. hinzugefügt. NELSON berichtete 1939 von insgesamt 30 Definitionen. WILCOTT hat seiner Analyse "nur" 70 Attitüdendefinitionen zugrundegelegt. DELEFOE berichtet 1977 von mehr als 120 Definitionen, nimmt aber an, daß die Zahl der tatsächlichen noch wesentlich höher läge" (WOLF, 1979, S. 47). Diesen Zustand mit babylonischem Sprachengewirr zu assoziieren, wo keiner mehr den anderen versteht, ist naheliegend.

Während sich im deutschsprachigen Raum das Wort "Einstellung" durchsetzte, wird im anglo-amerikanischen Bereich bevorzugt von **attitude** gesprochen, was zu "Attitüde" verdeutscht und oftmals mit Einstellung gleichgesetzt wurde. Der folgende kurze Abriß zum Begriff Einstellung bzw. "attitude" orientiert sich weitgehend an ROTH (1967), der diesen terminus technicus historisch differenziert analysiert.

In Deutschland war die Verwendung des Einstellungsbegriffes innerhalb der Bewußtseinspsychologie vorwiegend auf den Bewußtseins- und Erlebnisaspekt begrenzt, wonach Einstellungen eine selegierende und steuernde Wirkung auf das bewußte Geschehen und die aktuellen Prozesse haben.

Um die Jahrhundertwende wurden Einstellungen als eingeübte Dispositionen oder Tendenzen zu automatischen motorischen oder sensorischen Tätigkeiten verstanden oder als Prädispositionen sensorischer oder motorischer Zentren für bestimmte Erregungen. Etwas später sind Einstellungen Erwartungen, die die Aufmerksamkeit richten, die Wahrnehmung und das Denken lenken und zu einem bestimmten Verhalten disponieren. Im Laufe der Zeit wurde der Einstellungsbegriff dann von spezifischen Tätigkeiten auf das gesamte bewußte und auf einen Gegenstand bezogene Erleben und Verhalten ausgedehnt, wobei jedes mögliche Objekt des Erlebens dazu in Frage kommt. Auch eine **affektive** Komponente i. S. von "Lust-Unlustqualitäten" wird inkludiert. Für

MARBE (1926), der zur Würzburger Schule gehört, ist beispielsweise das Bewußtseinerleben in der Hauptsache eine Funktion von Einstellungen, die sich im Wahrnehmen, Denken, Fühlen, Wünschen, Wollen und Handeln äußern.

Im anglo-amerikanischen Raum dagegen wird der Begriff Einstellung bzw. "attitude" meist auf den Verhaltensaspekt und der sozialen Determination eingeengt.
Noch im Einklang mit deutschen Autoren definiert ALLPORT (1935, S. 810) "eine Einstellung ist ein durch Erfahrung organisierter psychischer (mental) und neurologischer Status der Bereitschaft, der einen richtenden oder dynamischen Einfluß auf die Reaktionen eines Individuums gegenüber allen Objekten und Situationen, mit denen es verbunden ist, ausübt".
Zwei Jahrzehnte später kommen nach ALLPORT (1959) in "attitudes" zum einen eine subjektive oder geistige Bereitschaft zur Handlung (mental attitude) zum Ausdruck, zum anderen werden diese in der sichtbaren Körperhaltung (motor attitude) manifest.

Der Terminus attitude wurde erstmals systematisch von THOMAS und ZNANIECKI um 1920 (vgl. ROTH, 1967) verwendet und auf den sozialen Bereich verlagert. Für beide sind Einstellungen (attitudes) ein "Prozeß individuellen Bewußtseins, der die wirkliche oder mögliche Aktivität eines Individuums in der sozialen Welt definiert (THOMAS u. ZNANIECKI, 1958, S. 20). Jedes Verhalten ist einstellungsbedingt und **sozial** determiniert. Der Gesichtspunkt der sozialen Determination rückte seitdem immer mehr explizit in den Vordergrund. Das Attribut "sozial" meint, daß Einstellungen auf ein soziales Objekt bezogen sind, sozial, d. h. von mehreren Personen geteilt werden, verbalisierbar und kommunikabel sind und durch soziale Faktoren beeinflußt werden.

Unter dem Einfluß des Behaviorismus - einer Strömung gegen die Bewußtseinspsychologie und den Mentalismus - nach dem bekanntlich das menschliche Verhalten nur aufgrund beobachteter Daten erforscht werden durfte, wurden Einstellungen zu reinen, grundsätzlich gelernten Reiz-Reaktionsverbindungen umfunktioniert. Nach streng **behavioristischer** (engl. < behavior > Verhalten) Ansicht sind Einstellungen wiederholte, dauerhafte Verhaltensweisen, Reaktionskonsistenzen, einer Person gegenüber sozialen Objekten. Die Einstellungen werden hier gleichgesetzt mit dem Verhalten. Auf den Begriff Einstellungen kann mithin verzichtet werden, da diese ein Epiphänomen seien, das nicht beobachtbar ist.

Wo auch immer, so die neobehavioristische Weiterentwicklung, eine Konsistenz des Verhaltens gegenüber einer Klasse von Gegenständen zu beobachten ist, muß und kann auf intervenierende Variable geschlossen werden. Einstellungen sind in diesem Sinne dann **hypothetische Konstrukte**, die aus beobachteten Reaktionen erschlossen werden und über operationale Definitionen überprüfbar sind. CAMPBELL (1950, S. 31) definiert demnach die soziale Einstellung als "ein dauerhaftes Syndrom der Konsistenz von Reaktionen auf eine Klasse sozialer Objekte". Eine ähnliche Position vertritt auch in Deutschland z. B. HOFSTÄTTER (1959, S. 163): "Einstellungen sind hypothetische Variable, mittels deren wir aus beobachtbaren Stellungnahmen eines Individuums auf dessen meist als relativ dauerhaft betrachtete Dispositionen zurückschließen".

Die zunehmende Bedeutung der Psychometrie (der Meßbarkeit) in der Psychologie führte u.a. dazu, daß der **Intensitätsaspekt** und die **Dimensionalität** der Einstellung in den begrifflichen Rahmen integriert wurden: GUILFORD (1954, S. 456) z.B.:"Eine Einstellung ist eine persönliche Disposition, die allen Individuen gemeinsam ist, ihnen aber in verschiedenem Ausmaß zukommt und die sie veranlaßt, auf Gegenstände, Situationen und Urteile in einer Weise zu reagieren, die günstig oder ungünstig genannt werden kann." Jedem Individuum wird demnach auf einem Kontinuum, das sich von einem extrem negativen Pol über eine neutrale Mitte bis zu einem extrem positiven Pol erstreckt, ein bestimmter Platz zugeordnet, der die Einstellungsposition zu einem bestimmten Einstellungsobjekt widerspiegelt. Siehe dazu auch unter II.1.2.

Infolge der boomenden Entwicklung und Konstruktion von Einstellungsskalen reduzierten sich Einstellungen schließlich auf die verbale Zustimmung/Ablehnung zu vorher abgesteckten Behauptungen und Statements über ein soziales Objekt.

Da dem Einstellungsbegriff in der traditionellen wie auch neueren Sozialpsychologie eine überaus zentrale Rolle zukommt, seien die Definitionen dreier älterer, prominenter und auch in Deutschland bekannter, amerikanischer Autoren von (älteren) Standardlehrbüchern der Sozialpsychologie wiedergegeben:

Für HARTLEY und HARTLEY (1955, S. 455) ist Einstellung "eine Abstraktion, die sich auf gefolgerte Eigenheiten eines Menschen bezieht, die nicht durch situative Notwendigkeiten bedingt sind und einer in Erscheinung tretenden Gleichförmigkeit des Verhaltens und Ausdrucks zugrunde liegen". Einstellungen sind für HARTLEY und HARTLEY auch Teile der Persönlichkeit, sie entwickeln sich durch Erfahrung und kennzeichnen Individuen wie Gruppen. Beide Autoren beziehen auch **kognitive** Funktionen mit ein, indem Einstellungen auch Bezugsschemata für Wahrnehmungen darstellen.

NEWCOMB (1959, S. 94): "Unter der Einstellung eines Individuums gegenüber einer Sache verstehen wir seine Prädisposition, hinsichtlich dieser Sache zu handeln, wahrzunehmen, zu denken und zu fühlen." In der Lerngeschichte eines Individuums werden nicht nur Motive erworben, sondern es bilden sich auch dauerhafte Bereitschaften (sog. Einstellungen), sich in bestimmter Weise bevorzugt motivieren zu lassen. Einstellungen sind hier hypothetische Konstrukte und unverkennbar durch eine Richtungskonsistenz des Verhaltens, der Gefühle und der kognitiven Prozesse.

KRETCH, CRUTCHFIELD und BALLACHEY (1962, S. 146): Sie definieren Einstellungen als "dauerhaftes System dreier Komponenten, die um ein Objekt zentriert sind: Die Annahmen über den Gegenstand - als die kognitive Komponente; der mit dem Gegenstand verbundene Affekt - die Gefühlskomponente; und die Disposition, in Bezug auf den Gegenstand zu handeln - die Komponente der Handlungstendenz." Hier wird erstmals der **Systemgedanke** eingeführt, wonach jedes Element mit jedem in wechselseitiger Relation und gegenseitiger Bedingtheit steht.

Mit ROTH (1967, S. 41) können 4 allgemeine Beschreibungsgesichtspunkte von Einstellungen, die für alle Auffassungen gleichermaßen gelten, extrahiert werden:

---

1. Der Einstellungsbegriff bezieht sich auf "notwendigerweise zu folgernde Grundlagen konsistenten und kovariierenden Verhaltens".

2. Die Gegenstandsbezogenheit der Einstellung. "Alles was Inhalt des Erlebens ist", kann Objekt einer Einstellung sein.

3. Einstellungen sind im Verlauf der individuellen Lerngeschichte erworben, d. h. gelernt.

4. Der Systemcharakter der Einstellungen. "Einstellungen sind wohl Funktionseinheiten, von denen Verhalten und Erleben abhängen". Es liegt kein naiver Kausalismus vor: Die "Eigenart eines Verhaltens ist nicht die einfache Folge der Elemente und ihrer Funktionen, sondern ist Eigenschaft ihres Systems."

Attribute, die Einstellungen oftmals zugeschrieben werden

erworben bzw. gelernt
objektbezogen; sozial
kognitiv, affektiv, konativ (verhaltensbezogen)
gerichtet; determinierend
zentral - peripher (variabel nach Ich-Beteiligung, Interesse und Wichtigkeit für das Individuum)
allgemein versus spezifisch
niedrig versus hoch differenziert
konsistent versus inkonsistent
niedrig strukturiert versus hoch strukturiert
hypothetisch; relativ überdauernde, erschlossene Bereitschaften
unterschiedlich intensiv im positiven oder negativen Affekt

Wenn Sie sich nochmals das Integrationsmodell von NOLTING und PAULUS (siehe Abb. 7) vergegenwärtigen, dann sind das soziale Verhalten und soziale Handlungen das Ergebnis von inneren Zuständen (u.a. Kognitionen, Wahrnehmungen, Bewertungen), die als Einstellung bzw. Verhaltensdisposition oder Handlungstendenzen bezeichnet werden. Diese Tendenzen sind dem Bedingungsanteil "personale Dispositionen" zuzuordnen, der relativ überdauernde, erlernte Bereitschaften beinhaltet. Einstellungen sind demnach **hypothetische Konstrukte**, die einer direkten Beobachtung nicht zugänglich sind und nur indirekt erschlossen werden können. Als Denkmodell i.S. eines hypothetischen Konstruktes erklären Einstellungen, warum sich Menschen gegenüber Einstellungsobjekten interindividuell verschieden, aber relativ konstant verhalten. Das beobachtete Verhalten läßt dann Rückschlüsse auf die Einstellungen zu.

Einstellungsobjekte können sein: Andere Personen, Personengruppen, die eigene Person, unbelebte Objekte, soziale Ereignisse und Sachverhalte, Institutionen u.ä.

Wir alle haben Einstellungen gegenüber einer Vielzahl an Dingen, Sachlagen und Lebewesen: Politik, Kanzler Kohl, die katholische Kirche, Papst Johannes Paul II, Umweltschutz, Abtreibung, Krieg in Bosnien, Türken, Kurden, Italiener, Psychologen, Zahnpasta Elmex, Frauen, Männer, Homosexuelle, Beruf, Sport, Straßenverkehr, Wissenschaft, Ehe und vieles mehr.

Einstellungen zur **eigenen Person**, "zu sich selbst", bilden das **Selbstkonzept**. Jede Person hat eine Vielzahl an Selbstkonzepten, die sich auf den Beruf, die Familie, die Freizeit, den eigenen Körper usw. beziehen. Diese partiellen Selbstschemata strukturieren und organisieren das Bild, das man von sich selbst hat und bestimmen den Grad der Selbstwertschätzung und des Selbstwertgefühles.

Das Selbstkonzept ist die Gesamtheit der auf die eigene Person bezogenen, einigermaßen stabilen Kognitionen und Bewertungen. Das Selbstkonzept ist die "Gesamtheit (Summe, das Ganze, der Inbegriff) der Einstellung zur eigenen Person" (MUMMENDEY, 1987, S. 34).

Das Selbstkonzept einer Person ist relativ zeitstabil und weist eine gewisse Formbarkeit bzw. Flexibilität in der Verarbeitung und Anpassung an neue Erfahrungen auf. Eine erfolgreiche Bewältigung von insbesondere **kritischen Lebensereignissen** - das sind u.a. Krisen in Familie und Beruf; Dauerbelastungen; Personverluste durch Tod, Scheidung oder Trennung; Verlust des Arbeitsplatzes; Pensionierung und Ruhestand; gravierende Veränderungen in finanzieller Hinsicht; Unterbringung in ein Alten- oder Pflegeheim -, die das Selbstkonzept destabilisieren, eventuell sogar revidieren und eine Neuanpassung an die veränderte Lebenssituation abverlangen, ist in hohem Ausmaße, wie die **life-event**-Forschung nachweist (vgl. z.B. FILIPP, 1990), mitbedingt von der Sichtweise, die eine Person von sich selbst hat. Ein negatives Selbstkonzept und eine geringe Selbstachtung oder Selbstschätzung verstärken eher noch die abträglichen und ungünstigen Effekte dieser Krisensituationen und und führen ggf. zu einer weiteren Beeinträchtigung des ohnehin schon geringen Selbstwertgefühls. Natürlich ist die Bewältigung von einschneidenden und belastenden Lebensereignissen von weiteren Bedingungen wie z.B. der wahrgenommenen Kontrollierbarkeit des Ereignisses, des Attributionsstils (s. Kap. Attribution), der individuellen Kompetenzen und Bewältigungsformen (sog. **Coping**-Strategien) und der sozialen Ressourcen (Unterstützungen durch das soziale Netzwerk, in das die Person eingebunden ist) abhängig.

Einstellungen sind, um einen weiteren Bezug zu den Ausführungen in Teil I herzustellen, die (**subjektiven**) **Theorien** eines Menschen bezüglich eines Einstellungsobjektes.

Einstellungen können auch als **Schemata**, in denen das gesamte Wissen und die Gefühle gegenüber Einstellungsobjekten abgespeichert und verfügbar sind, konzipiert werden. Einstellungen sind dann, so gesehen, relativ beständige Bezugssysteme, an denen Sachverhalte, Ereignisse gemessen und beurteilt werden und an denen sich Personen orientieren. Dabei wird eine relative Zeit- und Situationsstabilität vorausgesetzt. Information, die mit dem Einstellungsschema konsistent ist, wird besser gemerkt als irrelevante Information. Dies kann auch für Informationen zutreffen, die zu einer gegebenen Einstellung in Widerspruch stehen - mit ihr inkonsistent sind. Durch Neuinterpretation oder durch eine intensive kognitive Auseinandersetzung werden diese oftmalig an das Einstellungsschema angepaßt.

Der **klassische** Ansatz der Einstellungsforschung geht insbesondere davon aus, daß Einstellungen das Verhalten einseitig - linear kausal - determinieren. Diese überaus populäre Modellkonzeption der alltagstheoretischen, aber auch der wissenschaftlichen Psychologie läßt sich auf den gemeinsamen Nenner bringen: **Einstellung (E)** ⇒ **Verhalten (V)**. Einstellungen sind dieser Kernaussage nach die Prädiktoren für das beobachtbare, tatsächlich auftretende, overte Verhalten.

Diesem "naiven Modell" liegt ferner die Annahme zugrunde, daß Einstellungen **statisch** und **stabil** sind. Einstellungsuntersuchungen im Rahmen dieses Ansatzes vernachlässigen zudem die Zeitdimension und analysieren Einstellungen vornehmlich durch Querschnittsbetrachtungen, indem sie nur einen punktuellen Ausschnitt des Zeitkontinuums einfangen und mit dem ebenfalls punktuellen Kriterium Verhalten in Beziehung setzen. Auch wird gelegentlich die Determinationsrichtung (V ⇒ E), bei der die lineare Kausalität Einstellung-Verhalten umgekehrt verläuft, postuliert und empirisch untersucht - u.a. in der Dissonanztheorie (siehe III.2; insbesondere "forced compliance" Paradigma) oder im Rahmen der Impression-Management-Theorie (siehe II.2.5.4). Auf eine komplexere, eher **prozessuale** Modellvorstellung weist z.B. MUMMENDEY (1988) hin, in der eine wechselseitige kausale Beziehung zwischen Einstellungs- und Verhaltensmaßen zu verschiedenen Zeitpunkten angenommen und gefordert wird.

Ausgewählte **Definitionen** für Einstellungen

1. Die Art und Weise, wie sich ein Individuum in seinen Gedanken, Gefühlen, Bewertungen, Verhaltensabsichten auf ein soziales Objekt richtet (MUMMENDEY, 1988).
2. Einstellungen sind ein generelles, andauerndes positives oder negatives Gefühl einer Person, einem Objekt oder einem Sachverhalt gegenüber (PETTY & CACIOPPO, 1986).
3. Eine Einstellung ist eine gelernte Verhaltensdisposition, konstant positiv oder negativ auf ein soziales Objekt zu reagieren (FISHBEIN & AJZEN, 1975).
4. Einstellung ist die Bereitschaft zur positiven oder negativen Bewertung eines Einstellungsobjektes, die auf Gefühle und Meinungen über das Einstellungsobjekt beruht (STROEBE, 1980).
5. Einstellungen sind Tendenzen, auf bestimmte Klassen von Reizen mit bestimmten Klassen von Reaktionen zu antworten und (wir) bezeichnen die drei hauptsächlichen Klassen von Reaktionen als kognitive, affektive und verhaltensmäßige (ROSENBERG & HOVLAND, 1960).

Diese Definitionen unterscheiden sich dadurch, daß sie ein- oder zwei- oder mehrdimensional sind. PETTY & CACIOPPO betonen das Gefühl, STROEBE die Meinungen und Gefühle, MUMMENDEY führt sogar 4 Aspekte auf: Gedanken, Gefühle, Bewertungen und Verhaltensabsichten.

Nach dem **Dreikomponenten** Ansatz der Einstellung (ROSENBERG & HOVLAND, 1960) - auch als **Strukturmodell** der Einstellung bezeichnet - lassen sich **3 Einstellungskomponenten** unterscheiden, nach denen jede soziale Einstellung aufgegliedert werden kann:

---

a) **kognitive Komponente:**
Wahrnehmung, Erkenntnis, Beurteilung, verbale Überzeugungen, Meinungen, "beliefs", Wissen, Glauben, Vorstellung, Urteil; das subjektive Wissen über ein Einstellungsobjekt;

b) **affektive** Komponente: Gefühl, Mögen, Nichtmögen; Bewertung, Evaluation; Reaktionen des autonomen Nervensystems; sich wohl bzw. unwohl fühlen bei Urteilen über soziale Kategorien oder Einstellungsobjekte;

c) **konative** (auch behaviorale oder aktionale) Komponente:
Verhaltenstendenz, -absicht, Bereitschaft zum Handeln; Handlungskomponente; offenes (overt) Verhalten; Mitteilungen über eigenes Verhalten.

Kritiker des Strukturmodells bemängeln u.a. die Schwierigkeiten, die sich bei der Operationalisierung dieses Trios ergeben, ferner zweifeln sie an der Validität und der geringen empirischen Trennbarkeit der drei Komponenten.

Diese drei Komponenten sind miteinander verbunden, gegenseitig voneinander abhängig und können als ein System oder als ein Netzwerk bezüglich eines spezifischen Einstellungsobjektes aufgefaßt werden. Darüber hinaus sind verschiedene Einstellungen wiederum miteinander vernetzt und bilden ein übergeordnetes Einstellungssystem.

Das **Einstellungssystem** "Einstellung zur Umwelt" hängt mit Einstellungen zusammen, die u.a. den Straßen- und Städtebau, die Abfallbeseitigung, das Recycling, das Verkehrswesen, den öffentlichen Verkehr, Geschwindigkeitsbegrenzungen auf den Straßen, die Natur (Waldsterben), das Ozonloch, den Kfz-Katalysator, Atomkraftwerke, Giftmüll u. dgl. mehr betreffen. Diese Einstellungsbereiche konstituieren zusammen im Sinne eines differenzierten Netzwerkes ein übergreifenderes, komplexeres Einstellungssystem.

Bestehen zwischen den 3 Komponenten in den Ausprägungsgraden hohe Konsistenzen, spricht man von **balancierten, stabilen, homogenen** Einstellungen. Das Gegenteil sind **ambivalente** Einstellungen, bei denen die drei Komponenten nicht stimmig sind. Sind die einzelnen Einstellungskomponenten inkonsistent, neigt man dazu durch Änderung von Teilaspekten der Einstellung Stimmigkeit, d.h. interne Konsistenz in der Einstellungsstruktur herzustellen.
Konsistente Einstellungen sind folglich stabiler als inkonsistente. Letztere sind daher auch leichter zu beeinflussen. Als experimenteller Beleg für die **affektiv-kognitive Konsistenz** wird oftmals das Hypnoseexperiment von ROSENBERG (1960) angeführt, in dem die affektive Einstellungskomponente hypnosuggestiv verändert wurde, woraufhin sich eine spontane Reorganisation der kognitiven Struktur im Sinne von Konsistenz mit dem Affekt einstellte:

Mit einer Einstellungsskala wurde in Voruntersuchungen die affektive Reaktion zu sozialen Einstellungs-objekten - u.a. ob Farbige in die Nachbarschaft von Weißen ziehen sollen - ermittelt. Vor und nach der Hypnosesitzung wurden jeweils die kognitive Struktur der Vpn gemessen. 11 von 22 Vpn wurde hypnotisch eine Affektänderung von negativ nach positiv (6 Vpn) bzw. umgekehrt (5 Vpn) suggeriert. Die Gefühlsinduktion bestand darin, daß die Vpn anders fühlen sollten, z.B. daß der Gedanke, Farbige ziehen in die Nachbarschaft von Weißen, ihnen ein glückliches und heiteres Gefühl geben werde. Die Vpn der Kontrollgruppe wurden nicht hypnotisiert; sie sollten stattdessen versuchen einzuschlafen. Die Hypothese ROSENBERG's, eine Änderung der affektiven Einstellungskomponente führe zu einer korrespondierenden und konsistenten Umgestaltung der Ansichten über den Gegenstand des Affektes, konnte hochsignifikant bestätigt werden. Nicht nur ein Gefühls-wandel wurde beobachtet, sondern auch eine Änderung der Ansichten und Überzeugungen, sodaß letztere mit der veränderten affektiven Komponente im Einklang standen, d.h. konsistent waren.

Je nachdem, welche Komponente mehr gewichtet ist, lassen sich **affektive** von **intellektuellen** und **handlungsorientierten** Einstellungen unterscheiden.
Wirkt sich eine Einstellung hauptsächlich auf den Bereich der Wahrnehmung aus, kann sie als eine **sensorische** Einstellung klassifiziert werden; manifestiert sich ihre Wirkung mehr im Motorikbereich spricht man von einer **motorischen** Einstellung.

Oft jedoch kommt es vor, daß die Einstellung und das Verhalten sich widersprechen, daß man/frau etwas tut, was mit der zugrunde liegenden Einstellung nicht übereinstimmt. In einem gesonderten Abschnitt wird darauf ausführlicher eingegangen (siehe Kap. **Einstellungs-Verhaltens-Relation**). Angemerkt sei kurz, daß menschliches Verhalten nicht nur von Einstellungen bestimmt ist, sondern auch von sozialen Normen beeinflußt wird, sodaß etwa durch normativen Druck, aber auch durch soziale Gruppendruck einstellungsdiskrepantes Verhalten zu beobachten ist. Denkbar ist auch, daß mehrere Einstellungen gleichzeitig für ein Verhalten relevant sind oder die situativen Zwänge so immens sind, daß eine Diskrepanz zwischen Einstellung und Verhalten offenkundig wird.

II.1.1 Funktionen von Einstellungen (KATZ, 1960)

Dem funktionellen Ansatz der Einstellungen liegt die Annahme zugrunde, daß diese der Bedürfnis-befriedigung dienen und eng mit der Bedürfnisstruktur des Individuums verbunden sind. Einstellungen sind dieser Betrachtungsweise zufolge auch in die Gesamtpersönlichkeit eingebettet. Es werden unterschieden:

❐ **Nützlichkeits** - oder Anpassungsfunktion
Einstellungen sind nach Zweckmäßigkeitsgesichtspunkten strukturiert: Durch Einstellungen gelingt es uns, persönlichen Nutzen zu erreichen, Nachteile zu vermeiden bzw. Belohnungen zu bekommen. Beispielsweise gehen wir Personen und sozialen Gruppen aus dem Wege, die uns Unbehagen verursachen. Mittels Einstellungen ist es auch möglich, sich sozial wünschbar darzustellen, indem wir auf bewährte Strategien der **Selbstdarstellung** zurückgreifen. Auch können soziale Ängste beispielsweise mehr oder minder gut kontrolliert werden, indem ein Individuum seine Einstellungen an den Sozialkontext anpaßt und in seinen Verhaltensweisen konform mit der Bezugsgruppe geht.

❐ **Wissensfunktion**

Einstellungen implizieren Handlungsanweisungen gegenüber sozialen Objekten. Sie dienen dazu, sich in der sozialen Umwelt zurechtzufinden. Sie geben Orientierung und Interpretationshilfen der immer komplexer und kaum mehr durchschaubar werdenden Umwelt. Unsere Wahrnehmung und Informationssuche wird **selektiv** von Einstellungssystemen beeinflußt; dabei tendieren wir dazu, einstellungsdiskrepante Information zu vermeiden (s.a. die **kognitive Dissonanztheorie von FESTINGER**; III.2). Durch Einstellungen kann aber auch die Komplexität und Vielschichtigkeit der sozialen Realität derart vereinfacht werden, daß im Extremfall ggf. nur noch in "gut" oder "böse" evaluiert und klassifiziert wird.

❐ **Ichverteidigungsfunktion** (defensive Funktion)

Diese Funktion der Einstellung bedient sich tiefenpsychologischer Argumentation: Durch Einsatz von sog. Abwehrmechanismen (z.B. Projektion, Rationalisierung, Verschiebung usw.) im Rahmen von Einstellungen lassen sich Ängste abwehren, der Verlust des Selbstwertgefühles schützen, innerpsychische Konflikte vermeiden, Minderwertigkeitsgefühle kompensieren, Ängste vor sozialem Abstieg unterdrücken und die Schuld für Probleme auf andere Personen projizieren. Unerwünschte, als bedrohlich erlebte Gefühle, Motive, Bedürfnisse und Erfahrungen werden auf diese Weise durch Einstellungen kontrolliert, abgewiesen und gerechtfertigt. Innerpsychische Aggressionen z.B. können so als Feindseligkeit nach außen auf andere Personen verlagert werden. Durch Bildung von Vorurteilen gegen fremde Personengruppen gelingt es, sich selbst einen Gefallen zu tun (siehe später "abwärtsgerichtete soziale Vergleiche") - natürlich zu Ungunsten und auf Kosten anderer Personen. Diese defensive Funktion von Einstellungen kommt insbesondere gegenüber sozialen Randgruppen und Minoritäten zur Geltung und zum Einsatz.

❐ **Expressive Funktion**

Darunter ist u.a. die Selbstverwirklichung, Selbstbestätigung durch relevante Einstellungen zu verstehen; ferner die Motivation, sich gemäß den eigenen Überzeugungen und Werten zu verhalten, diese mitzuteilen und gegebenenfalls zu verteidigen. Die Übernahme und Zurschaustellung sozialer Einstellungen trägt auch zum Aufbau der **persönlichen** und **sozialen Identität** bei. Vergleiche dazu die Soziale-Identitäts-Theorie (S.I.T.) von TAJFEL: Dadurch, daß soziale Randgruppen beispielsweise von Teilgruppen einer gesellschaftlichen Majorität abgewertet werden, gelingt es auf relativ bequeme Art und Weise, das eigene moralische Selbstbild kompensatorisch zu untermauern und in ein besseres Licht zu stellen.

Außerdem ermöglichen Einstellungen den eigenen Standpunkt zu sozialen Sachverhalten auszudrücken und klarzumachen. Ebenfalls wird über soziale Einstellungen eigenverantwortliches Handeln kundgetan. Ein Ziel jeder Identitätsfindung ist auch, die eigene Individualität im Sozialkontext zu behaupten und mittels individueller Ansichten öffentlich darzustellen.

Soziale Einstellungen - darüber besteht unter Fachleuten uneingeschränkte Einstimmigkeit - werden in interpersonellen Interaktionsprozessen und über Gruppenzugehörigkeiten und damit verbundene Identifikationsprozesse im Lauf des Lebens **erworben** und **gelernt**. Der Erwerb von Einstellungen wird im wesentlichen mittels der drei großen Lerntheorien - des **klassischen Konditionierens** (PAWLOW), des **operanten Konditionierens** (SKINNER) und des **Modellernens** (BANDURA) - hinreichend erklärt. Zu den Lerntheorien siehe z.B. WELLHÖFER (1990).

II.1.2 Einstellungsmessung

Noch eine kurze Bemerkung zur **Einstellungsmessung**. Empirische Sozialpsychologen sind daran interessiert, durch Konstruktion geeigneter Einstellungsskalen Personen auf einem eindimensionalen Kontinuum, das durch die Pole "pro" und "anti" zu einem beliebigen Einstellungsobjekt definiert ist, zu messen und ihnen einen Platz auf dieser Dimension zuzuordnen. "Klassische" Einstellungsskalen wie z.B. die "Thurstone-Skala" oder die "Likertskala" (Näheres dazu siehe empirische Methodenliteratur; u.a. PETERMANN, 1980; SCHNELL, HILL, ESSER, 1993) bestehen in der Regel aus 20 - 25 Statements, die unterschiedliche Grade der zu messenden Einstellung repräsentieren und das gesamte Einstellungskontinuum abdecken. Die Konstruktion einer solchen Skala und die Quantifizierung einer Einstellung sei in ihren Grundzügen an der sog. "Thurstone-Skala" demonstriert, die auf den Amerikaner THURSTONE Ende der zwanziger Jahre zurückgeht und die erste standardisierte Version zur Messung von Einstellungen ist:

Bei der Thurstone-Skala der gleicherscheinenden Intervalle ist das Kontinuum mit den Polen "positiv" (günstig, pro) bzw. "negativ" (ungünstig, kontra) z.B. in 11 Kategorien (A bis K) untergliedert, denen die numerischen Werte 1 (für die Kategorie A extrem positiv) bis 11 (Kategorie K extrem negativ eingestellt) zugeordnet sind (siehe Abb. 16, Bild A). Auf diese Weise glaubt man einen gleichabständigen Maßstab für die Einstufungen auf dem angenommenen Kontinuum zu erhalten. Gleiche Zahlenunterschiede sollen also auch gleichen Abständen auf dem Urteilskontinuum entsprechen. Eine repräsentative Expertengruppe stuft nun unabhängig voneinander eine Vielzahl an zuvor gesammelten bzw. formulierten Aussagen über ein konkretes Einstellungsobjekt anhand dieses Kategoriensystems ein. Die einzelnen Experten sollen dabei die vermutliche Bedeutung für andere Personen zugrundelegen und nicht ihre eigene Meinung kundtun.

Stellen Sie sich vor, jedes Statement sei auf ein Kärtchen geschrieben und die 11 Kategorien seien gleich breite Fächer, in die die Kärtchen von den Sachverständigen abgelegt werden. Aussage < m > wird zum Beispiel von 30 Experten folgendermaßen aufgeteilt: Kategorie I: 9 Kärtchen, Kategorie J: 15 Kärtchen und Kategorie K: 6 Kärtchen. Für diese Häufigkeitsverteilung des Statements < m > wird ein mittlerer Wert berechnet (arithmetisches Mittel oder Median), der den **Skalenwert für das Statement m** verkörpert. Für die Aussage < m > demnach: $(9x9 + 15x10 + 6x11): 30 = 9,9$. Die Behauptung < m > zu dem Einstellungsobjekt hätte somit einen Skalenwert von 9,9. Sie stellt folglich eine relativ extreme negative Äußerung hinsichtlich des Einstellungsgegenstandes dar. Liegen für 50 einstellungsrelevante Aussagen derartige Reaktionsverteilungen vor, wird die Prozedur der arithmetischen Mittelung natürlich 50 Mal wiederholt. Ferner werden Streuungsmaße (Standardabweichung oder Interquartilabstand) berechnet, die über die Urteilshomogenität der Sachverständigen bezüglich der einzelnen Statements Auskunft geben. Aussagen, die möglichst gering streuen und deren mittlere Werte etwa eine Einheit des Maßstabes voneinander entfernt sind, kommen in die Endskala. Auf diese Weise gelingt es, im Rahmen dieser Skalierungsmethode eine Einstellungsskala zu konstruieren, die aus ca. 20 Statements besteht, die die gesamte Bandbreite der Einstellungsdimension mit den numerischen Werten 1 bis 11 mehr oder weniger gut umspannen. Diese Finalskala - neben den Mittel- und Streuungswerten werden in der Regel noch weitere teststatistische Kennwerte (z.B. zur Reliabilität und Validität), auf die hier nicht eingegangen werden soll, eingeholt - dient dann als Meßinstrument zur Quantifizierung der Einstellung einer Person: Aus den Skalenwerten der Aussagen, denen ein Befragter zustimmt, - diese sind nur dem Skalenkonstrukteur bekannt und nicht den später befragten Personen - wird letztendlich ein mittlerer Wert berechnet, der die respektive Einstellung im Zahlenraum 1-11 quantifiziert und den Befragten auf dieser bipolaren Dimension eindeutig lokalisiert.

In Abbildung 16, Bild B (S.77), sind 2 fiktive Personen (P1 und P2) auf einem solchen Einstellungs-kontinuum mit den Extrempunkten pro/anti positioniert. P1 und P2 unterscheiden sich im Grad ihrer Einstellung bzw. in ihrer Evaluation des Einstellungsobjektes: P1 liegt näher am positiven Pol, P2 erheblich weiter davon entfernt und näher am Minuspol. Die Position (▾) einer Person auf dem Einstellungskontinuum kann als ein Bezugspunkt oder als ein Anker verstanden werden, von dem aus Aussagen und Behauptungen über ein konkretes Einstellungsobjekt evaluiert werden.

☞ Nach der von SHERIF & HOVLAND (1961) konzipierten **Assimilations-Kontrast**-Theorie läßt sich dieses hypothetische Gesamtkontinuum einer Einstellung in drei Subbereiche aufteilen (siehe Abb. 16, Bild C, D, E; S. 77 f.):

❏ **Akzeptanzbereich**: Dieser Bereich ist um die Ankerposition konstruiert. Er enthält alle Behaup-tungen und Aussagen, denen eine Person zustimmt oder noch zustimmen kann.

❏ **Indifferenzbereich**: Hierein fallen alle Aussagen zu einem Einstellungsobjekt, die weder abge-lehnt noch akzeptiert werden, denen sich die Person also neutral bzw. indifferent gegenüber ver-hält. Die Indifferenzzone ist auch der Abschnitt, in dem noch keine feste Meinung seitens einer Person P existiert.

❏ **Ablehnungsbereich**: Dieser Unterbereich umfaßt alle Meinungen und Formulierungen über ein Einstellungsobjekt, die von der Person zurückgewiesen und abgelehnt werden.

Der Indifferenzbereich liegt, wie den Abbildungen zu entnehmen ist, zwischen dem Akzeptanz- und dem Zurückweisungsbereich. Bei einer **neutralen** Einstellungsposition (siehe Abb. 16, Bild E) werden zwei Indifferenz- und Ablehnungsbereiche postuliert, die jeweils links und rechts des An-nahmebereiches angenommen werden.

Die Größe resp. Weite des Akzeptanzbereiches wird durch den Grad der **Ich-Beteiligung** (ego-involvement) bestimmt, d.h. mit zunehmender persönlicher Wichtigkeit, Bedeutung, Engagement, Betroffenheit und funktionaler Relevanz einer Einstellung wird dieser enger und die betreffende Person somit intoleranter gegenüber abweichenden Meinungen.

Beispielsweise wurden Einstellungsstatements, die die gesamte Bandbreite zu einem Einstellungsobjekt um-faßten, von stark ich-beteiligten Versuchspersonen bevorzugt in die Kategorie Ablehnung und seltener in die Kategorie Zustimmung abgelegt. Ferner benutzten gering ich-beteiligte Personen eine größere Anzahl an Kate-gorien - die Aussagen zum Einstellungsobjekt konnten dabei beliebig und nach freier Wahl kategorisiert werden - als Personen mit einem vergleichsweise hohen Grad an Ich-Beteiligung.
Beispiel einer Information, die wahrscheinlich bei StudentInnen hohe Ich-Beteiligung auslöst: "Im nächsten Semester werden die Prüfungsmodalitäten des Fachbereichs erheblich verschärft". Eine entsprechende Mittei-lung für Gymnasisten dürfte andererseits AbsolventInnen des Gymnasiums zu einem geringeren Involvement veranlassen. Die beiden Informationen, "die Bafög-Förderung solle drastisch reduziert werden" und "der Bundeskanzler und seine Frau haben gemeinsam ein Buch über das Essen in Deutschland publiziert", werden unterschiedliche Grade der Betroffenheit auslösen. Die Bewertung dieser Kommunikationsinhalte wird jeweils auf der Basis der kognitiven Organisation der Überzeugungen des Rezipienten erfolgen und verschiedenartig ausfallen.
Die Ich-Beteiligung ist **problemrelevant**, wenn die Darbietung eines Problems oder einer Streitfrage die Auf-merksamkeit und die Anteilnahme der Zielperson fokussiert. **Reaktionsrelevante** Ich-Beteiligung (response involvement) ist gegeben, wenn die geäußerten Überzeugungen einer Person mit Gratifikationen (Belohnung,

Zustimmung, Vermeidung von Bestrafung) seitens eines Kommunikationspartners assoziiert sind. Ebenfalls induziert der Hinweis an eine Person, aufgrund ihrer Meinungsäußerungen könne man auf wichtige Aspekte ihrer Persönlichkeit, ihres Selbstkonzeptes sowie ihrer Selbstwertgefühles schließen, eine **reaktionsrelevante Ich-Beteiligung**. In einer Gesprächssituation beispielsweise, die durch eine Abhängigkeitsbeziehung charakterisiert ist (mit einem Vorgesetzen etwa) und in der über eine Thematik mit relativ niedriger persönlicher Relevanz gesprochen wird (geringe problemrelevante Ich-Beteiligung für die inferiore Person), wird die abhängige Person wahrscheinlich dazu verleitet werden, **Impression-Management-Strategien** einzusetzen und ihre Einstellungen so verbalisieren, daß sie soziale Bekräftigung vom superioren Gesprachsteilnehmer bekommt, wenn sie der Annahme ist, das Thema sei für diesen von besonderer persönlicher Wichtigkeit (relativ hohe reaktionsrelevante Ich-Beteiligung der abhängigen Person). Siehe dazu auch unter II.2.5.4.

Eine Folge des hohen Involvements ist ein weiter Ablehnungs- und relativ kleiner Indifferenzbereich. Somit weisen sehr extreme Personen, deren Ankerpunkte relativ nahe am Plus- oder Minuspol des Einstellungskontinuums liegen, eher zurückhaltend bzw. neutral formulierte Aussagen zu einem Einstellungsobjekt bereitwilliger zurück. Eine politische Gruppierung, die auf der Rechts-Links Dimension in der "Mitte" positioniert ist, würde von Personen mit zunehmender "Linksextremität" wahrnehmungsmäßig tendenziell näher an den "Rechts"pol und mit steigender "Rechtsextremität" an den "Links"pol plaziert werden, falls die Annahmen der Assimilations-Kontrasttheorie Gültigkeit haben. Andererseits ist der indifferente Bereich bei geringem Interesse bzw. niedrigem persönlichen Engagement an einem Einstellungsobjekt vergleichsweise groß.

Abb. 16: Einstellungsbereiche der Assimilations-Kontrast-Theorie (SHERIF & HOVLAND, 1961)

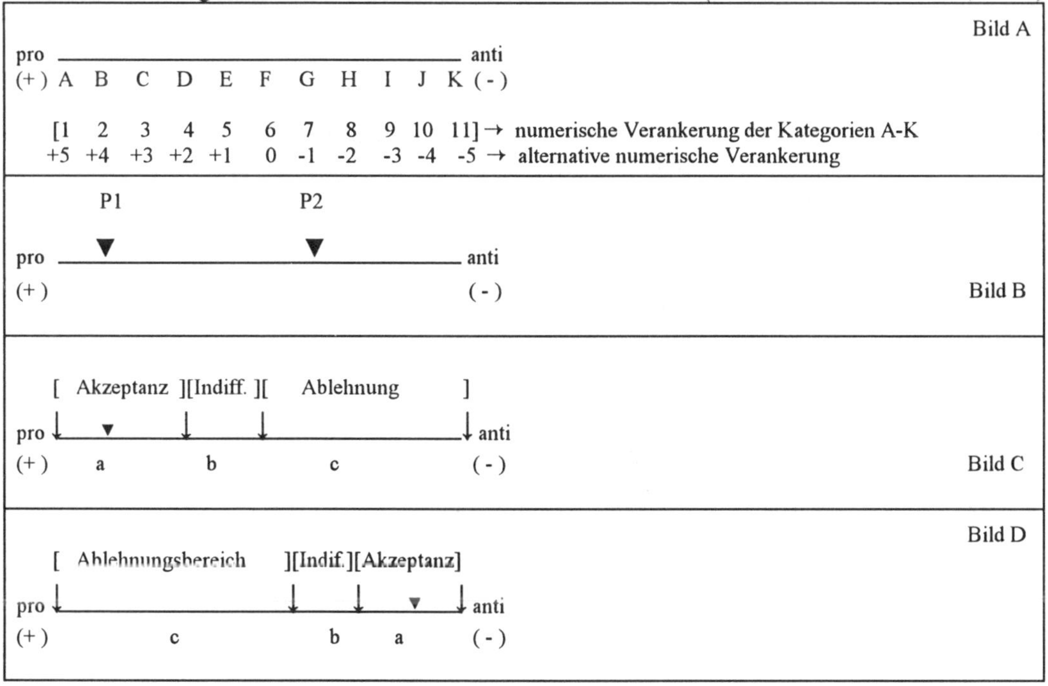

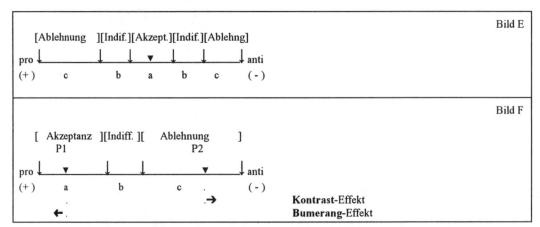

▼ : Positionsmarkierung einer fiktiven Person auf dem Einstellungskontinuum
a Akzeptanzbereich; **b** Indifferenzbereich; **c** Ablehnungsbereich; P1, P2 zwei fiktive Personen

Die Untergliederung der Einstellungsstruktur in diese drei Unterbereiche ist für die **Änderung von Einstellungen** auf kommunikativem Weg von praktischer Bedeutung. In Bild F, Abb.16 sei P1 der Rezipient, der eine beeinflussende Kommunikation von P2 empfängt. Nimmt der Kommunikator eine Position ein, die ziemlich weit von der des Empfängers P1 entfernt ist - P2 wird aus der Sicht von P1 im Ablehnungsbereich "verankert" - , dann besteht seitens P1 die Tendenz, die Position des Kommunikators P2 als noch weiter entfernt wahrzunehmen. Diese Wahrenhmungsverzerrung wird als **Kontrasteffekt** bezeichnet. Die tatsächliche Distanz zwischen P1 und P2 auf dem Einstellungskontinuum wird subjektiv vergrößert, der Kommunikator P2, der P1 beeinflussen will, wird von P1 als noch extremer wahrgenommen bzw. beurteilt als es den Tatsachen entspricht. Der nach rechts weisende Pfeil im Bild F (Abb.16) soll dies veranschaulichen: P2 wird von P1 noch extremer eingeschätzt und noch näher an den negativen Pol des Einstellungskontinuums gerückt.

Fällt das Fremdurteil (P2) in den Akzeptanzbereich von P1, dann kann es zu einer Angleichung des Fremdurteils an das eigene kommen (sog. **Assimilationsfehler**), d.h. die Position von P2 wird als näher zur eigenen Position eingeschätzt, verglichen mit der tatsächlichen Ankerposition von P2. Beim Assimilationseffekt wird demnach die Distanz der beiden Ankerpunkte subjektiv verringert. Derartige Äußerungen eines Kommunikators (P2) sind demzufolge "gleich" bzw. "ähnlich", auch wenn sie de facto diskrepant sind. Eine Assimilation ist ebenfalls gegeben, wenn P1 seine eigene Position in Richtung auf P2 angleicht, d.h. sich der angesonnenen Position nähert.

Kommunikationsinhalte von P2, die in den neutralen Indifferenzbereich von P1 fallen, werden weder positiv noch negativ aufgenommen und somit subjektiv unverzerrt und realistisch perzipiert. Ist der Indifferenzbereich des Kommunikationsempfängers relativ groß, sind die Aussichten auf eine Persuasionswirkung günstiger als bei kleinem Bereich, weil u.a. infolge des größeren Spektrums die "Trefferquote" für die BeeinflusserIn ansteigt.

Eine Variante des Kontrasteffektes ist der sog. **Bumerang-Effekt** (siehe Bild F, Abb.16), der eben-falls zu einer Extremisierung und Polarisierung zwischen der eigenen Ankerposition und der Fremd-position führt und den Kontrast zum fremden oder angesonnenem Standpunkt vergrößert. Es tritt demnach eine Einstellungsänderung in entgegengesetzter Richtung ein, als im Beeinflussungsversuch intendiert: P1 verschiebt seinen internen Ankerpunkt aufgrund der von ihm abgewiesenen Kommuni-kation (P2) noch näher an den positiven Pol des Einstellungskontinuums und distanziert sich auf diese Weise vom Beeinflusser P2 und dessen Kommunikationsinhalt.

Ob nun Assimilation oder Kontrast eintritt, hängt von der Bereichsstruktur der Einstellung beim Empfänger ab. Diese wiederum wird, wie schon erwähnt, durch den Grad der **Ich-Beteiligung** festgelegt. Ein und dieselbe Diskrepanzstufe zwischen zwei Kommunikatoren kann demnach ver-schiedene Effekte beim Empfänger der Kommunikation bewirken, je nachdem in welchen der drei Bereiche der persuasive Kommunikationsinhalt fällt. Zum Empfänger nicht allzusehr diskrepante Kommunikationsinhalte haben demnach die größte Chance zur Akzeptanz. Zuerst nur gering vom bevorzugten Standpunkt des Empfängers abweichende Informationen und daraufhin etwas diskre-panteres Überredungsmaterial, das noch in den Indifferenzbereich fällt, lancieren ist nach den Thesen SHERIF's und Mitarbeiter eine bessere Strategie jemanden zu überzeugen, als umgekehrt, d.h. so-fort mit schwerem Geschütz aufzukreuzen. Erfolgversprechend könnte auch eine **Perspektivener-weiterung** des Empfängers sein, wenn zwei Kommunikatoren auf eine Person P1 "angesetzt" sind: Einer der beiden vertritt beispielsweise eine sehr extreme Ansicht und löst, was beabsichtigt ist, ent-sprechende Kontrastbildungen bei P1 aus, der andere unterbreitet daraufhin eine "gemäßigt extreme" Information. Kommt es durch die stark deviante Information zu einer Erweiterung des Blickwinkels bei P1, wird die weniger abweichende Information des zweiten Kommunikators wahrscheinlich als noch "ziemlich gemäßigt" perzipiert werden. Soweit die Prognose dieser Theorie.

Spielen Motive der **Selbstdarstellung** (Impression-Management) eine Rolle - siehe **reaktionsrele-vante Ich-Beteiligung** - dann hat ein glaubwürdiger Kommunikator mit hohem **Ansehen** (hoher **Macht**) relativ gute Chancen zur Überredung, auch wenn seine kommunikativen Inhalte weit außer-halb des Akzeptierungsbereiches des Empfängers liegen. Werden die Selbstpräsentationen des Rezi-pienten von einer derartigen Kommunikationsquelle sozial bekräftigt, d.h. dessen Bemühungen um eine positive Selbstdarstellung erweisen sich als erfolgreich, wird eine Assimilation an die Position der Quelle der Persuasion wahrscheinlicher und der Abstand beider Positionen demnach geringer.

Jedoch im Falle hoher persönlicher Betroffenheit des Empfängers wird ein allzugroßer diskrepanter Unterschied der beiden Einstellungspositionen eher das Gegenteil bringen: Die Position der Quelle der Überredung wird mit zunehmender persönlicher Relevanz (**problemrelevantem Involvement**) mehr und mehr zurückgewiesen werden. Je geringer andererseits die Betroffenheit, desto günstiger ist die Gelegenheit zur Einstellungsänderung, auch wenn die Diskrepanz des Beinflussers zum Emp-fänger ansteigt.

Problematisch für einen Praktiker der Überredung (Persuasion) dürfte allerdings die korrekte Identi-fizierung der Subbereiche, sowie die effiziente Placierung und Dosierung der persuasiven Infor-mation werden. Wenn auch die hypothetischen Formulierungen dieses Strukturmodelles der Einstel-lungen intuitiv plausibel erscheinen, so ist seine empirische Evidenz doch eher dürftig (vgl.

STROEBE, 1980). Dieser urteilstheoretische Ansatz betont zwar wichtige Aspekte beim Empfänger von einstellungsbezogenen Kommunikationen im Rahmen der Analyse von Kommunikationseffekten, vernachlässigt aber Einflußgrößen seitens des Senders, der kommunizierten Botschaft und der Kommunikationssituation. Eine differenziertere und integrative Sichtweise des Einstellungsänderungsprozesses wird in Teil III bei der Besprechung des Elaborations-WahrscheinlichkeitsModells (ELM) von PETTY & CACIOPPO (1986) vorgestellt.

II.1.3 Vorurteil

Vorurteile sind Urteile bzw. Aussageformen über Personen und Personengruppen, die falsch, voreilig, verallgemeinernd und klischeehaft sind, nicht an der Realität überprüft wurden, meist eine extrem negative Bewertung beinhalten und stark änderungsresistent, d.h. durch neue Informationen nur schwer oder kaum zu modifizieren sind und sich somit durch eine bemerkenswerte Stabilität auszeichnen.

Ein originelles Zitat von G. WATSON (1947) - entnommen aus ROTH (1967, S. 55) -, das auch heutzutage noch zutrifft, möge den Aspekt der Änderungsresistenz noch deutlicher machen: "Es hat sich als leichter erwiesen, Atome zu spalten, als die Fülle von Gruppen- und Rassenvorurteilen hierzulande zu zertrümmern."

WOLF (1979, S. 24) definiert ein Vorurteil als "eine in Form eines Urteils ausgedrückte Behauptung über ein Objekt, ohne daß die Voraussetzungen, die ein Urteil kennzeichnen (Beweisbarkeit ect.) erfüllt sind". Vorurteile sind demnach Pseudo-Urteile, da sie die Kriterien eines Urteils nicht erfüllen.
Da eine Sachaussage in Form eines Urteils sachlogisch richtig oder falsch ist, wird dieses bei Gültigkeit der Behauptung verbindlich und dies bedeutet zugleich eine überindividuelle Generalisierung, was wiederum nur über eine objektive, empirische Überprüfung festgestellt werden kann. Individuelle Verbindlichkeit eines privaten Urteils muß nun keineswegs überindividuell verbindlich sein, d.h. die individuelle Begrenztheit eines Urteils erlaubt keine Verallgemeinerung. Die Behauptung einer Person "dieser Gegenstand ist ein Stuhl" läßt sich interindividuell leicht auf Richtigkeit überprüfen, während das Statement "Engländer sind musikalisch" eine individuelle Äußerung ist, die empirisch kaum überindividuell zu verallgemeinern sein dürfte.

Ausgewählte Definitionen zum Vorurteil

SHERIF & SHERIF (1956): Die negativen Einstellungen von Gruppenmitgliedern gegenüber anderen Gruppen und ihren Mitgliedern haben ihren Ursprung in den etablierten Normen der Gruppe.

ALLPORT (1954): Ein ethnisches Vorurteil ist eine Antipathie, die sich auf eine fehlerhafte und starre Verallgemeinerung gründet.

SIMPSON und YINGER (1965) : Eine emotionale, starre Einstellung gegenüber einer Gruppe von Menschen.

KRECH, CRUTCHFIELD und BALLACHEY (1962): Eine negative Einstellung gegenüber einem Objekt, die zu Stereotypisierungen führt, emotional geladen ist und die sich auch durch entgegengesetzte Informationen nur schwer ändern läßt.

Für HARTLEY und HARTLEY (1955) sind Vorurteile Einstellungen zu ethnischen Gruppen; für NEWCOMB (1959) die negative Seite der Einstellungsdimension.

Das Vorurteil wird des öfteren als eine Teilklasse sozialer Einstellungen, meist negativen Inhalts, konzipiert. Der Begriff wird in der Regel auf negative, extreme Einstellungen eingeschränkt, in denen eine rigide Nichtakzeptanz zum Einstellungsobjekt evident wird. Derartige soziale Objekte sind im Rahmen der Vorurteilsforschung insbesonders Personen, Personengruppen und ethnische Minderheiten (Ausländer, Behinderte, Kriminelle, Farbige usw.), aber auch andere soziale Sachverhalte wie etwa Politik, Religion, Schule ect.
Zwar gibt es extrem positive Einstellungen, die ebenfalls die typischen Kennzeichen eines Vorurteils aufweisen, doch werden diese nur ganz selten in die Kategorie Vorurteil subsumiert.

Diese Ausführungen zeigen, daß die Vorurteilsforschung in mehrfacher Hinsicht das Problem des Vorurteils einschränkt: Es wird auf Gruppenvorurteile, auf eine negative Bedeutung, auf eine Majoritäts-Minoritäts Beziehung und auf eine psychologische, individuumbezogene Basis reduziert.

Besonders hervorzuheben ist, daß ein Vorurteil neben dem kommunikativen **Inhaltsaspekt** auch immer eine Aussage über den (gestörten) **Beziehungsaspekt** sozialer Gruppen bzw. deren Mitglieder (vgl. dazu Axiom 2 von WATZLAWICK et. al., 1971) beinhaltet. Vorurteile über Fremdgruppen sind folglich immer **relational** zu sehen und aus der Perspektive einer ingroup - outgroup Beziehung zu verstehen (siehe später die Ferienlagerexperimente von SHERIF und die S.I.T. von TAJFEL). Der gestörte Beziehungsaspekt - im Sinne von wie beziehen sich die Mitglieder sozialer Gruppen aufeinander, wie gehen sie miteinander um und wie definieren sie ihre zwischenmenschlichen Relationen - dominiert dabei über den Inhaltsaspekt und gibt an, wie letzterer zu verstehen ist. Die Gruppenspezifität von Vorurteilen kann mit HOFSTÄTTER (1972) als eine Leistung vom Typ des **Bestimmens** gesehen werden, insofern als die Mitglieder einer sozialen Gruppe ein Bild von den anderen, von den Personen der Fremdgruppe, sozial konstruieren und zugleich das Bild von der Eigengruppe festlegen und vice versa.

Vorurteile beziehen sich im Kern auf **affektive** Prozesse der Abwertung. Sie sind eine gefühlsmäßige Tönung stereotyper Urteile. In Anlehnung an das Dreikomponenten-Modell der Einstellung drückt sich im Vorurteil nach dieser Auslegung vorallem die emotionale Komponente aus.

Die **affektive** Einstellungskomponente läßt sich recht eindrucksvoll an einer schon etwas älteren Repräsentativstudie von VON BRACKEN (1976) zu Vorurteilen gegenüber geistig behinderten Kindern belegen: Eine Frage lautete: "Viele Leute sagen, daß beim Anblick schwachsinniger Kinder ein Gefühl besteht, das nur schwer zu beschreiben ist. Empfinden Sie das auch? Geben Sie bitte für die folgenden Wörter an, ob sie irgendwie dieses Gefühl beschreiben und in welchem Ausmaß".

Ergebnis: Mitleid (98,6%); Andersartigkeit (73,1%), Neugierde (59,5%), Unheimlichkeit (47%), Unsicherheit (44,8%), Entsetzen (44,3%), Ablehnung (44%), Abscheu (42%), Ekel (35%), Angst (34,9%), Grauen (35%). [Prozentanteile der Befragten, sie hätten beim Anblick schwachsinniger Kinder ein entsprechendes Gefühl].

Des weiteren sind auf eine entsprechende Frage hin schwachsinnige im Vergleich zu anderen Kindern eher: stumpfsinnig (96,9%), unsicher (96,6%), gehemmt (95,9%), jähzornig (89,9%), wild (87%), bösartig (84,7%), häßlich (84,4%), gefährlich (80,4%), schmutzig (63,2%). [Prozentanteile der Befragten, die mehr oder weniger bejahten].

Eine Kommentierung dieser Zahlen erübrigt sich. Die stigmatisierenden Eigenschaftsattributionen stimmen in einem hohen Ausmaß überein und sind ausschließlich negativ. - Derartiges Zahlenmaterial ist zwar interessant, es sagt jedoch nichts über das Wesen des Vorurteils aus!

II.1.4 Stereotyp

Die **kognitive** Komponente eines Vorurteils wird als **Stereotyp** bezeichnet. Dieser von LIPPMAN (1922) geprägte Begriff bezieht sich auf die Aufnahme und Verarbeitung von Informationen über die soziale Welt. Stereotype sind nach LIPPMAN Fiktionen, Bilder in unseren Köpfen, die weder wahr noch falsch sind, schematische Modelle bzw. Karten von der sozialen Umwelt, die u.a. bestimmen, wie die Fakten zu sehen sind.

Stereotype sind eine vereinfachte Repräsentation der sozialen Umwelt, ein **kognitives Schema** zur effektiven Informationsverarbeitung und schnellen Orientierung in der Umwelt, das allerdings auf fehlerhaften und formelhaften Denkprozessen beruht. Neue Erfahrungen werden auf der Basis eines solchen Schemas wenig objektiv und eher pseudorational verarbeitet. Die Prozessierung der Informationen ist **top-down** (siehe Teil I). Siehe dazu auch die Box weiter unten "fehlerhafte Urteilsprozesse".

Im Vergleich zu Einstellungen sind Stereotype im allgemeinen einfacher, prägnanter und auch gefestigter.

Sind die Meinungen über soziale Gruppen, Nationen oder fremde Völker von vielen Menschen geteilt, dann wird dieses homogene Meinungsbild als ein **kulturelles Stereotyp** bezeichnet.

Unterscheide ferner: **Autostereotyp** - die Vorstellungen oder das Bild, das eine Gruppe von sich selbst hat - und das **Heterostereotyp**, das Fremdbild mit den Vorstellungen über die Eigenart der Outgroup. Näheres dazu siehe Ferienlagerexperimente von SHERIF und S.I.T von TAJFEL.

Negative Stereotype sind am stärksten bei Bevölkerungsgruppen anzutreffen, die einen niedrigen sozialen Status haben. Durch **abwärtsgerichtete soziale Vergleiche** besteht bei ihnen die Möglichkeit der Ableitung eines positiven Selbstbildes (siehe dazu auch S.I.T von TAJFEL).

Gemeinsamkeiten zwischen Vorurteil und Stereotyp

Beide sind sozial geteilte, stabile, konsistente, änderungsresistente, starre, rigide, inflexible Urteile über andere Personen, soziale Gruppen bzw. Sachverhalte.

Diese hochgradig verfestigten Urteile basieren auf einer schmalen Erfahrungsbasis. Ihre Gültigkeit wird selten an den Tatsachen überprüft. Neue, mit dem Stereotyp/Vorurteil nicht zu vereinbarende und widerlegende Informationen werden nur schwerlich integriert - meist werden sie einfach "weg" rationalisiert oder als atypische Ausnahmeerscheinungen abgetan.

Funktionen des Vorurteils/Stereotyps

❏ Schutz vor Angst oder Selbstkritik; Stabilisierung des Selbstwertgefühls
❏ Aggressionsabfuhr (vgl. "Sündenbocktheorie")
❏ Abgrenzung/Aufwertung der Eigengruppe gegenüber einer Fremdgruppe (siehe TAJFEL)
❏ Schutz vor kognitivem Chaos, d.h. Erleichterung der Informationsaufnahme bzw. Informationsverarbeitung

Typische Urteilsfehler und Urteilsprozesse, die beim Vorurteil respektive Stereotyp nachweisbar sind, faßt nachstehende Box stichpunktartig zusammen.

Liste typischer, **fehlerhafter Urteilsprozesse bei Vorurteilen/Stereotypen**

1. Kategorisierungsprozesse

Im Laufe der Sozialisation erworbene und alltagsbewährte Klassifikationsschemata dienen u.a. dazu, die Mannigfaltigkeit der Umweltreize auf simplifizierte Art und Weise zusammenzufassen, zu ordnen und zu strukturieren. Menschen nach ethnischer Zugehörigkeit oder Hautfarbe oder auch klinischen Kriterien sozial zu kategorisieren - sie in ein Schubladensystem einzuordnen - führt dazu, daß der Einzelne **typisiert** statt **charakterisiert** wird. Das Individuum wird im Rahmen solcher Kategorisierungen insbesondere als ein Mitglied einer sozialen Gruppe gesehen und behandelt, deren Mitglieder über bestimmte negative Merkmale verfügen. Eine individualisierende Wahrnehmung, die eine Vielfalt individueller Differenzen anerkennt, tritt infolge dieser globalisierenden Typisierungstendenzen weitgehend in den Hintergrund bzw. wird durch diese überformt.

2. Übergeneralisierungsprozesse

Einzelerfahrungen werden vorschnell und fehlerhaft verallgemeinert. Nur wenig Information reicht aus, um Pauschalurteile über eine Person zu fällen. Dabei werden spezifische Merkmale und Bedingungen vernachlässigt. Das Resultat einer Übergeneralisierung sind Urteilsverzerrungen. [Vergleiche dazu auch die "top-down" Informationsverarbeitung.]

3. Akzentuierungsprozesse

Darunter versteht man Formeln von hoher Prägnanz, wie sie in typologischen Übertreibungen ("Spaghettifresser" z.B.) zum Vorschein kommen. Ferner lassen sich in derartigen Urteilen oft Extremisierungen und Polarisierungen nachweisen.

Akzentuierung beinhaltet auch, daß innerhalb einer sozialen Kategorie Homogenität angenommen und zwischen den Objekten sozialer Kategorien eine übertrieben eingeschätzte Heterogenität postuliert wird. [Vgl.:"Wir sind alle rechtschaffen, aber die anderen sind Verbrecher, Taugenichte usw.."]

4. Evaluationsprozesse

Die kategorisierten Objekte werden nach Sympathie oder Antipathie bewertet. Eine negative Bewertung der anderen verstärkt eher die wahrgenommenen Kontraste, wohingegen eine positive Evaluation die dazu gegenläufige Assimilationstendenz zwischen Bewertenden und sozialen Gruppen intensiviert. Möglich ist auch, daß die Bewertung selbst die Funktion einer Klassifizierung übernimmt. Siehe dazu die "gut-böse" Klassifizierung bei kleinen Kindern, die eine Vorstufe und Frühform der sozialen Kategorisierung darstellt.

Diese Prozesse führen u.a. zu einer **subjektiven Bestätigung** der Vorurteile. Dies gelingt einer vorurteilsbehafteten Person insbesondere durch Wahrnehmungsverzerrungen, selektive Aufmerksamkeitszuwendung, selektive Auslegung ambiger Verhaltensweisen, inadäquate Attributionen, Vermeidungstendenzen u.dgl.. Verhält sich die Zielgruppe eines Vorurteils zudem noch erwartungsgemäß, d.h. reagiert und handelt sie nach den stereotypen Vorstellungen der superioren Gruppe/sozialen Klasse, bewahrheitet sich im doppelten Sinn - gleichsam einer sich selbst erfüllenden Prophezeiung (**self-fulfilling prophecy**) - ein sozial konstruiertes Vorurteil. Sowohl intraindividuelle kognitive Mechanismen als auch interindividuelle und intergruppale Prozesse bedingen sich wechselseitig und interagieren zirkulär kausal i.S. eines Kreisprozesses.

II.1.5   Soziale Diskriminierung

Dieser Begriff bezieht sich auf den **behavioralen Aspekt des Vorurteils** und bedeutet allgemein Unterschiede in der Behandlung machen, gewöhnlich unter Mißachtung der individuellen Eigenarten und Vorzüge. Er schließt eine differentielle Behandlung von Menschen auf der Basis einer realen oder vermeintlichen Gruppen- oder Klassenmitgliedschaft ein: Die Verneinung gleicher Rechte, gleicher Beschäftigung oder Bezahlung z.B.; oder die Vermeidung persönlicher Kontakte mit Mitgliedern von Minoritätengruppen; oder sich weigern, mit solchen Mitgliedern direkt zu kommunizieren; sie auf "soziale Distanz" halten oder einer niedrigeren sozialen Schicht zuweisen.

Soziale Diskriminierung ist eine Form der sozialen Aktion. Sie impliziert einen Akteur (Diskriminator) und eine Zielperson oder Zielgruppe. Wie jede Aktion kann soziale Diskriminierung aktualisiert werden, indem man etwas tut oder es unterläßt, etwas zu tun. Jemanden ignorieren, nicht erwähnen, kann genauso diskriminierend sein, wie sich auf jemanden explizit beziehen (im Sinne eines Mitgliedes einer sozialen Kategorie).

Es lassen sich **fünf Funktionen** der sozialen Diskriminierung unterscheiden, durch die eine Person einer Fremdgruppe von Mitgliedern einer Ingroup zunehmend deindividuiert wird. Diese Funktionen sind den sprachlichen Mitteilungen, die Menschen über andere Menschen machen, implizit und finden dort bewußt oder unbewußt ihren Ausdruck. Sie sind in realiter ineinanderfließend und aus den umgangssprachlichen Äußerungen ableitbar.

Funktionen bzw. **Aspekte** der sozialen Diskriminierung
[nach GRAUMANN u. WINTERMANTEL (1989)]

1. Diskriminierung als Separation

A von Nicht-A trennen, differenzieren; das Selbst vom anderen, die Eigengruppe von der Fremdgruppe separieren, unterscheiden, hervorheben u. dgl.. Allgemein: Kognitiv eine Linie ziehen durch Kategorisierung und Klassifizierung von Menschen, mit dem Effekt einer strukturellen Ordnung. Verbales Beispiel: "wir" versus "die" oder "sie"; [**wir** arbeiten....; **sie** faulenzen...].

2. Diskriminierung als Distanzierung

Sind Objekte, Sachverhalte oder Menschen erst einmal gruppiert worden, besteht der beste Weg darin, um sie auseinander zu halten und nicht zu verwechseln, eine Distanz - einen räumlichen oder ideellen Abstand - zu errichten, sodaß die kognitiv vollzogene Einteilung auch deutlich sichtbar wird.
Verbal: "Die da", "diese Leute dort". Auch der Gebrauch abstrakter Wörter oder eine bürokratische Sprache fallen darunter: "Die Rate des Nettozustroms" (von Ausländern); "Asylantenflut", "Beamtenapparat" u.ä.

3. Diskriminierung als **Akzentuierung**

Bei diesem Schritt wird die **Andersartigkeit** der Menschen, die zuvor separiert und distanziert wurden, hervorgehoben, auffällig gemacht und unterstrichen. Unterschieden in Hautfarbe, Rasse oder anderen Aspekten wird erhöhte Aufmerksamkeit gewidmet. Dabei werden **eher Unähnlichkeiten** als Ähnlichkeiten bemerkt, was schließlich dazu führt, daß die Differenzen zwischen den Kategorien bzw. Gruppierungen überbetont werden und die konstruierte Dichotomisierung noch weiter polarisiert wird. Sprachlich äußert sich diese wahrgenommene Heterogenität in Kontrast- bildungen und verbalen Polarisierungen wie etwa: "Weiße" versus "Schwarze"; "Arier" versus "Nichtarier"; "Normale" versus "Behinderte", "Ausländer versus Deutsche (Inländer)" u.ä.

4. Diskriminierung als **Evaluierung**

Evaluierung besagt, daß nun eine Bewertung des auf diese Weise kreierten sozialen Kategorien- systems hinzukommt und affektive Reaktionen gegenüber den sozialen Kategorien formuliert werden. Dabei werden die Außengruppe oder "diese anderen" devaluiert (abgewertet) und zu- mindest implizit die Werte der eigenen Gruppe und der eigenen sozialen Identität erhöht und gestei- gert.
Verbale Beispiele: "Nigger", "Ithaker", "Schwule", "Pfaffen", "Schlitzaugen","Gesindel", "Kamel- treiber", "Kanaken" u.ä. In diesen Äußerungen, die andere als soziale Kategorie verunglimpfen, herabsetzen, in Verruf bringen oder lächerlich machen, manifestiert sich in erster Linie der negative, emotionale Aspekt eines Vorurteils.

5. Diskriminierung als **Stereotypisierung** bzw. **Fixierung**

Durch eine sozial-kommunikative Zuschreibung von spezifischen Eigenschaften oder durch Typi- sierung wird schließlich dieser kognitiv-emotionale soziale Diskriminierungsprozeß abgerundet und **fixiert**. Wird jemand diskriminiert, dann wird er nicht mehr als eine individuelle Person behandelt, sondern als ein Beispiel und Exemplar einer sozialen Kategorie oder als ein typisches Mitglied einer Außen-, Fremdgruppe. Mit a.W. der Diskriminierte wird "deindividuiert". Gleichzeitig werden einer solchen Person typische Eigenschaften, meist negativer Färbung, zugewiesen, sodaß die Unter- schiede zwischen den sozialen Kategorien gewissermaßen zementiert werden. Dies wird als **Labeling** bezeichnet (engl. < label > Zeichen, Schild, Etikett; bezeichnen, stempeln zu ..).

Beispiel: Die Leute der sozialen Kategorie B sind: "Faul, träge, falsch, verschlagen, prinzipienlos, ungebildet ....". Siehe auch die Untersuchungsergebnisse von VON BRACKEN (1976) einige Seiten vorher!

Oder die Person wird einem **Typ/Stereotyp** zugeordnet. Beispiele einer solchen **Typisierung** sind sprachliche Substantivierungen wie "Asozialer", "Frau am Steuer", "Neurotiker" , "Krimineller", "Junkie", "Penner" ect.

Das **Ergebnis der Stereotypisierung** besteht darin, daß der Zuweisende (Diskriminator) typisches, d.h. stark vorhersehbares Verhalten vom Diskriminierten erwartet und aufgrund der Zuschreibung von Adjektiven und Substantiven auch erwarten "kann". **Wenn jemand typisiert ist, dann wissen wir, wie wir mit ihm umgehen, uns ihm gegenüber verhalten müssen oder verhalten können,** wann immer wir in der Zukunft einem typischen "Beispiel" einer sozialen Kategorie begegnen.

Soziale Vorurteile sind in vielen Gesellschaften sozial unerwünscht und werden deshalb in der Regel nicht offen geäußert. Auf indirekte Art jedoch führen sie zu sozial wenig beanstandbaren, subtilen Formen der Diskriminierung. Kontakte oder Umgang mit Mitgliedern ethnischer Minoritäten z.B. zu vermeiden wäre eine solche indirekte Form, falls von einer sozialen Gruppierung entsprechende verhaltensmäßige Unterlassungen im Sinne einer unausgesprochenen und sozial geteilten Selbstverständlichkeit toleriert werden.
Ziel der sozialen Diskriminierung ist oft nicht der Empfänger in einer "face to face" Situation, das Opfer der sozialen Diskriminierung sind diejenigen, **über** die wir sprechen, aber mit denen wir **direkt zu reden vermeiden** (sog. Vermeidungshypothese).

***

Die drei Begriffe **Vorurteil, Stereotyp und soziale Diskriminierung** können, dies sei nochmals betont, zum Dreikomponenten-Modell der Einstellung in Beziehung gesetzt werden, wobei das Vorurteil vorrangig den affektiven, das Stereotyp den kognitiven Aspekt und die soziale Diskriminierung das konkrete Verhalten pointiert.

Vorurteile können, müssen aber nicht in jedem Fall zu einer direkten sozialen Diskriminierung führen. Letztere wird beispielsweise durch Normen, Gesetze oder Autoritäten verhindert, sodaß Vorurteile im beobachtbaren Verhalten nicht erschließbar sind. Andererseits kann jemand ohne soziale Vorurteile dennoch sozial diskriminieren, wenn für den Beobachter nicht klar ist, daß andere Interessen, Motive, Normen oder Gruppenzwänge für das Verhalten in Frage kommen. Ein Wohnungsvermieter, der Ausländern eine Wohnung verweigert, könnte aus Furcht vor Konflikten mit den Mietparteien und Nachbarn zu einem solchen Schritt veranlaßt werden, obwohl er keine Vorurteile gegen ausländische Mitbürger hat.

II.2 Sozialpsychologische Ansätze zur Vorurteils- bzw. Stereotypenforschung

Die weiteren Ausführungen werden sich auf **je 2 Ansätze** beschränken, die eher **individuumorientiert** sind:

❑ die Theorie der autoritären Persönlichkeit von ADORNO et. al. (1950; 1977) und
❑ die Theorie der illusorischen Korrelation von HAMILTON (1976, 1989).

und typisch **sozialpsychologisch** sind, d.h. primär von den Gruppenbeziehungen ausgehen und erst sekundär die individuellen kognitiven Prozesse analysieren:

❑ die Theorie des realistischen Gruppenkonfliktes von SHERIF (1962) und
❑ die Theorie der sozialen Identität (S.I.T.) von TAJFEL (1982).

Konzept der **autoritären Persönlichkeit**
(**ADORNO**, FRENKEL-BRUNSWICK, LEVINSON, SANFORD, 1950, 1977)

Die Forschungsgruppe um ADORNO bemühte sich, durch die politischen Ereignisse im Dritten Reich veranlaßt, die Anfälligkeit für antidemokratische Ideologien zu beleuchten. Im Rahmen dieser Forschungsarbeiten zur "autoritären Persönlichkeit" - erstmals veröffentlich 1950 in dem Buch "The authoritarian personality" - wurden intensive klinische Interviews retrospektiver Art mit Personen durchgeführt, die zuvor mit der eigens konstruierten **Faschismus-Skala** in hoch- bzw. niedriggradig autoritäre Persönlichkeiten eingeteilt wurden, um die Entwicklung autoritärer Einstellungen bis in die Kindheit zurückzuverfolgen. Ferner wurden mit projektiven Testverfahren zusätzliche Informationen und Daten über die Erziehungs- und Sozialisationsbedingungen der Projektteilnehmer eingeholt. Beide Datengruppen wurden im wesentlichen korrelativ ausgewertet und psychoanalytisch interpretiert.

Das Hauptmanko dieser Untersuchungen besteht darin, daß durch Korrelationsstudien keine sicheren Aussagen über Ursachen und deren Wirkungen gemacht werden können und es somit unklar ist, ob bestimmte Sozialisationspraktiken der Eltern bei deren Kindern zur Entwicklung von vorurteilsvollen Menschen führen. Zudem bringen Vergleiche zwischen Extremgruppen, d.h. zwischen Personen, die extrem hohe versus extrem niedrige Werte in der Faschismus-Skala oder der Ethnozentrismus-Skala erzielten, - stellenweise bestanden die Vergleichsgruppen aus nur je 20 Probanden beiderlei Geschlechts - den Nachteil mit, daß einzelne Persönlichkeitstypen unrealistisch überbetont und die zahlreichen "gemischten" und durchschnittlichen Persönlichkeiten mit "normalen" Vorurteilsausprägungen vernachlässigt werden. Auch zahlreiche methodische Schwächen bei der Skalenkonstruktion, Interviewdurchführung und Auswertung lassen Zweifel an der Validität (Gültigkeit) der Ergebnisse aufkommen.

Die Autoren gehen davon aus, daß die Eigenart der Menschen - die Persönlichkeitsstruktur, Einstellungen, Bedürfnisse, Triebe, Erleben usw. - für das verantwortlich sind, was Menschen tun. Ferner nehmen sie an, daß zwischen Familienstruktur, primärer Sozialisation, kognitiven Prozessen, innerpsychischen Abwehr-, Angstverarbeitungsmechanismen und Vorurteilsneigung Verbindungen bestehen. Weiterhin werden von ihnen zwei Grundtypen von Verhalten in einer Gesellschaft unterschieden:

1. Religiöse und ethnische Gleichbehandlung als spezifisch erwünschtes Verhalten. Der dazu gehörige Persönlichkeitstyp ist der "**individualistische und demokratische** Menschentyp".

2. Religiöse und ethnische Diskriminierung als unerwünschtes Verhalten. Dem entspricht der "**autoritäre** Menschentyp" bzw. die "**antidemokratische** oder **autoritäre** Persönlichkeit".

Zur Messung der autoritären Persönlichkeit wurde die **Faschismus** - (**F**) Skala, zur Erfassung des Merkmales Ethnozentrismus, die sog. **E** (**Ethnozentrismus**)-Skala entwickelt. Beide Skalen korrelieren positiv miteinander (r =.65) und messen somit Ähnliches. Die Faschismus - (F) - Skala "scheint recht gut gelungen" (ADORNO, 1977, S. 427) zu sein, um Vorurteile zu messen bzw. die autoritäre Charakterstruktur zu erfassen.

E Skala: Sie besteht aus 3 Subskalen, die jeweils von einem anderen Kreis an Beziehungen zwischen Eigen- und Fremdgruppen handeln. Insgesamt umfaßt die Skala 34 Sätze, die jeweils a) "Neger", b) verschiedene Minoritäten und c) den Patriotismus betreffen. Unter **Patriotismus** verstehen die Autoren das Verhältnis zu außernationalen Fremdgruppen, die blinde Bindung an nationale Kulturwerte, eine unkritische Konformität mit den vorherrschenden Gruppenansichten und das unbesehen Ablehnen anderer Nationen.

❐ **Ethnozentrismus** (vgl. ADORNO et. al., 1977, Bd. 1, S. 89 ff.)

Ethnozentrismus ist eine verhältnismäßig konstante mentale Struktur im Verhältnis zu "Fremden" und bezieht sich auf Gruppenbeziehungen ganz allgemein, zur eigenen wie zu fremden Gruppen. Die "völkische Zentrierung" eines Individuums, "die starre Bindung an alles, was kulturell primär gemäß ist, was der eigenen Haltung entspricht". Die Fremdgruppen sind Gegenstand negativer Vorstellungen und feindlichen Verhaltens; Eigengruppen dagegen sind Gegenstand positiver Urteile und einer unkritisch verteidigenden Haltung. Ferner besteht die Auffassung, daß Fremdgruppen den Eigengruppen unterzuordnen seien; aber auch die Vorstellung, daß die Nationen hierarchisch in überlegene und minderwertige einzustufen sind und die überlegenen die anderen beherrschen sollen. Zugleich wird selbstverständlich angenommen, daß "wir" eine überlegene Nation sind. Die eigene Nation wird glorifiziert; andere Nationen sind minderwertig. Fremdgruppen werden grundsätzlich als Bedrohung empfunden; die Eigengruppe wird moralisch restlos gerechtfertigt.

❐ **Verhaltensmerkmale der autoritären Persönlichkeit
Syndrom der autoritären Persönlichkeit**

Nachstehende 9 Variablen bilden zusammen ein **Syndrom**, d.h. ein mehr oder weniger stabiles Gefüge innerhalb der Struktur des Charakters, wodurch das Individuum für antidemokratische Propaganda anfällig wird. Mit diesen Merkmalen wird im Rahmen der **F-Skala** das "antidemokratische Potential" gemessen.

Zu jedem der 9 Merkmale sind mehrere Sätze formuliert, die von den Probanden nach dem Grad ihrer Zustimmung/Ablehnung markiert werden sollten: 6 Kategorien waren vorgegeben: starke (+3), mäßige (+2), schwache (+1) Zustimmung, schwache (-1), mäßige (-2) und starke Ablehnung (-3). Ein hohes Maß an Zustimmung zu den Statements indiziert eine "autoritäre Persönlichkeit".

◆ Beispiel eines Statements zu "Aberglaube und Stereotypie": "Eigentlich gibt es nur zwei Klassen: die Schwachen und die Starken."
◆ Beispiel eines Statements zu "Destruktivität und Zynismus": "Wie die menschliche Natur nun einmal beschaffen ist, wird es immer Krieg und Streit geben."

1. Konventionalismus
Starres Gebundensein an die Werte mittelständischer Konventionen."Das konventionalistische Individuum läßt sich durch äußeren Einfluß auch zu Gewalttaten bestimmen, ohne daß ihm sein gutes Gewissen dabei abhanden kommt".

2. Autoritäre Untertänigkeit
Unterwürfige, unkritische Einstellung und Verhalten gegenüber idealisierten moralischen Autoritäten der Eigengruppe. Bedürfnis nach einer starken Führerpersönlichkeit; überstarkes Bedürfnis nach Unterwerfung.
Autoritäre Untertänigkeit wird als eine sehr allgemeine Verhaltensweise gegenüber Respektpersonen aller Art (Eltern, ältere Leute, übernatürliche Kräfte usw.) verstanden. Die autoritäre Servilität (Gehorsam) trägt wesentlich zum antidemokratischen Potential bei. Nach ADORNO et. al. wird die Feindschaft gegen Autoritäten der Eigengruppe (z.B. Eltern) verdrängt und die "bösen" Aspekte dieser Respektspersonen auf Fremdgruppen projiziert, sodaß diese dann gründlich gehaßt und verfolgt werden können.

3. Aggressive Autoritätssucht
"Leute aufstöbern, die konventionelle Werte verletzen, sich über sie aufzuregen, sie zu verurteilen und zu bestrafen". Suche nach einem Sündenbock.
Der "Autoritäre muß aus innerer Notwendigkeit seine Aggressivität gegen die Fremdgruppe wenden, weil seine Feindschaft gegen die Autorität der Eigengruppe ihm psychologisch gesehen einfach nicht gestattet ist." ICH-schwäche veranlaßt das Individuum, den Schutz einer äußeren Organisation zu suchen.

4. Abwehr der Intrazeption
Abwehr aller "Innerlichkeit", besonders der Selbstkritik; Ablehnung von Subjektivität, Phantasie und subtil Geistigem. Dies aus Furcht vor ursprünglichen Gefühlen und Angst, die Selbstkontrolle zu verlieren. Somit erfolgt eine Vermeidung jeglicher Beschäftigung mit sich selbst und eine Wendung der ganzen Energie nach Außen.

5. Aberglaube und Stereotypie
Der Glaube an mystische Bestimmungen des individuellen Schicksals durch geheimnisvolle Mächte; das Disponiertsein zu einem Denken in starren Kategorien. Wichtigste Ursache für Stereotypie und Aberglauben ist die Ichschwäche: "Das ichschwache, daher ans Handgreifliche, Äußere sich haltende Subjekt ist gegenüber Stereotypie und Aberglauben besonders anfällig". Das Verständnis sozialer Zusammenhänge wird auf stereotyp schematisierte Kategorien verengt oder es erfolgt eine Zuflucht zu phantastischen Erklärungen. Ferner wird die Verantwortung auf irgendwelche äußeren Kräfte abgeschoben, die die Last der Verantwortung abnehmen.

6. Macht und Robustheit
D.h. Beschäftigung mit der Dimension Dominanz-Unterwerfung, stark-schwach, Führer-Gefolgschaft; Identifikation mit Gewaltfiguren und Figuren, die Macht repräsentieren. Übertriebene Zurschaustellung von Härte und Robustheit und ein Überbetonen der konventionellen Attribute der Persönlichkeit. "Gieren nach Macht und zur gleichen Zeit Drang nach willenlosem Sichunterwerfen"; Identifikation mit den "kleinen Leuten", ohne sich zugleich unbedeutend zu fühlen. Durch Unterordnung an der Macht des anderen, erfolgt zugleich eine Teilnahme an der Macht. Dieser "Machtkomplex" steht in unmittelbarer Beziehung zum Ethnozentrismus. Menschen die vornehmlich die Kategorien "stark-schwach" verwenden, übertragen dieses Schema auch auf das Verhältnis zwischen Eigen- und Fremdgruppen.

7. Destruktivität und Zynismus
ADORNO et. al. verstehen darunter: Verächtlichmachen des Menschlichen und eine verallgemeinerte Feindeinstellung. Zynismus meint eine rationalisierte, vom Ich akzeptierte offene Aggressivität. "Ein Individuum befreit sich am leichtesten von allen Hemmungen gegen Gewaltakte, wenn es in einer Masse von Gleichgesinnten untertauchen kann. Es bildet sich daher auch leicht ein, es sei eben schlechthin menschlich, so zu handeln, wie es gerne möchte."

8. Projektion
Die Überzeugung, daß wilde und gefährliche Dinge in der Welt vorgehen; die Projektion unbewußter emotionaler Impulse nach außen und deren heftige Verurteilung.

9. Sexualität
"Übertriebene Beschäftigung mit sexuellen Vorgängen". "Die Tendenz, besonders harte Strafen für die Verletzung des Sexualkodex zu verlangen". Die Bestrafung eigener, vom ICH nicht akzeptierter, starker sexueller Neigungen, die nach außen projiziert wurden und "daher als beunruhigend mit besonderer Heftigkeit bei anderen verdammt und verfolgt werden".
   [Die Zitate sind aus ADORNO et. al., 1977, Bd 1, 4. Teil, Seite 387 - 427.]

Nach dieser Konzeption sind Vorurteile im besonderen Maße mit zentralen Aspekten und Strukturen der Persönlichkeit verknüpft. Da diese Strukturen in einem engen Zusammenhang mit tiefenpsychologischen Angstabwehrmechanismen stehen, ist die Chance einer Vorurteilsänderung recht gering. Dieser individualpsychologische Ansatz mit psychoanalytischer Ausrichtung unterstreicht die intrapsychischen Vorgänge, die sich gewissermaßen im Laufe der Sozialisationsgeschichte einer Person strukturell verhärtet und eingeschliffen haben. Die Tatsache, daß Menschen während einer aktuellen Äußerung von Vorurteilen in sozialen, sie beeinflussenden Gruppen eingebunden sind, wird außer Acht gelassen.

Abschließend seien die 7 typischen Kennzeichen einer **vorurteilshaften** sprich autoritären Persönlichkeit nach ALLPORT (1971) aufgelistet. Diese Eigenschaften sind "Versuche der Stärkung eines schwachen Ichs", das unfähig zu einer realistischen Konfliktbewältigung ist:

❏ Ambivalente Einstellung gegenüber den Eltern (Liebe versus Protest)
❏ Strenge moralische Weltanschauung (Neigung zu harten moralischen Urteilen über andere)
❏ Neigung zu dichotomen Denken und Betonung der Trennung von Wir-Gruppe und Fremdgruppe
❏ Bedürfnis nach Entschiedenheit und nach Stabilität; niedrige Ambiguitätstoleranz bezüglich mehrdeutiger Situationen; Neigung zur Perseveration.

Menschen, die intolerant gegenüber zweideutigen, doppelsinnigen oder unklaren Situationen (⇒ ambig; Ambiguität) sind, haben eine Vorliebe für das Vertraute, Gewohnte, Regelhafte und Eindeutige. Sie können für längere Zeit im Vergleich zu ambiguitätstoleranten Personen die Zweideutigkeit einer Situation nicht erdulden und bilden schneller und voreiliger eine Regel, die die Unklarheit beseitigt (siehe ALLPORT, 1971, S. 402 f.). Die enge Assoziation zwischen Ambiguitätstoleranz und einer vorurteilshaften Persönlichkeit verdeutlicht das folgende Zitat aus ALLPORT, 1971, S. 405): "Vorurteilshafte Menschen verlangen eine scharfe Strukturierung ihrer Welt, selbst wenn die Struktur zu eng und inadäquat ist. Wo keine Ordnung ist, da gründen sie eine. Wenn nach neuen Lösungen verlangt wird, halten sie an gewohnten Lösungen fest. Wann immer es möglich ist, begrenzen sie sich auf das Vertraute, Sichere, Einfache und Entschiedene".

❏ Veräußerlichung von intrapsychischen Konflikten durch Projektion nach außen. "Nicht **ich** hasse und beleidige andere, sondern <u>sie</u> hassen und beleidigen mich".
❏ Institutionalismus: (Soziale) Ordnungsliebe; Zugehörigkeit zu Institutionen, die die ersehnte Sicherheit und Entschiedenheit bieten; "nationales Engagement" und Patriotismus.
❏ Autoritarismus: Autoritätsliebe und Bedürfnis nach Autorität.

Für eine vorurteilshafte Person ist es "leichter in einer bestimmten Hierarchie zu leben, wo die Menschen Typen sind und wo Gruppen nicht ständig ineinander übergehen und sich auflösen" (ALLPORT, 1971, S. 408).

Diese für das Vorurteil funktional bedeutsamen und wichtigen Kennzeichen, die mit der Gestaltung der Persönlichkeit "oft intensiv verwoben" sind, resultieren aus einer Vielzahl an experimentellen Untersuchungen, Extremgruppenvergleichen sowie Befragungen von antisemitistischen Menschen, auf die sich ALLPORT bezieht. Auch die Arbeiten der Gruppe um ADORNO sind bei dieser Typisierung der vorurteilshaften Persönlichkeit integriert.
Trotz mannigfacher Kritik kommt dem Konzept der autoritären Persönlichkeit nach TRÖSTER (1990) im Bereich der Vorurteile gegenüber Behinderten die Bedeutung einer grundlegenden Prädisposition zu. Siehe dazu im Anhang S. 219.

II.2.2 Illusorische Korrelation (HAMILTON, 1976, 1989)

HAMILTON und MitarbeiterInnen nähern sich aus der kognitiven Perspektive der sozialen Informationsverarbeitung dem Phänomen Stereotyp und decken einen kognitiven Mechanismus auf, der primär die **Entstehung** und Entwicklung von Stereotypen über Minoritäten plausibel erklärt.
"Illusorische Korrelation", wörtlich übersetzt, bedeutet eine eingebildete, scheinbare Beziehung; das Sehen eines Zusammenhanges zwischen Dingen, den es gar nicht gibt.

Sollten Sie beispielsweise der Meinung sein, die HIV-Infektionsrate bei lesbischen Frauen sei genauso hoch wie bei männlichen Homosexuellen, dann verbirgt sich in Ihrer Ansicht eine Scheinbeziehung, eine "illusorische Korrelation", zwischen Sexualpraktiken und AIDS-Erkrankung. Die HIV-Infektionsrate bei lesbischen Frauen liegt aber niedriger als bei männlichen Homosexuellen oder bei männlichen und weiblichen Heterosexuellen (vgl. ARONSON, 1994, S. 154). Falls für Sie Stewardessen einer Fluggesellschaft "hübscher, attraktiver" sind als Grundschullehrerinnen, überschätzen Sie sehr wahrscheinlich den Zusammenhang zwischen physischer Attraktivität und Berufskategorie. Mit anderen Worten: Sie sehen eine Beziehung zwischen zwei Aspekten zur Charakterisierung einer Person(engruppe), die es gar nicht gibt.
Besteht in einer Gesellschaft die sozial geteilte Ansicht, die Mitglieder einer Minoritätengruppe seien krimineller und gewalttätiger als die Angehörigen der Majorität, dann zeichnet sich dieses Stereotyp durch eine ungerechtfertigte assoziative Verknüpfung zwischen Gruppenmitgliedschaft einerseits und sozial abweichenden Verhalten andererseits aus.

Nach HAMILTON und GIFFORD (1976) ist die illusorische Korrelation ein fehlerhaftes Urteil über die **Beziehung** (Zusammenhang) von zwei Variablen bzw. Merkmalen; ein kognitiver "Bias" bezüglich der Informationsverarbeitung.
[Ein "**Bias**" ist **eine Ergebnisverzerrung durch subjektive oder systematische Fehler**.]

Dieser Bias bezieht sich auf einen kognitiven Prozess, in dem entweder zwei Ereignisklassen, die in Wirklichkeit nichts miteinander zu tun haben, als zusammengehörig wahrgenommen werden oder deren tatsächliche Beziehung in einem geringeren Ausmaß als de facto vorhanden perzipiert wird. Allgemein versteht man unter illusorischer Korrelation jede Fehlwahrnehmung des Assoziationsgrades zwischen Merkmalen mit der Folge einer Über- oder Unterschätzung des tatsächlichen Grades der Assoziation. Illusorische Korrelationen können durch Erwartungen entstehen, die auf präexistenten Meinungen und Überzeugungen basieren, ferner durch die Salienz von bestimmten Informationsarten, durch die differentielle Gewichtung von Informationen und den Gebrauch von Urteilsheuristiken bei der Urteilsbildung.

Neben dem Faktor der Assoziativität von Ereignissen beruht für HAMILTON und MitarbeiterInnen die illusorische Korrelation insbesondere auf dem **gemeinsamen Auftreten** von **distinkten** Reizen bzw. Ereignissen. **Distinktheit** kann durch Merkmale erreicht werden, die die Aufmerksamkeit auf sich ziehen wie ungewöhnliches Äußeres, eine andersartige Sprechweise, negatives Verhalten oder **selten** auftretendes Verhalten. Insbesondere weichen ethnische Minoritäten durch eine Vielzahl an sichtbaren und somit distinkten Merkmalen (z.B. Kleidung, Hautfarbe, Sprache u.ä.) von der Majorität einer Gesellschaft ab. Trifft nun die Wahrnehmung zweier distinkter Ereignisse zusammen - z.B. man/frau begegnet einem Mitglied dieser Minoritätengruppe, das zum Zeitpunkt des wie auch immer gearteten Kontaktes ein sozial abweichendes oder soziale Normen verletzendes Verhalten zeigt -, dann wird die Koinzidenz dieser beiden distinkten Ereignisse (Minorität und abweichendes Verhalten) sehr wahrscheinlich **überschätzt**. Im Falle eines schon existenten Vorurteiles wird dieses daraufhin bekräftigt und assoziativ verstärkt. Selbst dann, wenn noch kein negatives Stereotyp über eine Minoritätengruppe besteht, wird infolge dieser wahrnehmungsmäßigen Koinzidenz, dem zeitlichen Zusammentreffen von distinkten Begebenheiten während des Prozesses der Personwahrnehmung, aller Voraussicht nach das Fundament zur Formung stereotyper Ansichten gesetzt, in das sich weitere, spätere Erfahrungen und Vorkommnisse, seien diese persönlich erlebt oder nur kommunikativ vermittelt, leicht integrieren lassen. Auf dem Boden einer solchen Grundsteinlegung können mühelos Meinungen und Ansichten, die illusorisch verzerrt sind, systematisch ausgebaut werden und den Entwurf eines stereotypen Gedankengebäudes sowie dessen konstruktive Elaboration begünstigen.

HAMILTON und MitarbeiterInnen konnten durch eine originelle experimentelle Versuchsanordnung nachweisen, daß die Koinzidenz distinkter Reize zu einer illusorischen Beziehungsstiftung verleitet. Dieses experimentelle Design - es gilt als paradigmatisch für diesen Forschungszweig - wird im Folgenden etwas ausführlicher dargestellt, um das Konzept der illusorischen Korrelation zu vertiefen. Im Experiment von HAMILTON & GIFFORD (1976), wurde **Distinktheit** durch relativ wenige (absolut gesehen) nicht wünschenswerte Verhaltensweisen bei der Gruppe B (kleinere Gruppe) hergestellt (siehe Abb. 17).

Abb. 17: Untersuchungs**paradigma** zur illusorischen Korrelation

	A	B	A	B
erwünschtes Verhalten	18	9	17.5	9.5
nicht erwünschtes Verhalten	8	4	5.8	6.2
Summe:	26	13		

[griech. < Paradigma > Musterbeispiel; hier: i.S. neuartiges Untersuchungsdesign]

Anmerkung: Linke Seite der Tabelle experimentelle **Vorgabe** (siehe Text unten) ; rechte Seite **Wiedergabe** durch die Vpn; **A, B** sind die Bezeichnungen der beiden Gruppen. Die Zelle rechts unten im linken Teil der Tabelle (3. Zeile und 3. Spalte) ist die Kombination zweier **distinkter** Ereignisse (Gruppe B und nicht erwünschtes Verhalten). Die Zahlen der rechten Tabellenhälfte stellen Durchschnittswerte (Mittelung über alle Vpn) dar und sind auf eine Stelle nach dem Komma gerundet.

Gruppe A wurde mit 26 Sätzen beschrieben wie z.B. "Paul, Mitglied der Gruppe A, machte das Haus sauber, bevor er Besuch bekam". In 18 dieser Sätze war erwünschtes Verhalten formuliert, in den restlichen 8 sozial nicht erwünschtes Verhalten. Die Sätze standen einzeln auf Kärtchen und begannen jeweils mit einem anderen Namen bzw. betrafen ein anderes Gruppenmitglied.

Das Verhalten der Mitglieder der **Gruppe B** wurde mit der Hälfte an Statements (13) dargestellt, jedoch äquivalent gleichwertig. Siehe gleicher Anteil **"erwünscht : unerwünscht"** von 2,25; der Prozentanteil "erwünschtes Verhalten" ist in beiden Gruppen A und B identisch, nämlich 69,2%.

Gruppe B ist demnach infolge der kleinen Gruppengröße (n = 13) im Vergleich zu Gruppe A mit doppelt soviel Mitgliedern "distinkt". Ferner ist das "unerwünschte Verhalten" (12 Aussagen insgesamt über beide Gruppen), verglichen mit den 27 positiv formulierten Statements, ebenfalls distinkt, da es infrequenter - sprich seltener ist.

Die 39 Personen beider Gruppen (A, B) wurden durch relativ allgemeines Alltagsverhalten, das auf soziale und interpersonelle Aktivitäten und intellektuelles, aufgabenbezogenes Verhalten abzielte, beschrieben. Dieses alltägliche Verhalten streute in seiner Wünschbarkeit zwischen leicht positiv bis leicht negativ.

"Wiedergabe" besagt, daß den Vpn die 39 Sätze später ein zweites Mal, aber **ohne Angabe der Gruppenmitgliedschaft** vorgelegt wurden. Ihre Aufgabe bestand darin, die Gruppenmitgliedschaft für jedes Verhalten zu identifizieren.

Beachten Sie, daß bei der Wiedergabe die Häufigkeit der **selteneren unerwünschten Verhaltensweisen für die kleinere Gruppe (B) um etwas mehr als 50 % überschätzt wurde** (vgl. die beiden durch Füllung hervorgehobenen Felder in Abbildung 17). Bei der größeren Gruppe A dagegen kam es zu einer Unterschätzung (siehe: 8 versus 5.8). Jedoch hinsichtlich der erwünschten Verhaltensweisen stimmen die durchschnittlichen Werte der "Wiedergabe" mit den originären Zahlen der "Vorgabe", abgesehen von geringfügigen Abweichungen, überein (18 vs. 17,5 bzw. 9 vs. 9,5).

Für die LeserIn, die mit der statistischen Kennzahl Vierfelderkoeffizient (Phi Koeffizient) etwas anfangen kann. Wird für den linken Teil der Tabelle (Vorgabe) dieser Koeffizient berechnet, ergibt sich ein Wert von Null, was besagt, daß beide Merkmale - Gruppe und Verhalten - **unabhängig** sind, also miteinander in keinem Zusammenhang stehen und unkorreliert sind. Anders dagegen für den Teil "Wiedergabe": Dort errechnet sich ein Wert **größer Null**, der nun eine Korrelation bzw. Assoziation zwischen den beiden Merkmalen nahelegt!

Für jede Versuchsperson, die an diesem Experiment teilnahm, wurde ein solcher Vierfelderkoeffizient, der hier ein Maß für die illusorische Korrelation darstellt, durch Kreuztabellierung der individuellen Zuordnung der Sätze zu den beiden Gruppen (A, B) mit dem dichotomen Merkmal "Verhalten" ("erwünscht" versus "unerwünscht") berechnet.
Ein zweites Phi-Maß wurde erhoben, indem jede Vp schätzen sollte, wieviele wünschenswerte bzw. nicht wünschenswerte Verhaltensweisen von den Mitgliedern beider Gruppen ausgeführt wurden. Drittens sollten die Vpn ihren Eindruck über die zwei Gruppen auf verschiedenen Ratingskalen einstufen.

Die statistische Auswertung des Datenmateriales ergab, daß die beiden Phi-Maße (gemittelt über die Vpn) signifikant von Null abweichen, was folglich darauf hinweist, daß nun ein Bias in den Urteilen der Untersuchungsteilnehmer präsent ist. Durch eine eingehendere Inspektion der Daten konnten HAMILTON & GIFFORD (1976) nachweisen, daß aufgrund ihres Experimentes das Fehlurteil über die kleinere Gruppe B auf einer Überschätzung der Häufigkeit des gemeinsamen Auftretens von distinkten Reizereignissen zurückzuführen ist. Ferner kommt es infolge der von den Versuchspersonen vorgenommenen illusorischen Korrelation zu einer differentiellen Wahrnehmung der beiden Gruppen A und B, wobei die Gruppe **A günstiger** beurteilt wird als die kleinere Gruppe B (B = Minorität). Letztere wird dagegen **negativer** evaluiert. Diese Befunde belegen eindeutig, daß die Versuchspersonen bei der Verarbeitung der dargebotenen Information eine illusorische Korrelation zwischen Gruppenmitgliedschaft und Erwünschtheit des Verhaltens herstellen, die zu einer ungerechtfertigten, unterschiedlichen Wahrnehmung der beiden sozialen Gruppen führt.

In einem **zweiten Experiment** konnten HAMILTON & GIFFORD zeigen, daß die kleinere Gruppe (B) günstiger bewertet wurde. Das Vorgehen war analog wie bei Experiment 1, nur daß "wünschenswertes Verhalten" jetzt seltener war. Die Proportion der Gruppengrößen (A:B) betrug ebenfalls 2:1 und der Anteil erwünschtes versus unerwünschtes Verhalten war für beide Gruppen gleich, sodaß im dargebotenen Beschreibungsmaterial keine Assoziation zwischen Gruppenzugehörigkeit und Verhalten bestand. Es wurden wie in Experiment 1 dieselben Phi-Maße errechnet und entsprechend ausgewertet. Die illusorische Korrelation zielte nun in die **entgegengesetzte Richtung**, d.h. die Versuchspersonen überschätzten die Frequenz des wünschenswerten Verhaltens der kleineren Gruppe B. Zudem wurde die Gruppe B signifikant günstiger als die Gruppe A auf verschiedenen Ratingskalen eingestuft. Da Gruppe A in beiden Experimenten doppelt so groß war als Gruppe B, folgt daraus, daß die Gruppengröße für die illusorische Korrelation nicht verantwortlich gemacht werden kann. Das zweite Experiment schließt somit eine direkte Verbindung zwischen Frequenz und Evaluation aus. Es erbringt darüber hinaus den Nachweis, daß die Eindrucksbildung über Minoritätengruppen nicht immer negativ sein muß, sondern auch positiv verlaufen kann, wenn deren Mitglieder sich in distinkte, sozial (sehr) wünschenswerte Verhaltensweisen engagieren.

Die experimentellen Ergebnisse von HAMILTON & GIFFORD wurden mehrfach repliziert: Die illusorische Korrelation ist demzufolge ein bedeutsamer, zuverlässig erforschter "Bias", der zur Anfangswahrnehmung von Intergruppendifferenzen beiträgt und bei der Entwicklung von Stereotypen eine wichtige Rolle spielt. "Die illusorische Korrelation hat eine **differentielle Wahrnehmung** von Gruppen zur Folge, die durch evaluativ äquivalente Informationen beschrieben wurden" (HAMILTON & SHERMAN, 1989, S.75). Ist es erst einmal zu einer differentiellen Wahrnehmung von Gruppen im Sinne einer illusorischen Korrelation gekommen, dann können diese sozialen Gruppen zu bedeutungsvollen kognitiven, sozialen Kategorien in den Köpfen der Leute werden und als Grundlage für weitere, sich erst zukünftig einstellende Wahrnehmungsverzerrungen über diese Gruppen fungieren.

Auf HAMILTON & GIFFORD aufbauende experimentelle Untersuchungen belegen, daß (vgl. HAMILTON & SHERMAN, 1989)

❏ eine einmal gebildete illusorische Korrelation nur **schwer rückgängig** machbar ist;

❏ die wahrgenommene Assoziation sich während der **seriellen** Verarbeitung der **sequentiell** dargebotenen Information entwickelt. Hinter diesem Befund verbirgt sich ein experimenteller Test, in dem zum einen das Standardvorgehen repliziert wurde - die Vpn lasen die der Reihe nach dargebotenen Sätze (Bedingung 1) - zum anderen die gesamte Information über beide Gruppen auf einem Blick in Form einer 2x2 Tafel, in der die Häufigkeiten erwünschter bzw. nicht erwünschter Verhaltensweisen global ersichtlich waren, vorgestellt wurde (Bedingung 2). Unter Bedingung 2 war der illusorische Korrelationseffekt nicht nachweisbar.

❏ die differentielle Beurteilung der Gruppen infolge einer **Devaluation** (Abwertung) der **Minoritätengruppe** zustande kommt und weniger durch eine erhöhte Evaluation der Majoritätengruppe;

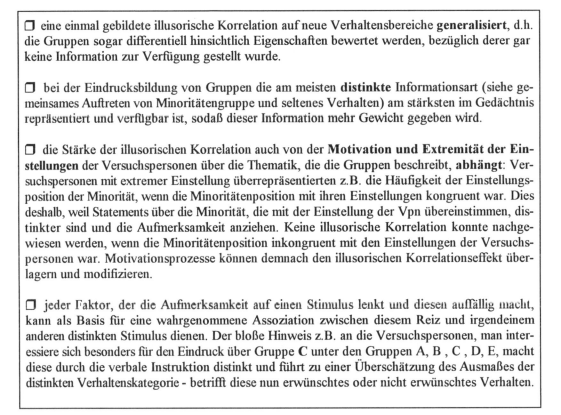

❒ eine einmal gebildete illusorische Korrelation auf neue Verhaltensbereiche **generalisiert**, d.h. die Gruppen sogar differentiell hinsichtlich Eigenschaften bewertet werden, bezüglich derer gar keine Information zur Verfügung gestellt wurde.

❒ bei der Eindrucksbildung von Gruppen die am meisten **distinkte** Informationsart (siehe gemeinsames Auftreten von Minoritätengruppe und seltenes Verhalten) am stärksten im Gedächtnis repräsentiert und verfügbar ist, sodaß dieser Information mehr Gewicht gegeben wird.

❒ die Stärke der illusorischen Korrelation auch von der **Motivation und Extremität der Einstellungen** der Versuchspersonen über die Thematik, die die Gruppen beschreibt, **abhängt**: Versuchspersonen mit extremer Einstellung überrepräsentierten z.B. die Häufigkeit der Einstellungsposition der Minorität, wenn die Minoritätenposition mit ihren Einstellungen kongruent war. Dies deshalb, weil Statements über die Minorität, die mit der Einstellung der Vpn übereinstimmen, distinkter sind und die Aufmerksamkeit anziehen. Keine illusorische Korrelation konnte nachgewiesen werden, wenn die Minoritätenposition inkongruent mit den Einstellungen der Versuchspersonen war. Motivationsprozesse können demnach den illusorischen Korrelationseffekt überlagern und modifizieren.

❒ jeder Faktor, der die Aufmerksamkeit auf einen Stimulus lenkt und diesen auffällig macht, kann als Basis für eine wahrgenommene Assoziation zwischen diesem Reiz und irgendeinem anderen distinkten Stimulus dienen. Der bloße Hinweis z.B. an die Versuchspersonen, man interessiere sich besonders für den Eindruck über Gruppe **C** unter den Gruppen A, B , C , D, E, macht diese durch die verbale Instruktion distinkt und führt zu einer Überschätzung des Ausmaßes der distinkten Verhaltenskategorie - betrifft diese nun erwünschtes oder nicht erwünschtes Verhalten.

Stellen sich ähnliche Resultate ein, wenn anstelle der Einschätzung von Gruppen **Urteile über Einzelpersonen** abverlangt werden? Dieser Fragestellung gingen beispielsweise SANBONMATSU, SHERMAN und HAMILTON (1987) nach. Ihre Versuchspersonen lasen u.a. Sätze über fünf **individuelle Zielpersonen**, die entweder durch 7 wünschenswerte und 3 nicht wünschenswerte Verhaltensweisen (bzw. 7 nicht wünschenswerte und 3 wünschenswerte) charakterisiert wurden. Eine der 5 Zielpersonen wurde durch die Instruktion, man solle ihr besondere Aufmerksamkeit widmen, distinkt gemacht.
Ergebnis: Die distinkten Zielpersonen wurden unangemessen wahrgenommen, indem sie, verglichen mit den anderen 4 nicht distinkten Zielpersonen, signifikant mehr mit der frequenten Verhaltenskategorie assoziiert wurden - ebenfalls eine Form der illusorischen Korrelation, die jedoch im Gegensatz zur distinkten Gruppe als Zielobjekt auf einer Überschätzung des Majoritätsverhaltens, d.h. der numerisch frequenteren Verhaltensklasse beruht.

Die Autoren schließen folgegemäß, daß zwei unterschiedliche Prozesse bei der Eindrucksbildung von Gruppen und Einzelpersonen ablaufen: **"On-line"** versus **"memory-based"** Verarbeitungsprozesse. Erstere legen den Fokus auf typisches und gewöhnliches Verhalten des distinkten Individuums, mit dem Ziel, ein klares und konsistentes Bild von der Einzelperson aufzubauen. Das Resultat ist dann eine wahrgenommene Assoziation zwischen der distinkten Einzelperson und den Verhaltensweisen, die mehrheitlich überwiegen. Andererseits findet die Eindrucksbildung von **Gruppen** nicht on-line, sondern **memory-based** oder **recall-based** statt, was besagt, daß die Informationen über die einzelnen Gruppenmitglieder zuerst im Gedächtnis abgespeichert werden, wobei die am meisten distinkte Information (distinkte Minoritätengruppe und seltenes Verhalten) am stärksten repräsentiert und folglich im Gedächtnis am verfügbarsten ist. Wird später um ein Urteil über Gruppen ersucht, wird die verfügbarste abgespeicherte Information an erster Stelle aktualisiert und mit einem entsprechenden Übergewicht in die Eindrucksbildung integriert. Ein derartiger Prozess führe dann, so die Autoren, zu einer wahrgenommenen Assoziation zwischen distinkten Gruppen und infrequenten (distinkten) Verhalten, da solche Informationspaarungen eine größere Verfügbarkeit im Gedächtnis aufweisen.

Werden Personen nun angehalten, **on-line Impressionen** von Gruppen zu bilden, kann der illusorische Korrelationseffekt unterbunden werden. Entsprechende experimentelle Untersuchungen bestätigen dies: Werden die Versuchsteilnehmer im Rahmen des klassischen Untersuchungsparadigmas zur illusorischen Korrelation beispielsweise durch eine "on-line" spezifische Instruktion ermuntert, eine generelle und globale Evaluation der Gruppen aufgrund der dargebotenen Verhaltensinformationen vorzunehmen (sog. "impression set instruction"), unterbleibt eine Assoziation zwischen infrequenter Gruppe und infrequentem Verhalten und es werden verhaltensbezogene Inferenzen über die vorgestellten Gruppen gezogen.
Andererseits läßt eine "memory set instruction" - die Versuchsteilnehmer sollten sich an die Informationen zum Verhalten der Gruppenmitglieder **erinnern** - den typischen illusorischen Korrelationseffekt entstehen. - Vergleiche dazu die beiden Informationsverarbeitungsprozesse "top-down" und "bottom up"!

Aus alldem ergibt sich, daß alle Maßnahmen, die die Distinktheit von Gruppen reduzieren, zur **Prävention** illusorischer Zusammenhangsstiftungen in Frage kommen. Im Falle ethnischer Minderheiten - die ja infrequente und somit distinkte Gruppen sind - bedeutet dies, daß vermehrte Kontakte mit ihren Mitgliedern die Chance bieten, das Ausmaß an illusorischer Korrelation zu vermindern und der Entwicklung von Stereotypen vorzubeugen. Darüber hinaus können die Medien und Informationsagenturen die extreme Distinktheit von Minoritätengruppen abbauen, indem sie positiven und sozial akzeptablen Verhaltensweisen von Mitgliedern gesellschaftlicher Fremdgruppen mehr Beachtung schenken und Negativdarstellungen soweit wie möglich minimieren bzw. unterlassen. Drittens kann die Induktion von "on-line" Prozessen der Informationsverarbeitung zu einer Eindrucksbildung über Minoritätengruppen führen, die auf den wahrgenommenen und direkt verarbeiteten Verhaltensweisen der einzelnen Gruppenmitglieder fußt und "memory-based" Urteile oder Verzerrungen durch Erinnerungseffekte unterbindet.

Über **Scheinbeziehungen** besteht auch die Möglichkeit, bereits vorhandene Stereotype zu bestätigen, die einen Zusammenhang erkennen lassen, der dann zu beweisen scheint, daß das ursprüngliche Stereotyp zutreffend ist. Bei den SimulantInnen in ROSENHAN's Experiment zur stigmatisierenden Attribution (siehe unter I.4) wurde von den Fachleuten ein Zusammenhang zwischen Diagnose und damit vermeintlich konsistentem Verhalten der Patienten wahrgenommen, obwohl gar keiner existierte. Die Hartnäckigkeit oder noch treffender die Irreversibilität der stereotyp-kategorialen Diagnose "Schizophrenie" dokumentierte sich im Entlassungsbefund "Schizophrenie im Abklingen", was auch impliziert, daß über scheinkorrelative, illusionäre, schemaorientierte kognitive Zusammenhangsstiftungen das ursprüngliche Urteilsschema erhärtet wird und sich bewahrheitet.

Aufgabe zur illusorischen Korrelation:

Diskutieren Sie, wie eine **Soloperson** - das ist z.B. eine Frau nur unter Männern oder ein Mann nur unter Frauen - in einer Arbeitsgruppe, in der Kompetenz die Norm ist, von einem externen Beobachter wahrgenommen wird, wenn dieser seinen Eindruck a) **on-line** bzw. b) **recall-based** (memory-based) bildet.

[Hinweis: Gering kompetentes Arbeitsverhalten wäre demnach selten und somit distinkt]

Eine Studie aus dem Jahr 1992 - durchgeführt an 108 deutschen Bürgern an der Universität Marburg - zeigt u.a. das Ausmaß der Informationsverzerrung und der illusionären Beziehungsherstellung zwischen sozialen Sachverhalten recht deutlich: Zum Thema **Asyl** soll demnach ein hohes Maß an Fehlinformiertheit in der deutschen Bevölkerung bestehen, denn die Anzahl der Flüchtlinge, die sich in Deutschland befinden, wird weit überschätzt. Auf eine entsprechende Frage vermuteten nämlich die Befragten im Durchschnitt **24,4 %** Flüchtlinge, die 1991 weltweit nach Deutschland kamen. Die korrekte Antwort lautete **jedoch 1,4 %**, also eine erhebliche Überschätzung (vgl. SOMMER und SCHMIDT, 1993). Ferner hatte Deutschland 1991 einen **Rangplatz von 23** unter den Ländern, die die meisten Flüchtlinge beherbergten. Jedoch die subjektiven Schätzungen der Befragten ergaben extrem verzerrte Schätzungen: **40 %** meinten Rangplatz 1, **über 70%** der Befragten sogar Rangplatz **1** oder **2** oder **3**.

Die statistische Auswertung erbrachte des weiteren einen deutlichen Zusammenhang zwischen **Fremdenfeindlichkeit (Vorurteil) und Fehlinformiertheit zum Thema Asyl** und zwar eine Beziehung, die einer wechselseitigen Steuerung unterliegt:

Fehlinformiertheit ⇒ Vorurteil (Fremdenfeindlichkeit) ⇒ vorurteilskonsistente Informationsaufnahme und -verarbeitung.

II.2.3   Die Theorie des realistischen Gruppenkonfliktes
[Die Ferienlageruntersuchungen von SHERIF (1962)]

Die Bezeichnung "Theorie des realistischen Gruppenkonfliktes" geht auf CAMPBELL (1965) zurück. Die Grundannahme dieses Ansatzes kann auf folgenden Nenner gebracht werden: Vorurteile sind das Ergebnis eines **Wettbewerbs** zwischen Gruppen um seltene, knappe Ressourcen, wobei die Ziele der Gruppen inkompatibel sind. Die Wahrnehmung einer **Bedrohung** - sei diese faktisch oder auch nur eingebildet - durch eine Fremdgruppe mündet einerseits in Feindseligkeiten und Abwertungen ihr gegenüber, andererseits führt sie zu einer Erhöhung der Solidarität und der Gruppenidentität bei den Mitgliedern der bedrohten Gruppe. Am anschaulichsten findet diese These ihre Bestätigung in den Ferienlagerexperimenten SHERIF's, auf die im folgenden etwas ausführlicher eingegangen wird.

Die in natürlichen Situationen mehrmals durchgeführten Lagerexperimente gehen auf die Jahre 1949, 1953 und 1959 zurück. Sie gelten als die ersten Untersuchungen der Beziehungen **zwischen** Gruppen. Für die Thematik des Vorurteils sind sie insofern relevant, da gruppenspezifische und gruppendynamische Bedingungen bzw. Aspekte in den Vordergrund rücken. Der soziale Blickwinkel, daß in Vorurteilen die Relation und die Beziehungen von sozialen Gruppen untereinander nicht zu vernachlässigen sind, wird bei SHERIF & SHERIF recht eindrucksvoll beleuchtet. Die nachfolgende Schilderung des 1. Experimentes ist aus LÜCK (1987, S. 143 ff.) entnommen:

"Um Gleichartigkeit der Versuchspersonen zu gewährleisten, wurden Jungen im Alter von ca. 12 Jahren ausgesucht, die eine Vielzahl von Auswahlkriterien erfüllten. Man interviewte Lehrer, Eltern und andere Erwachsene aus der Umgebung der Kinder und zog Schulzeugnisse und medizinische Untersuchungsbefunde heran. Jeder Junge wurde im natürlichen Umgang mit Gleichaltrigen und in der Schule beobachtet. Außerdem führte man verschiedene psychologische Tests durch. Alle Kinder stammten aus weißen protestantischen Familien in gesicherten Verhältnissen. Intelligenzmäßig lagen die Kinder, die sich vor dem Experiment nicht näher kannten, etwas über dem Altersdurchschnitt. In ihrer Entwicklung und Persönlichkeitsstruktur waren alle Kinder "normal".
Die Experimente selbst fanden in einer abgeschiedenen, hügeligen Gegend mit Wäldern und Flüssen statt. Die Unterkünfte bestanden aus Wohn- und Schlafräumen, einer Küche und einem Speisesaal, außerdem gab es eine Vielzahl von Sportmöglichkeiten.
Den Kindern ließ man sehr viele Freiheiten. SHERIF selbst spielte als Mr. MUSSEE die Rolle eines etwas trotteligen Lagerleiters, tauchte ab und zu auf, um in unverfänglicher Form relevante Daten zu erheben.
Insgesamt bediente man sich einer Kombination von Methoden zur Datenerfassung: Tonband- und Filmaufnahmen mit versteckten Mikrophonen und Kameras, Protokollierungen von Spielen, systematische teilnehmende Beobachtung, Fragen nach der Beliebtheit von Spielkameraden (Soziogramme) usw. Die Kinder erfuhren von diesen Dingen nur wenig; ihnen und ihren Eltern hatte man lediglich gesagt, man wolle neue Lagermethoden ausprobieren.

Erste Phase: Gemeinsamkeit.
In der ersten Versuchsphase, die insgesamt drei Tage dauerte, gab man den Kindern bei Sport und Spiel Gelegenheit, sich näher kennenzulernen und kameradschaftliche Beziehungen einzugehen. Am Ende dieser Phase wurde jeder Junge formlos gefragt, wer sein bester Freund sei (soziometrische Wahlen).

Zweite Phase: Trennung.
Dann wurden die Jungen für die zweite Versuchsphase so auf zwei verschiedene Schlafräume verteilt, daß sich ungefähr zwei Drittel ihrer besten Freunde im anderen Schlafraum befanden. Um den Trennungsschmerz schnell

zu überwinden, unternahmen die Helfer getrennt mit beiden Gruppen eine Nachtwanderung mit Übernachtung unter freiem Himmel - ein Abenteuer, das sich alle Kinder gewünscht hatten. Die getrennt untergebrachten Gruppen entwickelten in den folgenden Tagen sehr schnell ihre eigenen Gewohnheiten und Normen, es gab bestimmte Aufgaben- und Rollenverteilungen, gruppenspezifische Ausdrücke, Spitznamen, Redewendungen, Lieder und Bräuche. In allen Experimenten legten sich die Gruppen selbst Namen zu. So gab es im 1949er Lager die "Bull Dogs" und "Red Devils" (Bulldoggen und rote Teufel), im 1954er Lager waren es die "Rattles" und "Eagles" (Klapperschlangen und Adler). Die Kindergruppen hatten ihre eigenen Bade- und Angelstellen, die sie teils geheim hielten, sie malten sich ihre Gruppensymbole auf ihre Hemden und selbst die unbeliebten "Schlußlichter" der Gruppen bezeichneten ihre Unterbringungen als ihr "Zuhause". Kurz: Es entwickelten sich ingroup-Gefühle, Loyalität und Solidarität in den Gruppen. Am Ende dieser fünftägigen zweiten Versuchsphase ermittelte man erneut die Freundschaftsbeziehungen mit soziometrischen Fragen. 95 % der Red Devils nannten jetzt Mitglieder der eigenen Gruppe als Freunde, bei den Bull Dogs waren es 88%. Gegenüber der ersten Phase hatten sich die Freundschaftsbeziehungen also fast völlig geändert. Bemerkenswert ist das Bedürfnis der Gruppen in der zweiten Phase, sich mit der anderen Gruppe zu vergleichen und in Wettstreit zu treten ...

Dritte Phase: Konflikt.
Ausgesprochene Spannung und Feindseligkeit zwischen beiden Gruppen gab es jedoch erst im dritten Versuchsabschnitt, als die Gruppen in Wettbewerbssituationen zusammengeführt wurden. Zunächst wurden, vorgeblich um den Wunsch der Kinder zu entsprechen, Spiele und Wettbewerbe wie z. B. Tauziehen veranstaltet, bei denen die Gruppen Punkte gewinnen konnten. Die Gruppe mit der höchsten Punktzahl sollte schließlich 12 Taschenmesser bekommen - für jedes Mitglied eines. Die Taschenmesser wurden ausgestellt und von den Kindern bewundert und begehrt. Beschimpfungen und Beschuldigungen gehörten nun zur Tagesordnung. Hatte man die Wettkämpfe noch mit fairer sportlicher Haltung begonnen, so dauerte es nicht lange, bis sich die Gruppen gegenseitig als Lügner, Schmutzfinken und Mogelanten beschimpften. Beim Mittagessen kam es in der Warteschlange zu Drängeleien und Raufereien. Die Kinder bewarfen sich mit Speiseresten, und ein Helfer mußte schließlich eingreifen, als ein Junge ein Messer zückte. Es kam zu nächtlichen Überfällen, die selbstgefertigte Flagge der gegnerischen Partei wurde geraubt und verbrannt. Ein Junge, der als Friedensmission bei der gegnerischen Partei auftauchte, mußte in einem Hagel von grünen Äpfeln flüchten.
SHERIF und seine Mitarbeiter hatten sich ursprünglich Wettbewerbe und für einzelne Gruppen frustrierende Situationen ausgedacht, durch die der Gruppenkonflikt erzeugt werden sollte. Nur ein Teil dieser Pläne konnte realisiert werden. Der Gruppenkonflikt nahm nämlich so schnell beängstigende Ausmaße an, daß man schon nach fünf Tagen das Experiment abbrechen und nach Wegen suchen mußte, um die Gruppen wieder zu integrieren.

Vierte Phase: Spannungsreduktion.
Im ersten Lager (1949) erwies sich ein gemeinsames Softball-Spiel gegen eine Jugendgruppe aus der Nachbarschaft als besonders wirksam. In den späteren Jugendlagern wurde eine vierte Versuchsphase zur Spannungsreduktion sorgfältig geplant. Als Möglichkeiten für diese Phase erwog man sachliche Informationen über die Gegner, Verhandlungen zwischen den Führern und Einzelwettkämpfe. Realisiert wurde schließlich eine vierte Hypothese: " Wenn die im Konflikt befindlichen Gruppen unter Bedingungen miteinander in Kontakt kommen, die für die beteiligten Gruppen zwingende Ziele beinhalten, welche nicht von einer Gruppe mit ihren Kräften und Fähigkeiten allein erreicht werden können, dann werden die Gruppen im allgemeinen kooperieren, um dieses Ziel zu erreichen" (SHERIF). Eine natürliche und zwingende Situation dieser Art war der manipulierte Zusammenbruch der Wasserversorgung. Alle Jungen wurden zusammengerufen und über die Krise informiert. Die Gruppen suchten dann von sich aus getrennt nach der Ursache und behoben den Schaden gemeinsam. Doch bald war der alte Streit wieder da. Als nächstes bot man den Kindern an, für eine Filmvorführung einen spannenden Film auszuleihen. Beide Gruppen sammelten Geld (da die Lagerleitung angeblich nicht genug Geld hatte), stimmten ab, welchen Film sie sehen wollten und nahmen einträchtig an der Vorführung teil.

Bei einem gemeinsamen Ausflug der zwei Gruppen sprang schließlich der Lastwagen nicht an. Die Gruppen holten ein Seil - dasselbe Seil, das sie beim erbitterten Tauziehen benutzt hatten - und zogen den Wagen, bis er startete.
Nach und nach reduzierte diese Reihe von Ereignissen und gemeinsamen Notsituationen den Konflikt zwischen den Gruppen. Die Beschimpfungen wurden seltener, und es entwickelte sich eine Freundschaft über die Gruppengrenzen hinweg. Bei bunten Abenden wechselten sich die Gruppen in ihrer Darbietung ab. Die Heimreise traten die Gruppen auf gemeinsamen Beschluß nicht in getrennten Bussen, sondern in einem Bus an. Eine Gruppe hatte noch einen Gewinn von fünf Dollar übrig. Bei einer Rast auf der Heimreise wurden dafür Erfrischungsgetränke gekauft, die man mit den Kindern der anderen Gruppe freundschaftlich teilte."

Diese recht anschauliche Schilderung des ersten Ferienlagerexperimentes von SHERIF verdeutlicht die großartige Pionierleistung dieses türkischen und in die USA ausgewanderten Sozialpsychologen. Seine Feldversuche sind in erster Linie für eine Psychologie der Gruppe und der Dynamik in und zwischen Gruppen von Interesse.

Fassen wir die wichtigsten Aspekte dieser Life-Experimente zur Beziehung von Gruppen untereinander in einem kleinen Abriß zur Kleingruppenpsychologie zusammen:

❑ Eine **Gruppe** läßt sich mit SHERIF als eine Anzahl von Personen definieren, die in einer bestimmten Zeit miteinander Umgang haben und deren Anzahl so gering ist, daß alle mit allen anderen **face to face** in Verbindung stehen [engl. < face to face > von Angesicht zu Angesicht].

Hinzukommen als zusätzlich konstituierende Elemente: Die **Aktivität**, d.h. das, was die Angehörigen einer Gruppe als Gruppenmitglieder tun; die **Interaktion**, die Beziehungen zwischen den Aktionen der Gruppenmitglieder und **Gefühle** - die Gesamtheit aller intragruppalen Gefühle wie Sympathie, Antipathie, Gemeinschaftsgefühle, Gefühle des Miteinander, des Zusammengehörens u.ä.

In Kleingruppen entstehen relativ schnell Prozesse der Gruppenbildung und es entwickeln sich in kurzer Zeit Gefühle der Nähe und Vertrautheit zwischen den Gruppenmitgliedern (vgl. zweite Phase des Experimentes). Auch die sog. HOMAN'sche Regel, nach der zwischen **Kontakt und Sympathie** eine direkte Proportionalität besteht (HOMANS, 1960), d.h. je häufiger Personen miteinander in Interaktion stehen, desto mehr tendieren sie dazu einander zu mögen, wird recht lebendig durch die Ferienlagerexperimente veranschaulicht. Der zweiseitige Wirkungszusammenhang zwischen Kontakt und Sympathie gilt jedoch nur unter der Einschränkung, daß der Kontakt für beide Seiten eine Belohnung darstellt.

Wird von einer Person nämlich die Kommunikation aversiv erlebt, wird sie diese abbrechen und sich einen anderen Partner suchen, bei dem sie sich eine lohnendere Gratifikation erhofft. Sind die Chancen gering, den Kontakt bei mangelnder Sympathie zu verringern, ist andererseits mit der Möglichkeit der Äußerung feindseliger Gefühle zu rechnen.

Unterscheiden und beachten Sie ferner folgende gruppendynamische Fachbegriffe:

❑ **Ingroup**, d.h. die Binnengruppe, Innengruppe, Eigengruppe, **Wir-Gruppe**. Die ingroup ist die Gruppe, der eine Person angehört bzw. in den Lagerexperimenten zugeteilt wurde. Die Angehörigen einer Wir-Gruppe fühlen sich dieser zugehörig, entwickeln Wir-Gefühle, identifizieren sich mit der Gruppe und weisen untereinander Solidaritätsgefühle auf. Durch eine starke Identifikation mit der Gruppe lassen sich gemeinsame Erfolge der Gruppe auch als persönliche Erfolge bewerten.

Gruppen, zu denen man sich innerlich dazu gehörig fühlt, auch wenn man ihnen de facto nicht angehört, werden **Bezugsgruppen** (reference groups) genannt. Alle Gruppen, deren Standards als Maßstab zur Orientierung über die eigene Lage, zur Bewertung der eigenen Person und des Verhaltens dienen, sind im weitesten Sinne Bezugsgruppen. Neben dieser Vergleichsfunktion kommt der Bezugsgruppe auch eine normative Funktion zu: Durch die Übernahme von Verhaltensregeln und Verhaltensgewohnheiten einer Bezugsgruppe gelingt es deren Zustimmung zu erreichen und Sanktionen zu vermeiden. Ferner stellt eine Bezugsgruppe zusätzlich eine Perspektivenerweiterung für eine Person in Aussicht, sich in der sozialen und physikalischen Umwelt über den Tellerrand der Eigengruppe hinaus zu orientieren.

❏ **Outgroup**: Die Außengruppe, die Fremdgruppe, die **Die-Gruppe**. Diese Synonyma stehen für eine Gruppe oder Interaktionssysteme, mit denen man sich nicht identifiziert und denen man nicht angehört. Abgesehen von der Möglichkeit, daß eine Fremdgruppe, der man nicht angehört, zur Bezugsgruppe werden kann, sind in der Regel Nicht-Mitgliedschaftsgruppen Außengruppen. Im Vergleich zur Innengruppe wird eine Außengruppe meist negativer bewertet. Diese Evaluation erfolgt offensichtlich nach dem Motto, was fremd, andersartig, unähnlich bzw. unverständlich (für eine Innengruppe) ist, ist weniger gut. Während alles, was ihr ähnlich ist, auch sympathisch und attraktiv erscheint. Forschungen zur interpersonellen Attraktivität bestätigen, daß die **Ähnlichkeit** ein wesentlicher Faktor der Attraktivität ist, während **Verschiedenheit** dagegen eher zur Ablehnung führt (siehe z.B. FORGAS, 1987).

Ausgangspunkt der Dichotomisierung in eine ingroup bzw. outgroup ist der Standpunkt und die jeweilige kognitive perspektivische Orientierung eines Individuums. Je nach spezifischer Sichtweise einer Person lassen sich demnach unterschiedliche Gruppenkonstellationen und Fiktionen konstruieren. Beispiel: Die Unterscheidung nach "Inländern und Ausländern" und der Slogan "Wir sind alle Ausländer".

❏ **Intergruppen-Verhalten** (Verhalten **zwischen** Gruppen): Dieses liegt vor, wenn Individuen, die einer Gruppe angehören, kollektiv oder individuell mit einer anderen Gruppe oder deren Gruppenmitgliedern interagieren. Voraussetzung dazu ist, daß die Gruppenmitglieder sich mit der jeweiligen Gruppe **identifizieren** und die Handlungen auf der Basis dieser Gruppenidentifikation erfolgen. Siehe dazu auch den Fachterminus "intergruppales Verhalten" bei der Besprechung der Sozialen-Identitäts-Theorie von TAJFEL.

❏ **Soziale Distanz**, als der Grad des sympathischen Verständnisses zwischen 2 Gruppen bzw. der Grad der Bereitschaft zur Intimität oder die Bereitschaft, mit der man mit anderen Gruppenmitgliedern ein Kontaktverhältnis eingehen will. Im allgemeinen ist die soziale Distanz zur **DIE-Gruppe größer**.

Relativ beliebt in früheren klassischen Untersuchungen zur Messung der Vorurteile gegenüber Nationen, Rassen, Minoritäten oder sozialen Randgruppen ist die **Skala der sozialen Distanz** (auch "Bogardus-Skala" genannt), die schon 1925 von BOGARDUS entwickelt wurde und eine sog. Ordinalskala darstellt. Sie besteht aus 7 Statements, die unterschiedliche Grade der sozialen Distanz bzw. Nähe beschreiben. Beispiel für eine

äußerst geringe Distanz: "Ich würde X-länder (z.B. Polen) durch Heirat in die engere Verwandschaft aufnehmen". Das Item "Ich würde X-länder aus unserem Land ausschließen" faßt eine extrem hohe Distanz in
Worte. Zwischen diesen beiden Extremitems sind weitere 5 Fragen formuliert, die danach zu beantworten sind,
ob Mitglieder einer bestimmten sozialen Klassifizierung als "gute Freunde", "Nachbarn", "Berufskollegen",
"Staatsbürger im eigenen Land", oder als "Besucher des Landes" akzeptiert oder abgelehnt werden. Es soll dabei
eine soziale Gruppe als ganze (z.B. Behinderte) beurteilt werden und nicht aufgrund der sympathischsten oder
unsympathischsten Person, die man kennt.

Dieser Skala liegt die Annahme zugrunde, daß die Stärke von Vorurteilen bei sozialen Gruppen mit dem Grad
der sozialen Distanz zu Fremdgruppen in Beziehung steht: Je stärker das Vorurteil einer Gruppe gegenüber
Mitgliedern einer Fremdgruppe ist, desto mehr soziale Distanz zu deren Angehörigen wird bekundet und vice
versa. Bei einer relativ geringen Distanz gegenüber Personen einer Außengruppe schließt man dann auf eine
Vorurteilslosigkeit, bei einer ausgeprägten Distanz auf eine Bekundung von Vorurteilen.

Eine Weiterentwicklung der Bogardus-Skala, die in vieler Hinsicht unzulänglich ist, wurde von TRIANDIS
(1975) mit dem **Verhaltensdifferential** vorgelegt, das aus 5 unabhängigen Dimensionen, die je 4 Skalen um-
fassen, besteht. Diese 5 Dimensionen lauten: **Hochachtung, sexuelle Partnerschaft, Freundschaft, soziale
Distanzierung und Unterordnung.**
Das Verhaltensdifferential ist ein allgemeines Instrument zur Messung der Verhaltensintentionen von Versuchspersonen in bezug auf beliebige Personen oder Kategorien von Personen. Die zu beurteilende Person wird
zunächst kurz beschrieben und die Versuchspersonen sollen daraufhin ihre Verhaltensintentionen bezüglich
dieser Person auf einer Serie von 20 Skalen angeben.

Beispiel eines Items (Skala) aus der Dimension "sexuelle Partnerschaft" (TRIANDIS, 1975, S. 85):

> Kurze Beschreibung der
> Stimulusperson

"Ich würde __|____|____|____|____|____|____|____|__ würde nicht"
                    mit dieser Person ausgehen

[Ausführliche Informationen zum Aufbau und einen Abdruck des Verhaltensdifferentials siehe: TRIANDIS
(1975)]

Zwischen Distanz und Sympathie besteht ein **reziprokes Verhältnis**: Je größer die Distanz zur outgroup, desto niedriger ist im allgemeinen der Grad an Sympathiebekundung. Da mit zunehmender
Distanz eine Verringerung der Kontaktdichte einhergeht, vermindert sich nach der HOMAN' schen
Regel der Proportionalität von Kontakthäufigkeit und Sympathie auch das sympathische Verständnis
zwischen den sozialen Akteuren.

❏ **Binnendistanz**: Die Intimitätsbereitschaft der Gruppenmitglieder einer Gruppe untereinander.
❏ **Außendistanz**: Die Kontaktbereitschaft von Angehörigen einer Binnengruppe zu Mitgliedern
   einer Außengruppe.

Zwischen Binnendistanz und Außendistanz besteht ein mehr oder weniger großes **Kompensations-verhältnis**: Gruppen, die sich von anderen Gruppen distanzieren oder distanziert werden, sind zugleich Gruppen, die einen **intensiven Binnenkontakt** haben. Wird zu Angehörigen einer Fremdgruppe wenig oder gar kein Kontakt gepflegt, vergrößert sich die Außendistanz. Durch eine intensivere Aufnahme von Beziehungen mit den Personen der Eigengruppe verringern sich im allgemeinen dann die Distanzen zwischen den Mitgliedern einer Gruppe. Gesellschaftliche Isolierungsgebräuche (z.B. Flitterwochen, Schullandheimaufenthalte, Ausgangssperren für Rekruten, Planung von Wochenendveranstaltungen für neu sich etablierende Gruppen u.ä.) führen einerseits in der Regel zu einer Intensivierung der Binnenkontakte und zu einer Verringerung der sozialen Binnendistanzen, andererseits werden die Möglichkeiten zu Außenkontakten mit Angehörigen anderer Gruppen während des Zeitraumes der Absonderung drastisch eingeschränkt, was einer temporären Zunahme der sozialen Außendistanzen gleichkommt (vgl. HOFSTÄTTER, 1963).

❒ **Autostereotyp**, das Bild, das die Mitglieder einer Gruppe von sich als Gruppe und ihren Mitgliedern haben bzw. im Laufe der Zeit entwickeln. Es wird auch als das "Selbstbild" einer Innen- bzw. Bezugsgruppe bezeichnet.

❒ **Heterosterotyp** - das "Fremdbild", das Meinungsbild, das eine ingroup **über eine outgroup** und deren Mitgliedern entwickelt, besitzt und als psychologische Realität ansieht.

Die gegenseitige Akzeptanz von Gruppen läßt sich aus der Konstellation dieser beiden Meinungsbilder erschließen: Bei einer hohen Ähnlichkeit der beiden Autostereotype und wechselseitigen Entsprechungen zwischen Auto- und Heterosterotyp können ein intergruppales Verständnis vermutet werden.
Die Stereotypenforschung fügt der Gegenüberstellung von Auto- und Heterosterotyp noch zwei weitere Urteilsformen hinzu: Ein **vermutetes Autostereotyp** (z.B. ein Sozialarbeiter sagt, die Obdachlosen betrachten sich selbst als von der Gesellschaft mißverstanden und falsch eingeschätzt) und ein **vermutetes Heterosterotyp** (z.B. ein Sozialarbeiter meint oder urteilt, die Obdachlosen halten die Sozialarbeiter für Gehilfen des Wohlstandsstaates).
Wird eine soziale Gruppe "richtig" charakterisiert - wobei es sicherlich schwer sein dürfte, angemessene Kriterien für die Richtigkeit anzugeben - wird dieses Urteilsbild als **Soziotyp** bezeichnet.

Je größer die soziale Distanz zwischen einer Eigen- und einer Fremdgruppe ist, desto weniger konkretes Wissen über die Angehörigen der Außengruppe ist verfügbar, sodaß kognitiv undifferenziertere und gering komplexe Urteile und Attributionen wahrscheinlich sind.

Beide Stereotype sind nach HOFSTÄTTER (1972) Gruppenleistungen vom **Typ des Bestimmens**. Dies bedeutet, daß Auto- und Heterosterotyp soziale Konstruktionen von Gruppen sind. Sie sind sozial geteilt und können als gruppenspezifische "erfundene Wirklichkeiten" gedeutet werden. In ihnen ist meist eine vereinfachte, verzerrte Selbstbeschreibung der Eigengruppe und eine dazu kontrastierende, typisierende und sich von der Fremdgruppe bzw. deren Mitgliedern absetzende Zuschreibung von Charakteristika (Merkmale, Persönlichkeitseigenschaften) enthalten. Ferner werden mit zunehmender Stärke und Prägnanz - relativ wenig Attribute werden von sehr vielen Gruppenmitgliedern konsensuell zugeschrieben - und Negativität des Gruppenstereotyps über eine Außengruppe kognitive Faktoren wie z.B. die interpersonelle Wahrnehmung, die Erinnerung und die Urteilsbildung affiziert. Dies hat zur Folge, daß es immer schwieriger fällt, bei Mitgliedern der betreffenden

outgroup individuelle Unterschiede festzustellen und diese objektiv und realitätsangemessen wahrzunehmen. Sämtliche Mitglieder der Fremdgruppe werden im Extremfall so gesehen, als ob sie sich in
den wesentlichen Persönlichkeitsaspekten einander gleichen.

Durch die gruppenspezifische Entwicklung eines autostereotypen Selbstbildes lassen sich auch die
erlebten interindividuellen Distanzen innerhalb einer Gruppe minimieren und auf einem niedrigen
Niveau halten. Im Falle günstiger, sich von Außengruppen abhebender Attributionen, wird die
Möglichkeit für die Gruppenangehörigen geschaffen, sich mit diesem überhöhten Bild der Selbstdarstellung zu identifizieren. Dieser Identifikationsprozeß führt wiederum zu einer Intensivierung der
intragruppalen Kontakte und wirkt sich positiv auf den inneren Zusammenhalt der Gruppe aus.

Tiefenpsychologisch gesehen sind Fremdgruppen und deren Angehörige **Projektionsobjekte**, auf
die unbewußt eigene, nicht akzeptable Motive, Bedürfnisse, Einstellungen, Persönlichkeitseigenschaften u. dgl. nach außen verlagert und auf diese Weise für die Betroffenen erträglicher, aber auch
manipulierbarer, sprich bekämpfbarer, werden. Eine Kehrseite dieses **Abwehrmechanismus der
Projektion** besteht vorallem darin, daß er die Identifikation mit Mitgliedern mißliebiger Fremdgruppen vereitelt und verhindert. Auch vergrößert er die soziale Distanz und verringert damit einher-
gehend die Kontaktdichte zwischen Gruppen. Insbesondere bei der Verteufelung und extremen
Abwertung von ethnischen Minoritäten in sozialkritischen Zeitabschnitten (hohe Arbeitslosigkeit,
Wirtschaftskrisen, kriegerische Auseinandersetzungen, politische Instabilitäten u.ä.), in denen ein
relativ erhöhtes Angstniveau und starke Bedrohungsgefühle der eigenen Sicherheit bei den Angehörigen einer gesellschaftlichen Majorität anzunehmen sind, findet die distanzierende und defensive
Wirkung der Projektion nachhaltig ihren Ausdruck. Vorurteile gegenüber Volksgruppen oder einer
Rasse werden oftmals erst dann artikulierter, wenn diese die wirtschaftliche und politische Sicherheit
der Majorität gefährden, als Konkurrenten wahrgenommen werden und zur gesellschaftlichen Mehrheit inkompatible und sich wechselseitig ausschließende Ziele entwickeln (vgl. z. B. ASHMORE,
1970).

Im Ferienlager SHERIF's beschrieben sich die ingroup (bzw. deren Mitglieder) als **"mutiger, aus-
dauernder und ordentlicher"**, während negative Attribute wie **"hinterlistig, unsauber, spielver-
derberisch"** bereitwilliger und in einem größeren Ausmaß den Mitgliedern der anderen Gruppe, der
outgroup, zugeschrieben wurden.

In einer **Wettkampfpause** beurteilten beide Gruppen anhand dieser 6 Adjektive (3 positive und 3 negative)
jeweils ihre Wir-Gruppe und die Die-Gruppe. Zur Verfügung standen 5 Kategorien wie "alle X-Leute sind ...",
"Einzelne X-Leute sind .." bis zu "keiner von den X-Leuten ist ..". Für beide Gruppen getrennt, wurden jeweils
die prozentualen Häufigkeiten der Urteile über die Eigen- bzw. Fremdgruppe auf einer 5 stufigen Einstellungsdimension mit den Polen "extrem unfreundlich" versus "extrem freundlich" ermittelt. Die beiden Binnengruppen
belegten sich dabei selbst vorwiegend mit günstigen Eigenschaften (stark asymmetrische Verteilung der
Prozentsätze; in der Modalkategorie "extrem freundlich" ca. 80%; siehe Grafik in HOFSTÄTTER, 1972, S.
109), die Rivalen hingegen mit ungünstigen (Modalkategorie "unfreundlich" ca. 40%). Das Selbstbild der
Gruppen ist in der Phase 3 (Rivalitätsphase) überaus positiv, das Bild von der Gegengruppe andererseits weist
erheblich mehr negative als freundliche Züge auf. Beide Bilder unterscheiden sich also beträchtlich.
Eine Wiederholung der Befragung in der Phase der Entspannung (Phase 4 des Experimentes) erbrachte dagegen
nur geringfügige Unterschiede zwischen dem Auto- und Heterostereotyp, d.h. vornehmlich die Heterostereo-

typen verschoben sich in Richtung der Autostereotypen, während die Selbstbilder sich nur geringfügig veränderten.

Die Dichotomisierung dieser wertbehafteten Eigenschaften und die Tendenz einer Eigengruppe, sich eher die günstigen Attribute zuzuordnen, kommt einem ersten Ansatz zu der Schwarz-Weiß-Formel nahe "wir sind gut, die anderen sind schlecht". Auch spiegelt sich darin ein Wissensersatz, ein Scheinwissen wieder, das eine grobe Orientierung im Umgang mit den anderen erlaubt. Parallel einhergehende Prozesse der sozialen Bestätigung und der Ausformung eines Wir-Gefühles begünstigen diese Homogenisierungstendenzen. HOFSTÄTTER (1972, S. 115) vermutet, daß eine derartige Entwicklung durch **Unifikation**sbestrebungen (lat. < unificare > einsmachen, vereinheitlichen) beim Zusammenschluß von Personen zu Gruppen in Gang gesetzt wird: "Eine wichtige Voraussetzung für die Unifikation und die Ausbildung eines Autostereotyps der Wir-Gruppe scheint das Bestehen einer Die-Gruppe zu sein, von der man sich abzusetzen bestrebt ist. Dies geschieht im Zuge der Festlegung eines Heterostereotyps für die entsprechende Die-Gruppe". Beide Stereotype sind in gegenseitigem Bezug zueinander zu sehen, denn charakterisiert eine ingroup sich beispielsweise mit bestimmten wünschenswerten Eigenschaften, impliziert dies, daß sie den "anderen" indirekt diese gänzlich abspricht oder ihnen diese zumindest in einem geringeren Ausprägungsgrad zugesteht.

Ein Vielzahl an Untersuchungen, insbesondere im Zusammenhang mit der Erforschung der **nationalen Stereotype** bescheinigen, daß die Urteile über die eigenen Gruppenangehörigen positiver sind als die Urteile über fremde Gruppen. Die Unterschiede nehmen dabei mit dem Grad des Erlebnisses der **Entferntheit** der Fremdgruppen zu. Auch spielt die wahrgenommene **Ähnlichkeit** zwischen Eigen- und Fremdgruppe eine Rolle: Je ähnlicher die fremde Gruppe nach Aussehen, Einstellungen und Gewohnheiten der eigenen Gruppe wahrgenommen wird, desto günstiger wird sie in der Regel eingeschätzt. Während Ähnlichkeit in Sitten, Gebräuchen, Werten, grundlegenden Überzeugungen und Kultur die Wertschätzung einer Fremdgruppe begünstigt, führt kulturelle Unähnlichkeit laut anthropologischen Untersuchungen eher zu einer größeren Distanz zwischen den untersuchten Volksstämmen.

Nationale oder **ethnische Stereotype** wurden erstmals von KATZ & BRALY (1933) empirisch untersucht: Eine Stichprobe von 100 Studenten einer amerikanischen Universität sollte aus einer Liste von 84 Eigenschaftsbegriffen (z. B. fleißig, intelligent, wissenschaftlich orientiert, progressiv, traditionsliebend) diejenigen Begriffe auswählen, von denen sie meinten, sie seien typisch für 10 nationale oder ethnische Gruppierungen (Amerikaner, Engländer, "Neger", Juden, Italiener, Deutsche, Japaner, Chinesen, Iren und Türken). Im Anschluß daran wurden die Versuchspersonen gebeten, die erstellten zehn Eigenschaftslisten nochmals durchzusehen und die 5 Eigenschaften zu markieren, die für jede soziale Gruppierung am charakteristischsten sind. Auf diese Weise wurden negative Stereotype der Amerikaner - operationalisiert am Kriterium der Übereinstimmung - z.B. gegenüber "**Negern**" aufgedeckt: Abergläubig (84; 13), faul (75; 26), unbekümmert (38; 27), ignorant (38; 11), musikalisch (26; 47). Die Zufallsbasis, ein und dieselbe Eigenschaft herauszugreifen, ist ungefähr 6 Prozent (5/84 von 100).
[Die Zahlen in Klammern geben den Prozentsatz der Studenten an, die den "Negern" die entsprechende Eigenschaft zuschrieben: 1. Zahl: Untersuchung im Jahr **1932**; 2. Zahl: Untersuchung **1967**.]

Zum Vergleich das soziale Stereotyp gegenüber **Deutschen**: Wissenschaftlich (78; 47), fleißig (65; 59), stur (44; 9), intelligent (32; 19), methodisch (31; 21). [Die Daten sind aus SECORD/BACKMAN (1976, S. 27 f.)].

An diesen Daten wird auch deutlich, daß die Unterscheidung eines **persönlichen** Stereotyps (Meinung eines einzelnen Individuums; siehe niedrige Prozentsätze) von einem **sozialen** Stereotyp (Konsens einer Mehrheit) eine gewisse Rechtfertigung hat. Problematisch an der Methode der Vorgabe von Eigenschaftslisten ist u.a. die Operationalisierung bzw. das quantifizierende Kriterium, das bestimmt, welche Eigenschaften in das kollektive Stereotyp einfließen.

Abgesehen von weiteren Unzulänglichkeiten zeigt ein Vergleich der Prozentsätze der Untersuchung 1932 vs. 1967, daß Stereotype relativ zeitkonstant sind, sich aber auch zum Teil im Sinne eines **fading-effect** abschwächen.

Fremdgruppen werden nicht nur wegen ihrer Unähnlichkeit mit der Eigengruppe, sondern auch wegen ihrer **andersartigen Überzeugungen** und der damit potentiellen Bedrohung des eigenen Überzeugungssystems der ingroup abgelehnt bzw. abgewertet (vgl. ASHMORE 1970).

Zur Entwicklung von Stereotypen sei die Zusammenfassung von TRIANDIS (1975, S. 170) zitiert:

1. Je größer der tatsächliche **Unterschied zweier Gruppen** hinsichtlich eines bestimmten Merkmales, desto grösser ist die Wahrscheinlichkeit, daß dieses Merkmal im Stereotyp der jeweils anderen Gruppe erscheint.
2. Wirkliche Differenzen spielen für das Stereotyp mit zunehmender Häufigkeit der Beobachtung der Außengruppe in der Interaktion mit dieser eine immer größere Rolle. Das impliziert, daß weniger distante Gruppen exakter stereotypisiert werden. Deshalb nimmt der Inhalt von Stereotypen umso mehr den Charakter von Projektionen an und verliert umso mehr an Exaktheit, je entfernter und unbekannter die Außengruppe.
3. Merkmalsunterschiede bei Inter-Gruppen-Interaktionen zeigen sich am deutlichsten und am genauesten im Stereotyp über die jeweils andere Gruppe.
4. Von den Merkmalsunterschieden mit ungefähr gleicher Ausprägung werden die am ehesten bemerkt und zu stereotypen Vorstellungen verarbeitet, die für die Bedürfnisse und Wünsche der Gruppe relevant sind.
5. Besteht erst einmal ein Unterschied, sei es im Stereotyp, sei es in der Wahrnehmung, dann bedarf es nur einer geringen tatsächlichen Differenz, um diesen Unterschied aufrechtzuerhalten oder neu zu bilden.
6. Diejenigen Merkmale, die innerhalb der eigenen Gruppe übereinstimmend auf starke Ablehnung stoßen, finden sich mit großer Wahrscheinlichkeit in den Stereotypen der Außengruppe wieder.

❑ Die Ferienlager zeigten ferner, daß interne Rivalität, d.h. **intragruppale Aggressionen**, zu einer nach außengerichteten Aggressivität führen bzw. führen können. Das Vorhandensein einer geeigneten outgroup kann diese zu einem Objekt und Ziel einer **Aggressionsverschiebung** machen, wodurch das intergruppale Spannungsverhältnis eher noch verschärft wird. Intragruppal gesehen gehen mit der Verlagerung aggressiver Tendenzen nach außen meist positive Auswirkungen auf die **Kohärenz der ingroup** einher. In den Ferienlagern wurde die Binnenkohäsion durch Wettkampfangebote der Lagerleitung und Wettbewerbe zwischen den beiden Gruppen gesteigert. Die Aussicht, aus einem Wettbewerb als Sieger hervorzugehen, verbessert das Binnenklima bei wettbewerbsorientierten im Vergleich zu kooperativ orientierten Gruppen. Bei geringen Aussichten auf Erfolg dagegen sinkt die Kohäsion (RABBIE et. al., 1974).

Der Begriff **Kohärenz** (oder auch der Kohäsion) umfaßt die Gesamtheit aller Kräfte und Aspekte, die zu einem Zusammenhalt und festen Zusammenschluß von Gruppen führen.

Die Feindschaft zu den Mitgliedern der outgroup in den Ferienlagern entstand nicht automatisch, sondern dann, wenn eine Gruppe **Ziele auf Kosten der anderen Gruppe** durchsetzte und erreichte (siehe z.B. Messer als Belohnungen für die Siegergruppe). Die Mitglieder der outgroup werden im Falle nach außen gerichteter Aggressionen - diese sind durch Frustrationserfahrungen bedingt - gewissermaßen als **Sündenböcke** gesehen, auf die der gesamte Frust abgeladen wird und die für die individuelle u./o. gruppale Misere verantwortlich gemacht werden. Aggressionen dergestalt zu interpetieren, entspricht der Sündenbock-These.

[Zur Bezeichnung **Sündenbock**: Im alten Testament legte der Hohepriester einem Bock die Hände auf, während er die Sünden des Volkes öffentlich vortrug. Auf diese Weise wurde das Volk von seinen Sünden befreit, die symbolisch auf den Bock übertragen wurden. Im Anschluß daran wurde der Bock in die Wüste gejagt.]

Die Argumentation der Sündenbock-These der Aggressionsverschiebung auf Ersatzziele wie Fremdgruppen und einer damit gekoppelten generellen Abwertung ist jedoch etwas voreilig, da meistens ungefährliche, unbeliebte und wenig einflußreiche Gruppen oder einzelne Mitglieder aus Gruppen zu Sündenböcken abgestempelt und für etwas verantwortlich gemacht werden, wofür sie nichts können.

Einen Bezug zwischen ethnischen Minoritätengruppen (bzw. deren Angehörigen) und dem Prozeß der Aggressionsrichtung auf Sündenböcke stellen beispielsweise SIMPSON & YINGER (1965) her: Wird zielgerichtetes Verhalten blockiert, schafft dies feindselige Impulse. Können diese nicht gegen die Frustrationsquelle gerichtet werden, stauen sie sich weiter auf und es entsteht eine "freischwebende" Feindseligkeit. Wenn das soziale Umfeld nun die Übertragung dieser aggressiven Tendenzen auf Angehörige von Minoritäten gutheißt, dann sind diese ein probates Ersatzobjekt zur Ventilierung von Feindseligkeiten.

❐ Durch **übergeordnete**, gemeinsame **Ziele** wie
☞ gemeinsame **Not** (im Ferienlager war die Wasserzufuhr defekt und betraf beide Gruppen gleichermaßen)
☞ gemeinsamer **Vorteil** (Spielfilm)
☞ gemeinsame **Freude** (Ausflug) und
☞ gemeinsame **Gegner** (Fußballspiel)
lassen sich Spannungen zwischen Gruppen reduzieren. Siehe dazu **Phase 4** der Ferienlagerexperimente.

❐ Nach SHERIF bestimmt das Verhältnis zwischen den Gruppen auch das Ausmaß an **Intergruppendiskriminierung** mit. In der Phase des Wettkampfes ist die Intergruppenbeziehung negativ dependent, d.h. unter den beteiligten Kindern war eine **Gewinner-Verlierer-Orientierung** gegeben, die sozial diskriminierendes Verhalten **zwischen** den Gruppen begünstigte.

In der letzten (4.) Phase waren die Kinder **kooperativ** orientiert - somit **positiv dependent** - , was sich u.a. in einer Abnahme der Intergruppendiskriminierung zeigte. In dieser Phase, in der die intergruppalen Spannungen durch manipulative Eingriffe der Lagerleitung reduziert wurden, konnten die beteiligten Gruppen ihr Ziel jeweils nur **gemeinsam** durch gruppenübergreifende kooperative Interaktionen und Aktivitäten realisieren.
Mit anderen Worten: Nach SHERIF muß ein realistischer **Interessenkonflikt** vorliegen. Dieser bestimmt dann das Ausmaß an Feindseligkeit und Animosität zwischen der in- und der outgroup. Das Konfliktpotential in einem Interessenkonflikt zwischen Gruppen oder individuellen Akteuren wird durch eine Mangelsituation generiert, in der beide Parteien "dieselbe Sache" ihrer Attraktivität wegen begehren (siehe z.B. die 12 Taschenmesser, die nur den Gewinnern in Aussicht gestellt wurden). Auch in Kampf- und Wettbewerbssituationen sind die beiden Gruppen negativ voneinander abhängig und jede Gruppe ist bemüht, ihr eigenes Gruppenziel auf Kosten der anderen Gruppe zu erreichen.

Die Lagerexperimente zeigen auch, daß Intergruppenkonflikte und Vorurteile bzw. negative Stereotype Hand in Hand einhergehen, wobei letztere die Feindseligkeiten zwischen den Gruppen eher noch verstärken und aufrechterhalten. Hat sich erst einmal eine intergruppale Atmosphäre der Feindseligkeit zwischen Gruppen etabliert, dann werden sogar äußerst angenehme Kontaktsituationen (wie z.B. gemeinsames Essen in einem Speisesaal), die eher spannungsreduzierend und beziehungsfördernd sind, von den rivalisierenden Gruppen als eine günstige Gelegenheit zu Zank und Streit wahrgenommen und umfunktioniert.

Konflikte zwischen Gruppen haben zweifellos eine negative Auswirkung auf deren Beziehungsverhältnis zueinander. Interessenkonflikte können jedoch auch positiv gesehen werden: Nehmen die intergruppalen Auseinandersetzungen beispielsweise für eine Gruppe bedrohliche Ausmaße an, werden vielfältige gruppendynamische Prozesse ablaufen, die schließlich in Maßnahmen gegen diese Bedrohung münden. Sie erhöhen auch die Wahrscheinlichkeit des Anwachsens der **Gruppenkohäsion**. U.a. werden ebenfalls die interindividuellen Bindungen innerhalb einer Gruppe intensiviert.

Die realistische Gruppenkonflikttheorie kann mit Le VINE und CAMPBELL (1972) wie folgt zusammengefaßt werden:

1. Bei Vorliegen eines realen Konfliktes und dessen kollektiver Wahrnehmung, kommt es zu einer wahrgenommenen Bedrohung der eigenen sozialen Gruppe durch eine (oder mehrere) andere Gruppe(n).

2. Diese wahrgenommene Bedrohung zeitigt insbesondere spezifische, intragruppale Prozesse:
   - Sie führt zu einem Gefühl der Feindseligkeit gegenüber der Quelle der Bedrohung,
   - steigert die interne Gruppensolidarität,
   - macht die Gruppe für ihre Mitglieder relevanter und bedeutungsvoller,
   - erhöht die Abgrenzung der Gruppe nach außen und
   - belegt vom Gruppenkonsensus abweichende Personen mit Sanktionen.

3. Das Ausmaß der Ablehnung der Fremdgruppe ist umso stärker,
   - je ähnlicher die ökonomischen Systeme der beiden Gruppen sind,
   - je begehrter und lebensnotwendiger die Ressourcen sind, dessentwegen die Gruppen miteinander konfligieren,
   - je leichter die Ressourcen transportiert werden können,
   - je dichter die Gruppen zusammenleben,
   - je bedrohlicher die Gruppe empfunden wird.

4. Je größer die Ablehnung der Außengruppe, desto bedrohlicher wird diese empfunden. Bei Vorhandensein eines übergeordneten Zieles für beide in Konflikt stehende Gruppen verringert sich die Ablehnung der Außengruppe durch eine Binnengruppe.

Neben den geschilderten Ferienlagerexperimenten gibt es zahlreiche Hinweise in anthropologischen und soziologischen Studien, die diese grundlegenden Annahmen der realistischen Konflikttheorie stützen. Allerdings widersprechen die Befunde **TAJFEL's** und seiner MitarbeiterInnen mit Experimenten zum "minimalen Gruppenparadigma" (siehe übernächstes Kapitel) der Ansicht, daß **explizit ein Konflikt vorliegen muß, um soziale Diskriminierung zu erzeugen.**

II. 2.3.1 Exkurs: **Kontakthypothese** zur Verbesserung der Intergruppenbeziehungen

Die Befunde zu den Ferienlagerexperimenten legen nahe, daß **bloße Kontakte** zwischen Mitgliedern verschiedener Gruppen Vorurteile und soziale Diskriminierungen abbauen können. Auch scheint die realistische Gruppenkonflikttheorie zu suggerieren, daß eine Lösung des Konfliktes zwischen den Gruppen zwangsläufig auch die negativen Einstellungen und stereotypen Muster beseitigen und abbauen wird. Empirische Untersuchungen zu dieser "naiven" Kontakthypothese lassen die Chancen zu einem effizienten Abbau der Vorurteile näher spezifizieren, wenn folgende **günstige Bedingungen** vorliegen bzw. arrangiert werden (siehe z.B. BEN-ARI & AMIR, 1988):

1. **Kontakte** stiften zwischen Mitgliedern **gleichen** Status.

2. Ein allgemeines **soziales Klima** sollte bestehen, das den **Intergruppen-Kontakt unterstützt**: Etwa die jeweilige Kommune, soziale Institutionen, "Autoritäten" oder andere relevante Persönlichkeiten, die die Herstellung eines Kontaktverhältnisses befürworten und begünstigen.

3. Der Kontakt sollte **intimen** Charakter haben, sodaß er über ein oberflächliches Kennenlernen hinausgeht.

4. Der Kontakt sollte als **angenehm und belohnend** von den Betroffenen empfunden werden.

5. Der Kontakt sollte unter einer **gemeinsamen Zielsetzung** stehen, sodaß es zu einer Kooperation und nicht zu einer Wettkampfsituation zwischen den Beteiligten kommt.

Die Kontakthypothese - die Forschungslinie des **contact approach** - zielt im wesentlichen darauf ab, physischen Kontakt zwischen den Mitgliedern konfligierender Gruppen bzw. sozialer Kategorien unter Berücksichtigung opportuner Strukturmerkmale der Kontaktsituation herzustellen. Daß ein persönlicher Kontakt eine notwendige Bedingung zum Abbau und zur Änderung von Vorurteilen ist, wird niemand in Frage stellen. Zu bedenken ist jedoch, daß bei stark interpersonal gefärbten Kontakten, bei denen die Gruppenzugehörigkeit eher eine untergeordnete Rolle spielt und von geringer Bedeutung ist, der Effekt eintreten kann, daß eventuelle Einstellungsänderungen nicht auf die anderen Mitglieder der Fremdgruppe generalisiert werden, sondern auf die spezifische individuelle Kontaktsituation und den konkret involvierten sozialen Agenten beschränkt bleiben. Andererseits dürfte ein Kontakt zwischen prototypischen und somit repräsentativen Vertretern von Fremdgruppen eher die Chance zu einer effektiven und auf die Gesamtgruppe und deren Mitglieder sich übertragenden Einstellungsänderung bieten als die Interaktion zwischen atypischen Repräsentanten sozialer Gruppen. Allerdings müßten die jeweils gezeigten charakteristischen Verhaltensweisen zum bestehenden Stereotyp positiv deviant sein, sodaß infolge einer wahrgenommenen Diskrepanz und Widersprüchlichkeit durch die konkrete Erfahrung eine Umstrukturierung und Korrektur des stereotypen Schemas und seiner Inhalte erfolgen kann.

Die Effizienz einer Kontaktsituation - dies gilt in besonderem Maße für ethnische Intergruppenbeziehungen - ist jedoch auch auf **personale** Bedingungen und Merkmale der Partizipanten angewiesen wie z.B. die Bereitschaft zu Intergruppenkontakten, die Intensität der intergruppalen Emotionalität oder die Offenheit, Aufgeschlossenheit und Akzeptanz bezüglich neuartiger Informationen über die Fremdgruppe. Werden die Individuen, die mit Personen von outgroups in Interaktion treten, auf den Kontakt **kognitiv** vorbereitet und für neue Informationen und zum bestehenden Stereotyp alternativen Wissensstrukturen rezeptiv gemacht, dann erfolgt eine Intervention zum Abbau von Intergruppenkonflikten im Rahmen des sog. **information approach**. Diese Forschungsrichtung geht davon aus, daß die Entwicklung negativer Stereotype hauptsächlich das Resultat mangelhafter Kenntnisse, fehlerhafter Wissensbestände und allgemeiner Ignoranz ist. Demnach werden zur Verbesserung der intergruppalen Beziehungen für die Betroffenen Programme entwickelt, in denen neues Wissen transferiert und eine Gelegenheit zum Umlernen dargeboten wird. Der Fokus ist dabei auf die Modifikation und Revision der kognitiven Schemastruktur des jeweiligen Stereotyps, auf gründliche Aufklärung über historisch-kulturelle Eigenarten, gesellschaftsspezifische Leistungen und Verdienste der Fremdgruppe und - dies scheint besonders wichtig - auf die **Betonung der Ähnlichkeit** zwischen den Gruppen bzw. sozialen Kategorien gerichtet. Der Akzentuierung des Aspektes der Ähnlichkeit zwischen in- und outgroup liegt die Argumentation zugrunde, daß die Wahrnehmung vergleichbarer Entsprechungen im Verhalten, Denken und Fühlen eine Ressource verkörpert, ungünstige Einstellungen zu revidieren und in eine positivere Gesinnungshaltung gegenüber der Außengruppe und ihren Mitgliedern zu transformieren. Mit Nachdruck dagegen die Unterschiedlichkeit und Andersartigkeit der Mitglieder von Fremdgruppen herauszustreichen, kann möglicherweise die Intoleranz ihnen gegenüber verstärken. Dies soll allerdings nicht besagen, vorhandene Differenzen und Unähnlichkeiten gänzlich aus den programmatischen Überlegungen auszuklammern oder stillschweigend darüber hinwegzusehen. Die Intention von Interventionsprogrammen sollte vielmehr darauf abzielen, soziale und ethnische Disparitäten und Heterogenitäten objektiv und wirklichkeitsnah klarzustellen, unvoreingenommen begreiflich und akzeptabel zu machen und gegebenenfalls als legitime gruppenspezifische Differenzen zu deklarieren.
Natürlich lassen sich diese beiden Forschungstrends (Kontakt-, Informationshypothese) zu einer gemeinsamen Interventionsstrategie kombinieren. Über einen einschlägigen Effektivitätsnachweis im internationalen Tourismussektor zwischen den über 30 Jahre verfeindeten Nahoststaaten Israel und Ägypten, die somit erheblich vorurteilsbehaftet sind, berichten beispielsweise BEN-ARI & AMIR (1988), die ein Quasi-Experiment mit 483 jüdischen Israelis durchführten, die in organisierten Busreisen Ägypten als Touristen besuchten:

Die 31 organisierten Touren wurden nach dem Zufallsprinzip in eine Experimentalgruppe (23 Touren, n = 352 israelische Touristen) und eine Kontrollgruppe (8 Touren, n = 131) randomisiert. Beide Gruppen waren bezüglich Alter, Geschlecht, sozioökonomischen Status ect. vergleichbar.

Für die Experimentalgruppe wurde ein spezielles **Interventionsprogramm** entwickelt, das die Teilnehmer in Form eines kleinen Buches zur Lektüre zu Beginn der Fahrt nach Ägypten ausgehändigt bekamen. Den Versuchspersonen der Kontrollgruppe wurde dieses Schriftstück jedoch vorenthalten.

Das Interventions-Informationsprogramm, dem nur die Experimentalgruppe ausgesetzt war, zielte darauf ab, die Reisenden auf potentielle Kontaktsituationen mit den ägyptischen Gastgebern kognitiv vorzubereiten. Das Augenmerk lag dabei auf der Modifikation und Abmilderung von kognitiven Prozessen, mit denen bei Intergruppenkontakten zu rechnen ist: Selektive Wahrnehmung, Akzentuierung der Intergruppendifferenzen und attributionale Verzerrungstendenzen. Im einzelnen wurden die positiven Aspekte des Landes und seiner Bewohner hervorgehoben und darauf geachtet, ein abgerundetes und balanziertes Bild über das Reiseland zu vermitteln, sodaß nicht nur die Schattenseiten, sondern auch die Fortschrittlichkeit und wirtschaftliche Prosperität des modernen Ägyptens mit allen Vor- und Nachteilen sachlich porträtiert wurden. Hervorgehoben wurden Ähnlichkeiten und Parallelitäten zwischen Israelis und Ägypter, um intergruppalen Akzentuierungsprozessen entgegenzuwirken und die Intergruppenanziehung zu steigern. Letztendlich wurden auch Vorkehrungen getroffen, die Tendenz zu internaler Attribution bei negativen Phänomenen, mit denen Reisende konfrontiert werden und die im Grunde genommen durch externe Faktoren bedingt sind, zu unterbinden, indem auf angemessene und sachliche Erklärungen solch negativer Ereignisse Wert gelegt wurde. Dieses kognitive Informationspaket wurde auch so aufbereitet, daß die neuartigen Aufklärungen eher in den **Akzeptanzbereich** (siehe S. 76 f.) als in den **Ablehnungsbereich** der Einstellungen der Reisenden fallen.

Zur Einschätzung der Wirkung dieses Programmes wurde ein **Fragebogen** entwickelt, der neben Skalen vom Typ eines semantischen Differentials (z.B. friedfertig – feindselig; sauber – schmutzig) auch Fragen über die zukünftigen politischen Beziehungen beider Länder (z.B. Chance eines permanenten Friedens) beinhaltete. Allen Reiseteilnehmern wurde dieser Fragebogen während der Busreise von Israel nach Ägypten vorgelegt (**Vorher**-Messung); ein zweiter Fragebogen mit identischer Fassung (Parallelform) wurde nach Beendigung der Reise ausgehändigt (**Nachher**-Messung).

Eine Faktorenanalyse ergab 3 Einstellungsfaktoren, die von den AutorInnen als "soziale", "intellektuelle" und "politische" Dimension bzw. Faktor bezeichnet wurden. Für jeden Reiseteilnehmer wurden auf diesen drei Einstellungsdimensionen je ein Skore errechnet, der seine Einstellung zum Besucherland und dessen Bewohnern jeweils **vor** und **nach** der Reise widerspiegelt.

Ein Vergleich der Differenzen der **Vorher - Nachher** Messungen - durchgeführt nur für die **Kontrollgruppe** - läßt die Effekte eines **bloßen Kontaktes** bezüglich der 3 Einstellungsdimensionen abschätzen. Ergebnis: Signifikante negative Veränderung auf der "intellektuellen" Dimension, eine signifikante positive Änderung auf der "sozialen" Dimension und keine Unterschiede auf der "politischen" Dimension. D.h. die Befunde deuten an, daß die Einstellungsänderungen in dieselbe Richtung verlaufen, die die ursprüngliche Einstellungsposition nahelegt.

Die **Vorher-Nachher** Vergleiche der **Experimentalgruppe** ergaben eine signifikante negative Änderung auf der "intellektuellen" Dimension und eine signifikante Verbesserung (positive Änderung) auf der "sozialen" und "politischen" Dimension. Über einen multivariaten Vergleich der Änderungsdifferenzen zwischen Kontrollgruppe und Experimentalgruppe bezüglich der 3 Einstellungsdimensionen wurde der Nettoeffekt der experimentellen Intervention festgestellt. Die statistische Analyse ergab einen signifikanten Haupteffekt (Intervention versus keine Intervention), der nachwies, daß die Richtung der Einstellungsänderung mit der Intervention kongruent ist. Die Experimentalgruppe zeigte folglich mehr positive Änderungen als die Kontrollgruppe. Ferner wurde eine signifikante Interaktion zwischen den Einstellungsdimensionen und den beiden Versuchsgruppen ermittelt, was indiziert, daß differentielle Veränderungen auf den 3 Dimensionen für die beiden Gruppen stattfinden. In der Hauptsache war dies eine stärkere negative Veränderung der Kontrollgruppe auf der "intellektuellen" Dimension im Vergleich zur Experimentalgruppe. Dies besagt, daß die Intervention die Touristen mit Informationen ausstattete, die positiver und auch anders geartet waren als die während der Reise gemachten

Erfahrungen. Wenn auch die Intervention nicht genügend effektiv war - so das Resümee der AutorInnen - positive Veränderungen herbeizuführen, gelang es zumindest die negativen abzumildern.

Eine **Nachuntersuchung** 4 Monate später ergab keine Unterschiede zwischen den beiden "Nachher" Messungen, die erzielten Befunde demnach zeitstabil sind. Des weiteren bestand kein Zusammenhang zwischen dem Grad der Zufriedenheit mit der Reise und den 3 Einstellungsdimensionen. Kontroll- und Experimentalgruppe unterschieden sich ebenfalls nicht bezüglich der Zufriedenheit mit der Reise. Auch kann die politische Einstellung der Reiseteilnehmer als Einflußfaktor im Prozeß der Einstellungsänderung ausgeschlossen werden.

II.2.4 Theorie der sozialen Identität (S.I.T.)

Henri T A J F E L (1919 - 1982)

Tajfel gilt unter Insidern als der bedeutendste und einflußreichste europäische Sozialpsychologe, dem es im Rahmen der Vorurteilsforschung gelang, die "a-soziale" Sozialpsychologie zu "sozialisieren", d.h. die durch amerikanische Forschungstrends einseitig orientierten, individualistisch und vornehmlich kognitiv ausgerichteten Erklärungsansätze der Stereotypenforschung zu überwinden, indem er den sozialen Kontext menschlichen (Sozial)Verhaltens, die soziale Dimension bzw. deren Funktionalität zum Angelpunkt seiner wissenschaftlichen Aktivitäten machte. "Die Sozialpsychologie kann und muß in ihrer theoretischen und empirischen Arbeit die Beziehung zwischen der menschlichen psychologischen Funktionsweise und den Prozessen und Ereignissen der Gesamtgesellschaft direkt berücksichtigen, die diese Funktionsweise beeinflussen und von ihr beeinflußt werden (TAJFEL, 1982, S. 17). Auch steht der Sozialpsychologe in der Pflicht, die Prozesse der Enthumanisierung und Entpersonalisierung von MitbürgerInnen in einer Gesellschaft zu beachten.

In dem Buch **"Gruppenkonflikt und Vorurteil"** werden diese Neuorientierung der Sozialpsychologie zu einer **sozialen Sozialpsychologie** in überzeugender Weise unter Einbezug der sozialen Realität aufbereitet und ein umfassender Rahmen für die zukünftige Forschung sowie ein Interpretationsgebäude für Intergruppenbeziehungen entwickelt. Die nachfolgenden Ausführungen beziehen sich auf dieses Buch, in dem mehrere Arbeiten und Aufsätze einer Periode von 25 Jahren Forschungstätigkeit vorgestellt werden, die den Bogen von einer rein kognitiven Analyse der Stereotypenforschung zu einer Schwerpunktverlagerung auf den sozialen Kontext, in dem sich Vorurteile entwickeln, überspannen und in eine Theorie des Intergruppenkonfliktes münden.
Auch die deutschsprachigen Übersichtsartikel von WAGNER (1985), WAGNER und ZICK (1990) und MUMMENDEY (1985) zum sozialpsychologischen Forschungsansatz des "Social-Identity-Approach" der sog. "Bristol School" sind berücksichtigt.

Die experimentelle Forschungstätigkeit von TAJFEL beginnt ganz im Rahmen des "New-Look-Ansatzes" der sozialen Wahrnehmung mit Untersuchungen zur perzeptuellen Überschätzung von Stimulusserien (z.B. Experimente mit Linien, Gewichten oder Münzen). Im Laufe der Zeit konzentrierte sich sein Interesse an Urteilen über physikalische Objekte - näheres dazu siehe unten **Theorie der Reizklassifikation** - auf Urteile über individuelle Personen bzw. Personengruppen und resultierte in eine Formulierung zu einer Theorie der sozialen Kategorisierung.

Eine der Kernthesen von TAJFEL ist: Nicht nur die individuelle Beziehung beeinflußt die soziale Interaktion, sondern auch die **Beziehung zwischen den Gruppen**. Für Tajfel sind Individuen Repräsentanten einer oder mehrerer sozialer Gruppen und das Sozialverhalten in verschiedenen sozialen Situationen kann weitgehendst a) unabhängig von individuellen Unterschieden, b) unabhängig von den persönlichen Beziehungen zwischen den Mitgliedern in sozialen Gruppen und c) größtenteils unbeeinflußt von den temporären motivationalen Zuständen der beteiligten Individuen sein. Kurzum, die jeweilige Gruppenmitgliedschaft bzw. die Identifikation mit sozialen Kategorien bestimmt wesentlich das Verhalten von Personen.

Tajfel unterscheidet folgende, für seinen Ansatz sehr zentrale, **bipolare** Dimension (Kontinuum):

1. Verhalten zwischen Individuen: Dies wird von ihm als **interpersonales Verhalten** gekennzeichnet.

   D.h. alle stattfindenden Interaktionen sind durch die **persönlichen** Beziehungen zwischen den Individuen und durch ihre jeweiligen individuellen Charakteristika determiniert [interpersonaler Kontext].

   Beispiele: Intimgespräch zwischen zwei Liebenden oder ein Gespräch zwischen Freunden oder Freundinnen.

2. Verhalten zwischen Individuen als soziale Gruppenmitglieder: **Intergruppales Verhalten**.

   Jegliches Verhalten zwischen zwei oder mehr Individuen ist demnach durch ihre Mitgliedschaft in unterschiedlichen sozialen Gruppen oder sozialen Kategorien determiniert [Intergruppaler Kontext].

   Beispiele: Feindliche Soldaten zweier Armeen; Polizei und Demonstranten; Rollenbeziehungen wie Arzt - Patient, Lehrer - Schüler; Deutsche - Asylanten; u.ä.

Beide Pole sind theoretische Extreme und kommen in reiner Form ganz selten vor. Reale Alltagsinteraktionen sind als **Mischformen** zu denken, wobei mehr der eine oder andere Pol jeweils überwiegt. Sicherlich spielen im Sozialverhalten eines Liebespaares die Zugehörigkeit zu einer Geschlechtskategorie eine Rolle - dies schon allein aufgrund der Präferenz für eine Geschlechtskategorie (siehe: heterosexuelle vs. homosexuelle Paare) - doch treten in derartigen sozialen Kontexten die Beziehungen zwischen den Geschlechtsgruppen weitgehend in den Hintergrund und das wechselseitige Verhalten ist in weitaus größerem Ausmaß von der Individualität, der Persönlichkeit und der Spezifität der persönlichen Beziehungen der beiden Partner bestimmt. Eher umgekehrt ist es beim <u>intergruppalen Verhalten</u>: Hier kommt den persönlichen Beziehungen, sowie Aspekten der Individualität der Beteiligten eine wesentlich geringere Bedeutung zu. Eine Gruppe von Demonstranten beispielsweise verhält sich, reagiert, und handelt gegenüber einem Kordon von Polizisten aufgrund der Beziehungen und Beziehungsdefinitionen zu dieser äußerlich sichtbar uniformierten sozialen Gruppierung. Die Interaktionspartner werden dabei als Mitglieder einer differenten sozialen Kategorie identifiziert. Infolge dieser Gruppenzugehörigkeit und damit verbundenen Prozessen des sozialen Konsensus wird entsprechendes Sozialverhalten in Gang gesetzt, das im Prinzip gegen die anderen (als soziale Gruppe) und nicht gegen ein Einzelindividuum gerichtet ist. Ebenso werden die Polizisten als soziale Gruppe ihr Verhalten auf das der Gegengruppe abstimmen bzw. ausrichten. Die Verhaltensmuster der Akteure zielen zwar auf Einzelpersonen, sind somit "interindividuell", jedoch kommt der Tatsache, daß Angehörige zweier unverkennbarer sozialer Kategorien aufeinander stoßen und auf der Grundlage ihrer Selbstkategorisierung und sozialen Identifikation miteinander in einen eskalierenden Konflikt geraten, eine weitaus größere Relevanz zu.

Alle natürlichen sozialen Situationen lassen sich nach Tajfel auf diesem Kontinuum zwischen den beiden Extremen interpersonal vs. intergruppal einordnen. Die **Wahrnehmung** und die **Interpretation** des handelnden Individuums bestimmt dabei entscheidend, ob es sich eher "interpersonal" oder "intergruppal" verhält. Eine erstmals stattfindende Schüler-Lehrer Interaktion wäre beispielsweise näher am Extrem intergruppales Verhalten zu lokalisieren; Monate später, wenn die beiden Partizipanten sich näher kennengelernt haben und mehr voneinander wissen, wird eine Verschiebung in Richtung auf den interpersonalen Pol hin wahrscheinlich werden. Selbst ein beliebiges Interaktionsverhalten zwischen sich gut kennenden Ehepartnern wird, wenn auch nur minimal, von einer Vielzahl sozialer Kategorien wie Geschlecht, Alter, Beruf ect. mehr oder weniger beeinflußt, sodaß interpersonales Verhalten in reiner Form eher eine Fiktion ist.

Intergruppenverhalten ist nach TAJFEL auch abhängig vom "gemeinsamen Zugehörigkeitsgefühl der jeweiligen Individuen zur Eigengruppe" und der gemeinsamen, geteilten Interpretation der Beziehungen zwischen Eigen- und Fremdgruppe.

Die Lokalisation eines bestimmten Verhaltens ist auch abhängig von der **Eindeutigkeit**, **Relevanz** und **Distinktheit**, mit der unterschiedliche soziale Kategorien identifiziert werden: Je distinkter und relevanter für eine Person soziale Kategorien sind, desto wahrscheinlicher ist es, daß sie **intergruppales Verhalten** realisiert. Reale intergruppale Konflikte, Wettkämpfe und Wettbewerb machen die soziale Kategorisierung und die daraus resultierende Einteilung in soziale Kategorien bedeutsamer und verhaltensrelevanter im Sinne eines Verhaltens zwischen Gruppen.

Ist dagegen die soziale Kategorisierung weniger eindeutig, weniger relevant und distinkt, wird das Verhalten eher dem interpersonellen Pol entsprechen.

Ein Pfarrer im vollen Ornat inmitten der Gläubigen, ein Richter in Amtsrobe während einer Verhandlung, ein Arzt im weißen Kittel im Krankenhaus - die Beispiele lassen sich beliebig erweitern - sind durch ihr äußeres Aussehen distinkt und lösen bei den Interaktionspartnern in den jeweils spezifischen situativen Kontexten sehr wahrscheinlich Verhaltensmuster aus, die mehr oder weniger stark in Richtung des Poles intergruppales Verhalten tendieren. Ebenso werden viele Mitmenschen unserer Kultur durch eine Vielzahl an "auffälligen" Merkmalen und Verhaltensweisen "distinkt", mit der Folge, daß sie nicht als "Individuen", sondern als typische Mitglieder sozialer Kategorien oder Gruppierungen wahrgenommen werden. Siehe z.B. Ausländer in der BRD, Behinderte, Obdachlose, alte Menschen.

Die interpersonale-intergruppale Dimension wird von TAJFEL mit **3 weiteren Kontinua** in Beziehung gesetzt und ergänzt:

❒ Individueller **Variabilität** von Einstellungen, Verhalten versus einem Maximum an **Gleichförmigkeit**:
Je näher die soziale Situation am interpersonalen Pol angesiedelt ist, desto variabler wird das Verhalten sein; "reines" Intergruppenverhalten dagegen wäre durch Gleichförmigkeit, Uniformität bzw. geringe Flexibilität des Verhaltens gekennzeichnet (siehe z.B. Fans im Fußballstadium oder "uniformierte" soziale Gruppierungen/Kategorien wie Soldaten, ärztliches Personal im Krankenhaus, vermummte Demonstranten).

❒ Wahrnehmung, Beurteilung, Behandlung der Gruppenmitglieder der **outgroup** gemäß ihrer **individuell unterschiedlichen Merkmale** versus Wahrnehmung ..... "als **undifferenzierte Items** in einer einheitlichen sozialen Kategorie" (TAJFEL, 1982, S 87):
Liegt die soziale Situation eher am Intergruppenextrem, dann ist den Beteiligten auch die Dichotomie Eigen-Fremdgruppe bewußt und es werden stereotyp Merkmale attribuiert, die auf die Fremdgruppe als Ganzes und deren Mitglieder zutreffen.

Die Formulierung "undifferenzierte Items" soll besagen, daß die Angehörigen einer psychologisch von der Eigengruppe sehr distanten Außengruppe austauschbare Neutra sind, bei denen kaum mehr interindividuelle Differenzen wahrgenommen werden und der Prozeß der Stereotypisierung bei der Wahrnehmung und Verhaltensäußerung voll durchschlägt.

☐ Soziale Mobilität versus soziale Veränderung bzw. sozialer Wandel

Diese Dimension ist nach Tajfel verantwortlich bzw. **kausal** dafür, daß Gruppenmitglieder ihre Beziehungen zu Mitgliedern einer anderen Gruppe übereinstimmend als überwiegend vom Intergruppencharakter und nicht vom interpersonalen Charakter bestimmt interpretieren.

Soziale Mobilität besagt für TAJFEL individuelle Mobilität (vertikal nach oben oder unten, oder horizontal), wenn das Individuum **überzeugt** ist, daß die Grenzen zwischen Gruppen durchlässig und flexibel sind. Das Sozialsystem wird subjektiv so strukturiert, daß es relativ freie Bewegungen von einer Gruppe zur anderen erlaubt.

Beinhaltet die "Überzeugungsstruktur" ein scharfes und undurchlässiges Gruppen- bzw. Sozialsystem, - das Individuum kann die Gruppe nicht verlassen und sich einer anderen anschließen - werden Probleme innerhalb der jeweiligen Gruppe **kollektiv** gelöst. Diese Probleme ergeben sich insbesondere aus den Beziehungen zu einer oder mehreren Gruppen. Dieses gemeinsame Lösungsverhalten zielt hauptsächlich darauf ab, die Natur der Beziehungen zwischen den Gruppen zu ändern oder sich Veränderungsversuchen zu widersetzen. Solche Strategien der Veränderung der intergruppalen Beziehungen und der Gruppenhierarchie - sie dienen vorallem der Verbesserung der **sozialen Identität** bzw. **Gruppenidentität** - sind am Pol **sozialer Wandel** (soziale Veränderung) anzusiedeln. Siehe dazu auch S. 131 f.

Die Person handelt dann nicht als unabhängige Einzelperson, sondern als Gruppenmitglied, das abhängig von der sozialen Gruppe ist und sich derart intensiv mit deren Überzeugungs- und Interpretationsmustern bzw. dem Konzept der Gruppenidentität identifiziert, daß eine Ausrichtung auf intergruppales Verhalten erfolgt.

Für TAJFEL sind die **wahrgenommene Legitimität** und die **wahrgenommene Stabilität** der Stratifikationskriterien des Sozialsystems entscheidend für unterschiedliche Formen des Sozialverhaltens. Mangelnde Legitimität und Instabilität bieten einen besonderen Anreiz, den Status quo zwischen Gruppen zu ändern. Tajfel läßt allerdings offen, was die Bedingungen für Illegitimität u./o. Instabilität sind.

Nur in ganz vereinzelten Fällen ist es möglich die Geschlechtskategorie zu wechseln; unmöglich ist es für einen Farbigen die Hautfarbe gegen eine sozial "akzeptablere" zu tauschen; Ähnliches gilt für andere zentrale soziale Kategorisierungen.
Frauen beispielsweise werden in unserer Gesellschaft und in der Arbeitswelt im Vergleich zum männlichen Geschlecht oft erheblich benachteiligt. Emanzipatorische Bestrebungen können demnach als gruppenspezifische Strategien der sozialen Veränderung der Beziehungen zwischen den Geschlechtskategorien gesehen werden. Daß dabei der wahrgenommenen Illegitimität der Statusbeziehungen seitens der benachteiligten sozialen Kategorie eine wesentliche Rolle zukommt, ist unmittelbar einleuchtend.

In der S.I.T. (siehe S. 120 ff.) werden einige Strategien und Verhaltensmöglichkeiten von Gruppen zur Verbesserung ihrer psychologischen Eigenart - TAJFEL spricht von "sozialer Distinktheit" - im Rahmen des "sozialen Wandels" näher besprochen.

Neben der wahrgenommenen Illegitimität und Instabilität des sozialen Schichtungssystems erwähnt Tajfel noch drei weitere soziale Bedingungen, die die Struktur von auf sozialen Wandel gerichteten Überzeugungen bestimmen und dessen Notwendigkeit begründen:
- Gruppeneinteilung ohne Schichtungssystem (z.B. nationalistische Bewegungen)
- bestimmte sozial einflußreiche Individuen mit starken Vorurteilen (z.B. gegenüber Fremdgruppen), die zu Initiatoren sozialer Bewegungen und Gruppenideologien werden (Beispiel: Hitler und die Juden)
- direkte Interessenkonflikte, objektiver Wettbewerb **zwischen** Gruppen (siehe Ferienlager von SHERIF oder auch z.B. zwei Fußballmannschaften im Stadion).

◻ Minimales Gruppenparadigma

TAJFEL zweifelt an, daß ein realer Konflikt um knappe Ressourcen in den Ferienlageruntersuchungen von SHERIF eine notwendige Bedingung für die Diskriminierung von Außen- (Fremd)gruppen bzw. für die Favorisierung der Innengruppe ist. Durch eine bemerkenswerte Versuchsanordnung gelang es ihm, die minimal hinreichenden und notwendigen Bedingungen der Benachteiligung von outgroups und der Begünstigung der ingroup herauszuarbeiten.

Untersuchungen zum Intergruppenverhalten wurden von TAJFEL und Mitarbeitern mit einer neuartigen Forschungsvariante zur expliziten Gruppeneinteilung bei einem Mindestmaß an experimenteller Manipulation, dem sog. "minimal group paradigma", durchgeführt. Es wurde mit anderen Worten eine extrem reduzierte soziale Ausgangslage geschaffen, in der z.B. die Versuchspersonen per Zufall (durch Werfen einer Münze) oder nach völlig belanglosen Kriterien (Präferenz für den Maler Klee oder Kandinski) in zwei Gruppen eingeteilt wurden, sodaß die Auswirkungen der **bloßen Kategorisierung** auf das Verhalten **zwischen** Gruppen überprüfbar wurden. Das Konzept der "minimalen Gruppen" besagt auch, daß zwischen den "Gruppenmitgliedern" keine face to face Beziehungen bestanden, die Versuchspersonen nichts über die Mitgliedschaft der anderen Teilnehmer wußten und die herkömmlichen Definitionskriterien für eine Gruppe (siehe SHERIF's Ferienlager) ausgeschaltet und nicht existent sind.

Abb. 18:   Beispiel einer Matrix zum minimalen Gruppenparadigma
(Heft für die Gruppe, die **Klee bevorzugt**; aus TAJFEL, 1982, S. 120)

Diese Zahlen sind die Belohnungen für Mitglied Nr. 74												
der **Klee-Gruppe** 25	23	**21**	19	17	15	13	11	9	7	5	3	1
Mitglied Nr. 44 19	18	**17**	16	15	14	13	12	11	10	9	8	7
der **Kandinski-Gruppe**												

Bitte geben Sie unten noch einmal genau an, welche Kästchen Sie gewählt haben	Anzahl
Belohnung für Mitglied Nr. 74 der Klee-Gruppe	21
Belohnung für Mitglied Nr. 44 der Kandinski-Gruppe	17

Erläuterungen zu Abb. 18:
Die Vpn bekamen ein Geheft, das aus mehreren, unterschiedlich angelegten Auszahlungsmatrizen bestand. Es mußten jeweils **anonyme, mit Codenummern** angezeigte andere Personen "ausbezahlt" werden. Sich selbst konnte eine Vp kein Geld zuteilen. Die mit Geld (1 Punkt = 0,1 pence) belohnten Personen waren zweitens durch ihre Zugehörigkeit zu einer von 2 Gruppen (Klee- vs. Kandinski-Liebhaber) gekennzeichnet.

In der abgebildeten Auszahlungsmatrix teilt eine Vp, die der Gruppe "bevorzugt den Maler Klee" angehört, die Geldbeträge wie folgt auf: Dem Mitglied Nr. 74 aus der Eigengruppe gibt sie 21 Einheiten (siehe Fettdruck), dem Mitglied der Fremdgruppe (hier: Nr. 44 aus der Kandinski-Gruppe) 17 Geldeinheiten, also 4 weniger.

Betrachten wir die Zahlenreihe der Matrix in Abb. 18 etwas näher: Die Kombination 13/13 entspricht der Position **Fairness**, d.h. Gleichbehandlung der Angehörigen beider Gruppen.
Linker Pol: 25/19; hier liegen die Maxima für folgende Entscheidungsstrategien: **Maximaler gemeinsamer Gewinn (44); maximaler Gewinn der Eigengruppe (25); maximaler Unterschied zugunsten der Eigengruppe (6).**

Durch entsprechende Konstruktionen und Arrangements der im Geheft vorgelegten Matrizen versuchte TAJFEL diese Strategien in den Griff zu bekommen.

Diese Experimente zum "minimal group paradigma" unterstützen die Hypothese, daß die **soziale Kategorisierung** eine notwendige und hinreichende Bedingung der **Diskriminierung zwischen Gruppen** ist. In mehreren experimentellen Replikationen wurde sehr konsistent nachgewiesen, daß die Versuchspersonen die "anonymen Mitglieder der eigenen Gruppen auf Kosten der anonymen Mitglieder der fremden Gruppe bevorzugten" (TAJFEL, 1982, S. 77). Demnach erfolgt unter minimalen Bedingungen eine deutliche Diskriminierung der outgroup und eine Favorisierung der Eigengruppe; letzterer wurden in der Regel mehr Geldbeträge zugewiesen als der Außengruppe.

Von den 4 Strategien war die Strategie des "**maximalen Unterschiedes zugunsten der Eigengruppe**" am wichtigsten. "Fairness" schwächte die Begünstigung der Eigengruppe ab; "maximaler gemeinsamer Gewinn" übte kaum einen Einfluß aus, jedoch von Bedeutung erwies sich die Strategie "maximaler Gewinn der Eigengruppe".
Mehrfach mit hoher Signifikanz repliziert, ergab sich ein starker Einfluß der Strategie "**maximaler Unterschied zugunsten der Eigengruppe**" gegenüber den beiden anderen Strategien.

Mußten die Geldbeträge aber zwischen <u>2 anderen Mitgliedern der eigenen Gruppe oder 2 Mitgliedern der Fremdgruppe aufgeteilt werden,</u> dann lag der den beiden Mitgliedern der Eigengruppe zugeteilte Gewinn durchgängig signifikant näher am Punkt "maximal gemeinsamer Gewinn", als der Gewinn, der den beiden Mitgliedern der Fremdgruppe zugeordnet wurde (TAJFEL, 1982, S. 122).

In weiteren Experimenten wurden die Variable "interindividuelle **Ähnlichkeit**" und "reine **Kategorisierung**" in Gruppen voneinander getrennt, um auszuschließen, daß die Bevorzugungen der Eigengruppe nicht als Folge einer wahrgenommenen Ähnlichkeit zwischen den Personen der Eigengruppe erfolgten. Das 2x2 Design mit den dichotomen Variablen "Ähnlichkeit" (ähnlich vs. nicht ähnlich) und "Kategorisierung" (mit bzw. ohne Kategorisierung) kann in TAJFEL (1982, S. 122 ff.) nachgelesen werden.

Wichtigstes Ergebnis ist: Die Einführung einer expliziten sozialen Kategorisierung (z.B. Hinweise auf "Gruppe") war "für das Hervorrufen von Begünstigungen weitaus wirksamer als die Einführung einer Ähnlichkeit", die nicht mit einer expliziten Kategorisierung in Verbindung stand.

Würde man dagegen die starke Tendenz zur Favorisierung der Eigengruppe, die ja auch in face-to-face Gruppen (siehe SHERIF) zu Tage tritt, erklären wollen, stünden unterschiedliche Konzepte zur Verfügung wie etwa: Gruppendynamische Prozesse, der Unifikationsmechanismus, die Homan'sche Kontaktregel oder die Ähnlichkeitsthese (siehe Kap. realistische Konflikttheorie). Die sparsamste Erklärung jedoch liefert das minimale Gruppenparadigma, das mit den eben genannten Interpretationen nicht konfundiert ist.
Wenn auch die Laborexperimente zum minimalen Gruppenparadigma sehr realitätsfern sind und mit der sozialen Wirklichkeit wenig gemeinsam haben, ist es insbesondere ein Verdienst TAJFEL's, auf die Relevanz sozialer Kategorisierungsprozesse aufmerksam gemacht zu haben.

Die Gründe, warum die Eigengruppe favorisiert und die Fremdgruppe diskriminiert wird, werden von TAJFEL anhand der Sozialen-Identitäts-Theorie abgeleitet (siehe S. 120 ff).

☐ Das **Gruppenkonzept** nach TAJFEL
TAJFEL definiert und sieht die "Gruppe" anders als SHERIF. Eine **Gruppe** ist für ihn das Ergebnis von Wahrnehmungen, die **konsensual von innen und außen** zur selben Kategorisierung führen (MUMMENDEY, 1985). Drei interne Komponenten, die die **Gruppenidentifikation** betreffen, werden hinzugefügt, wobei die kognitive Komponente mindestens vorhanden sein muß:

1. **kognitive** Komponente: Das Wissen um die eigene Mitgliedschaft.
2. **evaluative** Komponente:
   Positive/negative Bewertung der Gruppenmitgliedschaft bzw. die damit verbundenen Wertkonnotationen.
3. **emotionale** Komponente: Gefühle, die mit den beiden genannten Komponenten einhergehen (wie Liebe oder Haß, Zuneigung oder Abneigung) und mit der eigenen und fremden Gruppe in Beziehung stehen.

Diese drei Komponenten beziehen sich sowohl auf kleine, überschaubare Gruppen als auch auf große soziale Kategorien.

Neben dem internen Kriterium der Gruppen- bzw. Selbstidentifikation muß, damit es zu einem Intergruppenverhalten kommen kann, eine externe Anerkennung der Gruppe gegeben sein. Konkret ist damit gemeint, daß im Falle zweier sozialer Gruppen (Kategorien) ein Konsensus über die Klassifikation in zwei Gruppen bestehen sollte, der auch von den Mitgliedern einer jeweiligen Gruppe akzeptiert wird und vice versa: Ein Intergruppenverhalten zwischen sozialer Kategorie A und B ist nur möglich, wenn A konsensual B als B klassifiziert und B die anderen als A (☞ **extern**) und A wie B sich mit diesen Zuschreibungen identifizieren (☞ **intern**).

Für TAJFEL ist eine Gruppe in eine komplexe Struktur einer Vielzahl sozialer Kategorien eingebettet, die miteinander durch definierbare Muster (z.B. Macht, Status, Prestige, Majorität-Minorität, wahrgenommene Legitimität und Stabilität) vernetzt sind. Tajfel verzichtet also auf die herkömmlichen Kriterien der Gruppendefinition wie Rollen, Status, Wert-, Normvorstellungen, face to face Beziehungen usw.

Für ihn ist eine Gruppe eine Ansammlung von Menschen, die fühlen und wahrnehmen, daß sie eine Gruppe sind, die sich selbst als Angehörige einer Gruppe kategorisieren und in der gleichen Weise von anderen übereinstimmend kategorisiert werden. Er lehnt sich dabei an das Nationenkonzept von EMERSON (1960) an, für den eine Nation aus einer Ansammlung von Leuten besteht, die der Ansicht sind, daß sie eine Nation darstellen.

S.I.T. (Soziale-Identitäts-Theorie)

Die mehrfach replizierten Befunde zur Ingroup Favorisierung bzw. zur Outgroup Diskriminierung werden von Tajfel mit Hilfe seiner **Sozialen-Identitäts-Theorie** (S.I.T.) erklärt. Diese beinhaltet im wesentlichen nach MUMMENDEY (1985) vier miteinander in Beziehung stehende Begriffskonzepte über psychologische Prozesse der Entstehung von Verhalten zwischen Gruppen:

- **Soziale Kategorisierung**
- **Soziale Vergleiche**
- **Soziale Identität**
- **Soziale Distinktheit**

Durch Selbstdefinition u./o. Identifikation mit relevanten sozialen Kategorien wird, im Rahmen von sozialen Vergleichsprozessen mit bedeutsamen sozialen Kategorien bzw. Gruppen, eine soziale Identitätsbestimmung vorgenommen, mit dem Ziel, die soziale Distinktheit (Eigenart) der Innengruppe im Vergleich zur Außengruppe zu verbessern, um eine möglichst positive soziale Identität zu erzielen.

In den **minimalen Gruppen**experimenten stellten die Vpn die Distinktheit der (anonymen) Eigengruppe dadurch her, indem sie dieser mehr Geldbeträge zuwiesen als der (anonymen) Außengruppe. Da keine relevanten Vergleichsmöglichkeiten zur anderen Gruppe bestanden, wurde durch die unterschiedliche Aufteilung der Geldbeträge eine Vergleichsmöglichkeit zwischen eigener und fremder Gruppe geschaffen, die durch den Einsatz der Aufteilungsstrategie "maximaler Unterschied zugunsten der Eigengruppe" zu einem, wenn auch nur geringfügigen Zuwachs an sozialer Identität führte und auf diese Weise eine Unterschiedlichkeit zur anderen Gruppe herstellte.

1. Soziale Kategorisierung bedeutet Systematisierung der Umwelt, diskontinuierliche Teilungen der sozialen Welt in soziale Kategorien/Gruppen, denen man selbst angehört bzw. nicht angehört. Siehe Trennung nach Geschlecht, Berufen, Religion, Nationalität usw. Auf diese Weise gelingt es dem Individuum sich in der sozialen Realität zu orientieren und die eigene soziale Position zu bestimmen. Die sozialen Kategorien sind in einer Sprachgemeinschaft **sozial geteilt**, sie sind soziale Konstruktionen und werden durch den Prozeß der Sozialisation erworben. Sie sind auch Bezugspunkte individueller und sozialer Erfahrung.

Die **soziale Kategorisierung** organisiert demnach die subjektive Erfahrung in einer sozialen Umgebung und strukturiert die soziale Interaktion zwischen Mitgliedern verschiedener Gruppen bzw. sozialer Kategorien. Sie liefert dem Individuum ein "Orientierungssystem" bezüglich seiner sozialen Umwelt. Soziale Kategorien **"create and define the individual's place in society"** (TAJFEL & TURNER, 1979, S. 40). Dieses Zitat drückt unmißverständlich, klar und deutlich den hohen Stellenwert aus, der sozialen Kategorisierungsprozessen zukommt.

Gibt eine Person auf Befragung, wer sie sei, u.a. an, sie habe ein Studium der Pädagogik absolviert, sie sei Mitglied in verschiedenen Vereinen und Verbänden, ihr Geschlecht sei weiblich, ihre Nationalität deutsch, sie beabsichtige demnächst einer politischen Partei beizutreten und sich aktiv für die Belange der Behinderten einzusetzen, da sie als Rollstuhlfahrerin zahlreiche Benachteiligungen erfahre, u. dgl. mehr, so erhalten wir Informationen zu sozialen Kategorien, mit denen sie sich identifiziert. Diese sozialen Kategorien definieren und kreieren u.a. die gesellschaftliche Position und die soziale Identität dieser Person.

Mit den sozialen Kategorien sind ferner **Wertkonnotationen** assoziiert und es werden **wertbezogene Unterscheidungen** von den Mitgliedern einer Sprachgemeinschaft bzw. Gesellschaft getroffen. Siehe dazu auch auf S. 134 ff. als Extrembeispiel das Deligitimationskonzept nach BAR-TAL (1990).

Diese **soziale (kognitive) Aktivität** hat nach Tajfel zwei grundlegende Auswirkungen auf die Urteile und das Verhalten gegenüber den Mitgliedern sozialer Kategorien:

> ❏ **Akzentuierung** von **Interklassenunterschieden**
> (Interklasseneffekt [inter class effect];Resultat: **Dichotomisierung**)
>
> ❏ Betonung der **Intraklassenähnlichkeiten**
> (Intraklasseneffekt [intra class effect]; Resultat: **Generalisierung**)

Zur Veranschaulichung dieser beiden Effekte, erlauben Sie mir, etwas auszuholen und die **Theorie der Reizklassifikation** kurz vorzustellen:
Durch ein bahnbrechendes und sehr berühmt gewordenes Experiment zur Größeneinschätzung von Münzen und vergleichbaren wertlosen Pappscheiben initiierten BRUNER & GOODMAN (1947) einen Forschungstrend, der unter der Kennzeichnung "New Look in Perception" eine Flut an Untersuchungen zur sozialen Wahrnehmung auslöste. Die interssierte LeserIn sei auf IRLE (1975, S. 92 ff.) verwiesen, der einen zusammenfassenden Überblick zur social perception, insbesondere zum Akzentuierungseffekt bietet.

Der Beitrag von TAJFEL läßt sich an der mittlerweilen klassischen Studie von TAJFEL & WILKES (1963) recht anschaulich verdeutlichen und auf den Bereich der Stereotypisierung bei der Wahrnehmung von Personen übertragen. Sie postulieren, daß eine Serie von physikalischen Reizen (Stimuli), die durch ein dichotom klassifiziertes Merkmal überlagert ist, anders wahrgenommen wird als eine nichtüberlagerte, ansonsten aber identische Reizserie. Das Experiment war wie folgt gestaltet: Den Vpn wurden 8 Linien unterschiedlicher Länge präsentiert. Ihre Aufgabe bestand darin, die Größe in cm zu schätzen. Die kleinste Strecke war 16,2 cm, die größte 22,8 cm lang. Die Serie der 8 Linien war so konstruiert, daß die Längen von Linie zu Linie jeweils um 5 Prozent zunahmen (siehe Abb. 19 linkes Bild). Zur Größenschätzung wurden die Linien einzeln und in zufälliger Reihenfolge dargeboten. Die Strecken waren diagonal auf Papptafeln gezeichnet. Ferner gab es 3 Versuchsbedingungen:

❏ zufällige Darbietung der Linien **ohne** Klassifikation
❏ zufällige Darbietung der Linien **mit** Klassifikation und zwar dergestalt, daß die 4 kleineren Strecken immer gleichzeitig mit dem Buchstaben **A**, die 4 größeren mit dem Buchstaben **B** assoziiert waren. Das Klassifikationsmerkmal befand sich links oben auf den Karten.
Diese Dichotomisierung der physikalisch unterschiedlich langen Strecken entspricht einer Kategorisierung in "groß" versus "klein", die perfekt mit der Stimulusserie korreliert.

❒ zufällige Darbietung der Linien mit **zufälliger** Klassifikation bzw. Überlagerung nach A und B. Mit anderen Worten: Zwischen der Reizserie und der Kategorieneinteilung besteht kein Zusammenhang (keine Korrelation).

Abb.19: Standardmaterial zum Linienexperiment von TAJFEL & WILKES (1963)

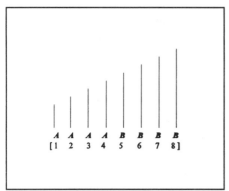
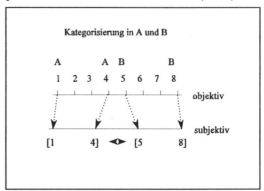

Wichtigstes Ergebnis: Die Kategorisierung der Linien nach A und B hat einen Einfluß auf die subjektiven Urteilsschätzungen der Vpn. Der Abstand zwischen der größten der kleinen Linien und der kleinsten der großen Linien, also zwischen Linie 4 und 5, wurde akzentuiert, d.h. vergrößert (siehe Abb. 19 rechtes Bild). Die Etikettierungen der Linien nach A und B führen demnach zu einer Überschätzung der Unterschiede zwischen den beiden Kategorien. Dies wird im Fachjargon als **Interklassen-Effekt** bezeichnet. Die subjektive Wiedergabe der Vpn macht die Dichotomie in A und B deutlicher, sodaß beide Kategorien klarer und prägnanter werden. Die zusätzliche Vorgabe einer Klassifikation führt somit zu einer Urteilsverzerrung im Sinne der Akzentuierung der tatsächlichen (objektiven) Gegebenheiten.

Im Vergleich zu den beiden anderen Versuchsbedingungen war dieser Effekt der Größendifferenzen auf der subjektiven Response-Skala nicht so ausgeprägt und nicht signifikant. Die Hypothese, daß mit dem Anwachsen der Differenzen zwischen den beiden konsistent mit der Stimulusserie verbundenen Kategorien es zu einer Abnahme der Differenzen **innerhalb** der Klassen kommt, die sich in einer wahrgenommenen größeren Ähnlichkeit der Linien in A bzw. B auswirkt (sog. **intra-class-effect**) konnte von TAJFEL & WILKES nicht bestätigt werden. Die theoretisch postulierte Wechselwirkung zwischen Interklassen- und Intraklassen-Effekt war nicht nachweisbar. Ebenfalls war die Betonung der Klassifikation ohne Effekt.

Würde ein **Intra**klasseneffekt vorliegen, bedeutet dies, daß die tatsächlichen Unterschiede der Elemente einer Kategorie von den Vpn verkleinert werden, diese also dazu tendieren, innerhalb einer Kategorie zu generalisieren. In Abb. 19 (rechtes Bild) ist diese Stimulusgeneralisierung durch einen kleineren Streckenbereich der beiden Kategorien A und B auf der subjektiven Antwortskala angedeutet - statistisch formuliert, der Range und die Binnenvariation nehmen jeweils ab und werden kleiner.

TAJFELs Experimente wurden in Deutschland von LILLI (1970) sowohl repliziert, weiter entwickelt und auch auf komplexere Sachverhalte (Stimulusmaterial < schematisierte Gesichter >) übertragen. Es kann festgestellt werden, "daß die Vorhersagen TAJFELs im wesentlichen haltbar erscheinen. Dies trifft vor allem die Grundbedingung des Zustandekommens von Stereotypen, auf die Verwendung von Klassifikationen zu" (LILLI, 1970, S. 77). [Der Intra-class-Effekt bzw. die Wechselwirkung von Inter- und Intraklassen-Effekt wurden allerdings auch von LILLI nicht eindeutig nachgewiesen.]

Das ausführlich dargestellte Linienexperiment betrifft einen Wahrnehmungsgegenstand **ohne sozialen Wert** bzw. ohne eine Überlagerung einer sozialen Wertdimension. Theoretisch sollten nun die besprochenen Überlagerungseffekte der Dichotomisierung und Generalisierung noch markanter werden, wenn die Stimulusserie mit einer sozialen Wertdimension assoziiert ist und einhergeht.

TAJFEL nimmt an, daß die beiden Effekte, die ja Urteilsverzerrungen implizieren, umso auffallender und deutlicher sind, je **wertbehafteter** eine (soziale) Kategorisierung ist. Angenommen, für einen Menschen mit einem ethnischen Vorurteil sei beispielsweise die Hautfarbe stark wertbehaftet, dann wird er, falls eine Kategorisierung von Fotographien mit Personen variierender Dunkel- oder Helligkeitsunterschiede in "hellhäutige" versus "dunkelhäutige" Personen vorzunehmen ist, die dunkelhäutigen dunkler und die hellhäutigen heller einstufen, als sie tatsächlich sind. Ferner sollten, so die Theorie, die hellhäutigen und die dunkelhäutigen jeweils ähnlicher wahrgenommen werden.

Wenn Sie eine Person fragen, welche Hautfarbe sie habe, wird sie mit großer Wahrscheinlichkeit "weiß" antworten. Genaugenommen ist die Hautfarbe nicht weiß, sondern eine Abstufung auf der Dimension weiß-dunkel. Physikalisch gesehen sind 2 Menschen nicht gleich "weiß", vielmehr unterscheiden sie sich mehr oder weniger geringfügig in der Hautfarbe. Wir nehmen sie dennoch als weiß wahr, d.h. wir assimilieren die Unterschiede und klassifizieren sie in ein und dieselbe Kategorie mit dem Namen "weiße Hautfarbe". Dies gilt natürlich auch für Prozesse der Selbst-Kategorisierung.
Bei der sozialen Kategorisierung in Deutsche und Ausländer kann möglicherweise die Wertdimension **Kultur** die beiden Kategorien überlagern. Äußerungen wie "durch zuviele Asylanten, zuviele Fremde oder zuviele Einwanderer sei der Bestand unserer Kultur gefährdet, komme es zu nicht mehr akzeptablen kulturellen Vermischungen" spiegeln die Bedeutung der Wertbezogenheit wieder, nämlich, daß eine fremdartige Kultur schlechter sei als die eigene. [Vergleiche dazu die Äußerung eines bekannten deutschen Politikers von der "Gefahr der "Durch-Rassung"].

TAJFEL erwähnt zwei Urteilsfehler zum Schutz des Wertesystems: **Überinklusivität und Überexklusivität**:
Wird ein Element fälschlicherweise einer Kategorie zugeordnet, zu der es nicht gehört, liegt "Überinklusivität" vor. Wird ein Element, obwohl es zu einer Kategorie gehört, nicht zugeordnet, begeht man den Fehler der "Überexklusivität".
Je höher nun die Wertedifferenz zwischen sozialen Kategorien wahrgenommen wird, desto wahrscheinlicher ist es, daß einer negativ bewerteten sozialen Kategorie zu viele negative Elemente, einer positiven Kategorie demnach zu wenig Elemente zugeteilt werden.

Als Beleg dazu zitiert TAJFEL eine Untersuchung, nach der Versuchspersonen mit antisemitischen Vorurteilen eine vergleichsweise größere Zahl der auf Fotos abgebildeten Personen als jüdisch identifizierten als nicht-antisemitische Vpn. Der Urteilsfehler lasse sich "eher auf die Annahme zurückführen, daß einige Nicht-Juden Juden sind, als umgekehrt" (TAJFEL, 1982, S. 52).
Durch derartige Urteilsfehler, die prinzipiell darauf ausgerichtet sind, "niemanden zu verfehlen, der in die negative Kategorie eingeordnet werden könne", wird das wertgeladene Kategoriensystem mit seinen unterschiedlichen Präferenzen und Wertunterschieden stabilisiert und gerechtfertigt.

Die Kategorisierungsaktivität kann ferner **induktiv oder deduktiv** sein. Induktiv besagt, daß von einem Merkmal eines oder einiger Individuen auf Merkmale einer gesamten sozialen Kategorie oder sozialen Gruppe geschlossen wird (vgl. **bottom-up** Prozesse unter I.6).

Deduktiv meint die Zuschreibung von Eigenschaften und Merkmalen einer Person aufgrund ihrer Zugehörigkeit zu einer bestimmten sozialen Kategorie (siehe **top-down** Prozesse unter I.6).

Fazit der minimalen Gruppenexperimente und darauf aufbauender Untersuchungen zur Wirkung der sozialen Kategorisierung von Personen in Gruppen:

> ❏ Wahrnehmung von Unterschieden zwischen ingroup und outgroup
> ❏ Rangfolge: Ingroup **besser** als outgroup
> ❏ ingroup-Favorisierung gegenüber outgroup-Diskriminierung
> ❏ die ingroup wird differenzierter wahrgenommen als die outgroup.

Es liegen Belege vor, die bekunden, daß Angehörige von Fremdgruppen in ihren Einstellungen, Meinungen und Verhaltensweisen weitaus ähnlicher und homogener wahrgenommen werden als Mitglieder der Innengruppe.

❏ **Vorurteile und soziale Diskriminierung** stellen für Tajfel "soziale Symptome bestimmter sozial-psychologischer Strukturen der Intergruppenbeziehungen dar und nicht Ursachen des Intergruppen-verhaltens" (TAJFEL, 1982, S. 99). Die individualistische Vorurteilsforschung, die sich auf "das Individuum und seine Vorurteile" konzentriert, verkörpert für Tajfel eine eingeschränkte Perspektive, da der Zugehörigkeit des Individuums zu einer Eigengruppe und dem daraus resultierenden Intergruppenverhalten nur geringe Aufmerksamkeit geschenkt wird. Eine besondere Rolle spielt in diesem Zusammenhang das **Bedürfnis** nach einer positiven sozialen Identität seitens der Mitglieder von ingroups. Vorurteile zwischen Gruppen können nicht "mit irrationalen menschlichen Neigungen oder unter Rückgriff auf eine evolutionäre Kontinuität" erklärt werden (TAJFEL, 1982, S. 24).

Die wechselseitigen Verschränkungen zwischen Innen- und Außengruppe können sehr schön mit dem folgenden Zitat aufgezeigt werden, das in wenigen Worten die Sache auf den Punkt bringt:

> "We are what we are, because they are not what we are"
> (TAJFEL, 1979, S. 183)

Wörtlich übersetzt: "Wir sind, was wir sind, da sie nicht das sind, was wir sind."

Für TAJFEL ist ein **Stereotyp** eine soziale Kategorie von Sachverhalten. Ein soziales Stereotyp wird von **vielen Personen innerhalb eines Sozialsystems sozial geteilt**. Dies ist dann der Fall, wenn es in einer Gesellschaft tatsächlich weit verbreitet ist.

Im sozialen Stereotyp spiegeln sich u.a. auch die Intergruppenbeziehungen wieder, d.h. aus den Be-ziehungen zwischen sozialen Gruppen sind die sozialen Stereotype deduzierbar und werden von diesen strukturiert.

Bemerkenswert ist ferner die Unterscheidung der Funktionen eines Stereotyps in **zwei Funktions-gruppen**: Individuelle und (gruppale) soziale Funktionen. Beide sind miteinander interaktiv verbunden, wobei die Gruppenfunktionen für erstere und die dort ablaufenden Prozesse eher richtungsweisend sind, d.h. die Eigenschaften des sozialen Kontextes beeinflussen die Wirkungsweise der individuellen Funktionen.

Mit den sozialen (Gruppen)Funktionen wird der Nutzen betont, den soziale Stereotype für eine soziale Gruppe erfüllen. Deren Untersuchung ist für Tajfel ein unverzichtbarer Teil der Aufgabe eines Sozialpsychologen.

5 Funktionen des sozialen Stereotyps nach Tajfel:

☐ **Individuelle Funktionen:**
  1. **kognitive Strukturierung**
  2. **Erhaltung des Wertesystems.**

☐ **Gruppenfunktionen:**
  1. **soziale Kausalität** (soziale Attributionen, Gruppenideologien)
  2. **soziale Rechtfertigung** (Rationalisierung von Gruppenhandlungen)
  3. **soziale Differenzierung**

☞ **Zur kognitiven Strukturierung**: Siehe bereits Gesagtes unter dem Punkt soziale Kategorisierung. Durch den kognitiven Prozeß der Kategorisierung wird die ansonsten ziemlich chaotische Umwelt subjektiv geordnet und vorhersehbar.

☞ **Erhaltung des Wertesystems**: Die Urteilspolarisierungen, wie sie beim Linienexperiment z.B. eintraten, werden von TAJFEL auch für soziale Kategorien, die mit Wertunterschieden und mit stark positiven oder negativen Konnotationen verbunden sind, angenommen. Durch den Kontakt mit Negativbeispielen einer sozialen Kategorie werde hauptsächlich "das Wertesystem selbst bedroht, auf dem die Differenzierung zwischen den Gruppen beruht" (TAJFEL, 1982, S. 50). Dem kann abgeholfen werden, indem die relevanten Unterschiede zwischen den Gruppen und die Ähnlichkeit innerhalb der Gruppen so konstant und eindeutig wie möglich angesehen werden.

Die Geschichte der Menschheit weist zahlreiche tragische Beispiele zur sozialen Aggression und Gewalt bis in unsere heutigen Tage auf - Jagd auf Hexen, Lynchjustiz gegen Außenseiter, Minoritätengruppen; Pogrome, Genozid der Juden, Großbrände in Asylbewerberheimen mit mehrfach tödlichen Ausgängen - die nicht mehr mit individuellen kognitiven Prozessen erklärt werden können, sondern den Einbezug psychologischer Funktionen notwendig machen, die Stereotype für soziale Gruppen erfüllen. TAJFEL unterscheidet 3 soziale Funktionen, die auch dazu dienen, eine soziale Realität zu konstruieren, die nicht "da draußen", sondern in den Köpfen der Leute ist:

☞ **Soziale Kausalität**: Unangenehme soziale Ereignisse in der Gesamtgesellschaft verstehen, erklären, interpretieren, deren Ursachen kennen; auch Gruppenideologien entwickeln und bewahren.

Siehe z.B. die Arbeitslosigkeit, die "erklärt" wird durch Stereotypurteile wie "Ausländer nehmen die Arbeitsplätze weg", "Billiglöhne in östlichen Ländern u./o. der 3. Welt". Werden über solcherlei Attributionen die Ursachenzuschreibungen schließlich sozial (kollektiv) geteilt, lassen sich jederzeit auch unmoralische und unsoziale Handlungen und Maßnahmen gegenüber den Schuldigen und Verursachern **rationalisieren**, womit wir schon bei der 2. Gruppenfunktion sind:

☞ **Soziale Rechtfertigung**: Geplante oder ausgeführte Handlungen gegenüber Fremdgruppen rechtfertigen. Ist eine Fremdgruppe für ein Ereignis ursächlich, "rechtfertigt" dies, entsprechende
Schritte zu unternehmen. Siehe: "Ausländer raus"; gesetzliche Reglementierungen zur Einwan-
derung u.ä.. Daraus ergibt sich dann die 3. Funktion:

☞ **Soziale Differenzierung:** Die eigene Gruppe/soziale Kategorie/Nation wird auf diese Weise von
bestimmten Fremdgruppen positiv unterscheidbar und das Selbstbild somit opportuner; ebenso
wird eine erfolgte Intergruppendifferenzierung bewahrt.

TAJFEL erweitert auch hier die bislang individualistische Sichtweise der Attributionspsychologie und initiiert
eine **Intergruppenattribution**, indem er die soziale Dimension, daß jedes Individuum einer oder mehrerer
sozialer Gruppen angehört und sich mit diesen identifiziert, einbezieht: Das Verhalten einer anderen Person
wird nicht nur auf individuelle Merkmale oder Absichten attribuiert, sondern auch auf Charakteristika, die mit
ihrer Gruppenzugehörigkeit assoziiert sind und damit in Verbindung stehend wahrgenommen werden.
Individuen erklären Ereignisse nicht nur, um ihre **persönliche Identität** (siehe S. 127) zu erhöhen, sondern
auch um ihre **soziale Identität** als Mitglieder von Gruppen bzw. sozialen Kategorien zu steigern. Wird z.B. eine
Fremdgruppe als "streitsüchtig, aggressiv, feindlich" u.s.f. gesehen und ihr diese Merkmale aufgrund des sozial
geteilten stereotypen Schemas der Ingroup zugeschrieben, dann wird dadurch implizit das Autostereotyp der
Eigengruppe ("wir sind friedlich, tun keiner Fliege etwas zuleide") geschützt und gerechtfertigt. So gesehen
können Intergruppenattributionen bestehende Konflikte zwischen Gruppen aufrechterhalten und mit den Versuchen, diese zu reduzieren, interferieren.
Intergruppenattributionen können auch die Basis für die Entwicklung von **Gruppenideologien** bilden, in denen
die Unterschiede zwischen den Gruppen "ideologisch" überbaut sind (siehe z.B. das Bild der Deutschen über
die Juden 1933-45; Näheres dazu Seite 134 ff.).
Forschungen zur Intergruppenattribution (z.B. HEWSTONE, 1988) belegen beispielsweise, daß insbesondere
in einem **Intergruppenkonflikt**, wenn die ingroup durch negative Aktionen der outgroup in ihren Zielen
frustriert und dies als beabsichtigt wahrgenommen wird, Inferenzen über die Feindseligkeit und Aggressivität
(internale, stabile Attributionen) der Mitglieder der Fremdgruppe sehr wahrscheinlich sind. Vergleiche: Eine
"böse" Tat kann nur von einer **"bösen"** Person kommen! Zugleich sind im Sinne einer Gegenaktion der
attribuierenden Ingroup ein Anstieg von Kontrollgefühlen und diesbezügliche Verhaltensvorkehrungen beobachtbar.
Des weiteren werden (eigene) positive Handlungen von Mitgliedern einer ingroup **dispositional attribuiert**;
dagegen die von Mitgliedern einer Outgroup **situational**. Umgekehrt tendieren Mitglieder einer Eigengruppe
negatives Verhalten situational, d.h. **external** zu attribuieren; negatives Handeln der Mitglieder der Außengruppe aber wird eher auf Dispositionen zurückgeführt.
In Leistungssituationen kann die ingroup den **Erfolg** der Mitglieder einer Außengruppe beispielsweise "weg
erklären", indem sie diesen auf den Faktor **Anstrengung** (internale, instabile und kontrollierbare Attribution)
zurückführen, etwa "kein Wunder, die haben sich ja enorm angestrengt". Ebenso umgekehrt: Bei eigenem
Mißerfolg der ingroup: "Wenn wir uns mehr angestrengt hätten, dann ...". Auf diese Weise gelingt es der
ingroup, daß ihre Selbstwertgefühle unangetastet bleiben und sie im Gruppenvergleich eine **positive soziale
Identität** konstruiert.

Die bisherigen Ausführungen zeigen, daß ingroup Mitglieder, wenn sie sich **intergruppal** verhalten -
dies dürfte bei Konflikten zwischen Gruppen sehr wahrscheinlich der Fall sein - über Attributionen
soziale Kausalerklärungen konstruieren, die entsprechende soziale Maßnahmen rechtfertigen und
eine soziale Distinktheit bzw. soziale Differenzierung zur Folge haben (siehe die drei Gruppenfunktionen).

2. Soziale Identität.

Antworten auf die Frage "Wer bin ich" führen zu selbstbezogenen Kognitionen und informieren über Merkmale, Charakteristika, Attribute, Kategorien, Gruppenmitgliedschaften ect., mittels derer sich eine Person definiert und kognitiv repräsentiert. Es werden Aussagen gemacht zur Einstellung gegenüber der eigenen Person und zu Aspekten des Selbstkonzeptes, sprich zur Identität einer Person, die auch affektiv-evaluativ im Sinne des Selbstwertgefühles getönt sind.

Gemäß der zentralen Unterscheidung in interpersonales und intergruppales Verhalten teilt TAJFEL das **Selbstkonzept** in zwei Unterbereiche ein - die **persönliche** und die **soziale Identität**. Letztere ist ein Teil des Selbstkonzeptes eines Individuums, "der sich aus seinem Wissen um seine Mitgliedschaft in sozialen Gruppen und aus dem Wert und der emotionalen Bedeutung ableitet, mit der diese Mitgliedschaft besetzt ist" (TAJFEL, 1982, S. 102). Das komplexe Bild, das eine Person von sich selbst, der physikalischen und sozialen Umwelt hat, wird zum einen von ihren Fähigkeiten, Kenntnissen, Fertigkeiten, Kompetenzen, Präferenzen, Persönlichkeitzügen usw. (☞ **persönliche Identität**) und zum anderen von subjektiv unterschiedlich bedeutungsvollen Mitgliedschaften in sozialen Kategorien beeinflußt (☞ **soziale Identität**).

Verhalten wird - in Abhängigkeit seiner Lokation auf der Dimension interpersonal vs. intergruppal - durch die soziale Identität u./o. persönliche Identität reguliert. Beim intergruppalen Verhalten ist vorwiegend die soziale Identität der kognitive Mechanismus, der Gruppenverhalten (Intergruppenverhalten) möglich macht. Situationen in der Nähe des interpersonalen Pols werden dagegen eher durch die Aspekte und Facetten der persönlichen Identität ausgestaltet.

3. Soziale Vergleiche

Nach TAJFEL besteht ein grundlegendes Bedürfnis nach einer positiv bewerteten sozialen Identität. Er meint, "daß es für die meisten von uns wichtig ist, ein so positives Selbstbild, wie nur irgend möglich, zu haben, und daß es ein schwerwiegendes psychologisches Problem darstellt, mit einer negativen Ansicht über sich selbst, komme sie nun von innen oder anderen Personen, zu leben" (TAJFEL, 1982, S. 159).

Durch soziale Vergleiche mit anderen sozialen Kategorien kann ein Mitglied einer sozialen Kategorie versuchen, eine möglichst positive soziale Identität zu erzielen. Diese resultiert im allgemeinen aus einer Vielzahl an sozialen Vergleichen, die für die ingroup günstig ausfallen. Die Besonderheiten der Eigengruppe bekommen ihre Bedeutung "erst in Relation zu wahrgenommenen Unterschieden zu anderen Gruppen und zu den Wertkonnotationen dieser Unterschiede" (TAJFEL, 1982, S. 106). Mißlingt es, ein positives Vergleichsergebnis zu erreichen, kann dies zur Beendigung der Gruppenmitgliedschaft oder zur Änderung des Vergleichs, d.h. zur Wahl einer geeigneteren Vergleichsstrategie führen. Der Bewertungsprozeß ist dabei nach Möglichkeit so ausgerichtet, daß es zu einer Erhöhung des Selbstwertgefühles und des Selbstwertes kommt.

TAJFEL erweitert die individualistisch/interpersonell ausgerichtete **Theorie sozialer Vergleichsprozesse von FESTINGER (1954)**, nach der Individuen durch **objektive** oder **soziale** Realitätstests Gewißheit über ihre Meinungen und Fertigkeiten erlangen. Soziale Realitätstests besagen insbesondere Vergleiche zwischen Personen, die sich in ihren Ansichten, Fertigkeiten, Fähigkeiten usw. ähnlich sind.

Diese sog. **Ähnlichkeitshypothese** wurde später durch die Hypothese der **relevanten Attribute** - das sind bedeutsame Merkmale, die mit der fraglichen Meinung oder dem Leistungsergebnis in Beziehung stehen wie etwa Alter, Geschlecht, Erfahrung, Anstrengung, Einstellung zum Leben, Wertsysteme des Individuums u.ä. - revidiert und spezifiziert. Ausgewählt zum Vergleich werden folglich eher Personen, die ähnliche oder gleiche Ausprägungen in den relevanten Attributen aufweisen, denn dadurch läßt sich ein unterschiedliches Leistungsniveau mühelos auf differente Fähigkeitsausprägungen zurückführen. In Frage kommen insbesondere Merkmale, die der Person subjektiv **wichtig** erscheinen.

Beispiel eines interpersonellen Vergleiches: Ein Hobbytennisspieler wird sich kaum mit dem Profi Boris Becker, auch wenn er diesem in vieler Hinsicht ähnlich sein sollte, bezüglich der sportlichen Leistungen und Fähigkeiten vergleichen. Sollte er es dennoch tun, kann er den erheblichen Leistungsunterschied dadurch bagatellisieren, indem er als Vergleichsdimensionen Merkmale heranzieht, die eine derartige Diskrepanz plausibel machen wie z.B. 6-8 stündiges Training täglich, hervorragende Trainer, langjährige, seit früher Kindheit kontinuierliche Turniererfahrungen ect. Da diese leistungsfördernden Aspekte nur beim Profisportler Boris zutreffen, hat er subjektiv eine Möglichkeit geschaffen, das offensichtliche Leistungsgefälle zu nivellieren. Eher wahrscheinlich ist es, daß er einen solchen Vergleich vermeidet und eine Vergleichsperson wählt, die Vergleichsattribute besitzt, die relevanter sind und mit der Leistung korrelieren, sodaß eine sportliche Leistung erwartet werden kann, die der eigenen ähnlich ist. Einen Vergleich z.B. mit einem Hobbyspieler des gleichen Vereins, der identitätsdefinierende Entsprechungen in der Spielerfahrung, Geschlecht, Fitness oder Alter oder ... aufzuweisen hat.

Ist eine angemessene Vergleichsperson auf diese Weise ausfindig gemacht, können ein besseres persönliches Wohlbefinden induziert und eine positive Bewertung der eigenen Leistung sowie der zugrundegelegten Fähigkeit attribuiert werden, wenn der soziale Vergleich positiv ausfällt.

TAJFEL überträgt diese sozialen Vergleiche zwischen Individuen auf die Ebene der Intergruppenbeziehungen und postuliert analog **Gruppenvergleiche**, d.h. soziale Vergleiche zwischen Individuen als Mitglieder sozialer Gruppen/Kategorien. Die Bedeutung der Mitgliedschaft in diversen Gruppen ist für ein Mitglied auch aus einem Vergleich der eigenen Gruppe mit Fremdgruppen abzuleiten. Nicht jedes Merkmal ist für einen Gruppenvergleich geeignet, sondern nur **wichtige**, bedeutsame bzw. werthaltige Gruppenaspekte (Vergleichsdimensionen) kommen dafür in Frage. Weiterhin muß die Vergleichsgruppe als **relevant** und vergleichbar wahrgenommen werden, d.h. sie sollte ähnlich bezüglich der Vergleichsdimension(en) sein. Auch der wahrgenommenen **Legitimität** und **Stabilität** der Bewertungsdimension (siehe auch S. 116), auf der intergruppale Vergleiche vorgenommen werden, mißt er Gewicht bei. Beispielsweise können Intergruppenbeziehungen oder Statushierarchien, die als instabil und illegitim erkannt werden, trotz erheblicher Unähnlichkeit zwischen den Vergleichsgruppen im Rahmen von sozialem Wettbewerb oder sozialen Veränderungsprozessen zu neuen tätsächlichen oder potentiellen Ähnlichkeiten führen.

In Abb. 20 (S. 130) ist der Versuch unternommen, in einem vereinfachten Raster die zentralen Begriffe und Annahmen zur sozialen Identität und zu sozialen Vergleichsprozessen aufzuzeigen. Dabei wurden Neuentwicklungen, die in FREY et. al. (1993) dargestellt sind, integriert.

☞ **Motiv nach kognitiver Strukturiertheit**, d.h. den eigenen Standort in einem kognitiven und zuverlässigen Kategoriensystem bestimmen; Erwerb von Wissen bezüglich der eigenen Person im Vergleich zur sozialen Umwelt.

☞ **Motiv nach Selbstwertschutz bzw. -erhöhung**: Streben nach vorteilhafter Selbstbewertung, sich positiv von anderen abgrenzen wollen und abgegrenzt wahrnehmen können.

Die 3 Motive in Abb. 20 können sowohl bei interindividuellen wie auch bei intergruppalen Vergleichen gegeben sein. Sie führen durch Auswahl spezifischer **Vergleichsstrategien** zu einer Verbesserung der persönlichen u./o. sozialen Identität.

❏ **Soziale Vergleiche nach unten** ("abwärtsgerichtete" Vergleiche). Bei starker Bedrohung des Selbstwertes kommt es meist zu erheblichen Einschränkungen des subjektiven Wohlbefindens. Durch Vergleiche mit Personen, die noch schlechter dran sind (noch unglücklicher, noch benachteiligter ect.), läßt sich die allgemeine Stimmungs- und Gefühlslage verbessern.
Personen mit niedrigem Sozialstatus oder niedrigem Bildungsniveau können über Vorurteile und aktive Diskriminierungen andere soziale oder ethnische Gruppen bzw. deren Mitglieder, die ihnen in der Statushierarchie in etwa gleich sind, abwerten, eine Distanz zu diesen sozial konstruieren und sich als Gruppe oder Einzelperson implizit aufwerten. Schon allein die Möglichkeit zu derartigen Vergleichen kann u.U. zu einer größeren Zufriedenheit führen.

Beispiel: SchülerIn mit Mißerfolg in einer Mathematikschulaufgabe. Wurde beispielsweise bei einer Fortgangszensur "befriedigend" mit einem Mal die Note 5 erzielt, kann durch die Feststellung, wieviele Mitschüler eine genauso schlechte u./o. noch schlechtere Note erzielt haben, der unerwartete Leistungsabfall rationalisiert und die damit einhergehende Unbehaglichkeit einigermaßen erträglich gemacht werden, sodaß die eigene Situation noch relativ günstig erscheint. Ist das Vergleichsergebnis "nach unten" ineffizient, erfolgt ein Rückgriff auf alternative Vergleichsstrategien wie Abwertung der Lehrerperson oder Wechsel der Vergleichsdimension. Möglich sind auch selbstwertdienliche Attributionen.

❏ Vergleiche mit **Super Copern**: Supercoper sind Personen, die sich hervorragend an schwierige und belastende Situationen anpassen und über effiziente und exzellente Bewältigungstechniken und Problemlösefähigkeiten verfügen. Diese Vergleichsstrategie stellt eher eine Ausnahme dar und beschränkt sich auf interindividuelle Vergleiche. Wird sie gewählt, führt dies eher zu einer Verschlechterung des Wohlbefindens und des Selbstwertes. Klinische Studien an Brustkrebspatientinnen, die sich mit Frauen verglichen, die ein ähnliches Schicksal hatten und sehr gute Anpassungsleistungen an die neuen Lebensumstände erbrachten, scheinen dies zu bestätigen. Die Frauen schätzten ihre Anpassungsleistung schlechter ein als vor den Vergleichen. Wenn keine oder nur minimale Vergleichsinformationen verfügbar sind, kann ein "Supercoper-Vergleich" möglicherweise stattfinden. HAISCH & HAISCH (1990) berichten, daß Adipositas-Kranke erfolglos an mehreren Maßnahmen zur Gewichtsreduktion teilnahmen, da sie sich u.a. mit Personen verglichen, die einem unerreichbaren Schlankheitsideal entsprachen. "Offenkundig erlaubt die fortgesetzte Konfrontation mit dem Unerreichbaren die Entschuldigung des eigenen Mißerfolgs" (HAISCH & HAISCH, 1990, S. 33). Auf diese Weise wird das eigene Unvermögen entlastet und eine diesbezügliche Bedrohung des Selbstwertes anscheinend erspart.

Abb. 20: Schautafel zur Integration der sozialen Vergleichsprozesse nach FESTINGER in das Gedankengebäude TAJFELs

Interindividuelles Verhalten	⇐ .... ⇒	Intergruppales Verhalten
Vergleich zwischen Individuen (relevanten Aspekten des **Selbst**)		Vergleich einer Gruppe mit anderen Gruppen (relevanten Aspekten der **sozialen Identität**)
⇓		⇓
persönliche Identität	⇒ **SELBSTBILD** ⇐	**Soziale Identität**
	[**soziale Vergleiche** infolge eines]	
Strukturierung auf der persönlichen Ebene bzw.	❏ **Bedürfnis** nach sozialen Vergleichen (exakter Bewertung) u./o. ❏ **Motiv** nach kognitiver Strukturiertheit u./o.	Standort der eigenen Gruppe exakt bestimmen bzw. ⇒ Streben nach Schutz bzw.
Streben nach Schutz / Erhöhung des Selbstkonzeptes	⇐ ❏ **Motiv** nach Selbstwertschutz bzw. Selbstwerterhöhung	Erhöhung des Gruppenkonzeptes
	⇓⇓⇓	
	Vergleichsstrategien	
	(z.B.) ❏ Vergleich relevanter Attribute	
Vergleiche bezüglich persönlicher Identität {	❏ Vgl. nach unten ❏ Vgl. nach oben ❏ Wechsel der Vergleichsdimension ❏ Vergleichsperson,- Gruppe abwerten ❏ Vgl. vermeiden ❏ Vgl. m. Super Copern	} **Vergleiche bezüglich sozialer Identität**

4. Soziale Distinktheit (oder psychologische Eigenart der Gruppe)

Die soziale Identität ist **positiv**, wenn die sozialen Vergleiche zwischen ingroup und outgroup **positiv** ausfallen, d.h. eine **positive** Eigenart zu(r) anderen Gruppe(n) hergestellt wird. Soziale Intergruppenvergleiche zielen also darauf ab, die Eigengruppe von der Fremdgruppe abzugrenzen. Gelingt dies durch Selektion wirksamer Vergleichsstrategien, wird eine positive Distinktheit der ingroup geschaffen.
Folgende Möglichkeiten stehen zur Verfügung:

❒ **Soziale Mobilität**:
Durch objektives oder psychologisches Verlassen der statusniedrigeren Gruppe, läßt sich die soziale Identität verbessern; doch die Beziehung zwischen den Gruppen bleibt unverändert. Die soziale Mobilität ist eher eine individualistische Lösung.

Sagt einem eine Gruppe wegen ihres "schlechten" Rufes z.B. nicht zu, kann man sie ohne weiteres verlassen und sich bemühen, in eine Gruppe mit besserem Prestige "aufzusteigen".
Ein Handwerksgeselle, der über strapaziöse Umwege im Bildungssystem es dennoch zum Abschluß eines Universitäts- oder Fachhochschulstudiums schaffte, hat zweifelsohne eine "Aufsteiger"-Karriere hinter sich und hat Teil an der sozialen Identität der status-höheren sozialen Kategorie, zu der er sich nun zählt.

❒ **Sozialer Wandel**:
Bestehen diese individuellen Möglichkeiten des Verlassens einer Eigengruppe oder sozialen Kategorie nicht, können mit Strategien des sozialen Wandels (sozialer Veränderung) die soziale Identität verbessert werden. Darunter versteht TAJFEL allgemein alle Verhaltensweisen, die auf **Veränderungen der Gruppenbeziehungen** gerichtet sind, mit dem Ziel, eine bessere Position der ingroup auf dem Wertekontinuum zu erreichen. Dieses Ziel wird zuwege gebracht durch:

❒ **Direkten sozialen Wettbewerb** auf den Vergleichsdimensionen: Es werden vermehrt Verhaltensweisen gezeigt, die die **positive** Distinktheit der eigenen Gruppe betonen oder übertreiben oder die outgroup abwerten.
[s.a. SHERIF Experimente und Wettkämpfe zwischen den beiden Gruppen]

Diese Variante ist wahrscheinlich bei scharf abgegrenzten Gruppen, die miteinander in **Konflikt** stehen und sich nur gering sozial (z.B. in Status oder Macht) unterscheiden. Aber auch statushöhere Gruppen können dazu tendieren, wenn sie ihre Superiorität gefährdet sehen.

Eine weitere Eventualität zur Änderung des status quo zwischen Gruppen und der Reaktion auf Bedrohungen der sozialen Identität ist:

[Fortsetzung nächste Seite]

❑ **Vergleichssituation neu definieren (= "soziale Kreativität")**
3 Möglichkeiten sind zu unterscheiden:

❑ **Neue Vergleichsdimensionen schaffen**, sodaß die ingroup schließlich besser abschneidet als eine relevante outgroup.

Vergleichen sich Universitäts- mit FH-StudentInnen werden letztere wahrscheinlich in einer Vielzahl an Vergleichsdimensionen unterliegen.Wird von FH-StudentInnen der Aspekt der Praxisorientiertheit ins Spiel gebracht, könnte sich das Blatt wenden.
Siehe auch Äußerungen wie: "Gefühle ausdrücken ist wichtiger als Leistung" oder: "Teamgeist statt Leistungserfolg".

❑ Ursprüngliche **Vergleichsdimension/en uminterpretieren**, sodaß ungünstige Vergleichsergebnisse positiv erscheinen: Dabei wird die Bewertung der Attribute,die der eigenen Gruppe zugeschrieben werden, positiviert. Beispiel: "Black is beautiful".

Dieser Slogan zeigt, daß die schwarze Minorität in den USA ihre eigene kulturelle Identität,ihre Traditionen und Wurzeln betont, negative Werturteile in Verbindung mit "schwarz" zurückweist und tief verwurzelte Urteile umzukehren versucht. Auch werden die Bemühungen, ein bißchen mehr so zu sein, wie die Majorität (die "Weißen") abgelehnt. Akzent, Dialekt, Körperbewegungen, Tanzrhythmus ect. werden beibehalten, akzeptiert, unterstrichen und neu bewertet.

❑ **Andere Vergleichsgruppen auswählen**: Wahl von outgroups z.B., die im sozialen Vergleich (noch) schlechter abschneiden.Siehe "abwärtsgerichtete Vergleiche" oder Vergleiche nach "oben" vermeiden.

Die Umdefinitionen der sozialen Vergleichssituation sind natürlich ineffektiv, wenn sie nicht zum Konsensus der ingroup werden!
Resümee: Nach TAJFEL ist das Grundmuster des Sozialverhaltens zwischen Gruppen der "soziale Wettbewerb um eine positive soziale Identität". Diese wird meist auf Kosten der outgroup erreicht.

Die **soziale Diskriminierung** von Mitgliedern von outgroups ist ein immer verfügbares Mittel zur Steigerung und Erhöhung des Selbstwertes. Sie ist so gesehen, die **bequemste Art der Selbstwerterhöhung** und dürfte insbesondere bei **(sehr) unzufriedenen Menschen** anzufinden sein, die einen Mangel an Lustgewinn, an Anerkennung durch ein "äußeres" sowie "inneres" Publikum infolge geringer individueller Leistungen haben (vgl. HERKNER, 1990).

Aufgabe:
Diskutieren Sie in Ihrer Arbeitsgruppe die Maßnahmen der Bundesregierung gegenüber Asylbewerbern. Inwiefern spiegeln sich in den Asylgesetzen die drei Gruppenfunktionen des sozialen Stereotyps wieder? Reflektieren Sie auch mögliche Identitätsbedrohungen bzw. -ängste der Deutschen.

Aus der S.I.T. TAJFEL's lassen sich für **Intergruppenkonflikte** folgende Schlußfolgerungen und Hypothesen ableiten (vgl. LILLI & REHM, 1988):

O Da die soziale Kategorisierung der grundlegende kognitive Prozeß für Intergruppenverhalten ist, dürften bei rivalisierenden Gruppen bzw. sozialen Kategorien vermehrt Anonymität, eine undifferenzierte Behandlung der Individuen und interpersonelle Kontrastwahrnehmungen (zwischen in- und outgroup) beobachtbar sein. Ebenfalls treten mit zunehmender Intensität der Auseinandersetzungen zwischen den sozialen Akteuren die individuellen Eigentümlichkeiten der Beteiligten mehr und mehr in den Hintergrund.

O Die Kategorisierungsaktivität wird im Falle eines Gruppenkonfliktes markanter, derart, daß die Tendenz einer positiven ingroup-Favorisierung anwächst. Die sozialen Kategorien werden salienter, d.h. die sich wechselseitig abgrenzenden Gruppen/sozialen Kategorien werden augenfälliger und distinkter.

O Wird eine soziale Kategorie sozial (extrem) negativ definiert oder werden Menschen mit einer solchen in Zusammenhang gebracht, zu ihr gehörend wahrgenommen und behandelt, ist infolge dieser negativen, stigmatisierenden Kategorisierung eine Resistenz der Betroffenen zu erwarten. Hierin kann ein Potential gesehen werden, aus dem sich soziale Konflikte entwickeln können.

O Je mehr die Dichotomisierung in Eigen- und Fremdgruppe psychologisiert und sozial problematisiert wird, desto mehr dürften deindividuierendes Verhalten und damit einhergehende Aggressivitätsneigungen auftreten. Folge: Eine Eskalation virulenter, unterschwelliger oder bestehender Konflikte. Die stark divergierenden Stereotypieschemata (infolge der sozialen Kategorisierung) können als eine Basis gesehen werden, auf der Konflikte zwischen Gruppen aufrechterhalten und gerechtfertigt werden.

O Abwärtsgerichtete soziale Vergleiche, mittels derer die soziale Identität durch soziale Abwertung gesellschaftlicher Zielgruppen bewahrt wird, können im Falle wechselseitiger Devaluation der beteiligten Gruppen zu einer Verschärfung der Gruppenkonflikte führen.

O Soziale Vergleichsprozesse führen zu sozial geteilten (kollektiven) Rechtfertigungen des Verhaltens in Gruppenkonfliktsituationen. Uniformitätsbemühungen und eine Zunahme der sozialen Kontrolle dienen dazu, die Konfliktsituation zu rechtfertigen und aufrechtzuerhalten.

II.2.4.1   Das Konzept der "Delegitimation" (deligitimization)

Die Spirale der Gewalteskalationen gegenüber Asylsuchenden in den neunziger Jahren, macht es erforderlich, die extremste Form der Stereotypisierung und des Vorurteils zu besprechen. Das Theoriegebäude TAJFELs sei deshalb zum Abschluß an den sozial geteilten "group beliefs" der Deutschen über Juden (1933 - 1945) und am Konzept der **"Delegitimation"** (delegitimization) [BAR-TAL 1989, 1990] validiert.

"Delegitimation" wird von BAR-TAL als eine Kategorisierung von Gruppen in extrem negative soziale Kategorien definiert. Kennzeichnend für solch extreme soziale Kategorien ist, daß ihre Mitglieder aus menschlichen Gruppen, die innerhalb der Grenzen akzeptabler Normen u./o. Werte handeln, ausgegrenzt sind und ihnen durch "delegitimierende" Ansichten bzw. Meinungen (beliefs of delegitimization) jegliches Menschsein abgesprochen wird.

Zentrale Inhalte der "Delegitimation" sind

❏ **Entmenschlichung (dehumanization)** durch Verwendung und Zuschreibung von subhumanen (inferiore Rasse, Tiere) oder von negativ bewerteten sozialen Kategorien, die "übermenschlich" sind (Dämonen, Monster, Satane z.B.). Menschen, die dahingehend typisiert sind, werden schließlich auch so wahrgenommen und behandelt, als ob ihnen tatsächlich unmenschliche Eigenschaften und Wesensmerkmale zu eigen wären.

❏ **Ausschluß (outcasting)** aus der Gesellschaft. Siehe soziale Kategorien wie Mörder, Diebe, Irre, Psychopathen usw. und spezifische Institutionen für deren Unterbringung. Diesen Menschen ist gemeinsam, daß sie zentrale soziale Normen verletzen. Eine delegitimierte soziale Gruppe ist emarginalisiert - sie befindet sich außerhalb der Grenzen gesellschaftlich akzeptierter sozialer Gruppen und ihre Mitglieder werden nicht selten in totalen Institutionen verwahrt.

❏ **Intensive negative Emotionen** wie Haß, Furcht, Aversion, Ekel.

❏ **Zuschreibung/Charakterisierung mit negativen Eigenschaften** und Wesenszügen, die für eine Gesellschaft unakzeptabel sind. Kennzeichnungen wie Aggressoren, Idioten, Parasiten, arbeitsscheu, asozial u.ä.

❏ Gebrauch **politischer Labels**, d.h. Kategorisierung in für eine Gesellschaft völlig unakzeptable politische Gruppen (z.B. (Neo)Nazis, Faschisten, Imperialisten u. dgl.), - Gruppen, die die Grundwerte einer Gesellschaft bedrohen und als Gefahrenquelle für das soziale System betrachtet werden.

❏ **Gruppenvergleiche.** Eine delegitimierte Gruppe wird oftmals auch mit Labels und Namen versehen, die Negativbeispiele für eine Gesellschaft dastellen und einen Bezug zu devaluierten sozialen Gruppierungen haben. Titulierungen wie Zigeuner, Vandalen, Hunnen beispielsweise.

Durch diese Merkmale wird das Konzept der "Delegitimation" von anderen sozialen Repräsentationen wie dem Stereotyp bzw. dem Vorurteil klar unterscheidbar. Delegitimation ist in jedem Kontext intergruppaler Beziehungen möglich: Zwischen Nationen, Religionen, Kulturen oder Ideologien. Der "Delegitimations"prozeß kann durch soziale, institutionalisierte Normen reguliert sein, die implizit Mitglieder einer Sozietät dazu ermuntern. Zuweilen wird "Delegitimation" auch durch politische Institutionen oder Gesetze erzwungen. Das Konzept der "Delegitimation" beinhaltet auch Verhaltensintentionen und Handlungsreglements, die extreme Aktionen gegenüber delegitimierten sozialen Gruppen und deren Angehörigen rechtfertigen und gutheißen. Die Inhalte (siehe Box S. 134) bekunden, daß "Delegitimation" ein spezifischer Typus der sozialen Kategorisierung ist. Personen, die delegitimierende Kategorisierungen vornehmen, neigen insbesondere dazu, diese "einzugefrieren" und als wahr zu betrachten, indem sie selektiv nach Informationen Ausschau halten, die kongruent zu dieser kategorialen Differenzierung sind. Wegen der emotionalen und behavioralen Implikationen ist es zwar relativ schwer, jedoch nicht unmöglich, eine delegitimierende Kategorisierung zu ändern. Die Meinungen zu den Inhalten der "Delegitimation" sind von den Mitgliedern einer sozialen Kategorie analog zum Stereotyp sozial geteilt. Sie sind somit "**group beliefs**" und relevante Charakteristika einer spezifischen Gruppenzugehörigkeit.

BAR-TAL nennt folgende **Bedingungen und Quellen der "Delegitimation"**, die unverkennbar eine Bezugnahme auf die S.I.T von TAJFEL aufweisen:
❏ Die eigene Gruppe erhöhen und von anderen Gruppen differenzieren.
❏ Den Unterschied zwischen zwei sozialen Gruppen/Kategorien ideologisch maximieren (siehe: Deutsche-Juden).
❏ Delegitimation dient auch dazu, ausbeuterisches Verhalten (seitens der Majorität) zu erklären, zu rechtfertigen und zu rationalisieren (siehe: "inferiore Rasse")
❏ Bei violenten Konflikteskalationen lassen sich durch Delegitimation Destruktionen und Tötungsaktionen rechtfertigen, Konfliktursachen erklären und Konflikte aufrecht erhalten. Auch das zukünftige Verhalten der delegitimierten Gruppe kann vorhergesagt werden, sodaß entsprechende Gegenmaßnahmen ergriffen werden können.

Die Gelegenheiten zur Steigerung und Potenzierung des Delegitimationsprozesses werden von BAR-TAL in 5 Annahmen zusammengefaßt:
☞ Je bedrohter eine Gruppe ist, desto mehr wird sie versuchen, mit Aggressionsverhalten und Widerstand gegenzureagieren und dazu tendieren, die Gruppe, von der die Bedrohung ausgeht, zu delegitimieren.
☞ Je violenter ein Konflikt zwischen Gruppen ist, desto mehr wird wechselseitig delegitimiert.
☞ Je größer der Unterschied (ethnisch, religiös, sozio-ökonomisch, ideologisch) zwischen Gruppen ist, desto leichter ist es, zu delegitimieren.
☞ Je weniger eine Gruppe eine andere schätzt, desto leichter fällt es dieser Gruppe, die andere zu delegitimieren.
☞ Je weniger Normentoleranz eine Gruppe hat, desto mehr neigt sie zur Delegitimation. Bei einem Mangel an Toleranztradition tendiert eine Gruppe dazu, negativ gegenüber Individuen oder Gruppen zu reagieren, die zu ihr different sind.

Während der Jahre 1933 - 1945 entwickelte sich im Nazi-Deutschland ein "delegitimierender" Prozeß gegenüber der jüdischen Bevölkerung, der einen Großteil der deutschen Gesamtbevölkerung inkludierte und das Verhalten in zahlreichen Lebensbereichen des Alltags tangierte und beeinflußte: Siehe Bestreikung jüdischer Läden, Denunzierung jüdischer Akademiker (Ärzte, Richter, Lehrer); Reichskristallnacht, Ausschreitungen gegen Juden, Nürnberger Gesetze, Arier-Nachweis, Massenexekutionen, Konzentrationslager, Holocaust und Genozid - um nur einige Stationen dieses zunehmend eskalierenden Delegitimationsprozesses innerhalb von 12 Jahren aufzuzählen, der die Ausrottung des europäischen Judentums anvisierte.

Für BAR-TAL sind die sozial geteilten "beliefs", die der Delegitimation einer sozialen Gruppe zugrunde liegen, eine notwendige Bedingung für ein derartig extremes (Sozial)Verhalten, das zum Ausschluß, zur sozialen Isolation, zu Pogromen und letztendlich zum Genozid führte. Der Kern dieser "beliefs" bezog sich auf die Gleichsetzung der Juden mit dem Bösen, mit Kriminalität und Inferiorität.

Auswahl **grundlegender Inhalte der delegitimisierenden**, von der Mehrzahl der Deutschen zur Zeit des Dritten Reiches geteilten, **Gruppenbeliefs über Juden** (nach BAR-TAL, 1990, S. 96):
"satanisch, ... Teufel, ... Weltfeinde, Parasiten, Söhne des Chaos, Dämonen, Bolschewiken; Bakterien, Ungeziefer und Pest ... eine Degeneration der Menschheit, ... Unterdrücker, Inspiratoren, Urheber von Katastrophen, ... arrogant, aggressiv, ... Maden, Wanzen, ...seelenlos, .. Wucherer, heimtückisch, unehrlich, materialistisch , ... Diebe, ... Ausbeuter, ... Promoter des Bolschewismus, Kapitalismus ... mit dem Ziel die arische Rassensuperiorität zu untergraben, ... haben den 1.Weltkrieg begonnen, die Niederlage verursacht, die Monarchie gestürzt, das Weimarer System beherrscht, in die große Depression geführt und die arische Rasse beschmutzt."

Im Laufe der Zeit akzeptierten die Deutschen das Herzstück der delegitimierenden Beliefs, daß Juden "inferior sind, die Rasse bedrohen, deshalb als Menschen 2. Klasse zu behandeln sind, die ausgeschlossen bzw. ausgestoßen werden müssen" (BAR-TAL, 1990, S. 98). Diese delegitimierenden "beliefs" dienten auch als Basis für die Definition, wer ist ein Deutscher und wer ist keiner. Sie sind Teil der deutschen "groupness" und wurden ein "bedeutender Teil der deutschen Identität" (BAR-TAL, 1990, S. 98).

☞ **Funktionen der delegitimierenden Beliefs nach BAR-TAL**, die sowohl auf Individuen als auch auf Gruppen zutreffen:
☐ **Rechtfertigung** extrem negativen Verhaltens gegenüber der delegitimierten Gruppe. Siehe dazu Tajfels Gruppenfunktionen.
☐ **Intergruppendifferenzierung**. Durch Delegitimation werden die intergruppalen Unterschiede auf extremste Weise zugespitzt. Siehe Ausschluß aus der menschlichen Gesellschaft; gesetzlich verbotene Eheschließungen im Nazi-Deutschland zwischen Juden und Ariern oder Relegation jüdischer Kinder von deutschen Schulen beispielsweise.
☐ **Superioritätsgefühle erhöhen**. Labels wie Diebe, Parasiten z.B. verdeutlichen (akzentuieren) die Differenz zwischen delegitimierender und delegitimierter Gruppe. Die stigmatisierende Gruppe kann so Superiorität über die stigmatisierte Gruppe fühlen, indem sie ihre eigene Identität rühmt im sozialen Vergleich mit einer anderen Gruppe. Siehe auch SHERIF, TAJFEL: Favorisierung der Eigengruppe; soziale Identität.
☐ **Gruppenuniformität steigern**.
Ein Mangel an Uniformität in Gruppen oder größeren sozialen Einheiten verursacht ein niedriges Level an Gruppenkohäsion und beschwört die Gefahr der sozialen Desintegration. Durch Gruppendruck wird eine Uniformität in den Überzeugungen, Einstellungen und Verhaltensweisen erzeugt. Ein Uniformitätsdruck ist besonders in wahrgenommenen Bedrohungssituationen seitens einer sozialen Kategorie/Gruppe stark und wahrscheinlich. Gegen diese entwickelt sich dann zur Abwehr der wahrgenommenen Gefahr ein Delegitimationsprozeß wie oben skizziert.
Den Nazis gelang es durch Druckmechanismen (Sanktionen und Belohnungen) die Mittel- und die Arbeiterklasse zu "einigen", indem die beliefs über Juden zu Gruppenbeliefs wurden, die alle akzeptierten.
☐ **Sündenbock-Rolle**.
Juden wurden zum Symbol für das Böse; sie wurden auf diese Weise auch eine Rechtfertigung für die Elimination interner Opposition, für Krieg (gegen Polen, England z.B.), denn diese Länder seien - so die Massenpropaganda - von Juden dominiert und eine Bedrohung für das deutsche Volk. Ärger, Frustrationen, Enttäuschungen, Deprivationen wurden so auf Juden kanalisiert und i.S. eines Sündenbocks aufgebürdet.

Aufgabe:
Diskutieren Sie, inwieweit die Konzeptionen von TAJFEL und BAR-TAL zur Erklärung der Beziehungen Deutsche - Ausländer angewandt werden können!
Was halten Sie von der These, "daß wir Deutsche Probleme mit unserer Identität haben, äußert sich in den Ausschreitungen gegenüber Asylantenunterkünften"?

II. 2.4.2 Experiment zur S.I.T. von H. TAJFEL

Zu guter Letzt wird eine empirische Untersuchung skizziert, die eine Hypothese zur sozialen Identität aus der S.I.T. prüft und ausführlich dargestellt ist in einem Artikel von SCHIFFMANN, WAGNER, 1985, Gruppendynamik, Seite 43 - 52.

☞ (Ausgangs) **Hypothese**

Je stärker die soziale Identität durch einen Vergleich mit einer ersten fremden Gruppe bedroht bzw. beeinträchtigt wird, umso größer ist die Tendenz, die eigene Gruppe positiv von einer zweiten Gruppe abzusetzen.

☞ **Untersuchungskontext**
Die Beziehungen zwischen 3 Berufsgruppen (Psychologen, Medizinern und Laienhelfern) im Bereich der psychiatrischen Versorgung. Überprüft wurde, wie die **Einschätzung der Gruppe der Laienhelfer** aus der Sicht von **Psychologiestudenten** ausfällt, wenn die Gruppe der Psychologen durch die Gruppe der **Mediziner** bedroht wird. Nach obiger Hypothese steigt bei Bedrohung der sozialen Identität der Psychologen die Tendenz, die eigene Gruppe positiv von anderen relevanten Gruppen abzusetzen, insbesondere von der Gruppe der Laienhelfer.

Die **Abwertung der Laienhelfer** erfolgt aber nur dann, **wenn**
❏ **ein Mindestmaß an Identifikation** mit der Gruppe der Psychologen vorliegt und
❏ die **wahrgenommene Ähnlichkeit** zwischen der Gruppe der Psychologen und der Gruppe der Laienhelfer **hoch** ist.

☞ **Versuchsdurchführung**
N = 105 **Psychologiestudenten des Grundstudiums**; Fragebogen zur Datenerhebung über die psychosoziale Arbeit in der Psychiatrie. Die Vpn sollten sich eine psychiatrische Station vorstellen, in der die 3 Berufsgruppen tätig sind. Die Aufgabe der Befragten bestand darin, zu beurteilen, inwieweit Laienhelfer in **16 verschiedenen Tätigkeitsbereichen** auf der Station einbezogen werden könnten bzw. inwieweit sie in jedem der 16 Bereiche Aufgaben an Laienhelfer anstelle von Psychologen übertragen würden. Mittels vorgeschalteter Instruktionen wurden folgende **3 unabhängige Variablen** (Faktoren) manipuliert bzw. kontrolliert:

❏ **Status von Psychologen** im Vergleich zu Medizinern: **bedroht** versus **nicht bedroht**
❏ **Ähnlichkeit** von Psychologen und Laienhelfern: **hoch** versus **gering**
❏ **Identifikation** mit der Gruppe der Psychologen: **hoch** versus **gering**

Es lag also ein 2x2x2 faktorielles Design zugrunde, in dem drei dichotome Faktoren kombiniert wurden (siehe Teil I; Abschnitt Experiment).

☞ **Instruktion zum Status (Abwertungsbedingung; Bedrohung)**

"Bei der Arbeitsfeldanalyse stellen die Einflüsse von **ärztlichen Berufsverbänden** auf die Arbeit von Psychologen einen bedeutenden Faktor dar. Er wird z.B. auf der gesetzlichen Ebene darin deutlich, daß es nur der Ärzteschaft gestattet ist, therapeutisch zu arbeiten (vgl. RVO). Auf der Ebene der konkreten psychiatrischen Stationen oder Krankenhäuser spiegelt sich die Macht von Ärzten auch darin wider, daß in der Regel ein Psychiater die Leitungsfunktion innehat; gegenüber Psychologen hat er die Weisungsbefugnis".

☞ **Instruktion ohne Herabsetzung des Status** des Psychologen

"Bei der...........von **psychologischen Berufsverbänden**.....dar. In den Massenmedien etwa informieren sie über psychologische Forschungsergebnisse und bringen auf öffentlichen Anhörungen psychologische Sichtweisen zum Tragen. Auf der Ebene ... spiegelt sich der Einfluß von Psychologen auch darin wider, daß häufig ein Psychologe die Leitungsfunktion innehat. Der Psychologe hat also dort nicht selten die Weisungsbefugnis."

☞ **Instruktion für die Versuchsbedingung "hohe Ähnlichkeit"**

"Solche Laienhelfer bringen eine unterschiedliche berufliche Vorbildung mit. Neben ihrer Bereitschaft gesellschaftlich sinnvoll zu helfen, weisen sie in der Regel ein hohes Maß an praxisnaher Aus- und Weiterbildung für ihre Helfertätigkeit auf. Diese wird von den Trägern der freien Sozialarbeit (z.B. Caritas) und der öffentlichen Sozialarbeit (Verbände) vermittelt. Regelmäßige Weiterbildungsseminare und Vortragsreihen gehören insbesondere hierzu".

☞ **Instruktion für die Bedingung "geringe Ähnlichkeit"**

"Neben ihrer Bereitschaft gesellschaftlich sinnvoll zu helfen, können Laienhelfer in der Regel ein hohes Maß an Lebenserfahrung anstelle einer speziellen Ausbildung als Grundlage ihrer Helfertätigkeit vorweisen. Richtschnur für ihr Handeln sind weniger professionelle therapeutische Strategien als vielmehr Werte, die aus ihrem gesunden Menschenverstand, im positiven Sinn gemeint, resultieren."

Der Grad der Identifikation der Befragten mit der Gruppe der Psychologen wurde anhand einer 6 stufigen Skala durch die Frage "wieweit identifizieren Sie sich persönlich mit der Gruppe der Psychologen" erfaßt. Die Antworten wurden dann am Median dichotomisiert, sodaß die Versuchsteilnehmer in **"hohe Identifikation"** bzw. **"niedrige Identifikation"** eingeteilt werden konnten.

☞ **Abhängige Variable**
Die Antworten zu jedem der 16 Tätigkeitsbereiche wurden mittels 6 stufiger Skalen erfaßt (z.B. der Einsatz von Laienhelfern anstelle von Psychologen ist nie / in Ausnahmefällen / manchmal / häufig / fast immer / immer vertretbar). Aus den 16 Tätigkeitsbereichen wurden **4 abhängige Variable** gebildet:

1) Aufgaben nur für Laienhelfer
2) Aufgaben, die eher dem Laienhelfer zugeordnet wurden
3) Aufgaben, die eher dem Psychologen zugeordnet wurden und
4) Aufgaben, die nur vom Psychologen wahrgenommen werden sollten.

☞ **Ergebnisse**
Es besteht eine interaktive Wirkung der 3 unabhängigen Variablen auf das Ausmaß der Differenzierung zwischen der Gruppe der Psychologen und der Gruppe der Laienhelfer (siehe Abbildung 21).

Abb. 21: Abwertung der Kompetenz von Laienhelfern durch Psychologiestudenten

Abbildung zur 3. abhängigen Variable: Aufgaben, die eher von Psychologen wahrgenommen werden sollten wie z.B. Präventionsmaßnahmen, Lehrtätigkeit an VHS.

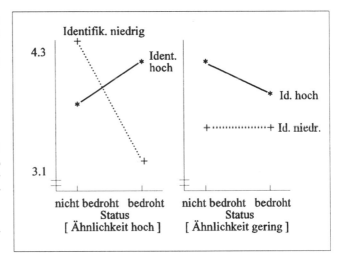

Anmerkung zur Ordinate der Abbildung: **Je höher die Werte auf der Ordinate, desto höher ist der Grad der Abwertung der Kompetenz von Laienhelfern.**

[Die Datenmuster der anderen 3 abhängigen Variablen sind ähnlich.]

Die beiden Abbildungen zeigen die 8 Mittelwerte der entsprechend dem 2x2x2 Design in 8 Untersuchungsgruppen aufgeteilten Vpn. So werteten z.B. unter der Bedingung **hohe Ähnlichkeit** mit den Laienhelfern **und bedrohtem Status** (durch die Mediziner) die Vpn mit **hoher Identifikation** die Laienhelfer stärker ab, als wenn der Status nicht bedroht ist (siehe linke Graphik; durchgezogene Linie).

☞ **Resümee** der Autoren:
"Insgesamt unterstützen die Ergebnisse ... unsere Grundhypothese, wonach eine **Gefährdung der sozialen Identität zu erhöhter Differenzierung zwischen Gruppen führt** . ... Große Ähnlichkeit erhöht die Tendenz von Gruppen, sich voneinander abzusetzen (SCHIFFMANN & WAGNER, 1985, S. 51).

II.2.5 Einstellungs - Verhaltens - Relation
(E & V Beziehung)

In diesem Abschnitt geht es um die zentrale Frage, ob aus Einstellungen Verhalten vorhergesagt werden kann. In die Sprache der Empiriker umgesetzt: Korrelieren Einstellungsmaße (gewonnen über Einstellungsskalen) mit einem einstellungsrelevanten Verhaltensindex bzw. Quantifizierungen des Verhaltens? Die Beantwortung dieser Frage führt auf den ersten Blick zu einem entmutigenden Ergebnis, wenn z.B. die Sammelreferate und Überblicksartikel von WICKER (1969) oder BENNINGHAUS (1973) zu Rate gezogen werden.

Schon 1934 hatte LaPiere, als er mit einem jungen chinesischen Paar quer durch die Vereinigten Staaten reiste, wobei sie in verschiedenen Hotels übernachteten und in zahlreichen Restaurants speisten, eine erhebliche Inkonsistenz zwischen der Einstellung zu Asiaten - zur damaligen Zeit bestanden extreme, weitverbreitete Vorurteile und eine sehr antichinesische Stimmung in den USA - und dem konkreten Verhalten asiatischen Personen gegenüber bemerkt: Nur in einem Fall wurde die Aufnahme bzw. Bewirtung abgeschlagen (bei ca. 250 Hotels und Restaurants). Nach der Reise verschickte LaPiere einen Fragebogen an die besuchten Adressen, in dem u.a. gefragt wurde, ob sie bereit wären, chinesische Gäste zu beherbergen und zu bedienen. Ergebnis: Von 128 Antworten lehnten über 90% ab, obwohl sie ein halbes Jahr zuvor die Begleiter LaPieres aufgenommen hatten! - Die Unstimmigkeit besteht darin, daß die chinesischen Gäste tatsächlich nicht diskriminiert wurden, obwohl die Hotel - und Restaurantbesitzer auf die Befragung hin starke Vorurteile verbalisierten.

WICKER (1969) vermutet, daß Einstellungen mit großer Wahrscheinlichkeit keinen oder aber nur einen geringen Zusammenhang mit offenen Verhaltensweisen aufweisen, die Korrelationskoeffizienten zwischen Einstellung und Verhalten selten Werte **r > 0.30** ergeben und oft in der Höhe um Null liegen. Dies besagt, daß die Vorhersagbarkeit von Verhalten aus Einstellungen im Durchschnitt 10 % und weniger ausmacht.

[Für Statistiker: Das Quadrat des Koeffizienten "r" liefert die gemeinsame Varianz zwischen Einstellungs- und Verhaltensmaßen und somit die prozentuale Erklärungsleistung. Beispiel: $r = 0.5$; → $r^2 = 0.25$; → Erklärungsleistung: 0.25 von 1; → in Prozent: 25%.] Noch eine kurze Erläuterung zum Korrelationskoeffizienten: Dieser Fachbegriff ist in der Statistik und empirischen Forschung ein sehr bekanntes Maß, das den Zusammenhang zwischen zwei Merkmalen (Variablen) in Form eines Zahlenwertes quantifiziert, der zwischen + 1.00 und -1.00 liegt.

Gelingt es z.B. bei n = 70 Vpn die allgemeine Einstellung zur Umweltverschmutzung (Variable 1) durch Ausfüllen eines Fragebogens, dessen Antworten gepunktet werden, in Form eines Gesamtpunktwertes zu erfassen und zweitens das konkrete Umweltverhalten (Variable 2) analog zu quantifizieren bzw. zu messen, erhält man für jede Vp 2 Meßwerte (bei n = 70 Vpn demnach 140 Zahlenwerte). Mittels entsprechender Rechenformeln läßt sich dann ein Korrelationskoeffizient berechnen, der den Grad des Zusammenhanges numerisch wiedergibt. Die Korrelation zwischen 2 Variablen ist hoch, positiv (gleichsinnig), wenn hohe Zahlenwerte in der einen Variablen mit hohen in der 2. Variablen, mittlere mit mittleren und niedrige mit niedrigen einhergehen. Ein Koeffizient um Null (r = 0.00) besagt, daß zwischen beiden Variablen Unabhängigkeit besteht, m. a. W. keine Beziehung. Je größer der Koeffizient r ist, desto enger ist der Zusammenhang zwischen den beiden Merkmalen und desto höher die statistische Erklärungsleistung (siehe: r^2).

Die Konsistenzannahme zwischen Einstellungen und Verhalten konnte, so scheint es, empirisch nicht bestätigt werden. Verhalten direkt durch Einstellungen vorherzusagen, hat sich nicht erfüllt. Gründe für diese Inkonsistenz sind zahlreich und liegen z.B. in Persönlichkeitsfaktoren (konkurrierende

Einstellungen) oder in Situationsfaktoren (Erwartung von Konsequenzen; Anwesenheit einfluß-reicher Personen; privaten, sozialen Normen, sozialer Wünschenswertigkeit usw.)

Aus den vielfältigen Bemühungen, das gestörte Verhältnis zwischen Einstellung und Verhalten zu er-klären und die postulierte Konsistenzannahme zu retten, wird im weiteren nur auf den Ansatz von FISHBEIN & AJZEN etwas ausführlicher eingegangen. FISHBEIN (1967) meint, daß sich Psycho-logen bei den Versuchen, die Beziehungen zwischen Einstellung und Verhalten zu erforschen, "ziem-lich naiv verhalten haben". Auch sei in vielen Fällen die "Einstellung zu einem ungeeigneten Stimu-lusobjekt" gemessen worden. Es macht nämlich einen Unterschied, ob die Einstellung zu einem Be-griff, zu einer Klasse von Personen/Objekten, zu einer bestimmten Person aus dieser Klasse oder zu einem klar definierten, situationsbezogenen Verhalten einer solchen Person gegenüber erfaßt wird. Ähnliche Überlegungen sind auch an die Verhaltenskomponente der E&V Beziehung zu stellen. Auch hier hätten Psychologen das Verhalten an sich "niemals richtig untersucht".

II. 2.5.1 Theorie des vernünftigen (begründeten) Handelns von FISHBEIN & AJZEN (1975) (theory of reasoned action)

Mit ihrem Vorhersagemodell ist es F.&A. gelungen, die Einstellungs - Verhaltens Problematik zu spezifizieren und die Vorhersagen von Verhalten aus Einstellungen zu verbessern. Das Modell be-zieht sich auf die **Vorhersage von spezifischen Verhaltensweisen** und nicht auf die Vorhersage von Verhaltenskategorien oder Verhaltensergebnissen, wie z.B. ein Examen bestehen, ein Kind be-kommen, ein Studium beginnen, sein Körpergewicht reduzieren u. dgl. Die genannten Beispiele sind das Ergebnis einer Reihe von Verhaltensweisen und von einer Vielzahl an Faktoren abhängig. Verhaltenskategorien wie Familienplanung, Diät halten usw. sind nicht beobachtbar, sondern nur aufgrund von konkreten Handlungen, die als Indikator für die Kategorie in Frage kommen, er-schließbar.

Die **Verhaltenskategorie** "Umweltbewußtes Verhalten" läßt sich beispielsweise ausdifferenzieren in spezi-fische Verhaltensweisen wie Sammeln von Papier, Sammeln von Glas, bleifrei Tanken, nicht rauchen, mit dem Fahrrad fahren usw.
"Gewicht abnehmen" - ein **Verhaltensergebnis** - hängt von konkreten Verhaltensweisen ab, wie wenig Bier trinken, keine Schokolade, kein Eis essen, auf Schweinehaxen und Knödel verzichten u. dgl.

Angenommen, in einem Projekt soll u.a. die Einstellung zu Atomkraftwerken untersucht und zu Demonstrati-onsverhalten in Beziehung gesetzt werden. Im Rahmen des Modelles von F&A wird nun nicht die globale Einstellung, sondern die Einstellung "gegen Atomkraftwerk X zu demonstrieren" registriert. Auf ähnliche Weise wird das dazu korrespondierende Verhalten spezifiziert: Z.B. "am Sonntag in 1 Woche gegen Atomkraftwerk X im Ort Y an einer Anti-Kundgebung teilnehmen". Objekt der Einstellung sind somit **spezifische Verhaltens-weisen**.

Die Einstellung wird von F & A als ein eindimensionales affektives, evaluatives Konzept betrachtet. **Einstellungen sind** auf einer bipolaren Dimension zu messen; sie sind der "**Affektbetrag für oder gegen ein psychologisches Objekt**". (Vgl. auch Definitionen der Einstellung unter II.1.)

Für F&A ist demnach die Bewertung eines Einstellungsobjektes die wichtigste Komponente der Einstellung, da auch die traditionelle Messung von Einstellungen auf eine Standortbestimmung einer Person auf einem eindimensionalen Kontinuum mit den Polen Zuneigung und Ablehnung abzielt. Es wird auch auf eine Konsistenzannahme zwischen den 3 Komponenten der Einstellung verzichtet; ebenso wird nicht postuliert, daß Einstellung und Verhalten konsistent sein müssen.

Dem **Einstellungsbegriff** von F&A liegt das sog. **"Erwartungs x Wert"** Modell zugrunde:

❒ Die Einstellung ist eine Funktion der **Erwartung**, d.h. der wahrgenommenen Wahrscheinlichkeit, daß das Einstellungsobjekt (EO) bestimmte Eigenschaften oder Attribute besitzt. [☞ **Aspekt der Kognition**]

Beispiel: Einstellung zu Atomkraftwerken. Die Einstellung diesbezüglich ergibt sich aus einer Vielzahl an Meinungen, Überzeugungen einer Person zu wichtigen Aspekten wie Bedrohung für die Zukunft, wirtschaftlicher Nutzen, Schaffung von Arbeitsplätzen, Entsorgung und vieles mehr.

Im Falle von **Einstellungen gegenüber Verhaltensweisen** sind die Meinungen gleichbedeutend mit den Erwartungen bestimmter **Konsequenzen** (positiv/negativ), die auf das Verhalten folgen. Im einzelnen wird darunter die subjektive Wahrscheinlichkeit/Unwahrscheinlichkeit verstanden, daß das Verhalten X zur Konsequenz < i > führen wird. Da Annahmen einer Person hinsichtlich der Ausführung eines bestimmten Verhaltens zugrunde gelegt werden, steht die "Einstellung zu einem spezifischen Verhalten" im Mittelpunkt und nicht die Einstellung zu einem globalen Objekt oder einer Klasse von Personen (Behinderte etwa). Um es noch deutlicher zu formulieren: Was passiert, wenn Verhalten X in der Situation Y hinsichtlich des Stimulus Z (eine konkrete Person z.B.) ausgeführt wird?

❒ Und eine Einstellung ist eine Funktion der subjektiven **Bewertung von Eigenschaften**, Attributen, die einem Objekt, einer Person zugeschrieben werden bzw. der Evaluation der Verhaltenskonsequenz. [☞ **Aspekt der Evaluation**]

Beide - **Bewertung** und **Erwartung** - werden multiplikativ verknüpft:

$$E = \sum_{i=1}^{n} (b_i \times e_i)$$

E Einstellung gegenüber ein Objekt, Verhalten, Ereignis

b$_i$ Meinung ("belief") über ein Einstellungsobjekt (EO): Subjektive Wahrscheinlichkeit, daß das EO die Eigenschaft < i > besitzt bzw. die Folge (Konsequenz) < i > eintritt

e$_i$ Bewertung der Eigenschaft < i > bzw. Folge (Konsequenz) < i >

n Anzahl der Attribute (Überzeugungen, Meinungen)

x Multiplikationszeichen

$\sum$ Summationszeichen; Addition der Produkte (b$_i$ x e$_i$)

Die Einstellung ergibt sich demnach aus der Kenntnis der Meinungen und Überzeugungen einer Person zu einem Einstellungsobjekt - dieses ist bei F&A in der Regel ein bestimmtes Verhalten - und der evaluativen Aspekte dieser Überzeugungen ("beliefs"). Die Meinungen zu einem EO bzw. zu den Attributen des EO können unterschiedlich stark sein und werden über die subjektiven Wahrscheinlichkeitsangaben einer Person, daß ein Attribut mit einem EO verbunden ist, erfaßt. Die Evaluation dieser Attribute ergibt zweitens Hinweise auf die Richtung der Einstellung.

☞ **Konkretes Vorgehen** der Erfassung einer Einstellung im Rahmen des **Erwartungs x Wert Modelles:**

■ Will man die Einstellung junger Frauen **"zur beruflichen Karriere"** erfassen, werden den Befragten z.B. Erwartungen (oder Konsequenzen der Verhaltensdurchführung wie Vor-/Nachteile) vorgelegt: Etwa "sich selbst verwirklichen", "finanzielle Sicherheit", "das Leben genießen", "mitmenschliche Kontakte", "tun, was man will", "viele Dinge vermissen" usw., die subjektiv mittels Ratingskalen hinsichtlich ihrer Auftrittswahrscheinlichkeit einzustufen sind. Die Verrechnung dieser Einstufungen ergibt eine Schätzung der individuellen Meinungsstärken (b_i).

■ Jede der vorgegebenen **Konsequenzen** ist zweitens auf einer Ratingskala mit den Polen gut - schlecht zu **bewerten (e_i)**. Die Produktsumme aller (b_i x e_i) entspricht dann dem Einstellungsmaß.

[Eine Ratingskala ist eine Schätzskala, meist mit abgestuften verbalen Kategorievorgaben, die vom Beurteiler eine Einstufung abverlangt. Zur Quantifizierung werden den einzelnen Kategorien bei der Auswertung Zahlen zugeordnet. Ein bekanntes Beispiel dazu ist die Notenskala mit den verbalen Verankerungen "sehr gut" bis "ungenügend".]
Anstelle der Fragen nach den einzelnen Konsequenzen (Erwartungen) und deren Bewertungen können nach Fishbein & Ajzen die Einstellung auch **global** bewertet bzw. erfaßt werden, da die Produktsummen mit den Globalbewertungen hoch korrelieren (Koeffizienten um r = .80).
Beispiel: "Eine berufliche Karriere zu verwirklichen" ist: sehr gut () gut () ..... sehr schlecht ().

Abb. 22 verdeutlicht schematisch das von F&A vorgeschlagene Modell der Einstellungs -Verhaltens Relation. Das Schaubild faßt die wichtigsten Determinanten des individuellen Verhaltens und ihre kausalen Beziehungen zum overten Verhalten (B = Behavior) zusammen. Hervorzuheben ist, daß es dabei um die Vorhersage von spezifischen Verhaltensweisen geht, über deren Ausführung/Nichtausführung eine Person nachdenkt. Automatisierte, habituelle Handlungen sind nicht inbegriffen.
Das Modell zielt eigentlich auf die Vorhersage von Verhaltensabsichten (BI) ab, deren Prognose eine notwendige und hinreichende Bedingung ist, um das tatsächliche Verhalten (B) vorauszusagen. Die Autoren gehen dabei von der Annahme einer hohen korrelativen Beziehung zwischen Verhaltensabsichten (BI) und tatsächlichem Verhalten (B) aus.

Ferner steht nicht so sehr die Hypothese einer engen Beziehung zwischen Einstellungen und Verhalten im Vordergrund, sondern es werden vielmehr die Bedeutung und Interaktion von **situativen**, **motivationalen** und **normativen** Merkmalen als zentrale Einflußfaktoren auf das aktuelle Verhalten betont. Die beiden Determinanten der Verhaltensintention (BI) sind die Einstellung zum Verhalten (A_B) und die subjektiven Normen (SN). Diese wiederum ergeben sich aus Erwartungen (Überzeugungen), Bewertungen und einer Motivationskomponente (siehe Verlauf der Pfeile in Abb. 22).

Abb. 22: Das Fishbein & Ajzen Modell zur E-V Beziehung

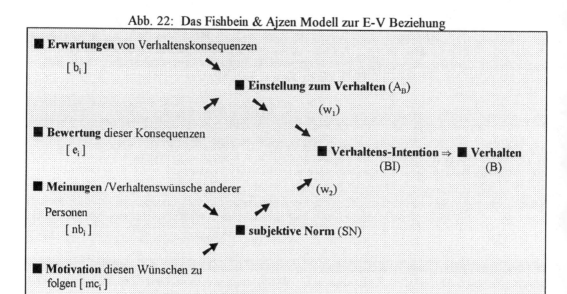

Das Modell komprimiert in Form einer algebraischen Verhaltensgleichung: $B \sim BI = w_1 (A_B) + w_2 (SN)$

Dieser Ausdruck stellt eine lineare multiple Regressionsgleichung dar. Kriterium ist die Verhaltensintention (BI). Rechts des Gleichheitszeichens stehen die beiden additiv miteinander verbundenen Prädiktoren, die unterschiedlich gewichtet (w_1, w_2) sind. Die Kürzel in Abb. 22 besagen im einzelnen:

w_1 , w_2 relative Wichtigkeit von Einstellung (A_B) und Norm (SN). Diese Gewichte werden empirisch über eine Regressionsanalyse ermittelt. Sie variieren sowohl von Verhalten zu Verhalten, wie auch von Individuum zu Individuum. Je numerisch größer beispielsweise w_1 im Vergleich zu w_2 ist, desto gewichtiger und relevanter ist die < Einstellung zum Verhalten > für die Vorhersage der Verhaltensintention BI.
Bestimmte Verhaltensweisen können dieser Konzeption nach entweder verstärkt unter der Kontrolle von subjektiven Normen (SN) stehen, oder mehr von Einstellungen zum Verhalten gesteuert werden.

b_i "beliefs" (Meinungen)
e_i "evaluations" (Bewertungen)

nb_i normative beliefs (siehe S. 146)
mc_i "motivation to comply" (Entsprechungsbereitschaft) ; siehe S. 146

A_B attitude to behavior; Einstellung zum Vollzug eines bestimmten Verhaltens in einer bestimmten Situation
B Behavior, Verhalten: Beobachtetes, overtes, sichtbares Verhalten oder retrospektive Verhaltensberichte einer Person
BI Verhaltensabsicht (behavioral intention)
$\sim$ werden die BI kurz vor der Realisierung von B gemessen, dann sind die Vorhersagen für B optimal. Ändern sich die BI vor einer Verhaltensperformanz **nicht**, sagen sie B voraus.

❏ Verhaltensintention (BI)

Das Ausmaß der korrelativen Beziehung zwischen BI und B ist weitgehend von der Spezifität der Verhaltensabsicht (BI) bestimmt, die als unabhängiges Phänomen betrachtet wird und nicht als Teil der Einstellung. BI ist unmittelbar dem aktuellen Verhalten antezedent und vermittelt das sichtbare Verhalten.

BI's sind keine "allgemeinen" Absichten, wie etwa jemandem helfen wollen, sondern "spezifische" Intentionen, nämlich die bekundete Absicht einer Person, in einer bestimmten Situation in bestimmter Weise zu handeln. Auf diese Weise korrelieren BI und B nahezu perfekt (der Koeffizient < r > ist in der Nähe von 1.00).

Je abstrakter, d.h. allgemeiner eine Absicht formuliert wird, desto niedriger ist die Beziehung zwischen BI und einer bestimmten Verhaltensweise. Ferner wird mit zunehmenden Zeitintervall zwischen der Erfassung von BI und B die Beziehung immer geringer. Auch sollte die Person zum Zeitpunkt der Messung die Verhaltenskonsequenzen und die Erwartungen der relevanten Bezugspersonen einigermaßen richtig kennen. Ist dies nicht der Fall, ändern sich sehr wahrscheinlich die Einstellung zur Handlung und die normativen Annahmen, wenn man später mehr über die konkrete Situation erfährt. Dies wiederum wirkt sich auf die (vorher erfaßte) BI und die korrelative Beziehung BI-B aus. Natürlich können auch unvorhergesehene Ereignisse die initialen BI ändern und durch neue ersetzen.

Die individuelle Ausprägung einer BI wird - um beim Besprechungsbeispiel zu bleiben - z.B. durch die Beantwortung der Frage "Ich beabsichtige eine berufliche Karriere einzuschlagen": sehr wahrscheinlich ..... sehr unwahrscheinlich (oder Prozentangaben wie 100%, 90% .... 0% oder durch Angabe, wie **sicher** man sich diesbezüglich ist) ermittelt. Wird die Intention mit großer Sicherheit assoziiert, korrelieren Verhaltensintention und tatsächliches Verhalten höher. Im Falle geringer Zuversichtlichkeit können schon nicht antizipierte Vorkommnisse von relativ geringer Bedeutung einen Einfluß auf die Verhaltensabsicht ausüben und dazu führen, daß man sich anders besinnt.

Die korrelative Beziehung zwischen BI und B ist auch von individuellen Differenzen abhängig (siehe Kap. Selbstüberwachung). Bei niedrigen Selbstüberwachern, die sensibler für ihre internalen Zustände sind und weniger von externen Ereignissen affiziert werden, ist eine höhere BI-B Korrelation zu erwarten als bei Personen mit hoher Selbstüberwachungstendenz.

Eine Rolle spielt auch die **öffentliche Verpflichtung** für eine geäußerte Verhaltensabsicht: Öffentliches Aussprechen (vor Publikum) einer Intention bewirkt eine erhöhte Bereitschaft, das Verhalten auch auszuführen.

Schließlich muß das Verhalten, das beabsichtigt (intendiert) wird, willentlich **kontrollierbar** sein. Nicht willentliches, nicht oder schwer kontrollierbares Verhalten sind z.B. Gewohnheiten wie Rauchen, Trinken, Drogen nehmen usw.. Verhaltensintentionen setzen natürlich auch das Vorhandensein entsprechender "Fähigkeiten" (physisch, verbal, intellektuell, sozial) voraus, die zur Ausführung eines Verhaltens benötigt werden. Mangelt es an bestimmten Fähigkeiten, ist die Kontrolle über ein Verhalten ebenfalls limitiert. [Siehe dazu auch die Modellerweiterung unter II. 2.5.2.]

Die Kontrolle des Verhaltens ist oft auch vom **Verhalten anderer Personen** oder von bestimmten Ereignissen abhängig: Die Absicht zu studieren läßt sich beispielsweise nur realisieren, wenn die

Eltern finanzielle Unterstützung bieten u./o. keine Zulassungsbeschränkungen bestehen. Die enge Beziehung zwischen BI und B kann auch durch den Aspekt der **Schwierigkeit**, eine Absicht zu realisieren, vermindert werden. Je mehr Hindernisse zu überwinden sind, desto schwieriger wird im allgemeinen die Umsetzung der Absicht in konkretes Verhalten sein.

❏ SN (subjektive, soziale Normen; normative Überzeugungen einer Person)

F&A verstehen darunter tatsächliche oder vermeintliche Ansprüche der wichtigsten Bezugspersonen aus der sozialen Umwelt. Einbezogen sind auch Ansprüche, die man an sich selbst stellt, d.h. was der eigenen Meinung nach in der jeweiligen Situation getan werden **sollte** (persönliche Normen; Verhaltensregeln).

Die potentiellen Bezugspersonen und -gruppen können je nach Verhaltenssituation verschieden sein. In jedem Fall geht es um normative Überzeugungen, ob ein spezifisches Verhalten gezeigt werden **soll**.

Globale Erfassung der SN: "Die meisten Menschen, die für mich wichtig sind, denken ich sollte eine berufliche Karriere einschlagen": wahrscheinlich -------------------- unwahrscheinlich.

           (+3)   (-3)

[Zwischen den beiden Polen sind 5 weitere Abstufen (+2, +1, 0, -1, -2) zwischengeschaltet]

Alternativ wird auch nach einzelnen wichtigen Bezugspersonen (Eltern, Ehemann, Freundin, Arzt, Mitarbeiter ect.) gefragt und ein Summenwert gebildet. Etwa: "Mein Partner meint, ich werde zu ... % ....".

❏ MC$_i$ (Entsprechungsbereitschaft; "motivation to comply")

d.h. das zu tun oder zu beabsichtigen, was die soziale Umwelt (i.S. wichtiger Bezugspartner, sozialer Gruppen) von einem erwartet. Mit anderen Worten: Sich entsprechend verhalten **wollen**.

Empirische Messung der MC beispielsweise:

"Bezüglich meiner beruflichen Entwicklung tue ich das, was die meisten Menschen von mir erwarten":

          sehr wahrscheinlich -- sehr unwahrscheinlich

           (+3)   (+2)   (+1)   (0)   (-1)   (-2)   (-3)

Oder:

"Wie sehr liegt Ihnen daran, das zu tun, was Ihr Partner von Ihnen verlangt?" Bezüglich dieser Frage ist eine von 5 oder 7 Antwortkategorien, die von sehr () .. bis .. überhaupt nicht () reichen, anzukreuzen.

Beide Determinanten - die Meinungen anderer Personen [nb$_i$] und die Motivation, diesen zu entsprechen [mc$_i$], mit den relevanten Bezugspersonen also konform zu gehen - sind ebenfalls multiplikativ miteinander verbunden: [**nb$_i$ x mc$_i$**]. Die Summe dieser bewerteten normativen Meinungen ergibt **SN**, die subjektive Norm (siehe Abb. 22). Etwas tun "sollen" bedeutet noch lange nicht, daß man/frau es auch tut oder beabsichtigt, es zu tun. Man/frau muß es auch "wollen"!

Weitere Spezifika zum F & A Modell:

1. Nach dem Modell ist die **Intention** eine Funktion von b_i, e_i, nb_i, mc_i (siehe Abb. 22)

2. A_B, SN, BI, B sind auf dem gleichen Spezifitätsniveau zu erfassen. F & A erwähnen diesbezüglich 4 Aspekte. Werden diese bei der Messung von Einstellungen (E) und Verhalten (V) nicht berücksichtigt, kommt es zu einer mangelhaften E-V Korrespondenz:

❐ **Handlungsaspekt**:
Spezifikation des Verhaltens: z.B. welches Verhalten, allgemeines oder eng umschriebenes Verhalten, einzelne Verhaltensweisen oder Verhaltenssequenzen? Vgl: Lesen im weitesten Sinne, einen bestimmten wissenschaftlichen Artikel lesen, regelmäßig die Tageszeitung lesen

❐ **Zielaspekt**: Worauf ist das Verhalten gerichtet? Beispiel "beraten": einen Freund beraten, eine Gruppe, einen Drogensüchtigen, ein Ehepaar mit Interaktionskonflikt. Oder "eine Wohnung vermieten" an einen Freund, einen Deutschen, einen Ausländer, einen Tamilen, einen Behinderten, einen alten Menschen ect.

❐ **Kontextaspekt**: In welchem Kontext wird das Verhalten ausgeführt? Öffentlich oder privat, allein oder mit anderen zusammen < ... beraten>.

❐ **Zeitaspekt**: Zeitpunkt, zu dem das Verhalten realisiert werden soll: Sofort, in einer Woche, einem Jahr ?

Werden alle E/V Komponenten so definiert und operationalisiert, daß sie hinsichtlich dieser vier Aspekte korrespondieren und einen vergleichbaren Spezifikationsgrad aufweisen, dann werden höhere Korrelationen zwischen Einstellung (E) und Verhalten (V) erzielt!

Beispielsweise korreliert die **globale** Einstellung gegenüber Empfängnisverhütung (E) und der Einnahme der Antibabypille (V) zu $r = 0.08$, d.h. es besteht kein Zusammenhang zwischen E und V. Wird die Einstellung jedoch spezifischer erfaßt, ergeben sich E-V Beziehungen bis zu $r = .57$.

3. Es liegen zum F&A Modell gute empirische Belege vor, die unterschiedliche Bereiche des Verhaltens betreffen. Die Korrelationen zwischen BI und B sind meist $r = 0.7$ und größer. Die multiplen Korrelationen (BI versus [A_B, SN]) streuen in 9 Untersuchungen nur zwischen $r = .76$ und $r = .89$ (vgl. FREY et. al., 1993, Tab. 1, S. 373). Die Kombination von Einstellung (A_B) und subjektiver Norm (SN) gestattet also eine Prognose der Verhaltensintention (BI). Die statistische Erklärungsleistung macht immerhin 58% - 79% aus, je nach untersuchtem Kriterium.

4. Die Gewichte (w_1) für A_B sind im Durchschnitt **größer** als die für SN. SN dürfte eine größere Bedeutung für die Vorhersage von Intentionen bzw. Verhalten haben, wenn man als Mitglied einer Gruppe handelt (vgl. TAJFEL: "intergruppales Verhalten").

5. Die Korrelationen zwischen der Einstellung zum Verhalten (A_B) und der Summe der Produkte der Verhaltens"beliefs" und der entsprechenden Bewertungen ($\sum b_i e_i$) ergaben ferner gute Übereinstimmungen (r: 0.58 - 0.81 bei 5 Untersuchungen). Ähnlich sind die Verhältnisse bei SN versus $\sum (nb_i \times mc_i)$: Die Koeffizienten variierten bei 4 Untersuchungen zwischen r = .41 und r = .83 (siehe FREY et. al., 1993, Tab. 1, S. 373).

6. Die relative Bedeutung der Komponenten des Modells wird von der Art der untersuchten Verhaltensweisen, der Art der Objekte, auf die das Verhalten gerichtet ist, von den situativen Bedingungen, unter denen das Verhalten ausgeführt wird und von den Merkmalen der handelnden Person beeinflußt.

7. Das Modell stellt eine allgemeine Verhaltenstheorie dar, die laut F&A für die meisten sozialen Verhaltensbereiche gelten soll, vorausgesetzt sie stehen unter **willentlicher Kontrolle**.

Anmerkung: Multiple Korrelation besagt, daß mehr als 2 Variablen simultan in Beziehung gesetzt werden. Beispielsweise (A_B + SN) versus Kriterium B_I oder B.

Das soziale Verhalten wird im Modell von Fishbein & Ajzen durch **4** verschiedene Ebenen erklärt (siehe auch Abb. 22; S. 144):

1. Verhalten (Behavior) wird durch BI (**Verhaltensintention**) erklärt.

2. Die Determinanten von BI sind
   a) ein **personaler** Faktor (Einstellung zum Verhalten; A_B) und
   b) ein **sozialer** Faktor (SN; [subjektive], soziale Normen).

3. Die Determinanten von A_B und SN sind wiederum
   verhaltensbezogene Meinungen über Verhaltenskonsequenzen und **normative** Meinungen sowie Bewertungen und Motivationsprozesse.

4. **Modellexterne** Variable, die auch einen Einfluß auf das Verhalten haben, per se aber ohne Erklärungswert für das Verhalten (B) sind. Sie bestimmen nur indirekt BI (und damit das Verhalten) und verschieben evt. die Gewichtung der beiden Komponenten A_B und SN.

Sollten diese externen Merkmale einen Einfluß ausüben, verläuft dieser über die Meinungen und Bewertungen der Verhaltenskonsequenzen bzw. den SN zugrunde liegenden normativen Überzeugungen und der Entsprechungsbereitschaft (MC_i).

Beispiele für modellexterne Merkmale sind allgemeine Einstellungen, demographische Merkmale (Geschlecht, Alter, Schulbildung ect.), Persönlichkeitseigenschaften. Werden modellexterne Merkmale zur Verhaltensvorhersage einbezogen, ist der Zuwachs an Erklärung bzw. die Verbesserung der Vorhersage nur geringfügig.

In SCHIEFELE 1990 (S. 50 - 74) findet die interessierte LeserIn eine zusammenfassende Würdigung des F&A Modells. Dort ist auch eine Vielzahl an einschlägigen empirischen Untersuchungen zitiert, die das Modell von FISHBEIN & AJZEN stützen.

Zwei Beispiele einer empirischen Untersuchung zum F&A Modell: $B \sim BI = w_1(A_B) + w_2(SN)$; [s. Abb.22]:
◆ POMAZAL & JACCARD (1976) untersuchten das prosoziale Verhalten von Studenten "unentgeldlich Blut zu spenden" mit einem Fragebogen, der auch Skalen zu den zentralen Komponenten (BI, SN, Mc u.s.w.) des F&A Ansatzes enthielt. 270 Fragebogen wurden ausgewertet. Die multiple Korrelation zwischen BI und (A_B + SN) betrug r =.53. Bei der Gruppe Studenten, die für das Blutspenden in Frage kamen (n = 202) korrelierten z.B. (A_B + SN) mit BI (Intention) zu .64 und BI mit B zu .52. Bei den n = 68 Studenten, bei denen eine Spende nicht möglich war (z.B. wegen Krankheit), ergab sich zwischen (A_B + SN) und BI ein niedrigeres r =.38.

◆ AJZEN (1971) berichtet über die Ergebnisse eines Experiments zum "Prisoner's Dilemma Game", einem Zwei-Personenspiel, in dem man zwischen einer kompetitiven oder einer kooperativen Spielstrategie wählen kann. Untersucht wurde die Wirkung von 4 spezifischen persuasiven Mitteilungen auf die Zielvariablen A_B und SN. Diese Mitteilungen an die Spieler betrafen einstellungsbezogene, Wettbewerb (oder Kooperation) bzw. normative, Wettbewerb (oder Kooperation) befürwortende Botschaften. 216 StudentInnen wurden auf 4 Versuchsgruppen und 2 Kontrollgruppen (n = 36 pro Gruppe) randomisiert.
Mit 4 siebenstufigen Ratingskalen wurde ein Summenindex jeweils für die Einstellung zur Kooperation bzw. zum Wettbewerb gemessen [Adjektivpaare: dumm-klug; gut-schlecht; nachteilig-vorteilhaft und belohnend-bestrafend]. NB und Mc wurden über Prozentangaben (siehe Beispiele S. 145, 146) erfaßt. Ebenfalls BI: "Ich würde in ... % der Fälle X und in ... % der Fälle Y wählen.
Ergebnisse - nur zum Teil wieder gegeben: Bei kooperativer Spielorientierung lag das Hauptgewicht bei der Vorhersage von BI und B auf SN; bei Wettkampforientierung auf A_B.

Die Korrelation zwischen BI und B betrug r = .822 (p < 0.01); N = 216.
Korrelation zwischen A_B und BI: r = .747. Korrelation zwischen SN und BI: r = . 529
Multiple Korrelation BI mit (A_B, SN): r = .818 (p < 0.01); Gewicht (w_1) für A_B : .529; Gewicht (w_2) für SN: .399

II. 2.5.2 Theorie des geplanten Verhaltens (theory of planned behavior; AJZEN, 1985)

Die Theorie des überlegten Handelns erweist sich als weniger effizient und vorhersagekräftig, sobald das beabsichtigte Verhalten nicht mehr oder nur begrenzt unter **willentlicher Kontrolle** steht und von Faktoren beeinflußt wird, die das Verhaltensziel beeinträchtigen und die Ausführung einer Verhaltensintention scheitern lassen.
◆ Im Kino beispielsweise läuft ein Film, über den Sie von Ihrem Freundeskreis sehr viel Gutes gehört haben. Auch persönlich versprechen Sie sich überaus viel von einem Besuch dieses Filmes. Da Sie heute abend nichts Besseres vorhaben und die Gelegenheit dazu günstig ist, schwingen Sie sich aufs Fahrrad und erscheinen rechtzeitig vor Beginn der Vorführung an der Abendkasse. Leider sind die Karten restlos ausverkauft und Sie müssen unverrichteter Dinge Ihren Plan verwerfen. Ihre **Absicht**, den Film zu sehen, scheiterte. Immerhin haben Sie **versucht**, den empfohlenen Film anzuschauen. Externale, situative Vorkommnisse, über die Sie keine bzw. nicht ausreichende Kontrolle hatten, verhinderten Ihre Absicht, ein bestimmtes Verhaltensziel zu realisieren.
◆ Nicht nur externale Hindernisse, sondern auch **personale** Unzulänglichkeiten können die willentliche Kontrolle über ein Verhaltensziel beeinflussen. Die Intention oder der Versuch, einem anderen zu helfen, schlägt z.B. fehl, weil die notwendigen Kenntnisse und Fertigkeiten oder die Willensstärke zur erforderlichen Hilfeleistung nicht ausreichend verfügbar sind. (Siehe dazu auch S. 24 ff.)

Die beiden Beispiele zeigen, daß das beabsichtigte Verhalten (BI) einerseits einen Versuch darstellt, ein bestimmtes, mit einem gewissen Grad an Unsicherheit behaftetes Ziel zu erreichen und andererseits die erfolgreiche Verhaltensperformanz davon abhängt, ob eine **Kontrolle** über die zahlreichen Faktoren, die dies verhindern können, besteht.

AJZEN (1985) stellte eine Modellerweiterung der Theorie des überlegten Handelns vor, in der das Konstrukt der Verhaltenskontrolle berücksichtigt wird. Die **wahrgenommene Verhaltenskontrolle** - d.i. die Meinung einer Person, wie leicht bzw. schwierig die Ausführung des Verhaltens wahrscheinlich sein wird - wird neben einigen Modifikationen als zusätzlicher Prädiktor integriert.
Das Konstrukt **Verhaltenskontrolle** bezieht sich im wesentlichen auf die Meinungen einer Person über die persönlichen Ressourcen (Fertigkeiten, Fähigkeiten, Willensstärke, Information) und externale Faktoren wie Zeit, Gelegenheit zur Handlungsausführung, potentielle situative Hindernisse oder die Abhängigkeit von anderen Personen, die eine temporäre Änderung der Verhaltensintention bewirken oder die erfolgreiche Performanz des Verhaltens vereiteln. Diese Meinungen (Überzeugungen) einer Person sind die Determinanten der wahrgenommenen Verhaltenskontrolle. Informationen über die Kontrollierbarkeit des Verhaltens bezieht eine Person aus eigenen, früheren Verhaltenserfahrungen bzw. in der Vergangenheit realisierten Verhaltensweisen und daraus abgeleiteten Erwartungen oder aus der Beobachtung der Verhaltensausführungen fremder Personen.
Die Bezeichnung **geplantes** Verhalten bringt zum Ausdruck, daß Sozialverhalten nach mehr oder weniger gut entwickelten Plänen erfolgt. Einen gewichtigen Beitrag zum erfolgreichen Versuch der Ausführung eines Verhaltensplanes kommt der Kontrolle der Person über diese internalen und externalen Faktoren zu. Ein Verhaltensplan ist ein Satz an sukzessiven Verhaltensintentionen, die bei entsprechender Ausführung zum Verhaltensziel führen und im Falle von Blockierungen ggf. alternative Pläne beinhalten. Ein solcher Plan beginnt mit einem **Verhaltensversuch** zur Ausführung eines Verhaltens (B_t ; to try behavior; siehe weiter unten).

Durch das Konzept der Verhaltenskontrolle wird die Theorie auf süchtiges, zwanghaftes und stark emotionales Verhalten ausgeweitet. Rauchen, Trinken, Tics, Stottern, Erröten oder Zwänge, irrationales Verhalten z.B. immer von neuem zu wiederholen, werden trotz bester Absichten und Anstrengungen, diese zu unterlassen, nur selten unter Kontrolle gebracht. Ähnlich ist es mit exzessiv emotionalem Verhalten. In Streßsituationen oder bei starken Emotionen gelingt es oft nur vereinzelt, die Kontrolle über das quasi automatisch ablaufende Geschehen zu gewinnen und die emotionale Überflutung zu neutralisieren. [Vgl. "jemand ist von seinen Emotionen überwältigt" oder "jemand hat die Kontrolle über ... verloren".]

Glaubt eine Person, wenig Kontrolle über ein bestimmtes Verhalten zu besitzen, wird sie wenig Motivation haben, dieses auch auszuführen, selbst wenn sie eine "tatsächliche" Kontrolle darüber hätte. Eine solche Person wird u.U. nicht in Erfahrung bringen, daß ihre geringfügigen Erwartungen, ein bestimmtes Verhalten mit Erfolg und Effizienz auszuführen, nicht angemessen sind. Entspricht die subjektiv wahrgenommene Kontrolle andererseits in etwa der **tatsächlichen** Kontrolle, dann kommt es sehr wahrscheinlich zu einer Verhaltensausführung. Adäquate Verhaltensrealisierungen erfordern auch ausreichende Informationen über das verhaltensbezogene Umfeld und setzen oftmals zur erfolgreichen Bewältigung spezielle motorische Fertigkeiten u./o. kognitive Fähigkeiten beim Handelnden voraus. Sind diese Bedingungen nur ungenügend oder gar nicht gegeben, hat dies ebenfalls Auswirkungen im Sinne einer reduzierten Kontrollierbarkeit zur Folge. Auch die Aufmerksamkeit zu sehr auf das Handlungsziel und die damit verbundenen Annehmlichkeiten richten oder eine zu intensive Planungszentrierung mit wiederholter Abwägung der Vor- und Nachteile, können ebenfalls das Erlebnis von Unkontrollierbarkeit verursachen, genauso wie zu intensives Nachdenken über die Ursachen und

Folgen schon realisierter Verhaltensweisen. Wird zu sehr auf irrelevante Information geachtet und ist keine handlungsfördernde Gefühlslage vorhanden, ist die Kontrolle über das Verhalten gleichermaßen beeinträchtigt. Oftmals ist auch die Fähigkeit eingeschränkt, <u>Versuchungen zu widerstehen</u>. Eine StudentIn beispielsweise, die beabsichtigt, an einem Referat zu arbeiten, und auch dazu stark motiviert ist, kann bei mangelnder Willensstärke relativ leicht der verlockenden Alternative, eine Party zu besuchen, den Vorzug geben. Der subjektive Schwierigkeitsgrad, einer Einladung zur Party zu widerstehen, wäre in diesem Falle ein Hinweis für das Ausmaß an wahrgenommener Kontrolle.

Alle diese Aspekte führen dazu, daß die Verhaltensintention (BI) ein konkretes Verhalten nicht mehr vorhersagt. Möglich ist auch, daß in diesem Zusammenhang die Intention geändert wurde, weil ein attraktiverer Verhaltensplan verfolgt oder die Verhaltensabsicht während des Versuches, ein bestimmtes Verhalten auszuführen, durch eine andere Intention substituiert wird.

❒ Um dem Kontrollkonzept und der Annahme von Verhaltensplänen bzw. Verhaltenszielen gerecht zu werden, wird von AJZEN die Theorie des überlegten Handelns wie folgt modifiziert (siehe auch Abb. 23; S. 152):
Die Verhaltensintention BI wird nunmehr als eine **Intention zum Verhaltensversuch** (intention to try performing a certain behavior) interpretiert und mit (I_t) symbolisiert. Demnach sagt die Intention nur den Versuch einer Person, ein bestimmtes Verhalten auszuführen (B_t), vorher und nicht notwendigerweise die tatsächliche Verhaltensperformanz (B). Beispielsweise korrelierte bei College-Studentinnen, die über einen Zeitraum von 2 Monaten ihr Körpergewicht reduzieren wollten, die Intention mit dem Verhaltensversuch Gewichtsreduzierung (B_t; physische Aktivitäten, Diät u. dgl.) signifikant zu r = .49; die Korrelation mit der tatsächlichen Gewichtsabnahme (B) dagegen war nicht signifikant und erheblich niedriger (r = .16).

Neu eingeführt wird die Kontrolle **C** (control) im Sinne von **tatsächlicher Kontrolle** über personale und externale, interferierende Faktoren in der jeweiligen Situation und mit dem Verhaltensversuch B_t multiplikativ verknüpft:

$$B \propto B_t \times C.$$

[Je größer B_t und C sind, desto wahrscheinlicher ist es, daß das Verhaltensziel erreicht wird.]

Neu ist auch die Variable **Verhaltenserwartung** (behavioral expectation; **BE**). Sie bezieht sich auf die Wahrscheinlichkeit, daß eine Person tatsächlich ein bestimmtes Verhalten ausführen will. Hat eine Person die Absicht (I_t) ein Verhalten zu versuchen und glaubt sie ferner mit hoher Wahrscheinlichkeit daran, daß sie Kontrolle besitzt (behavior control; b_c), hat sie die Erwartung, das Verhalten auszuführen bzw. zu versuchen. Die Intention zum Verhaltensversuch (I_t) und die wahrgenommene Kontrolle (b_c) ergeben zusammen die Verhaltenserwartung (**BE**):

$$BE \propto I_t \times b_c$$

Reformuliert werden auch die beiden Determinanten der Intention: Die Einstellung zum Verhalten (A_B) wird zur Einstellung zum Verhaltensversuch (A_t) und die subjektiven Normen (SN) zu SN zum Verhaltensversuch: **SN$_t$**
Die Einstellung zum Verhaltensversuch wird zudem noch gesplittet in eine Einstellung zu einem **erfolgreichen** Verhaltensversuch (A_s); [< s > steht für success, d.h. Erfolg] und in eine Einstellung zu einem **fehlgeschlagenen** Verhaltensversuch (A_f); [< f > steht für failure, d.h. Mißerfolg]. Beide werden noch mit der subjektiven Wahrscheinlichkeit, daß ein Erfolg (p_s) bzw. Mißerfolg (p_f) eintritt, multipliziert und ergeben die Einstellung zum Verhaltensversuch (A_t), wobei gilt: $p_s + p_f = 1$.

$$A_t \propto [p_s A_s + p_f A_f]$$

Die Determinanten der Einstellung zum Verhaltensversuch sind analog zur ursprünglichen Theorie (siehe Abb. 22, S. 144 und Box S. 148) verhaltensbezogene Meinungen, die die Konsequenzen einer <u>erfolgreichen</u> oder <u>fehlgeschlagenen</u> Verhaltensperformanz betreffen bzw. die Bewertung dieser Konsequenzen.

Die subjektive Norm zum Verhaltensversuch (SN_t) ist nunmehr die Überzeugung einer Person einer erfolgreichen Verhaltensausführung, die von wichtigen Bezugspersonen empfohlen wird, multipliziert mit der subjektiven Wahrscheinlichkeit eines Erfolges, der von wichtigen Bezugspersonen attribuiert wird (p_r): $<r>$ steht für "referents" (Bezugspersonen):

$$SN_t \propto p_r\, SN$$

Beispiel: Glaubt eine Frau, ihr Ehemann, ihre Kinder und ihre besten FreundInnen denken, sie solle ihrer früheren Berufstätigkeit wieder nachgehen, und meint sie außerdem, daß sie gemäß dieser wichtigen Bezugspersonen eine recht gute Chance habe, einen Job zu finden, dann wird sie zu der Überzeugung kommen, diese seien der Ansicht, sie solle sich um einen Job bemühen.

Abb. 23: Theorie des **geplanten Verhaltens** (planned behavior) nach AJZEN, 1985

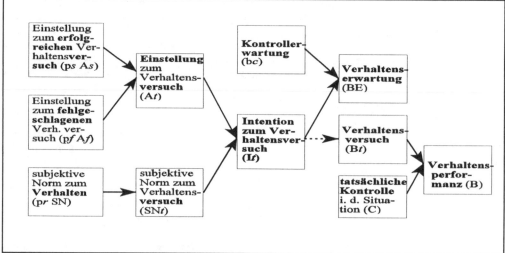

Anmerkung: Die Determinanten der Einstellung zum erfolgreichen bzw. zum gescheiterten Verhaltensversuch und zur subjektiven Norm sind in dieser Übersicht nicht eingezeichnet.

Fassen wir zusammen: Eine Person P wird den **Versuch** unternehmen, ein bestimmtes Verhalten auszuführen, wenn sie der Meinung ist, die Vorteile des Erfolges überwiegen die Nachteile des Scheiterns - beide werden mit der Wahrscheinlichkeit eines Erfolgs bzw. Mißerfolgs gewichtet - und auch der Ansicht ist, wichtige Bezugspersonen, deren Erwartungen P zu entsprechen motiviert ist, denken, sie solle eine Ausführung des Verhaltens versuchen. Person P ist erfolgreich im Verhaltensversuch, wenn sie genügend **Kontrolle** über internale und externale Faktoren hat, die mit der Erreichung des Verhaltenszieles interferieren.

Sie haben die Absicht, jeden Morgen 10 Minuten Gymnastik zu betreiben. Wenn die Zeit und die situativen Umstände Ihrer Einschätzung nach opportun sind, werden Sie einen entsprechenden **Versuch** unternehmen. Eine aussichtsreiche und beständige Durchführung der Gymnastik ist jedoch abhängig von eventuellen Hindernissen und Erschwernissen, die in der konkreten Situation auftreten (**tatsächliche Kontrolle**). Ungeachtet einer optimalen Einstellung zu Gymnastikversuchen und einer hohen Motivation, den Erwartungen wichtiger Bezugspartner zu entsprechen, ist der Verhaltensversuch und folglich auch das tatsächliche Verhalten zum

Scheitern verurteilt, wenn die wahrgenommene Verhaltenskontrolle u./o. die tatsächliche Kontrolle erheblich limitiert sind.

Die Theorie des begründeten Handelns (reasoned action) ist ein **Spezialfall** der Theorie des geplanten Verhaltens, wenn die subjektive Erfolgswahrscheinlichkeit (p_s) oder die wahrgenommene Kontrolle (b_c) und der tatsächliche Grad der Kontrolle über das Verhaltensziel (C) maximal sind. Ist ein Mißerfolg unmöglich und die aktuelle Verhaltenskontrolle perfekt, steht das Verhalten völlig unter **willentlicher Kontrolle**. Besteht die Möglichkeit des Scheiterns und ist die aktuelle Kontrolle limitiert, ist die Theorie des geplanten Verhaltens vorzuziehen.

Abb. 24: Alternative Modelldarstellung der **Theorie des geplanten Verhaltens**
(nach AJZEN und MADDEN, 1986, S. 458)

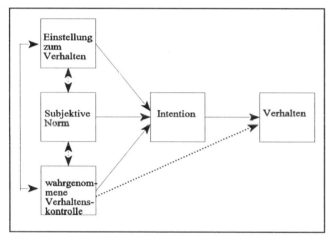

Abb. 24 ist zu entnehmen, daß die Verhaltensintention jetzt von drei Komponenten gesteuert wird, die sich wiederum gegenseitig beeinflussen. Zudem enthält die Grafik zwei Versionen der Theorie des **geplanten Verhaltens**:

Version 1: Die wahrgenommene Verhaltenskontrolle (perceived behavioral control) ist hier neben der Einstellung zum Verhalten und den subjektiven Normen eine weitere Determinante der Verhaltensintention. Sie übt einen direkten kausalen Einfluß auf die Absichten (Intentionen) aus. Glaubt eine Person beispielsweise weder die erforderlichen Ressourcen noch die Opportunitäten zur Ausübung eines Verhaltens zu haben, dann ist es sehr unwahrscheinlich, daß sie entsprechende Verhaltensabsichten entwickelt, selbst dann, wenn sie im Besitz adäquater Einstellungen (A_B) und auch der Meinung ist, andere relevante Bezugspersonen würden es schätzen (SN), wenn sie das in Frage kommende Verhalten praktiziert. In diesem Fall wäre das Verhalten nicht unter willentlicher Kontrolle bzw. das Verhaltensziel mit einem hohen Grad an Unsicherheit behaftet. Eine Verhaltensausführung würde unter einer solchen Bedingungskonstellation sehr wahrscheinlich vereitelt werden und nicht zustandekommen.

Version 2: Es besteht einerseits eine **direkte** Verbindung zwischen wahrgenommener Verhaltenskontrolle und Verhalten (siehe gestrichelte Linie), andererseits ist auch eine **indirekte** Beeinflussung des Verhaltens gegeben, die über die Verhaltensintention verläuft. Der kausale Einfluß der wahrgenommenen Verhaltenskontrolle auf das Verhalten ist hier eher im Sinne einer **tatsächlichen** Verhaltenskontrolle (actual control) zu verstehen. AJZEN und MADDEN betrachten in diesem Fall die subjektive Verhaltenskontrolle als ein partielles Substitut für die schwierig zu messende tatsächliche Kontrolle, denn zahlreiche Faktoren, die die Ausübung eines intendierten Verhaltens verhindern können, sind akzidentiell und können von einer Person nicht antizipiert werden

Von beiden Autoren werden diese zwei Modellversionen in Abb. 24 einem empirischen Test in Form von zwei Experimenten unterzogen, die es darüber hinaus auch ermöglichen, parallel dazu die Theorie des begründeten Verhaltens (reasoned behavior) zu evaluieren. Zur Klarstellung und Konkretisierung des Konstrukts der wahrgenommenen Verhaltenskontrolle wird nachstehend nur auf das erste Experiment eingehend Bezug genommen:

◆ Eine Untersuchung zum Verhalten "**Vorlesungen besuchen**" erbrachte eine größere Vorhersagegenauigkeit der Verhaltensintention, wenn die Komponente der Kontrollierbarkeit des Verhaltens miteinbezogen wird. An diesem Experiment nahmen 169 CollegestudentInnen (45 männlich, 124 weiblich) teil, die einen Einführungskurs zur Sozialpsychologie belegt hatten. Neben dem Verhaltensziel "Vorlesungen besuchen", das über eine Periode von 6 Wochen aufgezeichnet wurde, bearbeiteten die TeilnehmerInnen auch einen Fragebogen, in dem um Angaben zu den Einstellungen zu diesem Verhalten, zu den subjektiven Normen, zur Verhaltensintention und zur wahrgenommenen Verhaltenskontrolle gebeten wurde. Die Einstellungen wurden nach dem **Erwartungs x Wert** Modell (siehe S. 142 ff.) erfaßt, das annimmt, daß die Einstellungen eine Funktion aller salienten Meinungen (beliefs) über ein Einstellungsobjekt sind. Die Skores zu den Konstrukten A_B, SN und BI wurden analog, wie auf den S. 142-146 beschrieben, gewonnen. Es erfolgten auch direkte, globale Messungen der Einstellungen, der subjektiven Norm und der wahrgenommenen Kontrolle, die mit dem Erstmaß erwartungsgemäß korrelierten (r = .51; .47 und .54). Bezüglich der **wahrgenommenen Verhaltenskontrolle** mußten die **10** häufigsten in einer Pilotstudie von 24 StudentInnen erwähnten Faktoren, die den Besuch einer Vorlesung verhindern, auf einer siebenstufigen Skala eingeschätzt werden. Im einzelnen waren dies: Krankheit, kollidierende Ereignisse, familiäre Verpflichtungen, ein Arbeitsverhältnis, Müdigkeit/Lustlosigkeit, Verkehrsprobleme, persönliche Probleme, Verschlafen oder Vergessen, Arbeitsbelastung durch andere Kurse und das Scheitern bei der Vorbereitung von Aufgaben. Die Pole der 7 stufigen Skala waren < viele Ereignisse vs. überhaupt nicht > bzw. < niemals vs. häufig >. Die Antworten zu diesen 10 Items wurden aufsummiert und ergaben den Meßwert für die wahrgenommene Verhaltenskontrolle. Ebenfalls wurde ein 2. Meßwert direkt mittels drei Fragen erhoben: a) Wieviel Kontrolle haben Sie über den Besuch/Nichtbesuch der Vorlesungen? [völlige vs. sehr wenig Kontrolle.] b) Für mich ist es [leicht vs. schwer] jede Vorlesung zu besuchen und c) Wenn ich möchte, könnte ich mühelos jede Vorlesung besuchen [sehr wahrscheinlich vs. sehr unwahrscheinlich]. Der Summenwert zu diesen drei Angaben stellte einen zweiten Indikator zur wahrgenommenen Verhaltenskontrolle dar. All diese Daten wurden von den Autoren mit hierarchischen Regressionsanalysen analysiert. Die folgende Box enthält die zentralen Ergebnisse im Überblick:

I. Vorhersage der Verhaltensintentionen (I)				
Korrelationen zwischen:			Multiple Korrelationen zwischen:	
A_B und I	SN und I	sC und I	$(A_B$, SN) und I	$(A_B$, SN, sC) und I
.51	.35	.57	**.55**	**.68**
II. Vorhersage des Verhaltens				
Korrelationen zwischen:			Multiple Korrelation zwischen:	
Intention (I) und B		sC und B	**(I, sC) und B** (Verhalten)	
.36		.28	**.37**	

[**sC**: subjektive, wahrgenommene Kontrolle des Verhaltens; A_B: Einstellung zum Verhalten Vorlesungen besuchen; **SN**: subjektive Norm; **I**: Verhaltensintention; **B**: Verhalten (behavior)]

Wird **sC** als 3. Prädiktor für I (Intention) hinzugefügt, erhöht sich die Beziehung von r =.55 auf r = .68 und die Varianzaufklärung folglich von 30,25% auf 46,24% (siehe quadrierter Korrelationskoeffizient). Die Korrelation r =.55 zwischen (Einstellung, SN) und Verhaltensabsichten bestätigt die ursprüngliche Theorie des begründeten Verhaltens (reasoned behavior), die signifikanten Beiträge der Einstellungen zum Verhalten und der sozialen Norm zur Vorhersage der Intentionen. Die Einbeziehung der Variable **Verhaltenskontrolle** auf der Stufe zwei erhöhte signifikant und additiv die Vorhersagekraft bezüglich der Verhaltensintention. Die Überprüfung möglicher Interaktionseffekte zwischen der Verhaltenskontrolle und den beiden anderen Prädiktoren - die Skores der Verhaltenskontrolle wurden mit den Skores der Einstellung bzw. subjektiven Norm multipliziert - war auf der 3. Analysestufe wider Erwarten nicht signifikant.

Die wahrgenommene Verhaltenskontrolle hat andererseits für die Vorhersage des Verhaltens (B) keinen Einfluß; die multiple Korrelation erhöht sich äußerst geringfügig auf r =. 37 (siehe Box S.154). Im Widerspruch zur 2. Version der Theorie des geplanten Verhaltens (siehe Abb. 24) konnte keine direkte Verbindung zwischen der Verhaltenskontrolle und dem tatsächlichen Vorlesungsbesuch nachgewiesen werden. AJZEN & MADDEN interpretieren diesen Befund dahingehend, daß bei einem Verhalten wie z.B. Vorlesungen besuchen die Person relativ **ohne Probleme der Verhaltenskontrolle** ist und deshalb nicht zu erwarten ist, daß die wahrgenommene Kontrolle über die Verhaltensintentionen hinaus einen gewichtigen Beitrag zur Verhaltensvorhersage hinzufügt.

Ebenso war die Interaktion zwischen Kontrolle und Intention - im 3. Auswertungsschitt wurde das Produkt aus Intention und Verhaltenskontrolle in die Regressionsanalyse miteinbezogen - von geringer Evidenz.

Schließlich und endlich führen die Autoren die vergleichsweise niedrige Korrelation zwischen Intention und Verhalten (r = . 36; siehe Box S. 154), das unter relativ hoher willentlicher Kontrolle steht, zum Teil auf die geringe Reliabilität der Verhaltensmaße zurück. Die Korrelation zwischen den Verhaltensbeobachtungen der 1. versus 2. Hälfte der 6 wöchigen Untersuchungsperiode betrug nur r = .46.

II.2.5.3 Kurze Zusammenfassung zur E & V Konsistenz (vgl. auch BIERHOFF, 1993)
[Abkürzungen: **EO** Einstellungsobjekt; **E-V** Einstellung-Verhalten]

Zahlreiche experimentelle Studien belegen, daß **zwischen E-V höhere Korrelationen** erzielt werden bzw. die Einstellung dann ein brauchbarer Prädiktor ist, **wenn**

❏ meßtheoretische Erwägungen in Betracht gezogen werden - Verhaltensalternativen z.B. berücksichtigt oder multiple, d.h. mehrere Verhaltensweisen zu einem Verhaltensindex zusammengefaßt werden anstatt singuläre Verhaltenskriterien nur zu erheben;

❏ das EO für den/die Betroffenen einen hohen Stellenwert hat (siehe **Zentralität** der Einstellung)

❏ eine **affektiv - kognitive Konsistenz der Einstellung** vorliegt;

❏ die Einstellungen auf **direkte und vielfältige Erfahrung** gründen. Sie sind dann bessere Prädiktoren des Verhaltens als Einstellungen, die nur aus externen Quellen abgeleitet oder von anderen übernommen wurden. Direkt erworbene Einstellungen sind nämlich stärker mit dem EO verknüpft und demnach kognitiv zugänglicher und verfügbarer.

❏ durch **intensives Nachdenken über eine Einstellung** Gefühle, Meinungen und Auffassungen diesbezüglich in Einklang gebracht werden.

❏ bei den Vpn die Überzeugung hervor gerufen wird "was man denkt, sollte man tun", d.h. so zu handeln, wie man denkt. Es lassen sich dann ggf. empirisch eine stärkere Übereinstimmung zwischen E und V nachweisen. Diese **"Strategie des Tu-es-Selbstbildes"** ist ein Lebensstil der bei **niedrigen Selbstüberwachern** zu finden ist (siehe II.2.5.4).

❏ die "soziale Erwünschbarkeit" kontrolliert und Persönlichkeitsfaktoren wie **Selbstüberwachung** (self monitoring; SNYDER) - siehe nächstes Kapitel - berücksichtigt werden.

> **Hohe** SelbstüberwacherInnen orientieren nämlich ihre Verhaltensentscheidungen bevorzugt an der Situation und den potentiellen Reaktionen der Interaktionspartner. Anders bei **niedrigen** SelbstüberwacherInnen: Für das Verhalten sind mehr die inneren Maßstäbe ausschlaggebend als die äußeren, situativen Umstände.

❏ die Vpn sich intensiv auf die Einstellung (auf Gedanken und Vorstellungen) konzentrierten. (Vgl. Selbstfokus, Spiegel, Kameras in derSelbstaufmerksamkeitstheorie von DUVAL & WICKLUND; siehe auch unter II.2.5.5).

II.2.5.4 Selbstüberwachung (SÜW) *** Self-monitoring (SNYDER, 1974, 1980)

Jeder von uns war schon in soziale Situationen verwickelt und hat Dinge getan, die er/sie eigentlich gar nicht tun wollte. Vielleicht waren die äußeren Umstände so gestaltet, daß es besser schien, so zu handeln, um auf gar keinen Fall aufzufallen. Möglich wäre auch, daß man/frau etwas tat, um einen bestmöglichen Eindruck zu erzielen. Was auch immer zutreffen mag, wir alle haben Strategien verfügbar, mit denen es uns mehr oder weniger gut gelingt, unser Verhalten derart zu "managen", daß das Bild, das andere von uns haben, beeinflußt wird.

Das Konzept der Selbstüberwachung hat nun interessante Implikationen, wenn es in die Einstellungs-Verhaltens Kontroverse einbezogen wird. Bevor wir jedoch auf diese Zusammenhänge näher eingehen, sei das Konstrukt des "self-monitoring" kurz dargelegt und zur Veranschaulichung eine Extremgruppenbeschreibung der hohen und niedrigen SelbstüberwacherInnen vorangestellt:

☐ Selbstüberwachung (abgekürzt SÜW) besagt im wesentlichen:

Bewußte, vorsätzliche Anwendung von Strategien zu einer günstigen Selbstdarstellung (auch **impression management** genannt) und Beeinflussung des Bildes, das Interaktionspartner von einem haben. Aussagen, Handlungen, Ausdrucksverhalten werden dann entsprechend gesteuert.

Nach SNYDER gibt es persönlichkeitsbedingte Unterschiede der Motivation und der Fähigkeit zur Steuerung der Selbstdarstellung. Das Ausmaß der SÜW kann mit einem von Snyder entwickelten Fragebogen ermittelt werden - eine Kurzform dazu siehe S. 159. SÜW ist demnach eine dispositionale Tendenz. In der einschlägigen Forschungsliteratur wird diese Disposition meist dichotomisiert und in Vergleichsuntersuchungen mit sog. Extremgruppen näher spezifiziert. Dabei wird nach hohen versus niedrigen SelbstüberwacherInnen unterschieden:

● Hohe SelbstüberwacherInnen (HSÜW)

sind bemüht um situationale und interpersonale Angemessenheit des sozialen Verhaltens; sie sind aufmerksam gegenüber dem Verhalten anderer; Hinweisreize des Verhaltens anderer und der Situation dienen ihnen als Richtlinien für die Steuerung und Kontrolle der Selbstdarstellung. Schauspieler, Politiker, Strafverteidiger, Übergewichtige haben nach Snyder hohe SÜW Werte und sind gute "Impressionmanager". HSÜW sind auch sensibler gegenüber anderen Personen, erkennen zutreffender, welche Gefühlszustände diese ausdrücken, können Gefühlszustände mimisch und stimmlich besser darstellen und erweisen sich als glaubwürdigere LügnerInnen. Ihnen gelingt es auch besser eine introvertierte oder extrovertierte Person zu mimen.

HSÜW richten sich bei der Planung ihres Verhaltens mehr auf situationale Information, NSÜW dagegen mehr auf dispositionale Information aus.

☞ **Das Selbstkonzept der HSÜW:** Sie beschreiben sich selbst in höherem Maß als flexibel, anpassungsfähig und bemüht um sozial angemessenes Verhalten; sie attribuieren die Gründe ihres Verhaltens in stärkerem Ausmaße auf situationale Umstände; sie beschreiben die eigene Identität mehr durch externe Merkmale (Beruf, Gruppenzugehörigkeit, Besitztümer); in der Selbstdarstellung sind sie mehr geleitet von prototypischen Personen; HSÜW suchen bevorzugt Situationen auf, die klar und eindeutig definiert sind.

● **Niedrige SelbstüberwacherInnen (NSÜW)**
haben geringere Fähigkeiten, Verhalten im Sinne einer günstigen Selbstdarstellung zu steuern. Ihr **Verhalten ist mehr Ausdruck der tatsächlichen Gefühle, Einstellungen, Eigenschaften, Dispositionen, inneren Zustände.** Auch ist ihr soziales Verhalten zeitlich stabiler und über verschiedene Situationen hinweg konsistenter. Strategische Selbstdarstellungen werden von ihnen eher vermieden.

☞ **Das Selbstkonzept** der **NSÜW**: Sie sehen sich mehr geleitet von eigenen Maßstäben und Prinzipien; sie bevorzugen Dispositionsattributionen für eigenes Verhalten und beschreiben sich selbst durch Merkmale, die in der eigenen Person lokalisiert sind. Das Selbstbild reflektiert auch einen geringeren Grad der Beziehung zu anderen wieder. Die Selbstdarstellung richtet sich eher nach **eigenen** Eigenschaften und Einstellungen.
NSÜW bevorzugen eher Situationen, die weniger strukturiert sind und die ihnen die Möglichkeit geben, konsistent mit den eigenen Einstellungen zu handeln.

☐ **SÜW und E & V Relation**

> Eine **konsistente Beziehung zwischen Einstellung und Verhalten ist nur für solche Personen zu erwarten, die eine niedrige SüW-Tendenz haben, sich also mehr nach ihrem Selbstkonzept richten.** Die Korrelationen zwischen Einstellung und Verhalten sind bei HSÜW niedriger als bei NSÜW. Bei letzteren ist gemäß der Theorie eine größere Konsistenz zwischen Einstellungs- und Verhaltensmaßen zu erwarten. Diese Hypothese leuchtet unmittelbar ein, denn das Verhalten der HSÜW ist besser durch Merkmale der Situation erklärbar, dagegen **das der NSÜW besser durch Einstellungen und Eigenschaften.**

Im Modell von FISHBEIN & AJZEN haben wir 2 wichtige Determinanten kennengelernt: Die Einstellungen zum Verhalten (A_B) und die subjektiven Normen (**SN**). Offensichtlich hat die Normkomponente bei Personen mit **hoher** Selbstüberwachungstendenz ein stärkeres Gewicht als die Einstellungskomponente. Dies entspricht einer größeren Sensibilität gegenüber Erwartungen der sozialen Umwelt und einer stärkeren Bereitschaft, dem äußeren Erwartungsdruck zu entsprechen.
Bei **niedriger** Tendenz zur Selbstüberwachung ist es geradezu umgekehrt: Die Einstellungskomponente dominiert über die normative Komponente. Externe Ereignisse beeinflussen in einem geringeren Ausmaß das Verhalten; dieses wird mehr von internen, dispositionalen Erfordernissen reguliert.

◆ SNYDER & SWANN (1976) berichten von einem Experiment zur Einstellung < Gleichbehandlung von Frauen und Minoritäten im Beruf >. Die Vpn - ihre Einstellung zur Gleichbehandlung wurde zuvor mit 5 Meinungsaussagen erfaßt - sollten schriftlich begründen, ob die gerichtliche Klage einer Biologin, die Entscheidung des Arbeitgebers zugunsten eines Biologen sei auf einer ablehnenden Haltung gegenüber Frauen zurückzuführen, gerechtfertigt sei. Bevor die Vpn ihre Argumente niederlegten, konnten sie die Lebensläufe beider Bewerber und die Schriftsätze der Rechtsanwälte durchlesen. Anhand der schriftlichen Urteile der Vpn wurde dann ermittelt, wie positiv/negativ der jeweilige Verfasser der Klägerin gegenüber eingestellt ist (Verhaltenskriterium!). Die Variable Selbstüberwachung wurde experimentell durch entsprechende Instruktionen kontrolliert. Den Vpn der **NSÜW-Situation** wurde die Bedeutsamkeit ihrer Einstellung als Handlungsrichtlinie nahegelegt, während in der **HSÜW-Bedingung** das Urteil eines vermeintlichen Partners, der einen zur Vp konträren Standpunkt vertrat und mit dem später darüber diskutiert werden sollte, gelesen werden konnte. Jeweils die Hälfte der Vpn erhielt Informationen über den potentiellen Diskussionspartner. Alle Vpn konnten davon ausgehen, daß sie ihr Urteil später mit einer anderen Person diskutieren würden.

Die Interkorrelation der Maße zur Einstellung und zum Verhalten, unter Einbezug der Kontrollvariablen "Selbstüberwachung", bestätigte, daß die **Selbstüberwachung (SÜW) die E-V Beziehung** erheblich moderiert: Einstellung und Verhalten korrelieren für die gesamte Untersuchungsstichprobe zu r = .22. Wird aber das Persönlichkeitsmerkmal Selbstüberwachung kontrolliert, ergibt sich für die **HSÜW** eine Beziehung zwischen Einstellung und Verhalten von **r = 0.03** - d.h. die Einstellung hat mit dem Verhalten praktisch nichts gemeinsam - und für die **NSÜW** ein Korrelationskoeffizient von **r = 0.42** .

Weitere Befunde, die den Moderator-Effekt der Selbstüberwachungstendenz bestätigen, findet die interessierte LeserIn in SCHIEFELE (1990).

NSÜW tendieren zudem, wenn sie sich einstellungsdiskrepant verhalten, stärker dazu, die Einstellung dem ausgeführten Verhalten anzupassen bzw. die Einstellung zu ändern.
NSÜW zeichnen sich auch durch eine höhere kognitive Verfügbarkeit und Verhaltensrelevanz ihrer Einstellungen aus, was zu einer höheren Einstellungs - Verhaltens Relation führt. Einstellungskonsistentes Verhalten ist demnach nur bei bestimmten Personen, nämlich NSÜW zu erwarten.

Situationen, die neu und unvertraut sind, in denen die eigene Einstellung unerwünscht, abweichend oder die Aufmerksamkeit auf andere Personen und deren Sichtweise gelenkt ist, das Interesse an sozialer Bewertung und Konformität mit den Normen der Bezugsgruppen erzeugt wird, können potentiell zu hoher SÜW und somit einstellungsinkonsistentem Verhalten führen. In derartigen Situationen ist man/frau aufmerksamer gegenüber äußeren Hinweisreizen und kontrolliert folglich das eigene Verhalten bewußt und situationsangemessen.

Wenn Sie daran interessiert sind, Ihre Tendenz zur Selbstüberwachung festzustellen, bearbeiten Sie bitte die folgenden 10 Aussagen. Beachten Sie dabei die vorgeschalteten Instruktionen.

Hinweis: Dieser Kurzbogen ist kein standardisiertes Instrument zur exakten Erfassung des Persönlichkeitsaspektes "Selbstüberwachung". Er soll nur einen Einblick vermitteln, auf welche Art und Weise psychologische Persönlichkeitskonstrukte gemessen werden.

Kurzfragebogen zur Selbstüberwachungstendenz nach SNYDER (1980)

Die folgenden Aussagen betreffen persönliche Reaktionen auf eine Reihe von unterschiedlichen Situationen. Keine zwei Aussagen sind genau gleich, lesen Sie deshalb jede Aussage sorgfältig, bevor Sie antworten. Wenn Sie eine Aussage für richtig halten oder für meistens richtig, dann kreuzen Sie das **R** an. Wenn Sie einer Aussage nicht zustimmen können, kreuzen Sie das **F** an.

1. Es fällt mir schwer, das Verhalten anderer Leute nachzuahmen	R F
2. Ich glaube, ich ziehe eine Show ab, um andere Leute zu beeindrucken oder zu unterhalten	R F
3. Ich würde wahrscheinlich einen guten Schauspieler abgeben	R F
4. Ich scheine in den Augen anderer manchmal stärkere Gefühle zu erleben als es wirklich der Fall ist	R F
5. In einer Gruppe von Leuten bin ich selten das Zentrum der Aufmerksamkeit	R F
6. In verschiedenen Situationen und mit verschiedenen Leuten verhalte ich mich oft wie sehr verschiedene Personen	R F
7. Ich kann nur für Meinungen eintreten, an die ich bereits glaube	R F
8. Um keine Probleme zu haben und gemocht zu werden, neige ich dazu, das zu sein, was Leute von mir erwarten.	R F
9. Ich kann Leute täuschen, indem ich freundlich bin, auch wenn ich sie in Wirklichkeit nicht mag.	R F
10. Ich bin nicht immer die Person, die ich zu sein scheine.	R F

Auswertung dieser Kurzform des SÜW Fragebogens nach SNYDER:

1 Punkt jeweils, wenn die Fragen **1, 5, 7 mit < F > angekreuzt wurden.**

1 Punkt jeweils für die **übrigen Fragen, wenn** sie mit < R > beantwortet sind.
  [maximale Punktzahl: 10 Punkte]

wenn 7 und mehr Punkte, dann gilt: **HSüW**
wenn **3 und weniger** Punkte, dann sind Sie wahrscheinlich ein **NSüW**

❏ Vertreter des **Impression-Managements** betonen die Kontrollbemühungen und Beeinflussungsversuche einer Person zur Erzielung eines möglichst optimalen Eindrucks auf die PartnerIn bzw.
einer angemessenen Selbstdarstellung zur Erhöhung des Selbstwertes in sozialen Interaktionen. Wir
Menschen haben demgemäß eine Vielzahl an Verhaltensweisen - teils bewußt oder unbewußt eingesetzt - zur Verfügung, um einerseits soziale Anerkennung, Zustimmung, Billigung oder Gratifikationen zu erhalten und andererseits Ablehnung, Nachteile und ungünstige Selbstpräsentationen zu
vermeiden. Stellen sich diese Versuche als erfolgreich dar, werden durch soziale Verstärkungspro-
zesse das Selbstdarstellungsverhalten einer Person stabilisiert und seine Auftrittswahrscheinlichkeit
erhöht. Dieser Lernprozeß, auf den anderen so einzuwirken, daß man/frau das, was man/frau nötig
hat, auch erhält, ist vorwiegend situationsbezogen und von den sozialen Verstärkern der jeweiligen
InteraktionspartnerIn abhängig. Über günstige Selbstpräsentationen sozialen Einfluß zu erlangen, hat
aber auch etwas mit **sozialer Machtausübung** zu tun. Gelingt es, die/den anderen wirksam so zu
beeinflussen, daß die Interaktion für die Impression-ManagerIn belohnend ist, dann wurde das Verhalten der PartnerIn auf indirekte Weise gesteuert und folglich soziale Macht über ihn/sie ausgeübt,
denn der/die andere wurde dazu veranlaßt, sich im Sinne der Intention der BeeinflusserIn zu verhalten und dieser/diesem das zukommen zu lassen, was er/sie im Grunde genommen wollte. Nicht
nur durch eine positive, sondern auch durch eine negative, inopportune Selbstdarstellung kann u.U.
ein günstiges Ergebnis erzielt werden.

Eine SchülerIn beispielsweise, die ihre Vokabeln nicht gelernt hat und damit rechnet abgefragt zu
werden, betreibt sicherlich ein "angemessenes" Impression-Management, wenn sie Kopfschmerzen,
Unwohlsein oder andere Handicaps vortäuscht und die LehrerIn dazu bringt, stattdessen eine Mit-
schülerIn zu prüfen. Funktionieren derartige "Tricks" - diese müssen natürlich mit Fingerspitzen-
gefühl in die soziale Situation eingebracht werden, sonst erweisen sie sich als Bumerang - werden sie
nach den Prinzipien der negativen Verstärkung immer wahrscheinlicher, da unangenehme Ereignisse
(Blamage, Kritik, Minderung des Selbstwertes u.ä.) abgewendet werden und in der Regel das
erreicht wird, was man/frau beabsichtigte. Ähnliches gilt auch für Verhaltensweisen, die eher für
sozial akzeptabel angesehen werden. Erweist man/frau z.B. einem anderen einen Gefallen und sei
dies nur eine winzige Aufmerksamkeit, kann man/frau damit rechnen, daß diese Gefälligkeit erwidert
wird und der erste Schritt zur eigenen Beliebtheit, wenn nicht gar zu einer neuen Freundschaft
angebahnt ist. Durch diese Taktik der Gunstbezeugung wird nicht nur soziale Macht über den
anderen praktiziert, sondern man/frau bereitet sich auch selbst ein Wohlwollen und steigert dadurch
das Selbstwertgefühl.

Beenden wir dieses Kapitel mit einer **Klassifikation des Selbstdarstellungsverhaltens** (siehe
TEDESCHI et. al., 1985; MUMMENDEY, 1990). Die Einteilung wird nach zwei Gesichtspunkten
vorgenommen:

☞ **Impression-Management-Strategien** und **(I-M)-Taktiken**
☞ **Assertives (I-M)** und **defensives I-M**.

Ist das Selbstpräsentationsverhalten eher <u>langfristig und situationsübergreifend</u>, d.h. es bezieht viele
unterschiedliche Situationen ein, angelegt, entspricht dies einer I-M-**Strategie**. Dagegen werden
<u>kurzfristige und situationsspezifische</u> Selbstdarstellungen als I-M-**Taktiken** bezeichnet. Eine schön-
heitskosmetische Nasenoperation wäre in diesem Sinne eher ein strategisches Verhalten, sich für ein

Date mit einer andersgeschlechtlichen Person äußerlich "zurechtmachen", entspräche einer taktischen Maßnahme zur Erzeugung eines spezifischen Eindrucks.

Ein selbstdarstellendes Verhalten ist **assertiv** (selbstbehauptend), wenn der Akteur auf aktive Art und Weise von der PartnerIn Gratifikationen und vorteilhafte Erträge einholt. **Defensives I-M** andererseits ist darauf angelegt, das eigene Selbst und die eigene Identität zu schützen und sich gegen selbstbezogene Bedrohungen und Beeinträchtigungen zur Wehr zu setzen, falls diese von anderen Personen ausgehen. Hier wird nicht so sehr das Selbstbild verbessert, sondern vielmehr das Gesicht gegenüber der Öffentlichkeit, dem anwesenden Publikum, gewahrt.

Werden diese beiden Einteilungsgesichtspunkte miteinander kombiniert, ergeben sich 4 I-M-Arten: **Strategisch-assertiv, strategisch-defensiv, taktisch-assertiv und taktisch-defensiv.** Die folgenden Boxes enthalten die wichtigsten deskriptiven Verhaltensweisen, die diesen Kombinationen subsumiert werden können. Allerdings ist die Klassifikation nicht immer definitiv eindeutig, sodaß es vereinzelt zu Überschneidungen kommt.

☞ I. Assertive I-M- Strategien

❏ **Kompetenz und Expertentum**: Sich nach außen als kompetent präsentieren;als Experte oder Fachmann auftreten; auf die eigenen Qualitäten und Fähigkeiten hinweisen.
Allgemein:Informationen über sich selbst verbreiten,die der eigenen Person eine gewisse Kompetenz zuschreiben.

❏ **Attraktivität**: Sich attraktiv und liebenswert darstellen; geliebt werden wollen, alles daran setzen, um attraktiv zu erscheinen; zustimmen, um noch ein bißchen mehr geliebt werden.
[Beliebtheit, Sympathie und Attraktivität haben einen hohen Belohnungswert und sind auch ein Mittel der sozialen Macht]
Attraktivität kann auch durch "sich etwas dümmer stellen" oder "auf gute Leistungen verzichten" gewonnen werden!

❏ **Status und Prestige**: Status-, prestigebehaftet, elitär auftreten. Siehe die Vielzahl an Statussymbolen (Kleidung, Wohnung, Auto, Büro, Schmuck, Titel), die sowohl soziale Macht, Einfluß, Bildung anzeigen, aber auch oftmals einen Vertrauensvorschub mit sich bringen.

❏ **Sich glaubwürdig und vertrauenswürdig** darstellen. Gelingt dies einer Person langfristig, verfügt sie über eine ausgezeichnete Ressource sozialen Einflusses bzw. sozialer Macht.

❏ **Offenheit** zeigen, d.h. sich dem anderen gegenüber öffnen; u.U. Intimes bzw. Persönliches mitteilen. Nach der Reziprozitätsnorm wird der Partner gleichziehen. Bei zuviel, aber auch zuwenig Selbstöffnung besteht allerdings die Gefahr eines Bumerang-Effektes!

☞ II. Defensive I-M- Strategien

[Allgemein: Sich krank, schüchtern, ängstlich oder depressiv geben; vorgeben, keine Kontrolle zu haben; Verantwortlichkeit für das eigene Handeln minimieren]

❏ Gewohnheitsmäßiger und permanenter Einsatz von **Entschuldigungen**. Bei jeder sich bietenden Gelegenheit sich unverhältnismäßig entschuldigen, sodaß der Partner an die Unverantwortlichkeit des Verhaltens glaubt. Extremfall: Sich als krank darstellen.

❏ **Selbst-Handicaps**. Fehlverhalten, Mißerfolge können z.B. auf Alkohol oder die Einnahme von Drogen attribuiert werden, sodaß Vergünstigungen und Entlastungen die Folge sind. Sich hilflos und ängstlich bei Prüfungen darstellen, entlastet insofern, als nichts Gültiges über die tatsächliche Leistung ausgesagt werden kann.

❏ **Symptome geistiger Krankheit** zeigen - pathologische, klinisch-psychologische Verhaltensweisen an den Tag legen. Dadurch läßt sich die Ausführung unerwünschter Verhaltensweisen umgehen. Siehe PatientIn in einer psychiatrischen Klinik, die durch Simulation von Symptomen in eine andere Abteilung verlegt werden will oder durch Leugnen eine Verlegung verhindert.

☞ III. Assertive Impression-Management-Taktiken

❏ **Sich einschmeicheln**, sich beliebt machen, um Sympathie beim Partner zu bekommen. Vier Spielarten können unterschieden werden:
- **Sich selbst erhöhen**, sich als besonders leistungs- oder anpassungsfähig darstellen.
- **Den anderen erhöhen**, ihn loben und anpreisen; insbesondere dessen Namen oft erwähnen
- Mit der Meinung des anderen **konform gehen**; sich dem anderen anpassen, ihn nachahmen. Bei zuviel Anpassung läuft man Gefahr als Konformist identifiziert zu werden!
- **Nett zu anderen sein**, ihnen **Gunst erweisen** ("favor-doing"). Siehe die Wirkung kleiner Geschenke, Einladungen und Gefälligkeiten.

❏ **Andere einschüchtern**: Sich stark, mächtig, gefährlich geben; Drohgebärden und Imponiergehabe; den Partner in eine peinliche Situation bringen; "eine Szene" machen; siehe z.B. das Outfit halbstarker Rocker oder das Quengeln, Weinen u.ä. bei Kleinkindern als Mittel, "Macht" zu demonstrieren.

❏ **Hilfsbedürftig** erscheinen; sich schwach und abhängig vom anderen darstellen; Symptome, Schmerzen übertreiben; s.a. geschlechtsspezifische Taktiken der Hilflosigkeit (Männer, die nicht bügeln, waschen ect. können; Frauen, die sich hilflos bei Autopannen, bei Behördengängen u.ä. zeigen).

[Fortsetzung nächste Seite]

❒ **Self-Promotion**: Massiv Eigenwerbung betreiben, mit dem Ziel respektiert zu werden und den anderen einzuschüchtern. Spezifische Unterformen sind:

- **Titulierungen:** Eigene (akademische) Titel betonen (Dipl.; Dr.; Prof.; Direktor; Präsident ect.); sich als Urheber, Erfinder, Initiator bezeichnen.
- **Übertreibungen**: Sich positiver darstellen, als es gerechtfertigt ist; gemeisterte Schwierigkeiten als weitaus schlimmer schildern; auch "Untertreibungen" (understatements) im Sinne von "fishing for compliments"
- **Soziale Identität**: Sich mit sozial anerkannten Gruppen identifizieren oder mißliebige Personen/Gruppen abwerten [Vgl. TAJFEL: ingroup-Favorisierung und outgroup-Diskriminierung].

   ☞ Taktik des **"BIRGing"** (basking in reflected glory): Sich mit dem Ruhm, Erfolg, Beliebtheit anderer Personen/Gruppen schmücken, darin aalen bzw. identifizieren. Siehe z.B. Äußerungen wie "in unserem Viertel wohnt der Schauspieler X", "der Politiker Y hat auch in Z studiert" oder "in meinem Verein ist auch Frau/Herr Soundso vom Fernsehen Mitglied".

   ☞ Taktik des **"Blasting"**: Personen/Gruppen verdammen, verteufeln, abwerten, mit ihnen nichts zu tun haben wollen; öffentlich negativ bewerten;etwas "herunterputzen" [engl. to blast: abwerten]

❒ **Beispielhaft** erscheinen, sich moralisch vorbildlich und integer geben; den anderen ein Vorbild, ein Modell sein wollen. Implizit besteht somit auch die Möglichkeit, den anderen zu beschämen.

☞ IV. Defensive I-M- Taktiken

❒ Sich **aus einer mißlichen Lage herauswinden**, das Gesicht bewahren; in schwierigen Situationen, in denen man in die Enge getrieben ist oder lächerlich gemacht wird, die eigene Person verteidigen.

❒ **Verantwortlichkeit abstreiten**. Siehe externale Attributionen!

❒ **Sich rechtfertigen**, eine mißliche Lage rationalisieren ("habe soviel zu tun"). Auch Rechtfertigung durch Minimieren ("war ganz billig"), durch Abwertung des Opfers ("war ja besoffen"), durch soziale Vergleiche ("andere hätten schlimmeres getan") und durch Hinweis auf Werte ("zum Wohle des Kindes", "... der Nation").

❒ prophylaktisch **auf evt. spätere Mißerfolge bzw. Schwierigkeiten hinweisen** ("ich werde mich bemühen, bis ....., falls nichts dazwischen kommt")

❒ **Self-Handicapping**, d.h. sich selbst Steine in den Weg legen; auf ungünstige Bedingungen aufmerksam machen. Siehe: Unter Alkohol-, Tabletteneinfluß eine Prüfung schreiben oder ein Sportler, der vor Wettkampfbeginn auf seine Verletzungen hinweist.

❒ **Sich entschuldigen**, eigene Fehler zugeben, um negative Konsequenzen zu vermeiden oder um in einem günstigeren Licht zu erscheinen.

II.2.5.5   Theorie der objektiven Selbstaufmerksamkeit
Duval & Wicklund (1972)

6.15 Uhr morgens im Bad, ein Blick in den Spiegel: O Gott! Ringe unter den Augen! Und welch häßlicher Pickel! Und die Haare erst! Verdammt, wo ist denn wieder die medizinische Salbe? Die Augen wenden sich ab vom Spiegel und suchen nach den benötigten Utensilien. Für viele Menschen mag diese Alltagsepisode ein kleines Drama bedeuten. Doch darum geht es nicht. Innerhalb weniger Sekunden ist unsere fiktive Person in zwei verschiedene Aufmerksamkeitszustände gewechselt: Durch den Spiegel erfuhr sie etwas über den Zustand eines Teiles ihres Körpers - die Aufmerksamkeit ist auf einen wichtigen Aspekt ihres Selbst, das Gesicht, gerichtet - , während die Suche nach der Salbe oder dem Kamm diese selbstgerichtete Aufmerksamkeit beendete und die Konzentration auf externe Objekte bzw. den Prozeß der Handlungsausführung fokussierte. Genau diese beiden Zustände stehen im Zentrum der Theorie von DUVAL & WICKLUND, die wir nun etwas näher betrachten wollen.

In den Zustand der **OSA** (**O**bjektive Selbst**A**ufmerksamkeit) gelangen wir nach Meinung der Autoren durch eine Vielzahl an alltäglichen Situationen: Vor einem Spiegel, einer Kamera oder einem Video; zu wissen, beobachtet zu werden; durch das Anhören der eigenen Stimme, durch das Sehen der eigenen Videoaufnahme, durch Teilnahme an Therapiesitzungen, durch Eintritt in eine neue soziale Situation, die für uns noch ungewohnt ist; wenn wir einer Minorität angehören und selbst dann, wenn wir von unseren Mitmenschen nicht beachtet werden u. dgl. mehr. Das Gemeinsame all dieser situativen Begebenheiten ist, daß wir uns in einem Zustand befinden, in dem die Aufmerksamkeit auf das **eigene Selbst** bzw. auf innere Zustände gerichtet ist. Die eigene Person, das Selbst, ist das Objekt der Aufmerksamkeit und steht im Mittelpunkt des Bewußtseins. OSA ist ein Zustand einer Person, die unmittelbar über ihr eigenes Selbst nachdenkt - sei dies der eigene Körper, die Persönlichkeit, innere Prozesse oder irgendein Verhalten.

SSA (Subjektive Selbst**A**ufmerksamkeit) bezeichnet andererseits einen Zustand der Konzentration auf die personale (andere Personen) u./o. physikalische Umwelt und somit auch auf die Effekte der eigenen Handlung. Die Konzentration ist hier nach **"außen"** gewandt. Das Individuum wechselt zwischen den beiden Zuständen hin und her, wobei insbesondere Stimuli wie ein großer Spiegel oder die Präsenz eines Publikums die Häufigkeit und Dauer der OSA beeinflussen. Ist der Zustand der OSA für das Individuum unangenehm, wechselt es in den alternativen Zustand der SSA, indem es sich z.B. durch Äußerung starker physischer Aktivitäten ablenkt oder sich Ereignissen außerhalb seiner Person zuwendet.

Von DUVAL & WICKLUND wird Selbstaufmerksamkeit nicht nur als ein **Zustand**, sondern auch als eine **Disposition** bzw. Persönlichkeitsmerkmal konzipiert, das durch Fragebogeninstrumente erfaßt werden kann. Demnach unterscheiden sich Personen hinsichtlich des Ausmaßes an OSA. Es gibt Menschen, die sich sehr stark introspektiv beobachten, während andere nur selten und in einem geringeren Ausmaß über ihr Selbst reflektieren. Eine solche Skala zur Messung der Selbstaufmerksamkeit als Persönlichkeitsmerkmal beinhaltet zum einen Statements zur **privaten** Selbstaufmerksamkeit (persönlich-internen Aspekten des Selbst), zum anderen zur **öffentlichen** Selbstaufmerksamkeit. Bei letzterer ist die Aufmerksamkeit auf das Selbst als soziales Objekt gerichtet - auf Aussehen, Bewertung der eigenen Person durch andere und auf Selbstdarstellung in verschiedenen Situationen. Diese Trennung in private und öffentliche Selbstaufmerksamkeit wird zwar nicht explizit von WICKLUND vorgenommen, sie ist aber für diagnostische und theoretische Belange äußerst sinnvoll.

Beispiele von Items zur **privaten** Selbstaufmerksamkeit:

- Ich denke viel über mich nach
- Meine Gedanken kreisen um mich selbst
- Ich versuche über mich selbst etwas herauszufinden.

Inhalte der privaten Selbstaufmerksamkeit sind: Körperliche Empfindungen und innerpsychische Vorgänge (Anspannung, Ärger, Lust-Unlust, Liebe, Motive, Gedanken, Einstellungen, Phantasien, Selbstreflexionen, Gefühle ect.) Durch private Selbstaufmerksamkeit werden diese inneren Ereignisse eindeutiger und klarer.

Beispiele von Items zur **öffentlichen** Selbstaufmerksamkeit:

- Ich achte darauf, wie ich aussehe
- Es ist mir wichtig, was andere über mich denken
- Ich betrachte mich gerne im Spiegel.

[Diese Items sind 5 stufig von "trifft auf mich überhaupt nicht zu" bis "trifft auf mich ganz zu" zu beantworten]

Inhalte der öffentlichen Selbstaufmerksamkeit sind: Der Körper, Kleidung, Frisur, Körpergeruch, soziale Umgangsformen, Tischmanieren, Stimme ect. - alles Aspekte, die der Öffentlichkeit, dem Publikum direkt zugänglich sind.

Beispiele für Auslösesituationen zur öffentlichen Selbstaufmerksamkeit: Beobachtet werden, soziale Exposition, angestarrt werden; vor Publikum, das zuhört oder zusieht; soziale Nichtbeachtung; Videokamera, Mikrofon, Foto von der eigenen Person, großer Spiegel ect.

Eine Selbstzentralisierung, Selbstfokussierung (OSA) bewirkt (nach FREY, WICKLUND und SCHEIER, 1978)

☞ 1. eine **Aktualisierung** und **Intensivierung** von **salienten Aspekten des Selbst**
(Affekte, Erwartungen, Ziele, Absichten, Normen, Werte, innere Standards), die zum momentanen Zeitpunkt dominant sind.
Die Diskrepanz zwischen Verhalten und Standards wird bewußt, was im allgemeinen negativ erlebt und negativ bewertet wird. Negative Gefühle (Selbstzweifel, Selbstkritik, Selbstherabsetzung, Selbstbeschuldigung) entstehen daraufhin, denn der (angestrebte) Standard ist meist höher als das Verhalten.
[Bei positiver Diskrepanz - die Leistung ist höher als der Standard - bleibt man eher im Zustand der OSA, da dies einer positiven Selbstwertschätzung gleichkommt.]

Beispiel: Person P bestraft (bzw. beabsichtigt dies) ihr Kind mit Schlägen. Im Zustand der OSA (eine andere Person ist präsent oder ein großer Spiegel hängt an der Wand und P sieht sich darin) wird das Strafverhalten sehr wahrscheinlich überdacht - P ist dann auf diesen Aspekt zentriert. Durch einen Vergleich mit Wertmaßstäben (antiautoritäre Erziehung zur Maxime; Strafe ist out, ineffektiv ect.) kommt es zu einer negativen Diskrepanz und negativer Selbstbewertung, da die eigenen Maßstäbe nicht erfüllt werden. Die Folge ist ein aversiver, unangenehmer Spannungszustand, den P versuchen wird, abzustellen.

☞ 2. eine Motivation zur Reduktion von Intra-Selbst-Diskrepanzen

◆ a) durch **Reduktion der Diskrepanz** zwischen **inneren Standards** und **Verhalten.** Dadurch wird das Unbehagen, das die OSA hervorruft, reduziert. Paßt eine Person ihr Verhalten den inneren Standards bzw. Maßstäben an, verringert sie die Spannungen und negativen Gefühle, die mit dem Diskrepanzerlebnis einhergehen. Mit anderen Worten: Sie stellt innerhalb ihres Selbst eine größere Stimmigkeit her. Übertragen auf die Einstellungs-Verhaltens-Relation bedeutet dies eine größere E&V Konsistenz durch Anpassung des Verhaltens an die Einstellungen.

Die strafende Person P wird ihr Verhalten voraussichtlich in Einklang mit den inneren Standards bringen. Daß P das Kind verprügelt, ist weniger wahrscheinlich. P wird eher sein Verhalten in Richtung seiner persönlichen Werte verändern und beispielsweise mit dem Kind reden oder dgl.

◆ oder b) durch **Defensivreaktionen**, um das Selbst zu schützen. Bei Ereignissen z.B., die selbstbedrohlich sind, kommt es dann evt. zu einer Uminterpretation, sodaß das Ereignis weniger gefährlich für das Selbst ist oder zu einer Ablehnung der Verantwortung im Sinne "der andere ist schuld". Siehe dazu auch: "Egotismus" im Abschnitt Attribution und defensive Impression-Management-Taktiken.

☞ 3. eine Vermeidung von OSA erzeugenden Reizen,
(wenn der Zustand zu aversiv ist) durch Vermeidungstaktiken, Ablenkungsmanöver; physischen Rückzug (Verlassen der Spiegelsituation); Lenkung der Aufmerksamkeit auf die Aktivitäten bzw. deren Durchführung oder durch Vermehrung der allgemeinen motorischen Aktivität (Nägel-beißen, Kaugummi kauen, Rauchen, Gestikulieren u.ä.)

[Die strafende Person P wendet beispielsweise die Aufmerksamkeit mehr auf das, was das Kind angestellt und kaputt gemacht hat.]

Einige **empirische Belege** zur Theorie der Selbstaufmerksamkeit (vgl. FREY et. al., 1988; WICKLUND et. al., 1993; SCHIEFELE, 1990):

Die Experimente zur Theorie der objektiven Selbstaufmerksamkeit bedienen sich meist eines 2 Gruppenplanes, d.h. die Vpn werden auf eine Experimental- und eine Kontrollgruppe randomisiert. In der Experimentalbedin-gung befinden sich die Vpn in einem Raum, in dem ein **großer Spiegel** so aufgestellt ist, daß sie ihr physisches Abbild betrachten können. Dieser Spiegel, so wird ihnen des weiteren mitgeteilt, sei für ein anderes Experiment gedacht und könne deshalb nicht entfernt werden. Durch den Spiegel wird experimentell der Zustand der OSA induziert. Durch einen Vergleich der Leistungen, Tätigkeiten, Einstufungen ect. der Vpn unter Spiegelbe-dingung und der Vpn aus der Kontrollgruppe, die das gleiche taten, aber ohne Präsenz eines Spiegels (Standard-bedingung), werden schließlich die Effekte des OSA Zustands festgestellt.

❒ Im OSA Zustand wird mehr Selbstverantwortung in hypothetischen Situationen (z.B. Autounfall) gezeigt, d.h. mehr Selbstattributionen und Selbstbeschuldigungen im Vergleich zu einer Kontroll-gruppe unter Normalbedingungen: Durchschnittlich 60,2% Selbstverantwortung im OSA Zustand gegenüber 51,1% bei der Kontrollgruppe.

❒ Nacktfotos werden unter OSA attraktiver, angenehmer empfunden und bewertet als im SSA Zustand. Die jeweiligen positiven Gefühle werden unter OSA intensiviert im Vergleich zur SSA.

❒ Auch bei negativen Emotionen kommt es zu einer Intensivierung: Häßliche Szenen werden von Menschen mit hoher privater Selbstaufmerksamkeit stärker erlebt und als besonders abstoßend beurteilt.

❒ Personen mit **hoher privater** Selbstaufmerksamkeit sind weniger suggestibel, sie sind nicht so leicht beeinflußbar und widerstandsfähiger gegenüber Persuasionen, die darauf abzielten, die Einstellungen zu ändern.
Personen mit **hoher öffentlicher** Selbstaufmerksamkeit zeigen stärkere Meinungskonformität mit dem Publikum und sind anfälliger gegenüber Beeinflussungsversuchen in Gruppen.

❒ StudentInnen mit großer Angst vor Schlangen zeigten unter Spiegelbedingungen stärkeres Vermeidungsverhalten als vergleichbare PhobikerInnen ohne Spiegel. Erstere blieben z.B. viel früher stehen und wagten nicht, sich dem Käfig weiter zu nähern.

❒ Die Mogelrate bei College-StudentInnen unter Spiegelbedingungen betrug nur etwa **7%** im Vergleich zu Standardbedingungen **(71%)**: Demnach steigt das moralische Verhalten unter OSA rapide an und das Mogeln - operationalisiert als Überschreitung einer festgelegten Zeitgrenze zur Erledigung von Testaufgaben - sinkt drastisch ab. Im selbstzentrierten Zustand wird offensichtlich das Verhalten den internalisierten Standards und Maßstäben angeglichen. Diese internen Standards sind Bezugspunkte für ein Individuum zur Beurteilung des aktuellen Verhaltens. Wird man ihrer gewahr und ist gerade im Begriff gegen sie zu verstoßen, entsteht eine Diskrepanz, die zu negativer Selbstbewertung führt. Eine entsprechende Anpassung des Verhaltens an diese Standards reduziert mit Erfolg den unangenehmen Diskrepanzzustand.

❒ Raucher unter Spiegelbedingungen: Das Rauchen erhöht sich. Die Intensivierung des Rauchens kann als ein Verhalten interpretiert werden, durch das der Versuch unternommen wird, eine selbstzentrierte Aufmerksamkeit zu vermeiden.

❒ Personen, die straforientierte Wertmaßstäbe verinnerlicht haben, teilten in einem Lernexperiment unter OSA mehr elektrische Schocks (= Operationalisierung der Aggression) aus als Vpn einer Kontrollgruppe.

❒ Selbstevaluation: Personen, die ihre eigene auf Band gesprochene Stimme hörten, schätzten ihr Selbstwertgefühl geringer ein, als Vpn, die die Stimme einer anderen Person hörten.

❒ Satzergänzungsaufgaben unter OSA: Es wurden mehr selbstbezogene als umweltbezogene Antworten **(66 %)** gegeben; bei der Kontrollgruppe ohne Spiegel waren dagegen nur **45 %** der Antworten selbstbezogen.

❒ Studenten füllten in Einzelsitzungen einen "Soziabilitätsfragebogen" aus, in dem sie ihr Verhalten einem Mädchen gegenüber dokumentierten, das sie bald kennenlernen werden. Dies unter zwei Be-

dingungen: a) vor Spiegel und b) unter Standardbedingung. Zwei Tage später fand eine 3 min. Interaktion mit einer attraktiven Studentin statt, die auf Band aufgezeichnet wurde. Aus der Interaktion
wurde ein Verhaltensindex ermittelt - aus der Anzahl der Worte des Studenten und der subjektiven
Einschätzung der geselligen Fähigkeiten des Studenten durch die Studentin. Ergebnis: Unter Standardbedingung korreliert die Selbstaussage der Studenten im Test zum Sozialverhalten mit dem Verhaltensindex zu r = .16; unter **OSA** (Spiegelbedingung) zu r = .62. Die Differenz beider Koeffizienten ist signifikant! Selbstberichte spiegeln also eher das tatsächliche Verhalten einer Person
wider, wenn sie unter Bedingungen erfolgen, die objektive Selbstaufmerksamkeit hervorrufen.
Schlußfolgerung:
**Bei Fragebogenbeantwortungen im Zustand der OSA ergibt sich demnach eine höhere
Konsistenz zwischen Einstellung und Verhalten bzw. zwischen Selbstaussage und tatsächlichem Verhalten.**
Analoges gilt bezüglich der Selbstberichte über früheres Verhalten: Im OSA-Zustand waren die
Selbstberichte über das Abschneiden im College-Aufnahmeverfahren genauer und folglich valider, als
in der Kontrollbedingung ohne Spiegel.

❑ Bei StudentInnen wurde der Grad sexueller Schuldgefühle mit einem Fragebogen erhoben.
Wochen später bekamen sie pornographische Hefte zu lesen, die hinsichtlich des Gefallens/Nichtge-
fallens einzustufen waren. Unter Spiegelbedingung korreliert das Fragebogenergebnis mit dem Grad
des Mißfallens zu **r = .74**. Im Gegensatz dazu beträgt dieser Koeffizient in der Kontrollgruppe (ohne
Spiegel) **r = .20**. Demzufolge ist im OSA-Zustand (Spiegelsituation) die Einstellungs-Verhaltens-
Beziehung erheblich konsistenter.

❑ Vpn bearbeiteten einen Fragebogen zur Erfassung der dispositionalen Selbstaufmerksamkeit und
einen Bogen zur Messung der Aggressionsneigung. Wochen später wurde das tatsächliche aggressi-
ve Verhalten (operationalisiert durch Elektroschocks unterschiedlicher Stärke, die sie an andere Personen in einem Lernexperiment austeilten) gemessen. Ergebnis: Die Werte im Aggressionsfrage-
bogen korrelieren mit denen des tatsächlichen Aggressionsverhalten zu r = .34 . Wird das Persönlichkeitsmerkmal Selbstaufmerksamkeit berücksichtigt, sieht die Sache erheblich anders aus. Bei der
Gruppe der Vpn mit **hoher privater** Selbstaufmerksamkeit ist die Korrelation zwischen Aggressionsneigung und Aggressionsverhalten r = .66. Bei der Gruppe mit **niedriger privater** Selbstaufmerksamkeit betrug der Koeffizient r = .09. Eine Trennung nach hoher versus niedriger öffentlicher Selbstaufmerksamkeit ergab keine derartigen Unterschiede. **Hohe private Selbstaufmerksamkeit**, so kann wiederum geschlußfolgert werden, verbessert die **Einstellungs-Verhaltens-Relation** auf beeindruckende Weise!

❑ Zwei Vpn-Gruppen erhielten entweder eine positive oder eine negative Stimmungsinduktion
(lustig oder niedergeschlagen), indem sie 50 selbstbezogene Statements lasen wie "ich könnte vor
Lachen platzen" oder "alles scheint mir leer und häßlich zu sein". Anschließend waren sie in einem
Raum mit Spiegel. Dort erfolgten Selbsteinschätzungen. Ergebnis: Der Spiegel bewirkt eine Über-
steigerung des momentanen Gefühlszustandes.

Hinweis: Im OSA können auch Angstgefühle und Angstzustände intensiviert werden! Siehe Therapie- bzw.
Beratungsstunde!

Teil III

Einstellungsänderungen

Vielleicht haben Sie das Zitat, es sei leichter Atomkerne zu spalten als Vorurteile zu ändern, noch in Erinnerung. Der tiefe Pessimismus, der sich darin ausdrückt, ist auch heute noch gerechtfertigt. Marita ROSCH (1987, S. 226) schreibt in ihrem Artikel über Ausländer in der BRD: "Es kann abschließend festgehalten werden, daß derzeit noch keine Handlungsanweisungen an "Praktiker" gegeben werden können, wenn es um die Frage der Reduktion von Diskriminierungen geht".

Ein halbes Jahrhundert nach Ende des Nationalsozialismus werden noch immer Fremde in unserem Land gejagt und es scheint, daß eine Unzahl deutscher Mitbürger aus der mörderischen Vergangenheit deutscher Geschichte nichts gelernt hat. Rassismus, Ausländerhaß, Gewalteskalationen und eine Vielzahl alltäglicher Ablehnungen füllen die Titelseiten in den Printmedien und machen uns alle betroffen. Laut einer Studie "Polizei und Fremde", deren Ergebnisse der Öffentlichkeit Anfang Februar 1996 vorgelegt wurden, sind selbst unsere Ordnungshüter davon nicht ausgenommen. Fremdenfeindlichkeit in den Reihen der Polizei, so wird < erklärt >, sei "kein systematisches Verhaltensmuster", die Polizei sei "nicht generell fremdenfeindlich" und für vereinzelte Übergriffe komme "eine Vielzahl an hausgemachten Frustrationen, Überlastung und Streß im Dienst" als Ursache in Frage. Viele erheben mahnend den Zeigefinger gegen das militante Potential und den latenten Rassismus in unserer Gesellschaft, geben gut gemeinte Ratschläge und "plausible" Ursachenanalysen, doch die Sachlage ändert sich nur wenig. Was bleibt ist Hilflosigkeit und Ratlosigkeit.

Wir alle sind gefordert und aufgerufen zu einer **neuen Kultur des Miteinander und der Toleranz** gegenüber unseren Mitmenschen - in der Familie, am Arbeitsplatz, in der Öffentlichkeit, überall dort, wo auch immer wir einem Menschen begegnen.

Zurück zur Änderung von Einstellungen. Es existiert eine unübersehbare Vielzahl an Untersuchungen, die mehr oder weniger effiziente Maßnahmen zu dieser Problematik vorschlagen und empfehlen. Ebenfalls mangelt es nicht an theoretischen Konzepten mit impliziten Handlungsanweisungen. Die folgenden Ausführungen beschränken sich auf vier Modelle der Persuasion: 1. **Einstellungsänderung** nach dem Grundmodell der **Kommunikation**, 2. Einstellungsänderung im Rahmen der **Dissonanztheorie**, 3. **Reaktanztheorie** und ihre Effekte auf Handlungseinschränkungen durch einen sozialen Akteur und schließlich 4. das Modell der **Elaborationswahrscheinlichkeit** von PETTY & CACIOPPO, das einen Rahmen liefert, in das viele widersprüchliche Forschungs-ergebnisse integriert und unter einen Hut gebracht werden können.

Einstellungsänderungen sind, ganz allgemein formuliert, das Ergebnis der Veränderungen in den subjektiven Wahrscheinlichkeiten, die eine Handlung mit bestimmten Konsequenzen verknüpft sowie der Veränderungen in der Bewertung dieser Konsequenzen (siehe dazu den Ansatz von FISHBEIN & AJZEN). Geht man vom **Drei-Komponenten-Modell** der Einstellung aus, zielt eine effektive Beeinflussung auf alle drei Subsysteme ab. Durch ein Angebot an mehr Information wird auf den **kognitiven** Aspekt eingewirkt und angenommen, daß die beiden anderen Aspekte (affektive und behaviorale Komponente) sich entsprechend nach dem Postulat einer Tendenz zur Konsistenz einrichten. Da Emotionen z.T. "klassisch" konditioniert sind, besteht zudem die Möglichkeit über entsprechende Konditionierungen die **affektive** Komponente so umzupolen, daß positive Affekte gegenüber einem Einstellungsobjekt erfahren werden. Werbekampagnen bedienen sich dieser Techniken mit überaus großem Erfolg und nur selten bemerken wir, wie nachhaltig diese "geheimen Verführer" uns kontrollieren. Um dem **behavioralen** Aspekt Rechnung zu tragen, sollten drittens Verhaltensweisen realisiert werden, die mit den Einstellungen einer Person **inkonsistent** sind. Wird jemand zu einem **einstellungsdiskrepanten Verhalten** veranlaßt, so führt dies nach der Dissonanztheorie (siehe III.2 S. 172 ff.) zu einer Änderung der Einstellung gegenüber einem Verhalten, das diese Person eigentlich gar nicht ausführen wollte.

Zu Einstellungsänderungen kommt es auch aufgrund eines **fait accompli**: Nach Eintritt von bestimmten Situationen oder Ereignissen ändern sich die Einstellungen oft in Richtung auf größere Konsistenz mit den Konsequenzen dieses Ereignisses. Insbesondere wird dabei die kognitive Komponente auf eine stärkere Konsistenzbeziehung mit dem Ereignis eingestellt.

In den USA wurden beispielsweise nach der Hinrichtung von Chessmann Statements wie "die Gesellschaft muß vor solchen Menschen geschützt werden" oder "er ist wahrscheinlich schuldig" viel häufiger nach der vollzogenen Hinrichtung bejaht als vor der Hinrichtung. Durch die ausgeführte Todesstrafe wird bei den Befragten das Meinungssystem der Einstellung zur Todesstrafe mit dem irreversiblen Ereignis gewissermaßen in Übereinstimmung gebracht.

Fernen können in vereinzelten Fällen **traumatische** Erlebnisse zu einer extremen Einstellungsentwicklung führen, die zudem noch starken Generalisationstendenzen unterliegt. Von einem Ausländer beispielsweise beraubt, betrogen, verprügelt, verletzt oder vergewaltigt worden zu sein, wird für die betroffene Person nachhaltige negative Auswirkungen auf die Meinungen und Bewertungen nicht nur dieser Person, sondern auch der gesamten sozialen Kategorie gegenüber haben. Auch die Umkehrung dieser These im Sinne von extrem positiven und einmaligen Erlebnissen ist denkbar und realistisch.

Die Effekte von Einstellungsänderungen sind auch sehr stark davon abhängig, welche **Funktion(en)** eine Einstellung bei einer Person ausübt (siehe die 4 Funktionen nach KATZ). Rechtfertigt die alte Einstellung beispielsweise die Angstabwehr und den Verlust des Selbstwertgefühles nicht mehr (Ich-Verteidigungsfunktion) und gelingt es über eine neue Einstellung die primitiveren Abwehrmechanismen (z.B. Projektion) durch sozial akzeptablere (etwa Sublimation, Identifikation) zu substituieren, wird dies einen Einstellungswandel ermöglichen. Natürlich ist eine Änderung der Einstellung am wirkungsvollsten, je mehr Funktionen zu einer effektiveren Bedürfnisbefriedigung angesprochen werden.

III.1. Einstellungsänderung nach dem Kommunikationsmodell

Für Beeinflussungsversuche jeglicher Art ist es recht nützlich ein Modell zur Verfügung zu haben, an dem Sachverhalte veranschaulicht werden können. Abb. 25 gibt das Grundmodell der sozialen Kommunikation als Regelkreis wieder: Es werden unterschieden ein **Sender** (sozialer Akteur, Kommunikator), der **Information** (Botschaften, Mitteilungen) mit einer bestimmten Absicht an einen **Empfänger** (Rezipient, Zielperson) abschickt. Die abgesendete Information wird vom Sender **encodiert**, d.h. in Zeichen (Worte, Sätze, Gestik, Mimik ect.) verschlüsselt und über ein Medium oder einen **Kanal** (visuell, akustisch, taktil ect.) dem Empfänger zugespielt. Dieser muß die Botschaft entschlüsseln (**dekodieren**). Der Entschlüsselungsprozeß kann durch eine Vielzahl an **Störquellen** (laute Geräusche, komplizierte Fachsprache, Kauderwelsch u. dgl.) behindert werden. Auf die empfangene Nachricht reagiert wiederum der Empfänger, indem er zum Sender wird und dem

Kommunikationspartner mitteilt, wie er die Botschaft verstanden hat. Am Verlauf der Pfeilrichtungen wird deutlich, daß ein zirkulärer Prozeß stattfindet, bei dem kaum zwischen Sender und Empfänger getrennt werden kann, es sei denn, das Kommunikationsgeschehen wird interpunktiert (siehe auch Abschnitt < zirkuläres Denken >).

Abb. 25: Allgemeines Modell der Kommunikation

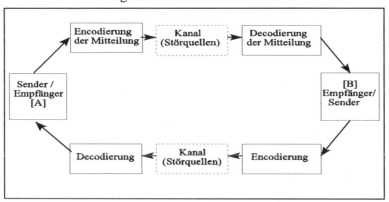

In der Einstellungsforschung wurde dieses Kommunikationsmodell vorwiegend als "Einbahnstraße" konzipiert, indem nur der "halbe" Regelkreis berücksichtigt wurde - die Abfolge **Sender** → **Nachricht** → **Rezipient**. Forschungsziel war demnach die Wirkung persuasiver Kommunikation einer Kommunikationsquelle < A > auf einen Empfänger < B >. Insbesondere war die Yale-Gruppe um den Amerikaner HOVLAND jahrelang darum bemüht in Wirkungsanalysen, eine Vielzahl an Variablen der Persuasionssituation experimentell zu testen.

Persuasion bedeutet einen anderen überreden bzw. durch Argumente überzeugen. Der Rezipient einer Nachricht empfängt dabei in der Regel Mitteilungen, die seiner Einstellung widersprechen - einstellungskonträr sind.

Die untersuchten Merkmale dieser Einbahnstraßen-Forschung lassen sich in 5 Variablengruppen zusammenfassen:
- Variablen der **Quelle** (Sender, Kommunikator): Glaubwürdigkeit (Kompetenz, Vertrauenswürdigkeit); Attraktivität (Ähnlichkeit mit dem Empfänger, Bekanntheit, Zuneigung); soziale Macht.
- Variablen der **Nachricht**: Appelltyp (z.B. Furchtappelle, Humor); Einbezug bzw. Unterlassen von z. B. impliziten/expliziten Schlußfolgerungen oder Wiederholung der Botschaft; Abfolge der Darbietung (Schlußfolgerung zuerst oder am Ende; stärkste Argumente zuerst oder später); Diskrepanz zur Ausgangsposition des Empfängers
- **Kanal**-Variablen: U.a. unmittelbare Objekterfahrung versus Kommunikation über das Objekt; Modalität (visuell, akustisch usw.); massenmedialer Einfluß
- Merkmale des **Rezipienten** (Empfängers, Auditorium, Publikum) wie Fähigkeiten, Persönlichkeitsfaktoren, demographische Merkmale
- **Ziel**-Variablen wie unmittelbare versus verzögerte Wirkung; direkte Wirkung versus Immunisierung gegen Gegenargumente; verbale Einstellungsänderung versus Änderung des Verhaltens

Auf eine Darstellung der Ergebnisse zu diesen Forschungsaktivitäten wird an dieser Stelle verzichtet und auf das Elaborationsmodell von PETTY & CACIOPPO verwiesen (III. 4), da dort empirische Befunde zu diesen Variablengruppen zur Sprache kommen.

❒ Nach Mc GUIRE (1969) hängt die Überredungswirkung von 5 Schritten ab, die in jedem Fall zu durchlaufen sind. Der nächste Schritt ist erst möglich, wenn der vorangegangene erfolgt ist.

Prozeßmodell der Persuasion (Mc GUIRE, 1969)

1. **Aufmerksamkeit**
   Siehe z.B. Ablenkung, selektive Wahrnehmung, Vermeidung von Dissonanz beim Empfänger.

2. **Verstehen** des Inhalts bzw. der Botschaft
   Siehe hohe/niedrige Komplexität der Nachricht; Störvariablen bei der Kommunikation; geringe/hohe Fähigkeiten beim Rezipienten.
   [Phase 1 und 2 ergeben die Rezeptionsphase (R)]

3. **Akzeptieren (A)** der Argumente; die Überredung befolgen und die Einstellung ändern; den Schlußfolgerungen zustimmen.
   [Phase 3 gleich Akzeptanzphase (A)]

4. **Beibehalten** der geänderten Einstellung
   (siehe z. B. Störungen durch andere Mitteilungen; Einfluß der Gedächtnis-, Merkfähigkeiten.)
5. **Verhalten** entsprechend der geänderten Einstellung.

[Phase 4 und 5 werden in der Einstellungsforschung oft nicht berücksichtigt]

Bei der Analyse von Einstellungsänderungen ist demnach zu berücksichtigen: **WER (kommuniziert) WAS, WEM, WIE und mit welchem EFFEKT**. Solche Effekte sind: Meinungs-, Wahrnehmungs-, Affekt- und Verhaltensänderungen. Auch ist mit Interaktionen der beteiligten Variablen zu rechnen. Beispiel: Ein und dieselbe Botschaft kann unterschiedlich ankommen, je nachdem ob der Sender (die Quelle) ein hohes oder niedriges Ansehen beim Empfänger (Publikum) hat.

Die Wahrscheinlichkeit, daß Kommunikation zu einer Einstellungsänderung führt, ergibt sich aus dem Produkt der Wahrscheinlichkeiten von **Rezeption und Akzeptanz** (vereinfachtes **2 Faktorenmodell**):

$$p_{E\ddot{A}} = p_R \times p_A$$

❒ Determinanten der **Rezeption**: **Motivation zuzuhören** (Botschaft ist nützlich, interessant, erweitert die Perspektive, hütet vor Gefahren usw.)
❒ Determinanten der **Akzeptanz**: **Bildung eines Urteiles** über die Botschaft.

[Ist ein Faktor rechts des Gleichheitszeichens Null oder sehr niedrig, kommt es zu keiner Einstellungsänderung]

III.2 Theorie der kognitiven Dissonanz
(Leon FESTINGER, 1957; 1978)

Dem Namen FESTINGER sind wir schon im Rahmen der Sozialen-Identitäts-Theorie begegnet. Mit der Dissonanztheorie hat FESTINGER einen ungeahnten Boom an Forschungsaktivitäten ausgelöst, deren weitaus über 1000 Publikationen nicht mehr überschaubar sind. Da die Dissonanztheorie eine der wichtigsten und bekanntesten Einstellungstheorien ist, wird sie im folgenden in ihren Kernaussagen und einigen typischen Experimenten vorgestellt. - Das Gewicht der Theorie liegt auf den **Entscheidungsprozessen** des Individuums.

◆ **Grundthese**:

Der Mensch strebt nach Konsistenz (Kongruenz, Konsonanz, Gleichgewicht), bevorzugt harmonische und ausgewogene Beziehungen gegenüber unharmonischen und ist motiviert die durch inkonsistente Wahrnehmungsprozesse erzeugte Disharmonie zu reduzieren. Festinger nimmt, wie unschwer zu erkennen ist, ein Bedürfnisses nach Konsistenz an.

Nach FESTINGER kann der Mensch Inkonsistenz nicht ertragen und ist deshalb bestrebt, diese zu eliminieren bzw. zu reduzieren. Ein Zustand der Dissonanz entsteht, wenn jemand gleichzeitig 2 oder mehrere Vorstellungen bzw. Kognitionen hat, die psychologisch inkonsistent, d.h. widersprüchlich sind. **Kognitive Elemente oder Kognitionen** sind nach FESTINGER Gedanken, Vorstellungen, Meinungen, Einstellungen, Aussagen über Objekte und Menschen, über die eigene Person, wertende Aussagen u. dgl. Diese kognitiven Elemente können in bestimmten Relationen zueinander stehen: **Relevante und irrelevante Relationen.** Beispiel für eine irrelevante Relation: "Ich bin pleite"; "es regnet heute" - Geldknappheit und Wetter sind ohne Bezug, ohne Relevanz.

Ferner gibt es 2 Typen der **relevanten Beziehungen** der kognitiven Elemente:

> **Konsonante**, d.h. die Elemente, Kognitionen passen widerspruchslos zusammen; Element x impliziert Element y; x und y existieren de facto.
> **Dissonante**, d.h. die Kognitionen widersprechen sich; m.a.W. es bestehen zwischen ihnen logische Inkonsistenzen; das Gegenteil des einen Elementes folgt aus dem anderen; x impliziert y; de facto existiert aber x und < non y >.

☞ **Beispiel 1**:
Kognition A: "Ich rauche"
Kogntion B: "Rauchen schadet der Gesundheit".
☞ **Beispiel 2**:
Kognition A: "Ich habe für die Prüfung viel gelernt"
Kognition B: "Ich habe in der Prüfung schlecht abgeschnitten"
☞ **Beispiel 3**:
Kognition A: "Ich liege seit 3 Stunden ohne Schutzcreme in der Sonne"
Kognition B: "Sonnenbaden erzeugt Hautkrebs"
☞ **Beispiel 4**:
Kognition A: "Ich habe wenig Geld"
Kognition B: "Ich habe einen Gebrauchtwagen gekauft"
☞ **Beispiel 5**:
Kognition A: "Ich habe für die Prüfung viel gelernt"
Kognition B: "Meine Prüfungsnote war sehr gut"

Beispiel 1, 2 und 3: **Dissonante** Beziehungen; Beispiel 4 und 5: **Konsonante** Beziehungen

Sind nun **dissonante Relationen** gegeben, entsteht beim betreffenden Individuum ein **unangenehmer, aversiver, gespannter (Angst)Zustand - eine kognitive Dissonanz.** Dieser Zustand hat motivationalen Charakter, denn er führt zu Prozessen, die die Dissonanz beseitigen oder reduzieren und stärkere Konsonanz (Konsistenz) bewirken. In solchen Fällen erlebt das Individuum einen sog. **Dissonanzdruck.**

Nach FESTINGER entspricht die **Stärke der Dissonanz** der Anzahl der dissonanten Relationen dividiert durch die Summe der Anzahl der dissonanten und konsonanten Relationen. Dieser Index schwankt zwischen 0 und Eins (vgl. FESTINGER, 1969, S.327):

$$Dissonanzstärke - \frac{dissonante\ Elemente}{dissonante + konsonante\ Elemente}$$

Ferner spielt **die subjektive Wichtigkeit**, also die Bedeutung der kognitiven Elemente für das Individuum, eine wesentliche Rolle. [Vgl. einen 20 jährigen Raucher mit einem 80 jährigen Raucher und deren Meinungen über Lungenkrebs.] Was jeweils "wichtig" ist, hängt auch vom Wertesystem der Person ab. Zudem gilt:

❏ **Je wichtiger die Kognition ist, desto mehr Dissonanz entsteht.** Des weiteren:
❏ **Je größer die Zahl der dissonanzerzeugenden Elemente ist, desto größer ist auch die erlebte Spannung.**
❏ Je mehr die Dissonanz auf andere Erlebnisbereiche **generalisiert**, desto größer dürfte das aversive Erleben sein.
❏ Je größer die **Inkompatibilität** der kognitiven Elemente ist - je mehr also die Kognitionen unvereinbar sind -, desto wahrscheinlicher dürfte ein Aversionszustand vom Individuum erlebt werden.
❏ Je wichtiger die Entscheidung ist - demnach bei hohem Ausmaß an **Ich-Beteiligung** -, desto größer ist folglich die Dissonanz.

FESTINGER nennt folgende **Möglichkeiten der Dissonanzreduktion**, die sich keineswegs ausschließen:

1. Kognitive Elemente **umgestalten**, sodaß aus dissonanten Relationen konsonante werden oder dissonante Elemente eliminieren. Dazu gehört auch dissonante Elemente "leugnen" oder die verfügbare Information "umbewerten".

2. **Neuaufnahme** kognitiver Elemente, sodaß zwischen bestehenden und neuen Elementen neue konsonante Relationen gebildet werden können. Der Prozentsatz bzw. der Anteil der dissonanten Beziehungen verringert sich dann.

3. **Beides gleichzeitig (Punkt 1 und 2).**

4. **Die psychologische Bedeutung der Elemente herabsetzen.**
5. Das entsprechende **Verhalten ändern.**

Bezüglich der Änderung von kognitiven Elementen ist auch die **Bindung**, der Grad der Unveränderbarkeit von Handlungen, Meinungen und Bewertungen wichtig. Stark gebundene Kognitionen werden nur schwer geändert, das sind insbesondere **öffentliche** und **oft durchgeführte Verhaltensweisen**.

Dagegen werden **private** (selten oder nie geäußerte Meinungen) leichter umgestaltet, da sie schwach gebunden sind. Private Meinungen sind demzufolge von geringerer Änderungsresistenz als öffentliche.

Nach FESTINGER finden also Meinungsänderungen nicht aufgrund neuer Information statt, sondern sie erfolgen eher spontan, meist nicht bewußt, infolge starker Dissonanz. [Vergleiche dazu FREUDs Begriff der **Rationalisierung**. Der Mensch ist kein rationales, sondern ein rationalisierendes Wesen, das nicht der Logik, sondern der < Psychologik > gehorcht!]

Veranschaulichung der Theorie am Raucherbeispiel:

Beispiel: Kognition A: "Ich rauche viel"
                        (diese Kognition ist ziemlich änderungsresistent, ein öffentliches, oft
                        durchgeführtes Verhalten)
              B: "Rauchen schadet der Gesundheit"

Zwischen Kognition A und B besteht ein Widerspruch zwischen Wissen und Verhalten. Der Dissonanzindex ist 1 (siehe Formel eine Seite vorher). Sehr wahrscheinlich ist folgende Umgestaltung:

"Rauchen ist nicht sehr schädigend, ich kenne viele, die mehr rauchen als ich, gesund und auch schon sehr alt sind".

Bei **Neuaufnahme** von folgenden Kognitionen:
              C: "Rauchen entspannt"
              D: "Fast alle meine Freunde rauchen"
              E: "Ich rauche selten auf Lunge"

sinkt der Dissonanzindex von 1 auf 0.25
[d / (d+k)] = 1 / (1+3) = 0.25 ; d = dissonant; k = konsonant.

Das betreffende Individuum erlebt jetzt einen geringeren und angenehmeren Spannungszustand.

Um beim Raucherbeispiel zu bleiben. Siehe dazu die Zigarettenwerbung: Gesunde, sportliche Menschen auf den Werbeplakaten sind konsonante und dissonanzreduzierende Elemente, die Assoziationen mit Krankheit gar nicht aufkommen lassen!

Oder eine Alkoholreklame mit Personen, die sympathisch und attraktiv sind und in keinster Weise wie Alkoholabhängige aussehen, geschweige denn eine Assoziation damit generieren.

Möglichkeiten zum **Dissonanzabbau** beim Rauchen sind:

☞ das Rauchen aufhören

☞ die gesundheitsschädigenden Effekte des Rauchens bestreiten

☞ gezielt nach Informationen Ausschau halten, die die Schädlichkeit mehr oder weniger stark widerlegen (☞ **selektive** Informationsaufnahme)

☞ sich mit Personen zusammen tun, die ebenfalls die negativen Auswirkungen in Zweifel ziehen

☞ die konsonanten Relationen mit der Methode der "**Polsterung**" vergrößern: "Rauchen ist in", "durch Rauchen nehme ich nicht zu", "durch Rauchen kann ich mich besser konzentrieren" usw.

◆ Die theoretischen Erwägungen FESTINGER's wurden durch ein sehr berühmt gewordenes Experiment über **einstellungsdiskrepantes Verhalten** (FESTINGER und CARLSMITH, 1959) bestätigt:
71 männliche Studenten nahmen an <u>langweiligen Aufgaben</u> (wie Spulen auf ein Tablett setzen, abräumen, wieder aufsetzen, Zapfen um eine Vierteldrehung im Urzeigersinn drehen) teil, die ca. 1 Stunde dauerten. Beabsichtigt war, die Vpn so zu langweilen, daß sie einer abfälligen Meinung über das Experiment sein mußten. Sie sollten dann anschließend einer anderen weiblichen Vp (eine Mitarbeiterin des Versuchsleiters) "**vorlügen**", wie "interessant, fesselnd und aufregend" der Versuch gewesen sei. Der Zweck der Lüge bestand darin, bei den nachfolgenden Vpn eine positive Einstellung zum Experiment zu erzielen.

Die Hälfte der Vpn erhielt dafür 1 Dollar, die andere Hälfte 20 Dollar (zur damaligen Zeit ungefähr DM 80 !). Ferner gab es noch eine Kontrollgruppe (20 Vpn), die kein Geld bekam. Die zentralen Kognitionen sind "**die Aufgabe war langweilig**" und "**ich soll jemand anderem erzählen (vorlügen), sie sei interessant**".

❒ **1 Dollar-Gruppe (n = 20)**:
Sie erlebt größere Dissonanz, da 1 Dollar kein ausreichender Grund für eine Lüge ist. Wenn ich etwas tue, was so schlecht honoriert bzw. bezahlt wird, dann muß es etwas wichtiges sein, das an sich Gewinn erbringt! Deshalb besteht für sie ein hoher Druck auf Dissonanzverminderung. Die Dissonanz ergibt sich zwischen Lüge und mäßiger Belohnung. Die Reduktion der Dissonanz erfolgt über das am wenigsten gebundene kognitive Element - hier: Einstellung zur Aufgabe. Die Meinung darüber wurde geändert. Die 1 $ Gruppe zeigte im Vergleich zu den beiden anderen Gruppen eine viel positivere Einstellung, m.a.W. das Experiment war für sie "wirklich interessant und unterhaltsam".

❒ **20 Dollar-Gruppe (n = 20)**:
Das Dissonanzerlebnis ist hier geringer, die psychologische Situation weniger unangenehm, denn 20 Dollar sind eine genügend **äußere Rechtfertigung**, zu lügen. Demnach besteht keine Notwendigkeit, die Einstellung zu den Aufgaben zu ändern. Die Bewertung der Aufgabe wurde nicht geändert, d.h. in dieser Gruppe ist wie bei der Kontrollgruppe die Aufgabe "uninteressant und langweilig". Zwischen dem Aussprechen der Lüge und der großzügigen Bezahlung besteht Konsonanz!

Im Anschluß an das Experiment hatten die Vpn u.a. folgende Frage zu beantworten und auf einer Skala von -5 bis +5 einzustufen:

"Wie **erfreulich** waren die Aufgaben?"

KG 20$ 1$

↓ ↓   ↓

-5 ----------------------- 0 ---------------------- +5
äußerst ermüdend   neutral   sehr interessant und vergnüglich
langweilig

Durchschnittliche Einstufungen der 3 Gruppen bezüglich dieser Frage auf der Polarität:
Kontrollgruppe KG: - .45
        1$ Gruppe: + 1.35
      20$ Gruppe: -.05

Die Differenz KG-1$ Gruppe ist signifikant auf dem 2% Niveau; die Differenz 1$ Gruppe - 20$
Gruppe ist signifikant auf 3% Niveau, jeweils zweiseitig getestet.

Nachfolgende Abbildung verdeutlicht nochmals optisch die Beurteilung der langweiligen Aufgabe in
Abhängigkeit von der Größe der erhaltenen Belohnung für das Schwindeln der Versuchspersonen.

Abb. 26: Liniendiagramm der durchschnittlichen Einstufungen der 3 Gruppen im Experiment von FESTINGER und CARLSMITH
(1959)

Die 20 Vpn der Kontrollgruppe (KG) wurden nicht
finanziell belohnt.

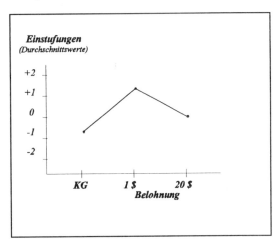

Der Line-Chart rechts legt eine nicht lineare Beziehung zwischen der Höhe der Belohnung und der
Durchschnittsurteile über das Vergnügen bei der
experimentellen Aufgabe nahe.

Allgemeine Zusammenfassung der Ergebnisse dieses Experiments

Eine Person, die zu Handlungen oder Aussagen veranlaßt wird, die im Gegensatz zu ihren
persönlichen Meinungen stehen, tendiert dazu, ihre Meinungen so zu ändern, daß sie mit den
Handlungen oder Aussagen übereinstimmen. Solch **einstellungsdiskrepantes** Verhalten wird
durch äußere Anreize (z.B. Geld) gerechtfertigt. Je größer die Belohnung für das Verhalten ist,
umso kleiner ist die meinungsändernde Wirkung! Ebenso: Je größer der Druck auf ein Verhalten,
desto weniger ausgeprägt ist die Tendenz, die private Meinung zu ändern!

> Durch eine hohe Belohnung besteht nämlich die Möglichkeit zur Rationalisierung, d.h. zur Recht-
> fertigung. Bei geringer Belohnung entfällt diese Rechtfertigung. Deshalb kommt es zu einer Ein-
> stellungsänderung.

Die Dissonanztheorie hat ihre Gültigkeit hauptsächlich in den beiden folgenden Anwendungsbe-
reichen:

☞ **1. Forcierte Einwilligung bzw. erzwungene Zustimmung** (forced compliance):

Darunter versteht man, daß Personen durch sanften Druck zu einem freiwilligen, öffentlichen, selbst-
verpflichteten Verhalten veranlaßt werden, das im Gegensatz zu deren Einstellung steht. Ein
typisches Beispiel dafür ist das eben besprochene Experiment von FESTINGER und CARLSMITH.

Übertrieben formuliert: Fuchtelt jemand mit einer Pistole vor Ihrer Nase herum und zwingt Sie, etwas zu sagen,
wovon Sie glauben, es stimme nicht, dann ist dies ein einleuchtender Grund, das erzwungene, einstellungsdiskrepante Verhalten damit zu rechtfertigen. Das konsonante Element besteht hier in dem Zwang bzw. in dem
äußeren Anreiz, der das den eigenen Überzeugungen widersprechende Verhalten entschuldigt.
Bei einem Autokauf kann ein sehr hoher Rabatt des Autohändlers u.U. zum Erwerb eines Wagens führen, zu
dem man/frau im Grunde genommen negativ eingestellt ist, wenn man/frau sich nur einredet, ein solches Angebot könne unmöglich abgeschlagen werden.

Ein Kommunikator, der auf die Dissonanztheorie schwört und diese "praktisch" anwenden möchte, müßte
demnach, wenn er einen **Nichtbehinderten** mit negativen, stereotypen Vorurteilen und unvorteilhaften
Ansichten über **Behinderte** zu einstellungsdiskrepantem Verhalten und damit zu einer Einstellungsänderung
veranlassen will, u.a. im Auge haben: 1. Die soziale Kontaktsituation so arrangieren, daß der Nichtbehinderte
freiwillig entscheidet bzw. einwilligt, ob er den Kontakt mit einem Behinderten aufnehmen will. Wird diese
Entscheidung noch dazu **öffentlich** kundgetan (z.B. dem Freundeskreis mitgeteilt) und damit eine Selbstverpflichtung eingegangen, wird ausreichend Dissonanzdruck erzeugt, denn der Nichtbehinderte beabsichtigt
coram publico ein Verhalten zu äußern, das er bislang noch nicht realisiert hat. Hinzukommen muß zweitens,
daß **keine Rechtfertigungsgründe** für die Kontaktherstellung zum Behinderten vorliegen. Ist nämlich die An-
knüpfung eines Kontaktes zum Behinderten mit Vorteilen oder der Vermeidung von Nachteilen für den Nichtbehinderten verbunden, dann sind dies Bedingungen, die das einstellungsdiskrepante Verhalten äußerlich rechtfertigen und demzufolge keine oder nur eine geringe Dissonanz generieren. Ein Praktikant der Sozialpädagogik
könnte den Kontakt zu Behinderten beispielsweise dadurch rechtfertigen, indem er argumentiert, durch das
Sammeln von praktischen Erfahrungen in Behinderteneinrichtungen werde er den Anforderungen des Studiums
gerecht, nur so bekomme er einen gebotenen Überblick, das Praktikum in diesem Sektor sei eine unumgängliche
Voraussetzung für die spätere Berufskarriere, ect. Drittens sollte der **Aufwand** zur Ausübung und Aufrecht-
erhaltung des einstellungsdiskrepanten Verhaltens (relativ) hoch sein, denn je größer die Mühe, die Kosten oder
die Anstrengungen, desto stärker ist die Dissonanz und folglich deren Reduktion im Sinne einer Anpassung
bzw. Änderung der Einstellung an das ausgeführte Verhalten (siehe dazu die Hypothese zur Rechtfertigung des
Aufwands S. 180).

☞ **2. Nachentscheidungsdissonanz:**

Vor einer Entscheidung befindet sich das Individuum in einem Konflikt, der durch die Entscheidung
gelöst wird. Die Dissonanz **nach** der Entscheidung ergibt sich dadurch, daß auf die positiven
Aspekte der abgelehnten und nicht präferierten Alternative verzichtet werden muß und die negativen
Merkmale der gewählten Alternative eingehandelt werden.

Angenommen Sie haben das nötige Kleingeld, einen Neuwagen zu kaufen. In die nähere Entscheidung kommen nur ein BMW oder ein Mercedes. Nach langem hin und her entscheiden Sie sich schließlich für den **BMW**. Setzen wir ferner voraus, daß der BMW 6 positive und 4 negative Attribute, der Mercedes 5 positive und 5 negative Attribute habe, die für den Erwerb bzw. Nichterwerb sprechen. Die Nachentscheidungsdissonanz sieht daher wie folgt aus: 9 dissonante Elemente (die 4 negativen beim BMW und die 5 positiven beim Mercedes); 11 konsonante Elemente (die 6 positiven beim BMW und die 5 negativen beim Mercedes). Folglich ist der Dissonanzindex d/(d+k): 9/(9+11) = 9/20 = 0.45, der zur Verringerung dieser Dissonanzstärke Anlaß gibt. Eine wesentliche Rolle bei der ganzen Sache spielen natürlich die Wichtigkeit der Entscheidung, die Ähnlichkeit der Attraktivität der Alternativen und die Vergleichbarkeit der Attribute der Alternativen.

Welche Möglichkeiten sich dazu anbieten, die Entscheidung für die Alternative BMW spannungsfreier und mit ruhigem Gewissen gutzuheißen, ist in der nächsten Box aufgelistet.

☞ Möglichkeiten der **Dissonanzreduktion** und **Effekte nach einer Entscheidung**:

❏ Die getroffene Entscheidung **rückgängig machen**.

❏ **Kognitives Überlappen**: Man konzentriert sich vornehmlich auf die Ähnlichkeit der beiden Alternativen, betont diese und stellt fest bzw. redet sich eventuell ein, daß die Merkmale des nicht gewählten Objektes auch im präferierten ausreichend enthalten sind.

Hundertprozentige Überlappung liegt vor, wenn 1 Flasche Wein der Marke X aus einer Menge ähnlicher Flaschen ausgewählt wird. Die Dissonanz bzw. der Konflikt ist Null, obwohl alle Alternativen von gleicher Attraktivität sind. Die Entscheidung ist bei identischen und somit austauschbaren Alternativen einfach, konflikt- und spannungsfrei.

❏ Die Bedeutung der nicht gewählten Alternative herunterspielen, minimieren oder

❏ die Bedeutung der Entscheidung selbst oder die Wichtigkeit der Entscheidung abwerten.

❏ Die Kognitionen über die Entscheidungsalternativen ändern: Durch Hinzufügen von konsonanten Kognitionen u./o. Entfernen von dissonanten Elementen können die Alternativen **umbewertet** werden, sodaß die **gewählte noch attraktiver** wird, die abgelehnte dagegen an Attraktivität verliert.
Es können auch die Eigenschaften der gewählten Alternative noch positiver als zuvor wahrgenommen werden oder die Attribute der abgelehnten Alternative werden noch negativer gesehen oder beides erfolgt gleichzeitig (sog. **spreading-apart** Effekt; engl. < to spread > ausbreiten, spreizen).

Möglich ist auch, daß ein **Reaktanzeffekt**, das sog. **Reueverhalten (regret-**Phänomen) auftritt: Die Entscheidung wird bedauert, was sich in einer kurzfristigen Attraktivitätsabnahme der gewählten und einer Attraktivitätszunahme der nicht gewählten Alternative äußern kann. Siehe dazu auch das Kapitel < Reaktanztheorie > ; [engl. < regret > bedauern, bereuen]

[Fortsetzung nächste Seite]

❐ In der Nachentscheidungsphase wird die Richtigkeit der Entscheidung (im Vergleich zur Vorentscheidungsphase) **sicherer** - das Vertrauen in die Entscheidung wächst.

❐ Durch **selektive Informationssuche** kann die gewählte Alternative abgesichert werden, z.B. durch Vermeiden von dissonanten Informationen u./o. eine Suche nach konsonanten Informationen, die die Alternative, für die man sich entschieden hat, gewissermaßen polstern.

❐ **Rechtfertigung des Aufwands (effort justification Hypothese).**
Diese Hypothese besagt, daß die Attraktivität einer Aufgabe, Sache ect. ansteigt, je höher der Aufwand (i.S. von erheblicher Investition an Mühe, Zeit, Kosten beispielsweise) für diese Sache ist.

Sie sind zu einer Party eingeladen, von der Sie erwarten, daß es lustig zugeht und Sie auf Ihre Kosten kommen. Wider Erwarten war aber diese Party stink langweilig. Wenn Sie nun viele Mühen - so diese Hypothese - auf sich genommen haben, um dieser Einladung zu folgen (z.B. langer, weiter Weg oder Sie ließen etwas Wichtigeres sausen), dann verspüren Sie Dissonanz, da der Aufwand und die negativen Aspekte der Party nicht übereinstimmen und somit inkonsistent sind. Die Dissonanz können Sie reduzieren, indem Sie den Aufwand unterbewerten oder was wahrscheinlicher ist, der Party positive Seiten abgewinnen (z.B. "nette Unterhaltung", "neue Menschen kennengelernt" u.ä.). Durch Überbewertung einiger (positiver) Aspekte der Party oder durch Ausblenden negativer Gesichtspunkte wird die Party insgesamt aufgewertet - "sie war ja gar nicht so langweilig" - und mit dem Aufwand bzw. den damit verbundenen Mühen harmonisiert.

Wie sieht es mit einer "langweiligen" Vorlesung aus, die Sie unter großen Strapazen (sehr frühes Aufstehen, Fahrt mit dem Rad bei Regen oder Minusgraden) besucht haben?

◆ Ein Experiment von ARONSON und MILLS (1959) bestätigt die Annahme, daß die Attraktivität einer Aufgabe wächst, je aufwendiger man/frau sich dafür engagiert:

63 Psychologiestudentinnen konnten an einer Gruppendiskussion über Sexualität teilnehmen. Sie wurden per Zufall auf 3 Gruppen aufgeteilt: Kontrollgruppe ohne Aufnahmebedingung; Experimentalgruppe 1 mit leichter Aufnahmebedingung und EG 2 mit schwieriger Aufnahmebedingung.

Die **schwierige** Aufnahmebedingung bestand darin, dem männlichen Versuchsleiter eine Liste obszöner Wörter und zwei detaillierte Sex-Szenen aus modernen Romanen vorzulesen. Bei der **leichten** Bedingung waren die Wörter sexbezogen, aber anständiger. Die beiden experimentellen Bedingungen waren als Siebtest gedacht, um sicher gehen zu können, daß die Vpn in der Lage sind, offen über Sexualität zu sprechen. Im Anschluß verfolgten alle Vpn über Kopfhörer eine **bedeutungslose und langweilige** Gruppendiskussion über das Geschlechtsverhalten niederer Tiere (z.B. Wechsel des Federkleids bei Vögeln, Paarungstanz bei Spinnen; das Band enthielt lange Pausen, Geräusper, unvollständige Sätze ect., alles mit dem Ziel, Langeweile zu verbreiten). Mittels diverser Ratingskalen sollten schließlich die Vpn die Diskussion und die diskutierenden Gruppenmitglieder beurteilen.
Ergebnis: EG 2, die größere Unannehmlichkeiten bei der "Aufnahmeprüfung" in Kauf nehmen mußte, bewertete die Diskussion als tendenziell interessant und intelligent geführt und zeigte auch mehr Sympathie für die diskutierenden Gruppenmitglieder als die Vpn der EG 1 und der KG. Zwischen EG 1 (leichte Aufnahmebedingungen) und KG bestanden keine Unterschiede in der Bewertung.

Die folgende Box faßt das Wesentliche nochmals auf einen Blick zusammen:

KG: **ohne** Aufnahmebedingung →	Anhören einer	keine Dissonanz	Beurteilung der Diskussion/Gruppe ist negativer
EG1: **leichte** Aufnahmeprüfung →	langweiligen Diskussion über das	geringe Dissonanz	Beurteilung .... ebenfalls negativer
EG2: schwierige Aufnahmeprüfung →	Sexualverhalten von Tieren	**große Dissonanz**	**Beurteilung ... ist tendenziell positiver**

[Alle Vpn in den 3 Gruppen hörten ein und dieselbe Life-Diskussion!]

Bei der EG 2 sind die Kognitionen A) "die Aufnahmeprüfung war schwer bzw. unangenehm" und B) "die Diskussion/Gruppe ist langweilig" dissonant. Da eine absolvierte Aufnahmeprüfung nicht mehr rückgängig zu machen ist, erfolgt die Dissonanzreduktion über die noch nicht geäußerte Bewertung. Da diese positiver ausfällt als bei EG 1 und KG, haben die Studentinnen der EG 2 den unangenehmen Aufwand gerechtfertigt.

EG 1 (leichter Siebtest): Die Kognitionen "Gruppe/Diskussion ist langweilig" und "nur geringe Unannehmlichkeiten in Kauf genommen" sind weniger dissonant und insgesamt "verträglicher".

❏ Dissonanzreduktion bei abweichenden Verhaltensweisen
(z.B. Aggressionen gegenüber einer anderen Person). Folgende Möglichkeiten können den hohen Dissonanzdruck mindern:

☞ Das abweichende Verhalten **rechtfertigen**.

☞ Das Opfer **abwerten**.

☞ Die Leiden, den Schmerz ect. des Opfers **unterschätzen**.

☞ Behaupten, **nicht anders gekonnt**, d.h. nur geringe Entscheidungsfreiheit gehabt zu haben.

☞ Nur eine **begrenzte Verantwortlichkeit** für die abweichende Handlung übernehmen.

☞ Die **Illegitimität** der Tat, der abweichenden Handlung, überhaupt **anzweifeln**.

■ Die zahlreichen Modifikationen der ursprünglichen Theorie FESTINGERs lassen sich folgendermaßen nach HAISCH et. al. (1983) komprimieren:

Je größer die Anzahl dissonanter Kognitionen im Verhältnis zu den konsonanten ist,
je wichtiger diese Kognitionen sind,
je größer die Selbstverpflichtung (z.B. sich "öffentlich" festlegen; vor den Augen anderer Personen einer gewählten Alternative verbindlich zusagen) ist,
je größer die persönliche Entscheidungsfreiheit ist und
je geringer die Rechtfertigung für ein Verhalten bzw. eine Entscheidung ist,

DESTO GRÖßER ist die Dissonanzstärke und die Motivation, diese zu reduzieren durch:

   a) **kognitive Änderungen**, d.h. **Änderung der Einstellung**
   b) **Verhaltensänderung** und
   c) **Informationssuche.**

Einstellungsänderungen im Rahmen der kognitiven Dissonanztheorie erfolgen im Prinzip dann, wenn die Einstellungsänderung eine bestehende Dissonanz bei einer Person abbaut oder reduziert. Über Darbietung von Informationen (Gespräche, Diskussionen, Filme, Rollenspiele, Simulation einstellungskonträren Verhaltens u.ä.) zum jeweiligen Einstellungsobjekt ist das kognitive System des Rezipienten in einen dissonanten Zustand zu versetzen. Es sind ferner Vorkehrungen zu treffen, die verhindern, daß eine Polsterung der ursprünglichen Kognitionen stattfindet, denn dadurch würde die ursprüngliche Einstellung nur noch mehr verfestigt.

❐ Zum Schluß noch ein kurzer Hinweis zu einer "Technik", die eine Person zu einstellungsdiskrepantem Verhalten bewegt. Nehmen wir an, eine Person P zeigt wenig prosoziales Verhalten - sie ist Ihnen und anderen gegenüber z.B. nur ganz selten hilfsbereit. Ihrer Ansicht nach ist P **fähig**, ein solches Verhalten auszuführen, P **will** jedoch dem nicht nachkommen. Mit der **foot-in-the-door** Technik - von BREHM (1980) auch als **Dissonanz-Shaping** bezeichnet - haben Sie große Chancen zur Abhilfe. Sie müssen P nur veranlassen, daß er Ihnen einen kleinen Gefallen tut, einer Bitte beispielsweise nachkommt. Dieses Verhalten, zu dem Sie P initiieren und freiwillig verpflichten, sollte so sein, daß P es gerade noch akzeptiert! Ferner ist darauf zu achten, daß für P das Verhalten "aufwendig" ist, sodaß es zu einer ausreichenden Dissonanzauslösung kommt. Wichtig ist auch den Verhaltensschritt nur minimal zu belohnen. Gelingt Ihnen dies alles, können Sie beim nächsten Mal einen etwas größeren Verhaltensschritt dosieren. Indem Sie sukzessiv in kleinen Schritten P anhalten, neues Verhalten Ihnen gegenüber zu realisieren, verändern Sie P's Einstellung zum ausgeführten Verhalten allmählich in die gewünschte positive Richtung, sodaß eine größere Bitte von ihm leichter erfüllt werden wird. Wenn Sie aber stattdessen gleich zu Anfang mit Kanonen auf Spatzen schießen - einen allzu großen Gefallen von P fordern - werden Sie wohl einen Korb bekommen.

Auf ähnliche Art und Weise wird in einigen verhaltenstherapeutischen Programmen wie etwa dem Selbstsicherheitstraining oder der systematischen Desensibilisierung bei der Behandlung von Phobien verfahren. Beiden ist ein abgestuftes, approximatives Vorgehen von ganz einfachen zu immer schwierigeren Verhaltensweisen gemeinsam.

Übrigens beherrschen erfolgreiche VertreterInnen diese Methode ganz hervorragend. Haben diese erst einmal den "Fuß zwischen der Tür" ist es ein Leichtes, der Hausfrau oder dem Hausmann ein Produkt aufzuschwätzen.

Aufgabe:

Diskutieren Sie in Ihrer Arbeitsgruppe, wie die Merkmale Rechtfertigung, Entscheidungsfreiheit usw. - siehe Box 1 Seite vorher - in der Beratungssituation "gewinnbringend", d.h. im Sinne von einstellungsändernd bei KlientInnen eingesetzt werden können!

III.3   Reaktanztheorie (BREHM, 1966)
- Bedürfnis nach Handlungsfreiheit -

Lassen Sie mich dieses Kapitel mit einem Beispiel beginnen: Zwei Jugendliche haben sich gerne und lieben sich. Deren Eltern jedoch sind - aus welchen Gründen auch immer - gegen diese "romantische Beziehung" ihrer Kinder. Je mehr die Eltern nun dagegen einschreiten und sich mit Drohungen, Bestrafungen und sonstigen Restriktionsmaßnahmen bemühen, die beiden zu trennen, desto intensiver, intimer und entschlossener wird meist das Beziehungsverhalten der beiden sich Liebenden. Es stellt sich daher die Frage, warum entwickelt sich das Verhalten der beiden Jugendlichen gerade in die entgegengesetzte Richtung als von den Eltern beabsichtigt. Die **Reaktanztheorie**, die das **oppositionelle Verhalten** in vielen Alltagssituationen erklärt, gibt darauf eine elegante und plausible Antwort. Übrigens wird das eben beschriebene Phänomen, in Anlehnung an Shakespeares Drama, als **Romeo-Julia** Effekt bezeichnet.

Nach der Reaktanztheorie ist der Mensch bestrebt, seine Handlungs- bzw. Meinungsfreiheit zu erhalten. Ist diese irgendwie bedroht oder tatsächlich eingeschränkt (durch Entscheidungen, Befehle, Zwang, Drohungen, Überredungen), wird darauf so reagiert, indem alles mögliche getan wird, um sie wiederherzustellen. Meist weigern wir uns so zu handeln, wie vom Partner, der die Freiheit bedroht, intendiert ist.

Jede Einschränkung der Handlungs - Wahlfreiheit oder des Freiheitsspielraumes - darunter ist die Vorstellung einer Person, zwischen mehreren Alternativen wählen zu können, zu verstehen -, führt zum Verlust früher zugänglicher Verhaltens- oder Entscheidungsalternativen und ruft "**Reaktanz**" hervor, ein **Widerstandsmotiv**, das auf weitere Einengung und die Wiederherstellung der ursprünglichen Möglichkeiten ausgerichtet ist. Dieses Motiv zeigt sich **indirekt** im kognitiven Verhalten: In verbalen Äußerungen, in Umbewertungen von Alternativen in einem Freiheitsraum im Sinne größerer Präferenz und eines Attraktivitätszuwachses und auch in der Änderung von Einstellungen zu sozialen Objekten bzw. Ereignissen.
Im offenen Verhalten äußert sich diese Motivation als **Widerstand gegen den einengenden Einfluß** in Form von **Oppositionsverhalten**. Konformes Verhalten dagegen - mit dem sozialen Beeinflusser einer Meinung sein - ist die entgegengesetzte Tendenz zu reaktantem Verhalten.
Die Reaktanzprozesse verlaufen oft nach einem "Druck-Zug-Muster" ab: Jemand soll zu einer bestimmten Meinungsrichtung gezogen werden, er hält aber aus den eben genannten Gründen dagegen und zeigt Widerstand.

Blockierungen und Einschränkungen gegenüber Menschen, die jedoch von vornherein keine großen Wahlmöglichkeiten sehen, bewirken, daß die blockierten Handlungs-Wahlmöglichkeiten abgewertet oder als wenig attraktiv dargestellt werden. Mit anderen Worten: Solche Personen richten sich dann psychologisch auf die restriktive Situation ein.

Die folgenden vier Boxes fassen die zentralen Annahmen der Reaktanztheorie zusammen (vgl. GNIECH & GRABITZ, 1984; BREHM, 1980).

Box 1: Notwendige Bedingungen für das Entstehen von Reaktanz

1. Die Vorstellung einer Person, **frei zwischen gegebenen Alternativen wählen** bzw. entscheiden zu können. Diese Aktionsfreiheit bezieht sich nicht nur auf gegenwärtige oder zukünftige Handlungen, sondern auch auf Gedanken, Meinungen, Entscheidungen und Einstellungen.

2. Diese Freiheit muß für **wichtig** gehalten werden. Die Person muß motiviert sein bzw. ist motiviert, Entscheidungsfreiheit zu besitzen.

3. Die Person muß **wahrnehmen, daß diese Freiheit bedroht ist.** Noch soviele Einschränkungen, Blockierungen oder Druck auf die Meinung und das Verhalten führen nicht zu Reaktanz, wenn jemand Wahlfreiheit nicht kogniziert, d.h. nicht davon ausgeht, das Verhalten frei bestimmen zu können. Dies ist beispielsweise der Fall, wenn die Person sich nicht gewahr ist, daß ein Problem mehrere Alternativen hat, zwischen denen sie wählen kann.

Box 2: **Freiheitseinengungen** entstehen durch

Soziale Einflußnahme: Andere Personen zwingen jemand zu einem bestimmten Verhalten, wobei die Fremdeinengung als unrechtmäßig betrachtet wird. Siehe Erziehungsmaßnahmen von Eltern und Pädagogen, gegen die Heranwachsende opponieren und rebellieren.

Barrieren, die an der Ausführung einer Handlung hindern. Beispiele: Physische Hindernisse, die ein begehrtes Objekt schwer zugänglich machen; ein Vorhaben findet wegen Schlechtwetter nicht statt; ein wichtiges Buch ist vergriffen und nicht mehr erhältlich.

Selbstauferlegte Einengungen bzw. selbstverschuldete Bedrohungen der Freiheit durch die Person selbst: Getroffene Entscheidungen, insbesondere irreversible, d.h. nicht mehr rückgängig machbare Entscheidungen.

Sie planen Ihren Sommerurlaub. Die beiden gleich attraktiven Alternativen Spanien oder Griechenland stehen zur Wahl. Entscheiden Sie sich für Spanien und buchen im Reisebüro, dann ist die Freiheit eliminiert, die abgelehnte Alternative zu wählen, also nach Griechenland zu fahren. Die gewählte Alternative Urlaub in Spanien zurückzuweisen, ist ebenfalls durch die getroffene Entscheidung nicht mehr möglich. Auch vor der Entscheidung für eines der beiden Reiseziele erleben Sie wahrscheinlich eine Bedrohung ihres Freiheitsspielraumes. Je mehr Sie zwischen den beiden Attraktivitäten hin und her pendeln, desto größer ist Ihre Reaktanzerregung. Entscheidungen, die einer Person erheblich schwer fallen, haben mit Einschränkungen des Handlungsspielraumes zu tun. Die **Vorentscheidungs-Reaktanz** läßt sich beispielsweise verringern, indem die Differenz zwischen den Alternativen vergrößert wird. Konkret: Die positiven Aspekte der einen Alternative und die negativen Aspekte der anderen Alternative hervorheben und sich darauf konzentrieren.

Box 3:   Die Stärke der auftretenden Reaktanz hängt ab von

1. der **Wichtigkeit des Lebensbereiches**, innerhalb dessen der Freiheitsspielraum eingeengt wird/ist. Die Wichtigkeit ist eine Funktion der Instrumentalität des Verhaltens, andere Bedürfnisse zu befriedigen und des potentiellen oder aktuellen Maximum dieser Bedürfnisse.

   Kann ein Bedürfnis durch 10 Alternativen befriedigt werden, fällt der Verlust einer Alternative nicht so sehr ins Gewicht als beispielsweise bei nur 2 Alternativen zur Bedürfnisbefriedigung. Im letzteren Fall wird der Gewichtigkeit der verlorenen Wahlmöglichkeit viel mehr Bedeutung beigemessen.

2. der **relativen Reduktion des Freiheitsspielraumes**. Es macht einen Unterschied aus, ob eine Alternative aus 3 oder aus 6 Alternativen eliminiert wird. Die Entfernung einer Alternative aus 3 Wahlmöglichkeiten reduziert den Freiheitsspielraum mehr, als die Reduktion einer Alternative aus 6 Alternativen, vorausgesetzt alle Alternativen sind gleich instrumentell.

3. dem **Ausmaß der Ernsthaftigkeit der Bedrohung**. Eine sofortige, unmittelbare Freiheitseinschränkung ist eine ernsthaftere Bedrohung als eine vergleichbare angedrohte Einschränkung, die erst zeitlich später realisiert wird.

4. der **relativen Wichtigkeit der bedrohten/eliminierten Alternativen**. Sind die in Frage kommenden Wahlmöglichkeiten unterschiedlich wichtig und läßt sich demnach eine Rangreihe der Präferenz bilden, ist die Freiheit weniger bedroht, wenn eine rangniedrige Alternative eliminiert wird bzw. bedroht ist.

5. der **Bedrohung weiterer Alternativen**. Impliziert die Bedrohung/Elimination einer einzigen Freiheit, daß andere Freiheiten ebenfalls dadurch bedroht sind, nimmt das Ausmaß an Reaktanzerregung zu.
   Wird einem Jugendlichen beispielsweise die Freiheit zu rauchen verboten, dann könnte er kognizieren, daß auch ähnliche Verhaltensweisen (z. B. Alkohol trinken) bedroht sind.

6. der Funktion der subjektiven Wahrscheinlichkeit, daß eine **Bedrohung** konkreter Alternativen **bei sozial vergleichbaren Dritten** erfolgt. Beobachtet man/frau, daß eine andere Person in ihrer Freiheit eingeschränkt wird, dann kann ebenfalls die eigene Freiheit als bedroht wahrgenommen werden (**stellvertretende Bedrohung**). Bei dieser indirekten Erregung der Reaktanz muß die bedrohte Alternative für den Beobachter von wesentlicher Bedeutung sein.

   Ein Vater verbietet seinem 14 jährigen Sohn eine bestimmte Verhaltensalternative X. Der jüngere Bruder, der dies mit ansieht, könnte generalisieren bzw. implizieren, daß ihm später gleiches widerfahren dürfte, wenn er Verhalten X äußert. Koaliert er mit dem Bruder gegen die Restriktionen des Vaters, dürfte das Reaktanzmotiv sehr wahrscheinlich eine Rolle dabei spielen. Jugendliche, die gemeinsam gegen Maßnahmen ihrer Eltern vorgehen, könnten auf diese Weise versuchen, direkt oder indirekt bedrohte Freiheiten wiederherzustellen.

Box 4: Auswirkungen der Motivation zur Wiederherstellung des ursprünglichen Freiheitsspielraumes auf das **Verhalten**

1. **Abnahme der sozialen Orientierung** der Person zugunsten einer Ausrichtung auf die persönlichen Interessen.

2. **Zunahme feindlicher und aggressiver Gefühle.** Auch Zunahme des Ärgers und des Abwehr-
verhaltens gegenüber dem Kommunikator.

3. Wachsendes Verlangen, das bedrohte oder eliminierte Verhalten zu realisieren, d.h. den **verlorenen Freiheitsspielraum wiederzugewinnen: Aktiver Widerstand** gegen den sozialen
Druck. Oder es werden soziale Konstellationen angestrebt, in denen andere Personen eine
Wiederherstellung der Freiheit garantieren. Möglich ist auch, ein Verhalten der gleichen Hand-
lungsklasse zu praktizieren, wenn ein Verhalten aus dieser Verhaltenskategorie bedroht bzw.
eliminiert ist.

Ein Kind macht zuviel Lärm beim Spielen und wird von der Mutter diesbezüglich gemaßregelt. Zeigt das
Kind daraufhin eine andere unerwünschte Verhaltensweise (es bringt z.B. die Sachen der Mutter durch-
einander oder es räumt den Kleiderschrank aus), stellt es auf indirekte Weise seine Handlungsfreiheit wieder her.

4. **Erhöhte Attraktivität** der eliminierten oder bedrohten Alternativen bei der Beurteilung der
Wahlmöglichkeiten. Es werden **Umbewertungen** innerhalb der Rangordnungen der Alternativen in einem Freiheitsspielraum als Funktion der Intensität von Reaktanz vorgenommen.

Bevor Sie weiterlesen, bearbeiten Sie bitte folgende **Aufgaben**:

a) Erklären Sie den im Eingangsbeispiel erwähnten "Romeo-Julia" Effekt reaktanztheoretisch!
b) Reflektieren Sie persönliche Situationen Ihrer Freiheitseinschränkung und prüfen Sie, inwieweit Sie sich
theorieadäquat verhalten!
c) Diskutieren Sie in Ihrer Arbeitsgruppe freiheitsbedrohende Handlungen des Sozialarbeiters/der BeraterIn
gegenüber KlientInnen!

☞ Empirisch belegte **Beispiele und Forschungsergebnisse zur Reaktanz**
[Um die Ausführungen auf das Wesentlichste zu beschränken, erfolgt die Darstellung z.T. im Telegrammstil.]

❐ Kinder als Vpn; 3 Filme zur Auswahl, 1 Film wird entfernt: Die Attraktivität des eliminierten
Filmes ist größer, da relativ größere Elimination, als wenn 1 Film aus 6 zur Wahl gestellten Filmen
entfernt wird.
❐ Kinder beurteilten einen Film, der unterbrochen wurde und nicht mehr fortgesetzt werden konnte,
positiver als denselben Film, wenn dieser wahrscheinlich doch noch weiter vorgeführt werden
kann.
❐ Ein positiver Anreiz, der erst in 1 Woche verfügbar ist, wird höher bewertet, als wenn derselbe
sofort zugänglich ist.

❐ Ein Kind hat mehrere Spielsachen; die Eltern nehmen eines weg; gerade das Weggenommene wird für das Kind attraktiver, da die Freiheit von dieser Alternative Gebrauch zu machen, bedroht ist. Das Kind holt unter Umständen das weggenommene Spielzeug zurück.

❐ Jemand will einen anderen zu etwas "überreden", wovon dieser aber nichts wissen will. Folge: Reaktanz, die sich im Vertreten der gegensätzlichen Meinung äußert und nicht in der beabsichtigten Meinung. Unter Umständen kommt es sogar zu einer Extremisierung der Einstellungsposition.

❐ In Situationen, in denen eine Person sich gedrängt fühlt, neigt sie dazu, weniger Hilfsbereitschaft zu zeigen bzw. Hilfe zu verweigern, da sie das Gefühl hat, daß sie gar nicht entscheiden kann, ob sie helfen will oder nicht.

❐ Eine Bedrohung der Freiheit zur Kritik durch Autoritäten führt eventuell zu mehr Kritik an diesen Autoritäten.

❐ Zensur, Nachrichtensperre (totale Elimination von Entscheidungsfreiheit): Man kann sich über Ereignisse nicht mehr informieren. Reaktanz zeigt sich dann entweder im Versuch, das zensierte Material zu erhalten oder wenn dies unmöglich ist, entwickelt sich sogar Sympathie für die zensierte AutorIn oder deren Ideen.

❐ Im Fernsehen wird ein Film infolge der Zensur nicht ausgestrahlt. Läuft der Film zur gleichen Zeit im Kino, wird er höchstwahrscheinlich ein Kassenerfolg. Demnach bewirkt die Zensur nach der Reaktanztheorie einen < Bumerangeffekt >: Das Verbotene wird attraktiver als es ohne Zensur gewesen wäre.

❐ Ausführungen eines Referenten an die Hörer am Ende eines Vortrages wie "Sie können ja gar nicht anders, als mir zustimmen" bewirken, daß die Zuhörer eher die entgegengesetzte Meinung einnehmen, als die in der Rede propagierte. Bei der Zuhörerschaft wird geringe Meinungskonformität zu erwarten sein.

❐ Kommt zu einer Menge von Alternativen eine neue attraktive Alternative hinzu, dann werden die vorhandenen Alternativen aufgewertet, falls zwischen den Alternativen frei gewählt werden kann **(Hervorhebung einer Alternative)**.

❐ Zweijährige Kinder; 2 Spielsachen; eines davon hinter einer Plexiglasscheibe: Das abgetrennte Spielzeug wird häufiger und schneller ausgewählt. Sind die beiden Spielsachen jedoch identisch, erhöht sich die Attraktivität des blockierten Spielzeugs nicht.

❐ Aufschwatzen, Drängeln eines Verkäufers: Man fühlt sich in seiner Freiheit bedroht und kauft evt. nichts. Entsteht das Reaktanzmotiv, kann sich eine generelle Geringschätzung der angebotenen Ware entwickeln.

❒ Eine Wahlalternative, die durch eine andere Person eliminiert wurde, wird attraktiver. Eine Alternative, die durch eine andere Person nahegelegt bzw. aufgedrängt wurde zu wählen, verliert an Attraktivität.

❒ Anordnung von Objekten in verschiedener Entfernung vor einer Person auf einem Tisch kann Reaktanz bewirken: Die entfernteren Alternativen werden bevorzugt.

❒ Läßt man Objekte (z.B. Spielzeuge) nach ihrer Attraktivität einstufen, dann wird das am höchsten bewertete Objekt bei einer neuen Beurteilung abgewertet, wenn der beurteilenden Person unterstellt wird, daß sie nicht anders könne, als bei einer nachfolgenden Wahl das von ihr am höchsten eingestufte Objekt zu wählen.

❒ Personen schließen sich bei einer Wahl zwischen 2 Alternativen der Entscheidung einer anderen Person häufig an, wenn ihnen die Entscheidung dieser Person nur zur Kenntnis gebracht wird. Sie weisen die Entscheidung einer anderen Person zurück, wenn ihnen von dieser nahe gelegt wird, sich ihrem Urteil anzuschließen.

❒ Kinder bewerteten die **Attraktivität** eines an 2. Stelle (von insgesamt 8) eingestuften Spielzeuges nach einer **milden Drohung**, nicht mit dem Spielzeug zu spielen, **geringer**; nach einer **starken Drohung jedoch höher!**

❒ Wird die Einengung wieder aufgehoben, d.h. die Freiheit wiederhergestellt, verliert das Nahelegen seinen restriktiven Charakter und erzeugt keine Reaktanz mehr: Dreier-Gruppen (davon zwei instruierte Vpn als Verbündete des Versuchsleiters); Aufgabe: Entscheiden, welche von 2 Fallstudien zuerst bearbeitet werden soll. Eine der instruierten Vpn forderte die Gruppe auf mit Fall **A** zu beginnen. Die Vp zeigt dann eine Präferenz für Fall **B**. Wird aber von der 3. Person (= 2. instruierte Vp) die Wahlfreiheit wiederhergestellt - diese sagt z.B. sie habe sich noch nicht entschieden -, wird die Alternative **A** bevorzugt, die jetzt auch attraktiver ist, d.h. es tritt keine Reaktanz ein, sondern **Konformität**.

❒ Vpn mußten 6 Sonnenbrillen nach ihrer Attraktivität bewerten. Versuche, eine Person zu einem positiven Urteil zu bewegen - eine 2. Person lobte das bewertete Objekt als gut passend - erzeugen umso mehr Reaktanz (im Sinne von niedrigeren Attraktivitätsurteilen), je weniger weit die Vp bei der Beurteilung in der Reihe der Objekte fortgeschritten war, und je weniger die Vp Gelegenheit gehabt hatte, selbst einige Alternativen aus der engeren Wahl auszuschließen und somit die Gesamtzahl der in Frage kommenden Alternativen zu verringern.
Die Hervorhebung der jeweils zur Bewertung anstehenden Alternative erzeugt zu Beginn einer Bewertung also mehr Reaktanz als am Schluß!

❐ Eine Abwesenheit, Schwererreichbarkeit einer Sache, eines Objektes, einer Person führt in der Regel zu einer Intensivierung der Gefühle zu dieser Sache/Objekt/Person: Durch Aufwertung der Sache/Person erfolgt auf diese Weise eine Wiederherstellung der Freiheit (sog. **hard to get** Phänomen).

Siehe dazu die biblische Geschichte vom verlorenen Sohn und seiner Rückkehr nach Hause. Oder: Sie studieren weit entfernt von Ihrem Heimatort. Eine Fahrt nach Hause ist aus vielerlei Gründen nur gelegentlich möglich. Je länger Sie getrennt sind, desto intensiver wird Ihr Heimweh und die Attraktivität Ihrer Familie und Ihres Freundeskreises.

❐ Einem Kind wird verboten, mit dem Fuß Steine zu kicken. Es hört damit auf, zeigt jedoch ein anderes unerwünschtes Verhalten - mit den Schuhen durch eine Pfütze laufen. Dies ist ein Beispiel für eine **indirekte** Freiheitswiederherstellung.

❐ **Direkte** Wiederherstellung der Freiheit: Die bedrohte Alternative wird ausgeführt, da sie infolge des Reaktanzmotives attraktiver geworden ist.

Eine Hausfrau im Supermarkt am Obststand. Sie steht vor der Wahl, weiße oder rote Weintrauben zu kaufen. Beide sind im Preis äquivalent und von gleicher Qualität. Würde Sie von der ObstverkäuferIn bedrängt werden, doch die weißen zu nehmen, stellt sie direkt ihre Freiheit wieder her, wenn sie zu den roten Trauben greift.

❐ Äußerung von Feindseligkeiten, Machtdemonstrationen u. dgl. gegenüber einer Frustrationsquelle sind ebenfalls Formen der Wiederherstellung der bedrohten Freiheit bzw. der Reaktanz.

❐ Wird einer Aufforderung nicht nachgekommen, verhält sich der Betroffene reaktant. Dies haben Sie sicherlich schon in einer Kneipe erlebt, als der Wirt das Lokal schließen wollte.

❐ Falls Barrieren vorhanden sind - z. B. räumliche, die die Freiheit einschränken - , dann ist oft eine Beseitigung dieser Barrieren durch vermehrte physische Anstrengung beobachtbar.

Eine Tür klemmt. Sie werden sehr wahrscheinlich in Ihrer Motorik heftiger, um sie zu öffnen. Sie stecken ein Geldstück in einen Automaten, der dies unwiderruflich verschlingt und den gewünschten Gegenstand nicht freigibt. Wenn Sie den Automaten mit den Fäusten attackieren, verhalten Sie sich reaktant. Ein Sekretariat hat ab 12 Uhr geschlossen. Sie erscheinen zwei Minuten zu spät und begehren Einlaß. Falls Ihr Türklopfen die Situation nicht verändert, bleibt Ihnen immer noch die Möglichkeit, sich über die Leute da drinnen in Form einer reaktanten Schimpfkanonade abzureagieren.

❐ Durch Wechsel der Kausalattribution kann die Freiheit erhalten bleiben, indem der bedrohte Faktor, der die Entscheidungsfreiheit einschränkt, nicht dem Partner, sondern der Umgebung zugeschrieben wird:

Zwei Personen verhalten sich in einer Interaktion kooperativ. Äußert nun der eine Partner plötzlich eine unerwünschte (z.B. feindliche) Reaktion, wird der andere in seiner Entscheidung u.U. eingeschränkt, da er Druck empfindet, das kooperative Verhalten aufzugeben. Wird die Freiheit auf externale (nicht personbezogene, situative) Faktoren vom Bedrohten kogniziert, kann er kooperatives Verhalten aufrechterhalten, da die Bedrohung nicht auf einen <u>beabsichtigten</u> Einschränkungsakt seitens des Partners zurückgeführt wird.

Genug der Beispiele!

Aufgaben zur Vertiefung:

☞ Erklären Sie reaktanztheoretisch "Trotzreaktionen, Trotzverhalten" kleiner Kinder, die sich im sog. "Trotzalter" befinden! Läßt sich das oppositionelle Verhalten pubertierender Jugendlicher ebenfalls reaktanztheoretisch erklären?

☞ In der **Vorentscheidungsphase** pendelt eine KlientIn zwischen 2 Alternativen (weiter machen wie bisher oder eine Entziehungskur in die Wege leiten) hin und her, ohne sich entscheiden zu können. Erklären Sie mit Hilfe der Reaktanztheorie den Konflikt, in dem die KlientIn sich offensichtlich befindet. Wie könnte die Vorentscheidungsreaktanz der KlientIn verringert und eine Hilfestellung zum Beginn einer Konfliktlösung angeboten werden?

☞ In Paarkonflikten ist oft zu beobachten, daß Reaktanz durch einseitige Entscheidungen eines Partners verursacht wird. Wie könnte das Paar dazu gebracht werden, "unnötige" Reaktanz zu vermeiden?

☞ Ihr Fahrzeug springt am Morgen nicht an! Was tun Sie dann? Und was hat dies alles mit der Reaktanz zu tun?

III.4 Modell der Elaborationswahrscheinlichkeit (elaboration likelihood model, ELM)
PETTY & CACIOPPO (1986)

Das Modell bietet einen ausgezeichneten Bezugsrahmen für eine allgemeine Theorie der Einstellungsänderung, innerhalb dessen eine Vielzahl an Befunden aus älteren und sich zum Teil widersprechenden Theorien elegant erklärt werden können. Das ELM ist somit eine Konzeption, die die verschiedenartigsten empirischen Ergebnisse und theoretischen Orientierungen zur Einstellungsänderung integriert. Ferner liefern P&C einen Rahmen für das Verständnis der grundlegenden Prozesse bezüglich der Wirksamkeit **persuasiver Kommunikation**.

Einstellungen sind für die beiden Autoren "generelle Evaluationen des Selbst, der anderen Personen, Objekte oder Sachverhalte" (P&C, 1986, S. 5).
Persuasion ist eine Einstellungsänderung aufgrund von Kommunikation. **Einfluß** ist ein allgemeinerer Begriff, der sich auf "jegliche Änderung der Evaluationen bezieht". **Elaboration**, lat. <elaborare>, bedeutet im Kern: etwas sorgfältig ausarbeiten (siehe Text unten)..

Der empirisch gut untermauerte Ansatz wird von P&C in der Monographie < Communication and Persuasion. Central and Peripheral Routes to Attitude Change > in **7 Postulate** zusammengefaßt:

1. Personen sind motiviert, an adäquaten Einstellungen festzuhalten (to hold correct attitudes). Inkorrekte, im sozialen Kontext ungeeignete Einstellungen haben schädliche Konsequenzen (kognitive, affektive, behaviorale).Die Angemessenheit der Einstellung wird durch **interpersonale Vergleiche** der Meinungen im Sinne FESTINGERs gewonnen. Eine "objektive" Adäquanz im Einstellungsbereich ist schwer möglich.

2. Das Ausmaß und die Natur themenrelevanter Elaboration (i. S. kognitiver Anstrengung) bei der Evaluation einer Botschaft bzw. Information variiert mit **individuellen und situativen Faktoren**.

3. Es lassen sich 3 Wege unterscheiden, auf denen Variable das Ausmaß und die Richtung der Einstellungsänderung beeinflussen:

   ❏ **Qualität** der Argumente. Bei **starken** Argumenten werden günstige Gedanken ausgelöst; **schwache** Argumente (im Sinne von leicht widerlegbar) setzen ungünstige, nicht zustimmende Gedanken in Gang.

   ❏ **Periphere "Cues"** - das sind Hinweisreize, die mit dem Einstellungsobjekt assoziiert sind und relativ primitive affektive Reaktionen bzw. emotionale Zustände auslösen (z.B. die Attraktivität der Quelle [sehr attraktiv, wenig attraktiv] oder positive bzw. negative Verstärker seitens der Quelle).

   ❏ **Elaboration** der Argumente (tiefe, gründliche Verarbeitung der Argumente).
   Das Elaborationsausmaß läßt sich durch Selbstberichte über die Anstrengung, durch Erinnerung an die kommunizierten Argumente, durch Auflisten der Gedanken und durch Manipulation der Qualität der Argumente empirisch feststellen.

Die Verarbeitung der Argumente kann sein (siehe auch Postulat 4 und 5):
☞ **Relativ objektiv** elaboriert, d.h. unparteiische Betrachtung der Argumente; "datengesteuerte" Elaboration; "bottom-up-processing" (siehe Teil I soziale Informationsverarbeitung); es wird nach der Wahrheit, gesucht, wohin dies auch immer führen mag.

☞ **Relativ verzerrt (biased)** elaboriert. Die Elaboration wird hier eher vom vorhandenen Attitüdenschema des Rezipienten gesteuert, sodaß die Verarbeitung der Argumente mehr das ursprüngliche Schema verstärkt bzw. bestehende Einstellungen vom Rezipienten verteidigt werden. Verzerrte Elaboration meint also relativ einseitige, voreingenommene Verarbeitung (sog."top-down-processing").

4. Variable *, die die **Motivation** u./o. die **Fähigkeit** zur Informationsverarbeitung in einer **relativ objektiven** Art und Weise beeinflussen, führen entweder zu einer Erhöhung oder Reduzierung der genauen Prüfung der Argumente. [Siehe dazu auch: Summarischer Überblick zum ELM.]

5. Variable, die die Motivation u./o. die Fähigkeit zur Informationsverarbeitung in einer **relativ verzerrten** (biased) Art und Weise beeinflussen, können entweder einen positiven (günstigen) oder negativen (ungünstigen) Motivations- u./o. Fähigkeits-Bias bezüglich der themenrelevanten Gedanken produzieren. [Siehe dazu auch: Summarischer Überblick zum ELM]

6. Insofern die Motivation u./o. Fähigkeit, die Argumente zu verarbeiten abnimmt, werden periphere Hinweisreize zu relativ bedeutenderen Determinanten der Persuasion. Umgekehrt gilt: Wenn die genaue Prüfung der Argumente zunimmt, werden periphere Hinweisreize zu relativ weniger bedeutsamen Determinanten der Persuasion.

7. Einstellungsänderungen, die hauptsächlich durch die Verarbeitung der themenrelevanten Argumente (via **zentrale Route**) zustande kommen, zeigen im Vergleich zu Einstellungsänderungen via **periphere Route**
   - eine größere zeitliche **Stabilität** (temporal persistence)
   - eine größere **Vorhersagbarkeit** des Verhaltens (prediction)
   - und einen größeren **Widerstand** gegenüber Gegenüberredung (resistance to counterpersuasion).

* Derartige Variablen sind für die **Motivation** (z.B. < persönliche Relevanz >, < Verantwortlichkeit >, < Vorwarnung >) - siehe auch weiter unten den summarischen Überblick zum ELM. Variable für die **Fähigkeit** beispielsweise sind: < Ablenkung des Zuhörers >, < Verständlichkeit der Info >, < Wiederholung der Info >.

Das Kernstück des Modelles von PETTY & CACIOPPO sind die **zwei Routen der Einstellungsänderung**, die die Pole eines "**Elaborationskontinuums**" darstellen (siehe auch Abb. 28 Seite 197):

1. Zentrale Route (central route).
[Motivation und Fähigkeit zur genauen Prüfung der Argumente der Nachricht des Senders sind beim Rezipienten relativ hoch.]

Darunter ist insbesondere zu verstehen: Investition von Zeit, Anstrengung, Kritik, sorgfältige Prüfung, Analyse der Kommunikationsbotschaft; Einbringen von Wissen; Vergleich des Wissens mit Inhalten der Botschaft; eine tiefe, gedankliche Elaboration; die Integration der Argumente in schon vorhandene kognitive Schemata und die Selbstgenerierung von themenrelevanten bzw. sachbezogenen Argumenten.

2. Periphere Route (peripheral route).
[Motivation u./o. Fähigkeit sind relativ niedrig.]

Diese Route ist charakterisiert durch: Kein inhaltsbezogenes Nachdenken; niedriges Ausmaß an Elaboration; bei der Entscheidung für die Akzeptanz stützt man sich auf periphere Aspekte, d.h. **nichtinhaltliche Merkmale** wie z.B. die "Glaubwürdigkeit", "vermuteter Sachverstand", "Attraktivität" des Senders oder andere Hinweise ("cues") aus der Kommunikation. Eine Botschaft wird bei dieser einfacheren Variante der Bildung eines Einstellungsurteiles demnach **relativ oberflächlich** analysiert.

Via **zentrale Route** wird im Vergleich zur peripheren Route das Attitüdenschema mehr "zugänglich" gemacht. Die Verbindungen zwischen den Komponenten werden ferner gestärkt, sodaß das Schema insgesamt konsistenter, resistenter, fortdauernder und zugänglicher wird, was Auswirkungen auf die Wahrscheinlichkeit hat, daß Einstellungen das Verhalten steuern. Kurzerhand: Die **Einstellungs - Verhaltens - Beziehung** wird durch eine sorgfältige Prüfung der Argumente via zentrale Route erhöht.

Die **periphere Route** findet Anwendung bei **geringen Fähigkeiten** und **niedriger Motivation**: Kennzeichnend ist die Benutzung von einfachen Entscheidungsregeln [**heuristischen Regeln** (siehe Teil I)], die Verwendung einfacher Schemata (**Faustregeln**) zur Einschätzung der Validität der Botschaft wie:

- "Experten sagen immer die Wahrheit"
- "Experten kann man vertrauen"
- "Fachleute wissen es am besten"
- "Mit solchen Leuten stimmt man überein"
- "Sympathischen Leuten kann man vertrauen"
- "Sympathische Leute haben gewöhnlich die richtige Meinung"
- "Je länger die Mitteilung, desto überzeugender ist der Inhalt"
- "Mehr Argumente sind bessere Argumente"
- "Länge bedeutet Stärke"
- "Was teuer ist, muß auch gut sein"

Oder einfacher **Inferenzregeln** wie:

- "Was ich gekauft habe, muß ich mögen"
- "Wenn viele Leute/Experten dasselbe sagen, dann wird es wohl richtig sein" [Anzahl der Quellen]

Oder einfacher **Akzeptierungs- bzw. Ablehnungsregeln** wie:

- "Ich nicke mit dem Kopf, also muß ich zustimmen"
- "Die Zuhörer sind dagegen, stellen viele Fragen, machen abwertende Bemerkungen usw., also muß die Information bzw. Botschaft schlecht sein"

Eine Einstellungsänderung **ohne** kognitive Elaboration - angebrachter ist hier die Bezeichnung kurzfristiger Einstellungs**shift** (siehe Abb. 28 S. 197) - liegt auch vor, wenn die Information, die in den Ablehnungsbereich einer Person fällt, einfach mißbilligt oder eine Botschaft, die den Annahmebereich trifft, unbesehen akzeptiert wird (siehe auch dazu die beiden Effekte der **Assimilations-Kontrast-Theorie** unter II.1.2).

Oder **Attributionsprozeduren** (siehe auch den Abschnitt Attributionspsychologie) wie:

- Einem Sender (Quelle) wird Glaubwürdigkeit zugeschrieben und seine Botschaft akzeptiert, weil er gegen die eigenen Interessen argumentiert.
- Botschaften mit schwierigen Begriffen u. dgl. für den Empfänger ein Hinweis sind für die Glaubwürdigkeit, Intelligenz oder Expertentum des Senders, sodaß solchen Botschaften eher zugestimmt wird.
- Ein Sender, der über die Vor- und Nachteile referiert, für den Empfänger glaubwürdiger erscheint, als ein Sender, der einseitig informiert.
- Bei multiplen Quellen und jede mit unterschiedlichen Gegenargumenten ein Rezipient folgert: "Es gibt also eine Anzahl von Argumenten, die dagegen sprechen".

Diese Regeln werden eingesetzt, wenn der Empfänger der Botschaft wenig über den Inhalt der Nachricht weiß (siehe **Fähigkeit**) und/oder gering involviert (**Motivation**) ist. Weitere Strategien im Rahmen der peripheren Route sind:

- Das **klassische Konditionieren:** Das Einstellungsobjekt ist mit einem relativ starken positiven oder negativen emotionalen Hinweisreiz (cue) assoziiert und
- die **Identifikation mit Vorbildern** und Modellpersonen (siehe Lerntheorie von BANDURA).

Eine Person beispielsweise, die aufgrund ihrer Lerngeschichte für äußere Hinweisreize (Erscheinungsbild, Auftreten, Tonalität, Melodie, Geschwindigkeit der Sprache u.ä. des Kommunikators), suggestibel ist, wird die Kommunikationsinhalte eines solchen Senders, selbst wenn diese wenig triftige Argumente beinhalten, eher befürworten oder ablehnen, je nachdem, welche Assoziationen und Emotionen dadurch spontan ausgelöst werden. Sind diese Cues mit Merkmalen, die z.B. auf Glaubwürdigkeit oder Vertrauenswürdigkeit der Quelle hinweisen, verbunden, werden positive Emotionen ausgeklinkt, die eine vorbehaltlose Akzeptanz der übermittelten Information begünstigen können.
Andererseits kann eine starke Tendenz, sich mit Idolen oder Vorbildern zu identifizieren, zu einer bedingungslosen Billigung ihrer wie auch immer gearteten Kommunikationsinhalte verleiten.

Die Einstellungsänderung via **periphere Route** hängt somit weniger vom Inhalt und Gegenstand der Information ab, sondern eher von den Merkmalen der Kommunikationssituation. Über die periphere Route kommt es im allgemeinen zu relativ temporären Einstellungsänderungen, die auch anfälliger für Gegenargumente sind und das Verhalten nicht vorhersagen lassen.

Die Wahrscheinlichkeit, daß ein Rezipient die Argumente genau und kritisch prüft, die sog. **Elaborationswahrscheinlichkeit,** ist eine Funktion von 2 Faktoren:

☞ **1. der Motivation**: Zeit, Anstrengung; hohe Involviertheit (das Thema berührt den Empfänger persönlich; ein Thema mit hoher Relevanz).

☞ **2. der Fähigkeit**: Intelligenz, Wissen, Verständlichkeit der Botschaft z.B.

Eine Einstellungsänderung hängt auch davon ab, welche **dominanten kognitiven Reaktionen** beim Empfänger in der Rezeptions- und Akzeptanzphase einer persuasiven Mitteilung ausgelöst werden: Bei positiven, zustimmenden Gedanken erfolgt eine Zunahme der **Persuasionswirkung**; bei negativen, kritischen Gedanken eine Abnahme der Persuasionswirkung, u.U. sogar ein **Bumerang-Effekt**. Nachstehende Abbildung verdeutlicht diese beiden Möglichkeiten:

Abb. 27: Abbildung zum **ELM** von PETTY & CACIOPPO

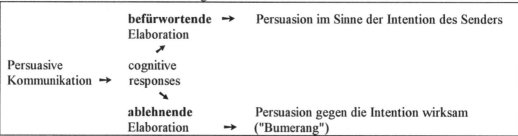

Wird eine Person P mit einer persuasiven Kommunikation konfrontiert, in der der Sender die bestehende Einstellung zu einem Einstellungsobjekt des Rezipienten so zu beeinflussen beabsichtigt, daß dieser nunmehr Zustimmung anstatt Ablehnung bekundet, dann hängt die Überzeugungskraft von einer Vielzahl an Faktoren ab, die in der jeweiligen Kommunikationssituation wirksam sind (siehe unter III.1. Kommunikationsmodell). Von wesentlicher Bedeutung sind dabei die kognitiven Prozesse, die beim Empfänger P in Gang gesetzt werden. Enthält die Information **starke Argumente**, führt dies zu einer befürwortenden Elaboration, die schließlich in eine Akzeptanz des Persuasionsinhaltes mündet. P wird, wie beabsichtigt, effektiv überredet und zu einer dauerhaften, resistenten und prediktiven Einstellungsänderung gebracht. Im Gegensatz dazu wird eine Nachricht mit **schwachen** oder nur scheinbaren **Argumenten** bei P eher negative, ungünstige, den Persuasionsinhalt ablehnende Gedanken verursachen. Die Persuasion ist dann ineffektiv und und bewirkt u.U. sogar das Gegenteil, als vom Kommunikator beabsichtigt. Ergibt sich letzteres, wird dies auch als Bumerang-Effekt bezeichnet (siehe auch **Assimilations-Kontrast-Theorie**).

[Die Stärke der Argumente einer Information wird von P&C empirisch ermittelt. Kommunikationsinhalte mit **starken**, stichhaltigen bzw. triftigen Argumenten sollen vorwiegend günstige Gedanken auslösen, wenn der Empfänger über den Inhalt nachdenkt. Das Verhältnis soll in etwa 65% (und mehr) befürwortende bzw. 35% (und weniger) ablehnende Gedanken betragen. Bei **schwachen** Argumenten ist diese Proportion umgekehrt - ca. 65% negative, ungünstige bzw. die Kommunikation verwerfende Gedanken.]

Abb. 28 stellt einen schematischen Aufriß der wichtigsten Stadien der persuasiven Kommunikation dar. Drei Ausgänge bzw. Endpunkte sind möglich: **1.** eine **zentrale** positive oder negative **Einstellungsänderung**, **2.** ein peripherer, temporärer **Einstellungsshift** und **3. keine Änderung der Einstellung**. Mit < zentral negativ > ist der oben erwähnte Bumerang-Effekt gemeint. Die **zentrale Route** entspricht dem Hauptstrang, der direkt von oben nach unten verläuft und durch eine Bejahung der dazwischen geschalteten Prozesse charakterisiert ist. Merkmale wie die Relevanz, das Involvement und die Verantwortlichkeit (s. a. summarischer Ergebnisüberblick zum ELM weiter unten) erhöhen die Motivation zur persuasiven Informationsverarbeitung; eine Ablenkung, die Verständlichkeit der persuasiven Mitteilung oder die Anzahl der Wiederholungen favorisieren oder reduzieren die Fähigkeit, die Information zu prozessieren. Wird die Mitteilung z.B. infolge triftiger Argumente kognitiv verarbeitet und werden insbesondere günstige Gedanken beim Rezipienten generiert, führt dies zu einer Änderung der kognitiven Struktur, vorausgesetzt die neuen Kognitionen werden ins Gedächtnis aufgenommen

Abb. 28: Das ELM von PETTY & CACIOPPO im Überblick

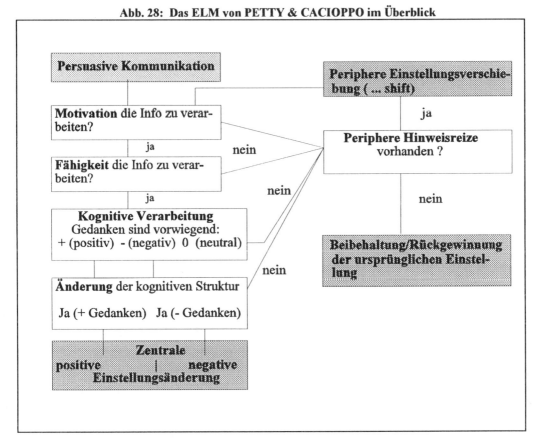

[**neutrale** Gedanken, d.h. weder günstige, zustimmende noch ungünstige, ablehnende Gedanken;
Die 3 Ausgänge einer persuasiven Kommunikation sind durch Farbfüllung hervorgehoben.]

und dort abgespeichert. Im Falle positiver und befürwortender Gedanken kommt es schließlich zu einer zentralen positiven Einstellungsänderung, die relativ andauernd und änderungsresistent ist und das Verhalten vorhersagt (siehe Postulat 7).

Vier Bedingungskonstellationen fließen jeweils zur Verzweigung < periphere Hinweise vorhanden > zusammen und ergeben die **periphere Route**, die eine zeitweilige und nur vorläufige Einstellungsverschiebung bedingt, wenn periphere Hinweisreize vorliegen. Via periphere Route kann auch beim Empfänger einer persuasiven Mitteilung die Tendenz zur **Selbstüberwachung** bzw. zum **Impression-Management** (siehe Kapitel Selbstüberwachung; SNYDER) eine Rolle spielen und diesen ohne tiefgründige kognitive Verarbeitung zu einer Meinungskonformität mit dem Sender bewegen, die ebenfalls nur vorübergehender Natur sein wird. [Beispielsweise jemandem nach dem Mund reden oder sich bei jmdm. lieb Kind machen.]
Bei zusätzlicher Abwesenheit von peripheren Hinweisreizen ergibt sich schließlich und endlich die dritte Eventualität < **keine Einstellungsänderung** > bzw. die Beibehaltung der ursprünglichen Einstellungsposition.

Summarischer Überblick über einige Forschungsbelege zum ELM

Elaborationswahrscheinlichkeit

↗   ↖

M o t i v a t i o n   **F ä h i g k e i t**

[1,2 ..... Numerierung der Variablen, die einen Einfluß auf die Motivation bzw. Fähigkeit zur Elaboration der dargebotenen Information ausüben]

Die zahlreichen Experimente dazu sind meist faktorielle Designs, in denen diese Variablen mit der Qualität der Argumente (starke versus schwache Argumente) kombiniert wurden. Die Persuasionsbotschaft war in der Regel ein Plädoyer für eine Erhöhung der Studiengebühren - ein Sachverhalt, der konträr zu den Einstellungen von StudentInnen ist.

Auf Seite 210 wird ein typisches Experiment, in dem 3 dichotome Variable zusammen getestet bzw. manipuliert werden, etwas ausführlicher dargestellt. Vielen Forschungsergebnissen zum ELM ist gemeinsam, daß neben den Haupteffekten der beteiligten Variablen noch Zweiwege- oder Dreiwege-Interaktionen vorliegen, was die Verständlichkeit der Befunde nicht gerade erleichtert.

I. Moderatoren der M o t i v a t i o n

1 Persönliche Relevanz (ego-involvement, issue-involvement; response-involvement).
Persönliche Relevanz ist gegeben, wenn das Thema wichtige Implikationen für den Empfänger aufweist. Wird beispielsweise einer StudentIn mitgeteilt, daß die Prüfungsbestimmungen ab nächstem Semester erheblich verschärft werden, ist er/sie sicherlich persönlich stark davon betroffen. [Siehe dazu auch die Assimilations-Kontrast-Theorie.] Niedrige persönliche Relevanz liegt vor, wenn die Verschärfung dieser Prüfungsbestimmungen nicht die eigene, sondern eine fremde Hochschule betreffen.

Nach dem ELM erhöht ein Thema oder eine Information mit persönlichen Konsequenzen für den Empfänger die Motivation zu einer intensiveren Informationsprozessierung. Wegen der persönlichen Folgen, die eine Persuasion impliziert, ist deshalb ein größeres Engagement in kognitiver Elaboration zu erwarten. Bei Botschaften mit hoher Relevanz und Inkonsistenz zur Einstellung ist mit einer vermehrten Produktion an Gegenargumenten zu rechnen. Einstellungskonsistente und hoch relevante Mitteilungen dagegen motivieren eher dazu, die Stärke der Argumente so zu elaborieren, daß die Wirkung der Persuasion ansteigt.

Eine wichtige Rolle in diesem Zusammenhang kommt der **Qualität** der Argumente (stark versus schwach) zu. Zwischen beiden Faktoren besteht eine "Argumentqualität x Relevanz" Wechselwirkung: Bei hoher Relevanz üben starke Argumente einen größeren Einfluß aus - beim Auflisten der Gedanken zur Contra-Botschaft wurden mehr positive und weniger negative Gedanken produziert - als schwache Argumente. Bei niedriger persönlicher Relevanz konnte ein solcher Effekt der Qualität der Botschaft nicht festgestellt werden.

Wird zusätzlich zur Qualität der Argumente und der persönlichen Relevanz der Faktor **response-involvement** (siehe auch unter II.1.2) noch berücksichtigt, kompliziert sich die Sachlage ein wenig.

Hohe Reaktionsrelevanz (response involvement) wurde z.B. folgendermaßen induziert: Den Vpn wurde gesagt, daß sie nach dem Anhören der Botschaft ihre Einstellung mit einem Kommilitonen diskutieren müssen und im Anschluß daran von einem Professor der Psychologie über die Diskussion interviewt werden. Unter der Bedingung **niedrige Reaktionsrelevanz** wurden die Hinweise über die Diskussion und das Interview unterlassen. Hohe Reaktionsrelevanz aktualisiert nun aber womöglich Motive zum **Impression-Management** (siehe auch unter II.2.5.4) und infolge der Angst vor Selbstdarstellung sollte die Elaboration insbesondere bei hoher persönlicher Relevanz unterbrochen und der Rezipient von einer tiefgründigen Verarbeitung abgelenkt werden.

Diese These konnte in einem entsprechenden Experiment (siehe P&C, 1986, S. 89 - 91) bestätigt werden. Hohe Reaktionsrelevanz reduzierte die Informationsverarbeitung und die Vpn zollten der Qualität der Argumente weniger Aufmerksamkeit im Vergleich zur Bedingung niedrige Response-Relevanz, in der die Motive zu einem Impression-Management absent sind. Ferner kam es bei hoher Response-Relevanz zu einer weniger polarisierten Einstellungsänderung, da moderate Einstellungen leichter vor Publikum zu verteidigen sind. Siehe dazu Abb. 29 - die Schere zwischen starken und schwachen Argumenten ist im Vergleich zur linken Abbildung weniger geöffnet!

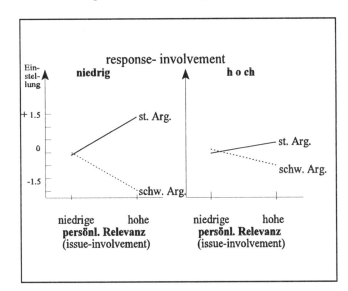

Abb. 29: 3fach-Interaktion zwischen **response involvement, Qualität der Argumente** und **persönlicher Relevanz.**

[Die Abbildungen 29 bis 35 sind aus PETTY & CACIOPPO (1986) entnommen und freihand nachgezeichnet. Die Linienzüge stimmen mit den Originalabbildungen im Verlaufsmuster in etwa überein; die Position der einzelnen Endpunkte der Linien im Quadranten weicht ggf. geringfügig von der Vorlage ab.]
Die Endpunkte der Linien bzw. die Knicke (in Abb. 30 u. 32) entsprechen den **Durchschnittswerten** der Vpn in den jeweiligen experimentellen Bedingungen.

2 Persönliche Verantwortlichkeit

Die Theorie der sozialen Erleichterung (siehe Teil I) postuliert, daß im Vergleich zu Einzelsituationen die Teilnehmer unter Gruppenbedingungen sich weniger anstrengen und weniger Verantwortung übernehmen. Dieser Effekt der **Verantwortungsdiffusion** läßt sich auch sehr schön im Rahmen des ELM nachweisen. Vpn hörten entweder allein oder in einer Gruppe zu 16 Personen eine Mitteilung. Unter der Gruppenbedingung wurde den Vpn mitgeteilt, daß sie alle zusammen die Verantwortung hätten und ihre individuellen Evaluationen der Botschaft mit denen der anderen Anwesenden kombiniert würden. Die Hypothese, daß eine **geteilte** Verantwortlichkeit die mentale

Anstrengung mindert, konnte bestätigt werden. "**Allein**" erfolgt eine intensivere kognitive Bearbeitung und eine positivere, beipflichtendere Evaluation der Information als zu mehreren (vgl. Publikums-Effekt). Ist jedoch die personale Relevanz hoch, reduziert sich unter Gruppenbedingungen die Verantwortungsdiffusion und der einzelne übernimmt mehr Verantwortung.

Unter der Bedingung zu **mehreren Personen** nimmt auch die Anzahl der befürwortenden Gedanken bei starken Argumenten ab, ebenso verringert sich auch die Anzahl der negativen, ablehnenden Gedanken bei schwacher Argumentation. [Verglichen wurde das Auflisten der Gedanken zwischen der Bedingung < allein > und < zu 10 Personen > bezüglich starker oder schwacher Argumente einer Contra-Botschaft.]

3 Anzahl der Quellen einer Botschaft

Damit ist die Zahl der Kommunikatoren (Sender) gemeint, die ein und dieselbe Sache bzw. Position vertreten.

Multiple Sender können zum einen als **peripherer** Hinweisreiz fungieren und eine Einstellungsänderung via **periphere Route** bewirken, indem der Empfänger beispielsweise einfache Attributionsregeln oder Inferenzregeln anwendet. Andererseits können aber auch multiple Kommunikatoren den Anstoß zu einer gründlichen Elaboration geben, wenn jeweils neue und verschiedene Aspekte von den einzelnen Informationsquellen eingebracht werden. Die multiplen Quellen müssen jedoch voneinander **unabhängig** sein und, wie schon gesagt, für divergierende Perspektiven eintreten. [Mehrere Personen, die zusammen ein Komitee bilden, oder die sich sehr ähnlich sind, wären demnach voneinander "abhängige Quellen".]

4 Bedürfnis nach Erkenntnis (need for cognition; abgekürzt: NC)

Dieser dispositionelle Faktor beeinflußt die Elaborationswahrscheinlichkeit und indirekt die Persuasion. Er wird mittels einer eigens konstruierten Skala erfaßt, die aus 18 Items besteht wie z.B. "ich bevorzuge komplexe Probleme vor einfachen Problemen" oder "abstrakt zu denken ist für mich reizvoll".

Beleg: In einem 2x2 faktoriellen Design wurden die beiden Faktoren NC (hohes versus niedriges Bedürfnis) und die Qualität der Argumente (stark versus schwach) manipuliert. N = 114 Vpn nahmen daran teil und evaluierten nach dem Anhören die Kommunikationsbotschaft. U.a. wurde auch ein Recall der Argumente einbezogen. Ergebnis: Vpn mit hohem NC erinnerten sich an mehr Argumente und strengten sich kognitiv stärker an, über die Mitteilung nachzudenken, als Vpn mit niedrigem NC. Personen mit hohem NC bewerteten außerdem starke Argumente positiver und schwache Argumente negativer als Personen mit niedrigem NC.

[Personen mit niedrigem NC sind "kognitive Geizhälse", sie vermeiden kognitive Anstrengungen und denken weniger über eine persuasive Kommunikation nach als Personen mit hohem NC. Personen mit hohem NC holen mehr aus einer Information heraus und differenzieren auch stärker zwischen schwachen bzw. starken Argumentationen. NC korreliert nicht mit abstraktem Denken (r = -.03) und nur gering mit verbalem Denken (r = .15); siehe P&C, 1986, S. 105 f.]

5 Vorwarnung über a) den Inhalt der Botschaft und b) über die Absicht des Senders (d.h. der Empfänger wird davor gewarnt, daß er beeinflußt werden soll).

Nach dem ELM ist der Effekt der Vorwarnung vom Grad der <u>Motivation</u> und der <u>Fähigkeit</u> einer Person, über das Thema nachzudenken, abhängig. Bei niedriger Motivation u./o. Fähigkeit, kommt den äußeren Hinweisreizen (z.B. attraktive Quelle, Meinung der anderen) eine größere Bedeutung zu und ein Einstellungswandel erfolgt ohne themenrelevantes Nachdenken. Sind jedoch die Motivation und die Fähigkeit hoch, dann führt eine Vorwarnung zu einer voreingenommenen Elaboration (relativ biased; siehe Postulat 3 und 5) und zu einer erhöhten Resistenz i.S. einer vermehrten Produktion an Gegenargumenten. Das Denken des Rezipienten ist eher **antizipatorisch** und zielt darauf ab, die bestehende Einstellung zu polstern und zu verteidigen. Ist die Zeitspanne zwischen Vorwarnung und tatsächlicher Entgegennahme der Botschaft hinreichend groß, kann der Empfänger Sicherheitsvorkehrungen treffen, indem er seine ursprünglichen Überzeugungen durch Generierung von Gegenargumenten absichert und Resistenz gegenüber dem zu erwartenden Beeinflussungsversuch aufbaut.

Eine Vorwarnung über die **Absicht** einer Quelle - z.B. daß der Sender Furcht einflößen will, um auf diese Weise eine Meinungsänderung zu bewerkstelligen - kann folgendes verursachen:**Reaktanz** bzw. die Motivation, die Freiheitseinengung wiederherzustellen (siehe Kap. Reaktanztheorie), nämlich a) einfache Ablehnung der Botschaft oder b) sorgfältiges Durchforschen von schwachen Argumenten oder c) aktives Gegenargumentieren aus dem Vorwissen heraus. Vorgewarnte Vpn zeigten im Vergleich zu nicht vorgewarnten Vpn eine größere Resistenz gegenüber den Empfehlungen der Kommunikationsquelle. Sie generierten auch mehr Gegenargumente und verarbeiteten die Information konträr zur Position und Intention des Senders, insbesondere wenn eine Thematik von hoher persönlicher Relevanz vorlag.

6 Negative Kommentare seitens der Zuhörer

Zwischenrufe des Publikums, abwertende, kritische Kommentare, Gegenargumente von Zuhörern zum Vortrag des Senders u.ä., die die Rede unterbrechen oder stören, verleiten den (die) Empfänger eher zur Produktion von Gegenargumenten als zu befürwortenden Gedanken und können zu einer verzerrten, voreingenommenen Informationsverarbeitung Anlaß geben. Reagiert die RednerIn aber auf derartige Unterbrechungen adäquat, wird mehr Zustimmung beim Publikum induziert und der verzerrten Informationsprozessierung ein Riegel vorgeschoben.

II. Moderatoren der F ä h i g k e i t

1 Ablenkung des Zuhörers

Ablenkung erhöht die Chancen einer Persuasionswirkung bei Kommunikationsinhalten mit **schwachen** Argumenten. Da schwache Argumente eher die Generierung ungünstiger, die Information ablehnender Gedanken fördern, werden diese durch ablenkende Reize während der Darbietung der Botschaft unterbrochen, sodaß es folglich zu einer vermehrten Zustimmung seitens des Rezipienten kommt. Andererseits wird durch Ablenkung bei Inhalten mit **starken** Argumenten die Produktion zustimmender und unterstützender Gedanken gestört und somit der Persuasionseffekt reduziert. Mit anderen Worten: Es liegt eine "Argumentqualität x Ablenkung" Wechselwirkung vor. Siehe dazu Abb. 30.

Die Ablenkung wurde folgendermaßen operationalisiert: Während des Anhörens einer einstellungsdiskrepanten Botschaft, sollten die Vpn auf einem Bildschirm aufblitzende < x > identifizieren, d.h.

den Quadranten angeben, in dem diese Wahrnehmungsreize erschienen. 4 Stufen wurden gebildet: a) keine Ablenkung, b) niedrige Ablenkung [< x > leuchtete im 15 sec. Intervall auf], c) mäßige Ablenkung (5 sec. Intervall) und d) hohe Ablenkung (3 sec. Intervall).

Abb. 30: Wechselwirkung Argumente x Ablenkung

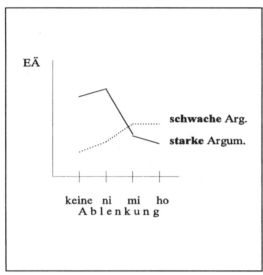

Die dargebotene Botschaft hörten die Vpn über Kopfhörer. Sie betraf die Erhöhung der Studiengebühren und enthielt unter der Bedingung starke Argumente 5 triftige und unter der alternativen Bedingung schwache Argumente 5 nicht überzeugende, fadenscheinige Schlüsselargumente. Beide persuasive Botschaften waren je 3 Minuten lang.

EÄ: Einstellungsänderung; **ni** niedrige Ablenkung; **mi** mittlere Ablenkung; **ho** hohe Ablenkung.

Mit zunehmenden Ablenkungsgraden nehmen bei schwacher Argumentation die ungünstigen Gedanken (Gegenargumente), bei starker Argumentation die befürwortenden Gedanken ab. Ablenkung vermindert somit die **Fähigkeit** von Personen, die Argumente einer persuasiven Botschaft gründlich und objektiv zu verarbeiten.
[Sachverhalt und Ergebnisse sind auch bei Pro-Botschaften, die den Einstellungen der Vpn also entsprechen, analog.]

2 Mäßige Wiederholung der Information (Botschaft)
Eine moderate Anzahl der Wiederholung - getestet wurde z.B. 1x dargeboten versus 3x wiederholt - erhöhte die Elaboration. Wiederholte Darbietung von starken Argumenten führte zu einem größeren Einstellungswandel als die wiederholte Präsentation von schwachen Argumenten. Siehe dazu Abb. 31.

Tritt allerdings bei mäßiger Wiederholung Langeweile oder **Reaktanz** auf, dann nimmt die Akzeptanz der Botschaft bzw. Information ab. Bei **excessiv** wiederholter Darbietung (z.B. 5x) werden vermehrt Gegenargumente produziert, die positiven, unterstützenden Gedanken sind rückläufig und der Einstellungswandel bzw. die Persuasionswirkung nimmt ebenfalls ab. Siehe dazu Abb. 32.

Abb. 31: Interaktion Argumente x Wiederholung   Abb. 32: Zweistufenprozeß der Wiederholung
der Botschaft.   einer Botschaft.

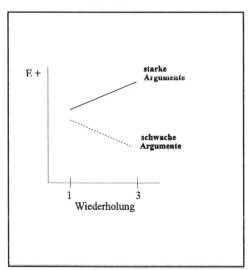

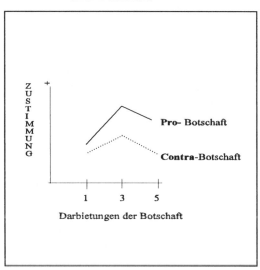

3 Körperstellung

Liegen (auf einem Feldbett) erleichtert informationsrelevantes Denken im Vergleich zur experimentellen Bedingung Anhören (über Kopfhörer) einer Botschaft im Stehen. Die Körperstellung kann
also unter bestimmten Umständen das Ausmaß der Elaboration beeinflussen. Dieser Effekt wird von
P&C mit der Verringerung des Selbstfokus bzw. der Aufmerksamkeit auf das Selbst im Zustand des
Liegens erklärt. Die dadurch verfügbare Aufmerksamkeit wird dann auf die kognitive Verarbeitung
der Informationen aus der externen Umgebung gelenkt.

4 Herzrate

Eine vorübergehende, flüchtig erhöhte Frequenz der Herzrate ist mit größerer kognitiver Arbeit und
mit erhöhtem negativen Denken (vermehrte Gegenargumente) bei Botschaften, die schwach und
widerlegbar sind, assoziiert. Die Zustimmung zu einer Botschaft ist im Vergleich zur basalen Herz-
schlagfrequenz reduziert.

5 Komplexität (Verständlichkeit der Information bzw. Botschaft)

Bei niedriger Motivation des Rezipienten erfolgt eher eine Verarbeitung via peripherer Route. Botschaften mit schwierigen Begriffen und Worten demotivieren, die Information zu verarbeiten. Zu
einer Akzeptanz der Inhalte und der Persuasion im Sinne der Intention des Senders kommt es, wenn
der Empfänger den Schwierigkeitsgrad einer formulierten Nachricht als einen Hinweisreiz für die
Glaubwürdigkeit, Intelligenz oder Kompetenz des Senders sieht.

6 Intelligenz des Empfängers

Je größer der IQ, desto mehr kognitive Verarbeitung findet statt; starke Argumente finden mehr Zustimmung und schwache Argumente werden mehr abgelehnt. Die Intelligenz des Rezipienten kann aber auch zu einer eher **verzerrten** (biased; siehe Postulat 3 und 5) **Elaboration** verleiten und die Motivation erhöhen, die eigenen Ansichten und Einstellungen zu verteidigen.

7 Modalität der Botschaft (TV, Kopfhörer, Lesen, Video).

Lesen erhöht die Zustimmung zu starken Argumenten und reduziert die Befürwortung schwacher Argumente im Vergleich zu via Kopfhörer. Bei Video und Audio hat die Glaubwürdigkeit der Quelle einen größeren Einfluß.

8 Vorwissen, Vorkenntnisse des Empfängers

Verfügt der Rezipient schon über genügend Vorwissen zur persuasiven Thematik, dann erfolgt eine schemakonsistente bzw. **schemagesteuerte Elaboration**, die dadurch gekennzeichnet ist, daß Informationen, die dem kognitiven Schema widersprechen, eher widerlegt und Informationen, die mit den vorhandenen Wissensstrukturen kompatibel sind, bereitwilliger akzeptiert werden. Dies besagt, daß die Informationsverarbeitung "relativ verzerrt" (biased) ist und insbesondere auf die Verteidigung der bestehenden Einstellung ausgerichtet wird. Gegenüber einstellungskonträren Appellen wird eine größere Resistenz im Vergleich zu Personen mit geringen Vorkenntnissen entwickelt. Je größer das themenbezogene Vorwissen ist, desto mehr Gegenargumente werden erzeugt und desto wahrscheinlicher ist es, daß die einstellungskonträre Botschaft verworfen wird.

Besteht die Botschaft aus **Pro** und **Contra** Anteilen, wird der Information mehr zugestimmt, die das schon vorhandene Wissen und die etablierte Einstellung unterstützt. Eine **zweiseitige** Informationsdarbietung veranlaßt also zu einer verzerrten Elaboration, deren Richtung von der im Attitüdenschema vertretenen Position des Empfängers abhängt. Personen mit einer Pro-Position sind noch mehr dafür und Personen mit einem konträren Standpunkt sind noch ablehnender gegenüber den kommunizierten Inhalten, vorausgesetzt sie haben beide Teile gelesen oder gehört.

9 Kopfbewegungen (Vertikales oder horizontales Bewegen des Kopfes während des Anhörens einer Botschaft)

Vertikales Bewegen des Kopfes erleichtert die Produktion von günstigen Gedanken und inhibiert die Produktion ungünstiger Gedanken. Horizontales Bewegen des Kopfes (ein Zeichen der Ablehnung) begünstigt die Produktion ablehnender Gedanken und blockiert die Erzeugung befürwortender Gedanken.

Die Vpn hörten z.B. eine Persuasion zur Erhöhung der Studiengebühren über Kopfhörer und sollten je nach experimenteller Bedingung durch **vertikale** oder **horizontale** oder **keine Kopfbewegungen** die Funktionstüchtigkeit des Kopfhörers testen. Nach dem Anhören der Botschaft wurden der Kopfhörer, eine Musikpassage auf dem Tape und die mitgeteilte Botschaft mit Ratings evaluiert. Die Kopfbewegungen der Vpn hatten keinen Einfluß auf die Ratings zum Kopfhörer und zur Musik, jedoch auf die Akzeptanz/Mißbilligung des Persuasionsinhaltes!

Mit diesen Persuasionsexperimenten sind die Befunde zur Validität des ELM noch lange nicht ausge-
schöpft. Zusätzliche Resultate stützen mehrere Hypothesen zu einer Wechselwirkung zwischen dem
Einfluß peripherer Reize (via periphere Route) und der Intensität der Elaboration (via zentrale
Route). Nach dem Kommunikationsmodell (siehe III.1) sind **Eigenschaften der Kommunikationsquelle** wie Expertentum, Liebenswürdigkeit, Glaubwürdigkeit, nonverbales Verhalten (Mimik,
Gestik) oder Attraktivität des Senders ebenfalls bedeutsame Aspekte der Persuasionssituation. Nach
dem ELM ist die Wirkung dieser **peripheren** Cues umso größer, je geringer die **persönliche
Relevanz** des Empfängers bezüglich der dargebotenen Überredungsthematik ist. Einstellungsänderungen laufen dann eher via periphere Route, d.h. ohne Elaboration des Inhalts. Einige Beispiele
dazu:

❐ **Nonverbales Verhalten** (Lächeln, Augenkontakt, Blick in die Kamera, ruhig auf dem Stuhl
sitzen versus gegenteiliges Verhalten) der Kommunikationsquelle ist unter der Bedingung einer
hohen Relevanz des Themas weitgehend unbedeutend. Bei niedriger Relevanz jedoch dient das
nonverbale Verhalten des Senders als einfacher Cue (Hinweis) und beeinflußt die Effektivität der
Botschaft. Demnach erhöht positives nonverbales Verhalten des Senders die Zustimmung des
Empfängers und zwar sowohl bei starken wie bei schwachen Argumenten, vorausgesetzt, das
Involvement ist niedrig. Siehe dazu auch Abb. 33.

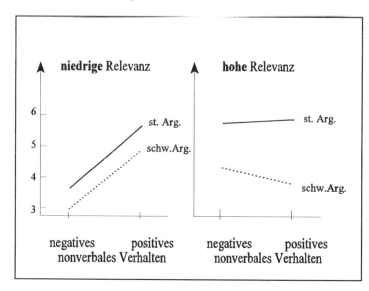

Abb. 33: Interaktion der Faktoren **persönliche Relevanz,
Qualität der Argumente** und
nonverbales Verhalten der
Kommunikationsquelle
.

Ordinate: Grad der Zustimmung bzw. der Intention des
Empfängers; je höher der Zahlenwert, desto positiver ist die
Wirkung der Persuasion.

st. Arg.: starke Argumente
schw. Arg.: schwache Argumente

❐ Hohes **Expertentum** des Senders ruft dann vermehrte Zustimmung beim Rezipienten hervor,
wenn dieser mit einer Thematik von **niedriger persönlicher Relevanz** konfrontiert wird. Zur
Überprüfung dieser Hypothese wurden in einem Experiment 3 Faktoren kombiniert: 1. die persönliche Relevanz (hoch versus niedrig), 2. die Qualität der Argumente (stark versus schwach) und 3.
das Expertentum der Quelle (Experte versus kein Experte). Das Rating der Einstellung nach Anhören einer persuasiven Botschaft ergab folgende Haupteffekte: Die Einstellungsänderung unter der

Bedingung "Experte" ist größer als unter der Bedingung "kein Experte". Ebenfalls führen < starke Argumente > zu einem stärkeren Wandel der Einstellung als < schwache Argumente >. Desgleichen wurde die vermutete Wechselbeziehung bestätigt (siehe dazu Abb. 34): Bei niedriger Relevanz ist ein sog. **cue-effect** gegeben, d.h. die Einstellungsänderung i.S. einer vermehrten Zustimmung ist durch den Expertenstatus der Quelle bedingt. Bei hoher persönlicher Relevanz jedoch hat das Expertentum keinen Einfluß auf die Zustimmung, sondern nur der Qualität der Argumente wird Bedeutung und Gewicht beigemessen.

Abb. 34: Interaktion der Faktoren persönliche Relevanz, Qualität der Argumente und Expertentum.

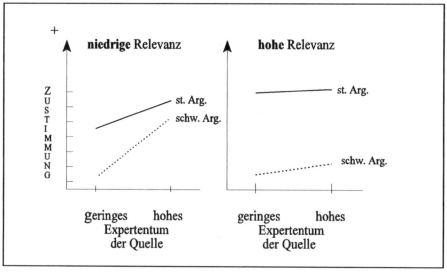

☐ Eine angenehme **musikalische Umrahmung** des Kommunikationsinhaltes erhöht unter <u>niedriger</u> persönlicher Relevanz die Wirkung einer Überredung und ist so gesehen ein peripherer Hinweisreiz, der via periphere Route die Einstellung einer Person positiv zu modifizieren vermag. Unter hohen Relevanzbedingungen inhibiert gefällige Musik eher und wirkt wie eine Ablenkung.

☐ Vpn mit **niedrigem Bedürfnis nach Erkenntnis** (need of cognition; NC) sind empfänglicher für einfache periphere Hinweisreize als Vpn mit hohem NC. Erstere werden beispielsweise mehr beeinflußt (i.S. der Persuasion) von attraktiven Quellen, von der Quantität der Argumente, von simplen Indikatoren, die kundtun was andere denken (z.B. Prozentangaben wie: 75% sind der Meinung, daß ...) oder durch lauten Applaus. Eine Zustimmung zur Nachricht des Senders geschieht dann via periphere Route.

☐ Auch zwischen den **Vorkenntnissen** des Empfängers, die eher zu einer verzerrten (biased) Elaboration prädestinieren und peripheren Cues, die von der Informationsquelle ausgehen und mit dieser assoziiert sind, besteht eine Wechselwirkung. Vpn mit **wenig Vorwissen** zur Thematik der Überredung ließen sich eindeutig stärker von einem **sympathischen Sender**, der beispielsweise positive Bemerkungen zum Studienort machte, beeinflussen als von einem unsympathischen Kommunikator, der sich entsprechend abfällig darüber äußerte. Bei Vpn mit gut ausgeprägten Vorkenntnissen war ein solcher Effekt nicht nachweisbar.

Studentische Vpn wurden aufgrund ihres Wissens und Verhaltens zum Umweltschutz auf 3 Gruppen aufgeteilt: **Hohes / mittleres / niedriges Vorwissen**. Ein bis zwei Wochen später wurden sie einer von vier persuasiven Botschaften ausgesetzt, die in der Stärke der Argumente (schwach versus stark) und in der Länge der Argumente (wortreich, langatmig versus kurz und bündig) differierten. Die Statements der 4 Botschaften waren inkongruent zur Position der Versuchsteilnehmer, d.h. die Persuasion vertrat einen einstellungskonträren Standpunkt. Im Anschluß an die Darbietung erfolgten Einstellungsmessungen zum Umweltschutz. Ergebnisse: Mit zunehmendem Vorwissen wurden die Vpn gegen den einstellungskonträren Appell resistenter. Die gemessenen Einstellungen der Vpn mit hohem Vorwissen sind mehr von der Qualität der Argumente beeinflußt im Vergleich zu Vpn mit niedrigen Vorkenntnissen. Längere, wortreiche Argumente beeindrucken mehr Vpn mit geringen Vorwissen als Rezipienten mit gut ausgeprägten Kenntnissen. Bei letzteren trifft dies nicht zu. Die **Länge einer Botschaft** ist demzufolge nur unter der Bedingung < geringe Vorkenntnisse > als ein peripherer Hinweisreiz wirksam und ändert die Einstellung via periphere Route. Siehe dazu auch Abb. 35.

Abb. 35: Wechselwirkung zwischen Stärke der Argumente und Vorwissen des Rezipienten (linke Abbildung) bzw. Länge der Botschaft und Vorkenntnissen des Empfängers (rechte Abbildung).

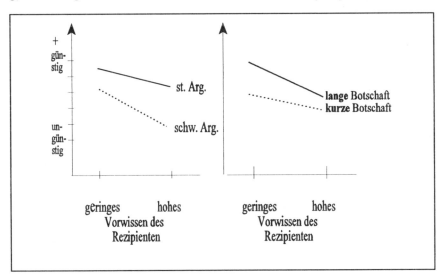

Zusammenfassung: Ist das Vorwissen niedrig oder sind die Motivation u./o. die Fähigkeit zur Informationsverarbeitung erheblich vermindert, dann erhalten einfache Verhaltens-, affektive oder kognitive Hinweisreize, die der Informationsquelle, der Botschaft bzw. dem Kommunikationskontext innewohnen, einen größeren und gewichtigeren Stellenwert beim Prozeß der Änderung von Einstellungen. Mit zunehmender Elaborationswahrscheinlichkeit werden derartige periphere Cues (Hinweisreize) unbedeutender.

❑ Neuere experimentelle Laborbefunde zum ELM (z.B. BLESS et. al., 1991) belegen, daß auch die **Stimmung des Rezipienten** bzw. seine emotionale **Befindlichkeit** in einem Zusammenhang mit der Persuasibilität steht und sich auf das Ausmaß der Elaboration der einstellungskonträren Botschaft auswirkt. Stimmungseffekte können sowohl zum Zeitpunkt der Rezeption der (persuasiven) Botschaft, als auch zum Zeitpunkt der Abgabe eines evaluativen Urteils über den persuasiven Kommunikationsinhalt vorliegen.

Die Einflußmöglichkeiten der Stimmung auf den Persuasionsprozeß sind mannigfach. Nur einige kurze Anmerkungen dazu (zum Überblick über Stimmungseffekte siehe z.B. SCHWARZ. 1987, 1988; SPIES und HESSE, 1986; FIEDLER, 1985): Aus lerntheoretischer Sicht sind Einstellungsobjekte über klassische Konditionierungsprozesse (**Signallernen**) mit positiven oder negativen emotionalen Reaktionen gekoppelt. Gesetzt den Fall der Name einer ethnischen Minorität sei mit wertneutralen Assoziationen verknüpft. Durch entsprechende experimentelle Manipulationen im Rahmen des Signallernens, die den **Encodierungs**prozeß betreffen, kann dieser Name eine positive (oder positivere) Konnotation bekommen, wenn er wiederholt mit Adjektiven positiver Bedeutung (z.B. schön, angenehm, glücklich ect.) gepaart wird. Löst daraufhin das bloße Hören des Namens nunmehr angenehme Gefühle aus, hat eine affektive Einstellungsänderung stattgefunden, bei der **peripher**, quasi von außen, die Stimmung des Rezipienten gegenüber Signalreizen des Einstellungsobjektes verändert wurde.

Andererseits kann eine Person aufgrund ihrer Stimmungslage zum **Urteilszeitpunkt** Informationen über ein Einstellungsobjekt ableiten, indem sie ihre emotionale momentane Befindlichkeit i.S. einer heuristischen Regel oder Urteilsstrategie verwendet: Da ich mich wohl fühle (gut gelaunt bin u.ä.) in der Urteils-/Persuasionssituation, ist dies auf das Objekt/Thema der Einstellung zurückzuführen. Im Rahmen dieser sog. "**How do I feel about it?**" - Heuristik (SCHWARZ, 1988) wird die subjektive Befindlichkeit auf das Einstellungsobjekt attribuiert bzw. generalisiert. Insbesondere bei komplexen und aufwendigen Urteilen kann eine Person hiermit die wahrgenommene emotionale Reaktion oder ihren emotionalen Zustand als informative Grundlage zur Urteilsbildung heranziehen und Urteile auf der Basis der emotionalen Befindlichkeit fällen, ohne umfangreiche Informationssuch- und Bewertungsprozesse vorzunehmen. Beispiel: Unter Rückgriff auf die eigenen Empfindungen einem Interaktionspartner gegenüber - P1 fühlt sich z.B. unbehaglich, wenn P2 anwesend ist - kann P1 den Urteilsprozeß erheblich vereinfachen und P2 als ekelhaft, arrogant oder nicht liebenswert ect. evaluieren und (fehl)interpretieren.
Solche Stimmungseinflüsse auf die Personbeurteilung bleiben aus, wenn jemand seine gedrückte oder gehobene Stimmung nicht der Zielperson, sondern augenfälligen externen, für den Bewertungsprozeß irrelevanten Faktoren bzw. Umständen (schlechtes Wetter oder ein Glücksfall), zuschreibt. Nach SCHWARZ (1987) werden bei der Urteilsbildung in gedrückter Stimmung mögliche situative Bedingungen der momentanen Stimmung eher in Rechnung gestellt (im Vergleich zu gehobener Stimmung), weil eine gedrückte Stimmung erklärungsbedürftiger ist als eine gehobene. Des weiteren sind Stimmungseinflüsse auf die Urteilsbildung umso wahrscheinlicher, je weniger bedeutsam das Urteil ist und je weniger Zeit einer Person zur Urteilsbildung zur Verfügung steht.

Die Stimmung kann auch die **Verfügbarkeit** der Generierung von Gedanken beeinflussen. Gutgelaunte Vpn erinnerten sich z.B. eher an positivere Lebensereignisse, die mit ihrer Stimmung kongruent sind; bei schlechtgestimmten Vpn war es umgekehrt - ihnen fielen eher negative Geschehnisse ein (Phänomen der **Stimmungskongruenz**). Auch ist die Erinnerung an gelerntes Material besser, wenn derselbe Stimmungszustand wie beim Lernen besteht (Phänomen der **Zustandsabhängigkeit**).
Möglich ist auch, daß je nach emotionaler Verfassung die affektiven, ambivalenten Konnotationen eines Textes/ Botschaft/Mitteilung an die momentane Stimmung assimiliert werden und ihre Bedeutung von der Befindlichkeit des Rezipienten erhalten (sog. "meaning shift"; siehe FIEDLER, 1985).

Schließlich zeigen Stimmungen auch Wirkungen auf die **Motivation u./o. die Fähigkeit**, über die Persuasionsinhalte gründlich nachzudenken. Zur Illustration einer solchen Einflußmöglichkeit sei kurz auf ein Experiment von BLESS, BOHNER und SCHWARZ (1991) eingegangen:

◆ Studentinnen wurden **unmittelbar vor** der Präsentation eines persuasiven Kommunikationsinhaltes experimentell in eine gute oder schlechte Stimmung versetzt - sie sollten sich in ein positives oder negatives Lebensereignis einfühlen und darüber bildhaft und eingehend berichten. Im Anschluß daran hörten sie eine Tonbandaufzeichnung, in der für eine Erhöhung der Studentenwerksbeiträge mit starken oder schwachen Argumenten plädiert wurde. Die Hälfte der Vpn wurde ferner in den Glauben versetzt, es gehe bei dieser Untersuchung um verschiedene Aspekte des "Sprachverständnisses", die übrigen wurden explizit zur Bewertung des Inhalts (Bedingung "Bewertung der Information") aufgefordert. Nach der akustischen Rezeption des persuasiven Kommunikationsinhaltes erfolgten Einstellungsmessungen in Bezug auf die Beitragserhöhung. Auch sollten die Vpn alle Gedanken berichten, die ihnen während des Anhörens der Tonbandaufnahme einfielen. In Abb. 36 sind die durchschnittlichen Einstufungen der Teilnehmerinnen unter den verschiedenen experimentellen Bedingungen ersichtlich.

Abb. 36: Einstellungsänderung als Funktion von Stimmung, Qualität der Argumente und Aufmerksamkeitsfokus (nach BLESS et. al. 1991, Tab. 1, S. 7 gezeichnet)

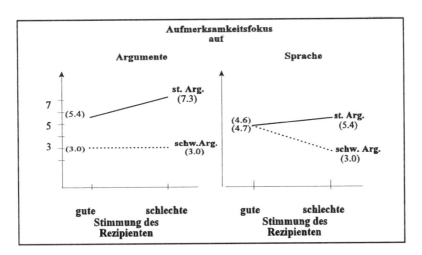

Anmerkung zur Abb. 36:
Ordinate: Zustimmungsskala von 1 bis 9; < 1 > (lehne völlig ab); < 9 > (stimme völlig zu)
       Pro Versuchsbedingung sind zwischen 9 und 11 Vpn
Der durchschnittliche Wert einer **Kontrollgruppe** betrug auf der Zustimmungsskala: **3.3**

Rechte Abbildung:
Bedingung "es gehe um verschiedene Aspekte des Sprachverständnisses"; die Aufmerksamkeit der Vpn ist demgemäß auf **nicht-inhaltliche** Aspekte der Botschaft fokussiert. **Schlecht gelaunte** Vpn stimmten im Durchschnitt mehr der Kommunikation (Beitragserhöhung) mit triftigen, starken Argumenten zu im Vergleich zur Version schwache Argumente (siehe 5,4 versus 3,0). Bei den **gut gelaunten** Vpn andererseits spielte die Qualität der Argumente bei der Bildung des Einstellungsurteils keine Rolle. Beide Versuchsgruppen liegen in ihren

Durchschnittswerten kaum auseinander (4,6 versus 4,7) und werden folglich von der Qualität (stark/schwach) der Argumente gleichermaßen beeinflußt. Die Auswertung der Gedankenberichte bestätigte sowohl bei den schlecht als auch den gut gelaunten Vpn das Ergebnismuster.

Linke Abbildung:
Die 2. Hälfte der Vpn wurde explizit per Instruktion auf **inhaltliche** Aspekte der Mitteilung eingestellt, d.h. sie sollten insbesondere auf die Qualität der dargebotenen Argumente achten. **Gut gelaunte** Vpn elaborierten jetzt ebenfalls den Inhalt der Kommunikationsbotschaft; sie werden, verglichen mit der Kontrollgruppe, eher von starken, aber nicht von schwachen Argumenten beeinflußt [siehe 5,4 vs. 3,0 bzw. 3,3 (KG)].

Unter Bezugnahme auf verwandte Studien und deren Befunde folgern die Autoren, daß in **guter Stimmung** eher auf vereinfachte, heuristische Strategien zurückgegriffen wird und eine aufwendige Inhaltsanalyse, die einen gründlichen und oft auch anstrengenderen Lösungsweg impliziert, nicht stattfindet bzw. unterlassen wird.

Im Gegensatz dazu tendieren Personen in **schlechter Stimmung** mehr zu einer themenrelevanten, analytischen und systematischen Verarbeitung der dargebotenen Information. Zum Zeitpunkt der Rezeption der persuasiven Nachricht werden Personen in schlechter Stimmung mehr durch starke, stichhaltige und weniger durch schwache Argumente beeinflußt, d.h. sie denken spontan über den Kommunikationsinhalt nach. Bei Empfängern in **guter Stimmung** erweist sich andererseits die Qualität der Argumente als irrelevant - schwache wie starke Argumente üben gleichermaßen eine Wirkung aus und verleiten zu weniger Überlegungen über den Inhalt. Die spontane Elaboration in **schlechter Stimmung** geschieht insbesondere dann, wenn die Aufmerksamkeit des Rezipienten auf **nicht inhaltliche** Aspekte der Kommunikation (z.B. auf das Sprachverständnis) fokussiert ist; Personen in guter Stimmung tun dies nur, wenn sie explizit dazu aufgefordert werden. Siehe dazu auch Abb. 36.

BLESS et. al. interpretieren des weiteren ihre Befunde im Kontext einer zweiseitigen Beziehung zwischen emotionaler Befindlichkeit und psychologischer Situation: **Negative emotionale** Zustände (eine schlechte Stimmung z.B.) informieren ein Individuum allgemein über die momentane psychologische Situation und signalisieren auch, daß die gegenwärtige Lage problematisch ist und ein Handlungsbedarf besteht. Dies wiederum dürfte das Individuum dazu motivieren, durch angemessene Handlungen die Situation zu verändern. Verarbeitungsstrategien, die eine sorgfältige Situationsanalyse und Lösungsperspektive erlauben, werden folglich bevorzugt. Die Bereitschaft Risiken, d.h. mit Ungewißheit behaftete Lösungsstrategien, oder kreative, ungewohnte Lösungswege einzugehen, ist jedoch wegen der wahrgenommenen Problematik der Situation eher minimal.

Andernteils geht eine **gute Stimmung** mit einer Verminderung der Motivation zu aufwendigen Analysen des Inhalts einher. Da kein Handlungsbedarf gegeben ist - alles ist ja o.k. - fällt der kognitive Aufwand vergleichsweise gering aus und der Rezipient bedient sich zur Bildung eines Einstellungsurteils eher einfacher heuristischer Regeln bzw. Strategien. Eine gründliche kognitive Analyse, die meist mit Anstrengung verbunden ist, würde mit einer guten Stimmungslage inkompatibel sein und diese möglicherweise beeinträchtigen.

BLESS, BOHNER und SCHWARZ (1991, S. 13) geben in diesem Zusammenhang folgenden anwendungsorientierten Ratschlag: Ein Sender, der wenig Stichhaltiges (schwache Argumente) zu sagen hat, sollte seine Zuhörer in eine gute Stimmung versetzen. Hat er hingegen überzeugende Argumente mitzuteilen, "sollte er sie lieber einem Publikum in neutraler oder leicht gedrückter Stimmung darbieten".

Dieses Experiment wurde ausgewählt, um die Vorgehensweise von PETTY & CACIOPPO anschaulich zu konkretisieren. Die teilweise etwas komplizierten statistischen Interaktionsbefunde im Rahmen des ELM, das eine Vielzahl an Variablen einschließt, lassen sich am ehesten begreifen, wenn sie visuell präsentiert werden. Abbildung 38 soll zusätzlich zu den schon gezeigten Grafiken dies exemplarisch verdeutlichen.
Ferner ist beabsichtigt aufzuzeigen, wie die beiden Routen der Informationsverarbeitung - **Elaboration** und Einstellungsänderung infolge **peripherer Reize** (siehe Abb. 38, S. 212) - zusammenwirken.

Nach dem ELM können sowohl **Faktoren der Quelle** (Sender) als auch der **Botschaft/Information** als **periphere** Hinweisreize dienen und den Empfänger veranlassen, die **periphere Route** einzuschlagen. Bei einer Person, die von der Information des Senders wenig betroffen ist und sich kaum angesprochen fühlt, müßte die Elaboration abnehmen, wenn sie annimmt oder davon ausgeht, daß eine Information umso besser sei, je mehr Argumente sie enthält (siehe heuristische Regeln). Der Anstieg der Anzahl der Argumente in einer Information kann demnach als ein einfacher Hinweisreiz für deren Gültigkeit dienen, aber nur wenn die **persönliche Relevanz** für den Empfänger niedrig ist. Bei einem Anstieg der Argumente und gleichzeitig **hoher** Relevanz müßte es folglich zu mehr themenrelevantem Denken kommen, da mehr Information vorhanden ist, über die der Empfänger nachdenken kann. Beinhaltet die Information zudem **starke Argumente**, müßte die Persuasionswirkung größer sein. Bei **schwachen Argumenten** dagegen fällt die Persuasionswirkung geringer aus.

P & C (1984) führten diesbezüglich ein Experiment durch, dem ein **2x2x2 faktorielles Design** zugrunde lag. Die Anzahl der Vpn betrug N=168 Studenten. Diese wurden per Zufall auf die 8 Bedingungen, die sich durch die Kombination von 3 zweistufigen Faktoren ergeben, verteilt (siehe Abb. 37).

> Faktor I: **Qualität** der Argumente : stark   versus   schwach
> II: persönliche **Relevanz**:   hoch   versus niedrig
> III: **Quantität** der Argumente: 3   versus   9

Abb. 37:   2x2x2 Design der Studie von P&C (1984)

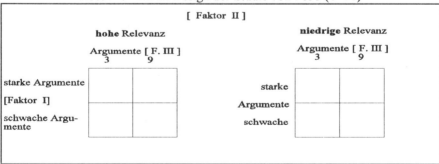

Abb. 37 ist zu entnehmen, daß je 1 von 4 Botschaften dargeboten wurde: 3 starke Argumente; 3 schwache; 9 starke oder 9 schwache Argumente.

Die Vpn wurden instruiert, es gehe um den 1. Eindruck über den Sender einer geschriebenen Information. Sie bekamen dann einen Text zu lesen, in dem für Examensverschärfungen, die StudentInnen höherer Semester betraf, argumentiert wurde. Die Hälfte der Vpn erfuhr zudem, daß die geplanten Veränderungen <u>ab nächstem Jahr</u> gelten (**hohe Relevanz**), die andere Hälfte, daß diese Veränderungen <u>erst in 10 Jahren</u> zuträfen (**niedrige Relevanz**).

Nach der Lektüre erfolgten Einstellungsmessungen bezüglich des gelesenen Vorschlags zum Examen, einige Zusatzfragen und das Auflisten von 5 eigenen Gedanken zum gelesenen Text.

Ergebnisse

☞ Alle Manipulationen erwiesen sich als erfolgreich.
☞ Bei starken Argumenten werden mehr positive Gedanken als bei schwachen Argumenten, bei schwachen Argumenten mehr negative Gedanken als bei starken Argumenten produziert.
☞ Vpn der "hoch relevanten" Bedingung glaubten, daß es wahrscheinlicher sei, daß ihre Uni die Examensänderungen einführen werde als Vpn der "gering relevanten" Bedingung.
☞ Ferner ergab sich u.a. eine signifikante Interaktion (siehe Graphik 38 unten rechts).

Abb. 38: Einstellungen nach dem Lesen einer Botschaft als Funktion der **Relevanz**, **Qualität** der Argumente und **Anzahl der Argumente** (nach P&C, 1986, S. 153 rekonstruiert).

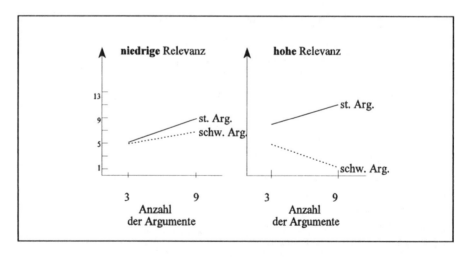

Anmerkung: < st. Arg. > starke Argumente; < schw. Arg. > schwache Argumente
Ordinate: Werte der Einstellung nach der Kommunikation; je größer der Zahlenwert, desto positiver die Einstellung und desto wirksamer ist die Persuasion.

Die Anzahl der Argumente dient als einfacher Hinweis, sodaß eine erhöhte Zustimmung ohne Rücksicht auf die Qualität der Argumente erfolgt. Die Unterschiede im Einstellungsmaß zwischen der Qualität der Argumente (stark/schwach) sind bei 3 bzw. 9 Argumenten relativ gering. 9 Argumente aber führen unabhängig von ihrer Qualität in beiden Fällen zu einer Verschiebung der Durchschnittswerte beider Gruppen nach oben auf dem Einstellungskontinuum (im Vergleich zur Bedingung 3 Argumente). Damit wird offenkundig, daß bei niedriger persönlicher Relevanz die Motivation, die persuasiven Inhalte gründlich zu verarbeiten, gering ist und das Augenmerk des Rezipienten stärker auf externe Aspekte der Botschaft (hier: Anzahl der Argumente) gerichtet ist. Summa summarum: Die Akzeptanz des Kommunikationsinhaltes ist eher durch die **periphere Route** determiniert. Nach P & C ist ein temporärer Einstellungs**shift** zu erwarten.

Hier liegt eine sog. **Argumentqualität-Argumentquantität-Interaktion**, d.h. eine Wechselwirkung vor: Unter **hoher Relevanz** ist die **Qualität der Argumente wichtiger als deren Quantität**. Sind die Argumente stark, erhöht ein quantitativer Anstieg von 3 auf 9 Argumente die Persuasionswirkung (siehe durchgezogene Linie). Besteht aber die Information aus schwachen, wenig schlagkräftigen Argumenten, führt eine Zunahme von 3 auf 9 (schwache) Argumente zu einer Erniedrigung der Einstellungsmaße und demnach zu einer noch geringeren Effektivität der Persuasion (siehe gestrichelte Linie) - die "Schere" zwischen den beiden Qualitätsstufen der Argumente klafft weiter auseinander, verglichen mit der linken Abbildung.

Dies bedeutet kurzerhand, daß unter hoher persönlicher Relevanz periphere Hinweisreize von geringerem Belang sind und die Informationsverarbeitung via **zentrale Route** erfolgt. In diesem Fall ist eher mit einer zentralen, positiven Einstellungsänderung zu rechnen (siehe dazu auch Abb. 28 S. 197), wenn die Argumente für den Rezipienten schlagkräftig erscheinen.

III. 5 Abschließende Bemerkungen zum sozialen Einfluß

Die enorme Informationsüberfütterung, der wir Tag für Tag ausgeliefert sind, hat erheblichen Einfluß auf unsere Fähigkeit, Entscheidungen zu treffen. Es fehlt uns oftmals die Zeit, um die Vor- und Nachteile der Informationsflut in Ruhe zu bedenken und sich dann wohl überlegt zu entscheiden. Wir benutzen deshalb "Kurzschlüsse", d.h. wir machen unsere Entscheidung von nur einem einzigen Merkmal der dargebotenen Information abhängig und lassen den Rest außer acht (siehe heuristische Regeln der peripheren Route). Mit anderen Worten wir verlassen uns auf eine begrenzte Anzahl von sog. primitiven **Auslösern** der Entscheidung - das sind Informationsfragmente, die einen simplen **Entscheidungsautomatismus** auslösen.

Ein Beispiel möge den Auslöser "Autorität" verdeutlichen: Verschreibt ein Arzt uns ein Medikament, werden wir dies meist bedenkenlos in der Apotheke besorgen. Wir verlassen uns dabei auf die Kompetenz, das Wissen, Expertentum, Erfahrung u.s.f. eines Menschen, der einen "weißen Kittel" trägt - kurz auf den Auslöser **Autorität**. Informationen des Beipackzettels werden nur in den seltensten Fällen gelesen (vgl. TV-Spot "Fragen Sie Ihren Arzt und Apotheker!"). Im Vertrauen auf die Autorität Arzt oder nur auf den "weißen Kittel" entscheiden wir uns zu einer Handlung ohne größere kognitive Verarbeitung, indem wir blind die Anweisungen befolgen.

Weitere solche automatischen Auslöser, die im sozialen Kontext als **soziale Regeln der Beeinflussung** von Menschen, als **"Waffen der Beeinflussung"** zu verstehen sind, wurden von CIALDINI (1987) zusammengetragen. Er führt 6 zentrale Beeinflussungstechniken bzw. Prinzipien auf, die zu automatischen Kurzschlüssen führen und von Verkäufern, Versicherungsvertretern u.ä. routiniert eingesetzt werden:

1. Reziprozität

Bekommt man/frau von jemandem etwas geschenkt, fühlt man/frau sich verpflichtet, auch etwas zurückzugeben (sog. **Vergeltungsregel**). Beispiel: Sie bekommen in einem Supermarkt gratis einen Probeschluck und kaufen daraufhin eine Flasche oder sogar eine Kiste Wein.

Populär formuliert: Wenn Sie kein Schnorrer oder Nassauer sein wollen, sollten Sie nicht nur nehmen, sondern auch geben. Machen Sie den ersten Schritt, erweisen Sie eine Gefälligkeit, sei diese willkommen oder unerwünscht, und bringen Sie Ihren Partner dazu, daß er in der Schuld steht und sich zur Revanche verpflichtet fühlt. Ihre Chancen steigen immens, denn die subtil ins Spiel gebrachte Vergeltungsregel steht auf Ihrer Seite und ihre Fallstricke diktieren, daß der andere, falls Sie eine kleine Bitte z.B. nachschieben, auch das tut, was Sie wollen. Die durch eine Gefälligkeit verpflichtete Person wird sich u.U. sogar erkenntlicher zeigen und mit einer größeren Gegenleistung erwidern als der ihr zuteil gewordene Gefallen.

Eine larviertere Version der Vergeltungsregel sieht folgendermaßen aus: Formulieren Sie an Ihren Partner eine große Bitte, - diese sollte jedoch nicht zu extrem sein, daß sie als maßlos angesehen wird - von der Sie von vornehrein annehmen, daß sie abgelehnt wird. Kommen Sie daraufhin der Nichteinwilligung, die Sie ja erwarteten, entgegen und machen einen Rückzieher. Wenn Sie hieraufhin ein kleineres Anliegen lancieren, auf das Sie von Anfang an abgezielt haben, wird Ihr zweites Ansuchen als ein Entgegenkommen Ihrerseits vom Partner aufgefaßt werden. Dieser wird Ihnen gegenüber nun ebenfalls eine Konzession machen, sich revanchieren und Ihrem Wunsch in der Regel nachkommen.

Das Ganze läuft nach dem Schema ab: ☞ **Provokation einer Ablehnung,** ☞ **Zurückstecken**, d.h. dem Partner entgegenkommen und etwas Kleineres verlangen bzw. auf einen gemäßigteren Wunsch bestehen.

Diese Strategie der "zuerst großen - dann kleinen Bitte" funktioniert deshalb so einwandfrei, weil nach dem **Kontrastprinzip** das zweite Anliegen im Vergleich zum größeren als noch kleiner erscheint, als es in der Tat ist. Wird eine Bitte um DM 100 auf Pump abgeschlagen, hat das nachgeschobene Ersuchen um DM 10 zweifelsohne den Anschein einer Lappalie, der man/frau bereitwillig nachkommt. Bei einem solchen Spiel kann die BittstellerIn eigentlich gar nicht verlieren. Bekommt Sie DM 100, erhält Sie das zehnfache dessen, was sie strenggenommen beabsichtigte. Werden ihr die DM 10 bewilligt, bekommt sie das, was sie ja anfänglich haben wollte.

Abhilfe zur Befreiung vom Zwang der Vergeltungsregel: Betrachten Sie Gefälligkeitserweise als Taktiken zur Einwilligung, denn die Vergeltungsregel besagt: Gefälligkeit wird mit Gefälligkeit heimgezahlt und nicht Tricks mit Gefälligkeit! Nehmen Sie auch alles entgegen, was Sie in Supermärkten oder von Vertretern geschenkt bekommen und sehen Sie diese "Freundesdienste" als Ausbeutungsversuche an, die dann wortgetreu auch von Ihnen ausgebeutet werden sollten.

2. Konsistenz
Haben wir einmal zu etwas A gesagt, dann sagen wir auch B. Gelingt es einer BeeinflusserIn uns irgendwie zu einem ersten Schritt zu bewegen, hat er/sie ein leichtes Spiel, denn wer gibt schon gerne zu, daß er sich irrt bzw. inkonsequent ist.

Gelingt es Ihnen, einen Partner zu etwas Kleinem aktiv zu verpflichten - etwa einen unerheblichen Standpunkt öffentlich zu vertreten, eine Petition zu unterzeichnen, oder etwas Belangloses schriftlich niederzuschreiben, haben Sie schon die halbe Miete, denn es besteht eine starke Tendenz, einem einstellungsdiskrepanten Standpunkt auch verhaltensmäßig zu entsprechen (siehe **Dissonanztheorie**). Die schon erwähnte "**foot-in-the-door**" Taktik (S. 182) - mit etwas Kleinem beginnen, um schließlich in etwas viel Weitergehendes einwilligen - kann den Prozeß der Zustimmung erheblich beschleunigen.
Durch eine öffentliche Verpflichtung fühlen wir uns nämlich gezwungen, konsequent zu sein und das Handeln mit dem veränderten Selbstbild in Übereinstimmung zu bringen. Werden die Erkenntnisse der Dissonanztheorie beherzigt, sollte die persönlich eingegangene Verpflichtung "unter Mühen" erfolgen (siehe **Rechtfertigung des Aufwands**; S. 180) und ohne größeren, äußeren Druck (keine aufwendigen Belohnungen oder schwere Drohungen) stattfinden, falls die innere Verantwortungsübernahme von Dauer sein soll.

3. Allgemeine soziale Zustimmung (Prinzip der sozialen Bewährtheit)
Alle anderen tun dies auch, dann kann es ja nicht falsch sein! Denn das, was die anderen Menschen in derselben Situation tun, gibt uns Sicherheit im Verhalten, vorallem, wenn die Sachlage unklar und mehrdeutig erscheint. Wir sind davon überzeugt, daß ein Verhalten umso richtiger ist, je öfter wir es von anderen praktiziert sehen. Lange Warteschlangen vor einem Kino beispielsweise, liefern uns einen Hinweis auf die Güte des Films oder wenn viele über etwas lachen, dann wissen wir untrüglich Bescheid, daß sich Humoriges abspielt (siehe auch **heuristische Regeln**). Unreflektiert unterliegen wir meist den Manipulationen der Werbung, die uns suggeriert, wie Otto Normalverbraucher denkt, fühlt und handelt - eine Machenschaft, die das Prinzip der sozialen Bewährtheit geschickt ausnutzt und erfolgreich ist, wenn wir das Produkt erworben haben und auf den verfälschten sozialen Augenschein hereingefallen sind.

4. Fachautorität:

Ein Fachmann kann sich nicht irren! Kauft man in einem Fachgeschäft ein, ist die Ware qualitativ gut. Dr. Best Zahnbürsten sind wirklich die besten, da Herr Doktor persönlich als Zahnarzt (oder ist er nur ein Schauspieler?) ganz uneigennützig und zum Wohle unserer Zähne diese im Fernsehen anbiedert. Das Schild eines Doppel-Dr. an der Tür zur Praxis oder die zahlreichen < Dres > in Arztpraxen oder in Rechtsanwaltskanzleien sind distinkte Hinweise auf eine gebündelte Fachlichkeit und unbeirrbarer Kompetenz für Kunden, Klienten oder Passanten. In vielen Fällen genügt der Anschein von Autorität - siehe Werbung und die Symbole der Autorität - um den Automatismus zur gedankenlosen Einwilligung in Gang zu setzen. Wenn wir uns am Beweis des Autoritätsstatus orientieren, können wir die Fallgruben automatischer Ehrerbietung umgehen.

5. Persönliche Bekanntschaft als Referenz:

"Ich selbst mache es auch". Dabei werden oft die "Sympathieregel" und die Wirkung des Freundschaftsdruckes eingesetzt. Wer kann schon einem Freund, guten Bekannten u. dgl. etwas abschlagen? Beispiel: Die Machenschaften der Firma Tupperware, die auf Parties, zu denen die Hausfrau Freundinnen, Bekannte und Nachbarinnen eingeladen hat, ihre Plastikbehälter für den Haushalt an die Frau bringt.
Die körperliche Attraktivität, eine vorgetäuschte Ähnlichkeit, Schmeicheleien oder Komplimente eines sozialen Akteurs sind sympathiefördernde Faktoren, die uns oft ködern und auf den Leim gehen lassen.

6. Attraktion des jeweils Seltenen oder das Gesetz des Mangels, der Knappheit:

Was schwer zu erreichen ist, begrenzt nur zur Verfügung steht, erscheint uns umso verlockender, wertvoller oder attraktiver und übt einen automatischen Zwang aus, die Verfügungsgewalt darüber zu haben. Siehe dazu auch den Abschnitt **Reaktanztheorie**. Eine Geldmünze beispielsweise mit einer Inkorrektheit bei der Prägung wird für einen Sammler umso hochwertiger sein, je rarer das Angebot auf dem Markt ist. In einer romantischen Beziehung, in der sich die Partner im Laufe der Jahre einerlei geworden sind, wird die Leidenschaft wahrscheinlich sofort wieder entflammt, wenn eine RivalIn auftaucht und die Beziehungsdynamik wieder in Schwung bringt - und seien es nur Leiden schaffende, gegenseitige Vorhaltungen - da durch die Präsenz einer KonkurrentIn allem Anschein nach der "Futterneid" ausgelöst wird.

Literatur zur Vertiefung:
R.B. CIALDINI: Einfluß. Wie und warum sich Menschen überzeugen lassen. mvg Verlag Landsberg am Lech, 1987

Aufgabe:
☞ Diskutieren Sie: Sollten Sozialarbeiter diese Tricks und Waffen der sozialen Beeinflussung ihren "KlientInnen" gegenüber einsetzen?
☞ Was sind Ihre persönlichen Waffen? Wie kriegen Sie andere herum?

EINSTELLUNGEN gegenüber BEHINDERTEN
Ausgewählte EMPIRISCHE ERGEBNISSE (nach TRÖSTER, 1987, 1990)

Abk.: **B**: Behinderte **NB**: Nichtbehinderte **KB**: Körperbehinderte **psKr**: Psychisch Kranke **GB**: Geistig Behinderte **E**: Einstellung **E&V**: Einstellungs-Verhaltens-Beziehung

Vorbemerkung

Die soziale Kategorie "**Behinderte**" bezeichnet eine sehr heterogene Personengruppe; "Behinderung" wird fachspezifisch unterschiedlich definiert und die Abgrenzungen zu "Krankheit" und "sozialen Randgruppen" sind meist unscharf.

Das Einstellungsobjekt **B** ist zudem sehr "wertgeladen", sodaß bei Einstellungsuntersuchungen mit Antwortverzerrungen im Sinne der "**sozialen Erwünschtheit**" (sich wohlwollend und aufgeschlossen z.B. als Befragter darstellen; siehe auch Kap. Selbstdarstellung) zu rechnen ist.

Medizinisch definiert ist Behinderung eine irreversible, dauerhafte Beeinträchtigung als Folge eines vorausgegangenen Krankheitsprozesses oder einer angeborenen Schädigung. Die **soziale Bedingtheit** der Behinderung wird dabei ausgeklammert, die Ursache der Behinderung ausschließlich in der Person gesehen!

Nach der **WHO**, 1980, werden drei Komponenten der Behinderung unterschieden, die in der Regel konsekutiv folgen:

- **Impairment** (anatomische, physiologische, psychische Schäden); daraus resultiert
- **Disability** (Funktions-, Aktivitätseinschränkungen)
- **Handicap** (soziale Benachteiligung); Beeinträchtigung der gesellschaftlichen Partizipationsmöglichkeiten mit der Folge einer sozialen Benachteiligung;

Beachte: Auch soziale Etikettierungen, gesellschaftliche Reaktionen können zu starken Funktions- bzw. Aktivitätseinschränkungen führen! Siehe Straffällige, Drogenabhängige, soziale Randgruppen, bei denen die Ursachen in der Regel in der sozialen Umwelt anzusiedeln sind.

Es können zwei wesentliche Determinanten der sozialen Reaktionen von NB gegenüber B unterschieden werden:

I. Die Auffälligkeit und Sichtbarkeit (Visibilität) der Behinderung.
Siehe KB, Sinnesbehinderung, GB, kosmetische Behinderungen, Sprachbehinderungen.

Bei einer nicht auffälligen Behinderung besteht für den B die Möglichkeit zum **Stigma-Management**, d.h. der Kontrolle des Stigmas (siehe z.B. Täuschungsmanöver eines Alkoholikers oder Verschweigen eines Psychiatrieaufenthaltes oder die Wahlmöglichkeit, wem man/frau das Stigma offenbart).

Die auffällig Behinderten (die "Diskreditierten") haben dagegen keine Möglichkeit zur Informationskontrolle über das Stigma. Doch auch KB tendieren zu Stigma - Management (Kleider, Mode ect.), durch die der ungünstige Einfluß der Behinderung kompensiert wird.

Das Aussehen, die physische Attraktivität, sind eine wichtige Determinante bei der Anbahnung und Entwicklung von Kontakten bzw. sozialen Beziehungen. Personen mit **ästhetischen Beeinträchtigungen** (insbesondere Mißbildungen, Hautkrankheiten, Fettsüchtige) haben oft erhebliche Nachteile in der sozialen Interaktion: Etwa Ablehnung, die zu Funktions- und Aktivitätseinschränkungen bzw. zur Entwicklung eines negativen Selbstbildes führen.

Beim NB erfolgen eher spontane **affektive Reaktionen** auf ästhetische Behinderungen: Erschrecken, starke Erregung, Abwehr, Aversion; Gefühle des Grauens, Ekel, Angst und Abscheu.

Bei Personen, deren Stigma nicht das Aussehen beeinträchtigt, stehen eher **kognitive Prozesse** beim Interaktionspartner im Vordergrund: Siehe z.B. einen ehemaligen Kriminellen und die entsprechenden Vermutungen und Spekulationen über sein weiteres Verhalten.

II. Zugeschriebene Verantwortlichkeit (insbesondere bei sozialen Abweichungen)

Die Zuschreibung der Eigenverantwortlichkeit ist sehr ausgeprägt bei Alkoholikern, Drogenabhängigen, Kriminellen, HIV-Infizierten, Medikamentenabhängigen und Fettleibigkeit. Zuschreibung von Verantwortlichkeit im Sinne von "ihn/sie verantwortlich machen" für

☐ das Entstehen der Behinderung bzw. Normabweichung und für
☐ das Aufrechterhalten der Abweichung.

Folgen: In den Augen des NB wird die Ursache des Stigmas in der Persönlichkeit des Betroffenen gesucht bzw. diesem werden Charakter-, Willensschwäche, Versagen u.ä. attribuiert.

Behinderungen mit eindeutig physischen Schädigungen (Blindheit, Krebs, Paraplegie) werden meist für **unkontrollierbar** gehalten, d.h. den Betroffenen wird eine geringere Verantwortlichkeit zugeschrieben. Seitens des NB werden vergleichsweise dann oft ein großes Mitleid, Sympathie und Hilfsbereitschaft geäußert.

Bei sozialen Verhaltensabweichungen (wie Fettsucht, Drogen, Kindsmißhandlungen usw.) ist es eher umgekehrt, d. h. weniger Mitleid wird kundgetan, dafür wird eine größere Verantwortlichkeit zugeschrieben. Je mehr Verantwortlichkeit zugeschrieben wird, desto mehr wird der Betroffene abgelehnt und abgewertet. Das Ausmaß an zugeschriebener Verantwortlichkeit hat wiederum Einfluß auf das Selbstwertgefühl und die Selbstwahrnehmung des Betroffenen (siehe Schuld-, Minderwertigkeitsgefühle u. dgl.).

EINSTELLUNGEN gegenüber Behinderte

NB nehmen B nicht als eine individuelle Person wahr, sondern oft aufgrund der wahrgenommenen Zugehörigkeit zu einer negativ bewerteten Personenkategorie "Behinderte". Vergleiche dazu: Soziale Kategorisierung und Schlußfolgerungen auf weitere negative Attribute, die das stereotype Bild beinhalten!

Messung der Einstellung gegenüber B:

Meist kommen subjektive, ungetarnte, direkte Verfahren zum Einsatz, denen die Gefahr einer möglichen Ergebnisverfälschung innewohnt:

☐ Direkte Befragungen der Bevölkerung gegenüber "labels" von Behindertengruppen wie z.B. "Körperbehinderte" oder "Geistig Behinderte"
☐ Standardisierte Einstellungsskalen (z.B. EKB von SEIFERT & BERGMANN, 1983)
☐ Soziale Distanzskalen (analog Bogardus-Skala; siehe II.2.3 S. 101 f.)

Stabile Hierarchie der B-gruppen bezüglich Distanzuntersuchungen (USA): **Größte Distanz** zu psKr, GB, Alkoholikern, Drogenabhängigen, Kriminellen und Homosexuellen.
Mittlere Distanz zu Epileptikern, Cerebralparetikern, Sinnesbehinderten, Sprachbehinderten.
Geringste Distanz zu KB, chronisch Kranken, Diabetiker, Herzkranken und Asthmatikern.
Eine ähnliche Hierarchie besteht auch in der BRD (JANSEN, 1972; SEIFERT, 1984)

Zusammenfassung: Insbesondere werden soziale Gruppen abgelehnt, die zentrale Wertvorstellungen verletzen u./o. Leistungsstandards bzw. der Arbeitsproduktivität nicht gerecht werden: PsKr, GB und Drogenabhängige.

EINIGE EMPIRISCHE ERGEBNISSE

❏ Die Ergebnisse **allgemeiner Befragungen** (Fragebogen, Interview, Skalen) lassen eher eine **pessimistische Sicht** bezüglich der Einstellungen zu B zu: Ungünstige, feindselige Tendenzen in der Bevölkerung; ausgeprägte Verhaltensunsicherheit gegenüber B; Befürwortung sozialer Segregation, ablehnende Haltung gegen Integration.

❏ **Soziometrische Untersuchungen** bei Kindern und Jugendlichen. In der Mehrzahl haben die behinderten Kinder eine schwächere soziale Stellung innerhalb der sozialen Gruppe im Vergleich zu NB Kindern.

❏ **Die Validität** der verschiedenen Verfahren zur Einstellungsmessung ist nur unzureichend abgesichert. Insbesondere das tatsächliche Verhalten gegenüber B über die Einstellung zu prognostizieren, ist bis jetzt nur ansatzweise realisiert.

❏ Die Einstellung von NB gegenüber B ist auch abhängig von den Merkmalen der B und der NB:
- Merkmale der **B**: **Art der Behinderung / Schweregrad / Visibilität**
- Merkmale des **NB**: **Persönlichkeit / soziale Kontakte zu B**.

KB, Blinde u. dgl. werden ansatzweise günstiger beurteilt als kosmetische Behinderungen (Hautkrebs, Gesichtsentstellungen, Fettleibigkeit).
Behinderungen, die den Kopf betreffen, werden als bedrohlicher erlebt als Behinderungen, die die übrigen Körperteile anbelangen.
Die Visibilität der Behinderung ist der bedeutendste Faktor der Einstellung gegenüber B.
Insbesondere werden Personen mit kosmetischen Behinderungen negativ bewertet.

Persönlichkeitsdimensionen wie Autoritarismus, Ethnozentrismus, Dogmatismus, Ambiguitätsintoleranz sind grundlegende Prädispositionen für Vorurteile gegenüber B (TRÖSTER, 1987, S. 341).
Die negativen Einstellungen gegenüber B sind Teil einer allgemeinen Disposition zu abwertenden Haltungen gegenüber allen Personen oder Gruppen, die von den Standards der eigenen Gruppe abweichen.

Eine positive Einstellung zu sich selbst und insbesondere **zum eigenen Körper ("body concept")** bedingt meist eine akzeptierende, vorurteilsfreie Einstellung gegenüber B, während ein negatives Selbstkonzept bzw. Unbehagen gegenüber der eigenen Körperlichkeit mit abwertenden Einstellungen gegenüber B einhergehen kann.

Soziale Kontakte: Die Häufigkeit der sozialen Kontakte mit B bringt nicht automatisch eine Verbesserung der Einstellung bzw. des Verhaltens zu B. "Es ist damit zu rechnen, daß häufige, aber oberflächliche Begegnungen mit behinderten Menschen vorhandene Vorurteile ihnen gegenüber verstärken" (TRÖSTER, 1990, S. 128). Persönliche, emotionale, freiwillige, sich "lohnende" und behinderten-spezifisch informative Kontakte, Arbeitskontakte, gemeinsame Freizeitgestaltung führen zu einer positiven Einstellung des NB gegenüber B. bzw. haben günstige Auswirkung auf die Einstellungen und das Verhalten.

Professionelle Kontakte: Vorallem im medizinischen Bereich seien häufig negative Einstellungen gegenüber B bei den Professionals vorhanden. Diese neigen auch stärker dazu, eher die negativen als die positiven Aspekte des Klientenverhaltens wahrzunehmen.

Der NB muß in der Kontaktsituation die Fähigkeit haben, ein der stereotypen Vorstellung widersprechendes Verhalten des B zu beobachten. Die Situation muß antistereotypes Verhalten von B zulassen.

EINSTELLUNG und KONKRETES VERHALTEN (E & V Beziehung)

Die Einstellungen der Professionals wirken sich nicht unmittelbar auf die Effektivität der praktischen Arbeit mit B aus. Behandlungs-, Betreuungskonzepte, Ausbildungsstand, situative Erfordernisse, eingefahrene Gewohnheiten sind für das konkrete Verhalten bedeutsam.

❏ Die Einstellungen von StudentInnen gegenüber PsKr und die Bereitschaft zu persönlichen Kontakten mit Psychiatriepatienten (i.S. einerVerhaltensintention) korrelieren zwischen .18 und .33.

❏ Die erwartete Konsistenz zwischen E & V konnte bisher nicht überzeugend bestätigt werden. Notwendig ist eine Ergänzung der Untersuchungen des tatsächlichen Verhaltens gegenüber B. Gründe sind u.a.: Die Ambivalenz der Einstellung gegenüber B. Situative Faktoren bestimmen, welche Seite der ambivalenten Einstellung salient und somit verhaltensrelevant wird. Ferner wird das Verhalten nicht durch eine Einstellung, sondern durch viele konkurrierende Einstellungen, sowie Motiven, Erwartungen, Absichten ect. gesteuert. Den NB fehlt auch oft das entsprechende Verhaltensrepertoire, um sich einstellungsadäquat zu verhalten.

Verhaltensbeobachtungen bei Freizeitaktivitäten in Ferienlagern (natürlichen Situationen) mit NB und KB zeigen offenkundige Vermeidungstendenzen: Größere Subgruppen-Interaktionen, KB sind oft abseits und werden weniger häufig sozial beachtet. Analoge Ergebnisse liegen auch in experimentell kontrollierten Spielsituationen vor, die ebenfalls Hinweise auf soziale Isolierungstendenzen brachten.
B-Kinder sind als Spiel-, Freizeitpartner für NB-Kinder oft weniger wegen Funktions- , Aktivitätseinschränkungen attraktiv; dies insbesondere in Wettkampfsituationen, -spielen.

Begegnung zwischen NB-Erwachsenen und B-Erwachsenen in Alltagssituationen: Vielfältige Anzeichen von Reserviertheit, Unsicherheit, Spannungen im Verhalten; größere räumliche Distanz zu B als zu NB, reduzierte Blickkontakte; B wird ferner oft abgewiesen, wenn eine Bitte eine direkte persönliche Interaktion beinhaltet, als wenn der Gefallen unpersönlich und keine persönliche Begegnung erfordert.

Interaktionsspannungen und Vermeidungstendenzen bestehen vornehmlich im **nonverbalen Bereich:** Gegenüber B wird ein Gespräch eher beendet; weniger häufiges und langes Anblicken, weniger motorische Aktivitäten, größere Distanz als zu NB Erwachsenen (indirekte Diskriminierungen!)

Experimentelle Untersuchungsergebnisse

Die sozialen Reaktionen der NB werden direkt mit einer Stimulusperson beobachtet oder gegenüber einer **Sketchperson** - dies ist eine einzelne, durch persönliche oder biographische Merkmale näher beschriebene Person:
Der B wird im allgemeinen im Vergleich zu NB positiv bewertet (**Sympathie - Effekt der Behinderung**), d. h. die direkte, persönliche Begegnung mit B hat häufig positive Verhaltenstendenzen, egal ob B sich vorteilhaft oder unvorteilhaft darstellt. Dieser Sympathieeffekt ist auch unter Personalisierungsbedingungen (Fotos von KB, nicht KB oder Videoaufnahmen) nachweisbar.

FICHTEN & AMSEL (1986): Die Vpn - ihnen wurden Listen von +/- Eigenschaften vorgelegt - sollten angeben, welche Eigenschaften KB im allgemeinen zugeschrieben werden. Ergebnis: KB werden mehr negative als positive Eigenschaften zugeschrieben. KB und NB werden ferner eher komplementäre Eigenschaften zugewiesen: Beispielsweise sind KB "zurückhaltend, introvertiert, schwerfällig, submissiv, bescheiden,"schlicht"; dagegen NB: "Gesellig, extravertiert, ehrgeizig, dominant, arrogant, berechnend".

Der **Sympathie-Effekt** wurde bisher vorwiegend in Experimenten mit KB festgestellt. Offenbleibt, ob er auch bei ästhetischen Behinderungen, psKr, GB vorzufinden ist. Ungeklärt ist auch noch, ob der Sympathie-Effekt auch bei direkten, persönlichen Begegnungen zwischen B und NB existiert.

Viele Befunde sind bisher nur an StudentInnen-Vpn gewonnen worden, die "liberaler als andere Vpn" und mehr sensibilisiert für Vorurteile und Diskriminierungen sind.

Untersuchungen des offenen Verhaltens von NB gegenüber B

Bei **face to face Kontakten**, realen Begegnungssituationen ist es nicht möglich zwei völlig identische Interaktionsbedingungen herzustellen: Es besteht die Gefahr der Konfundierung, d.h. eine Variable, deren Einfluß untersucht werden soll, variiert gegebenenfalls mit anderen Einflußmöglichkeiten (z.B. mit der Attraktivität des B, NB).

Zur Veranschaulichung dazu ein Feldexperiment von THOMPSON (1982):
10 KB, 10 NB; beobachtet im Restaurant; Verhalten der Bedienung wurde registriert (z.B. wie lange muß KB, NB warten; Dauer des Gesprächs zwischen Bedienung und KB, NB usw.). Ergebnis: KB mußte länger warten, wurde weniger angeblickt, seltener nach weiteren Wünschen gefragt; Bedienung sprach aber länger mit KB. Die Untersuchung hatte methodische Mängel: Die KB unterschieden sich von den NB nicht nur in der Behinderung. Einige KB hatten auch Sprachstörungen (demnach ist eine Konfundierung von KB mit Sprachbehinderung gegeben). Möglich ist auch, daß die KB im Lokal mehr Unsicherheit zeigen u. dgl. und dadurch das Verhalten der Kellnerin beeinflußten.
All diese Schwierigkeiten können durch **Simulation** vermieden werden, indem die Modellperson einmal ein NB, das andere Mal ein KB ist.

B erhalten im Alltag oft positiv gefärbte Rückmeldungen und deshalb unrealistische Feedbacks, weil die soziale Norm besteht: "Keine Kritik gegenüber schwachen, benachteiligten Menschen, stattdessen wohlwollend und freundlich sein" (**norm to be kind** Hypothese).

Ungerechtfertigt ist die Verallgemeinerung, daß KB in vielen Situationen ein wohlwollendes zuvorkommendes Verhalten entgegengebracht wird (TRÖSTER, 1990, S. 170)

Im allgemeinen löst die Bitte eines B beim NB **zwei Motive** aus:
a) **zu helfen** und
b) **persönlichen Kontakt zu vermeiden** (Antizipation von Spannungen, Unbehagen, Aktualisierung von Vermeidungstendenzen; Verschwinden des Sympathieeffektes).
   Die Bitte wird eher erfüllt, wenn kein Kontakt erforderlich ist oder nicht erwartet wird.

Der Sympathie-Effekt kann einer positiven Einstellung gegenüber B entspringen oder durch das Motiv des NB, sich die Anerkennung durch Außenstehende zu sichern (siehe auch das Konzept der **Selbstüberwachung**).

NONVERBALES VERHALTEN gegenüber B

Mit der Erfassung des **nonverbalen Verhaltens** durch nonreaktives Messen werden einige Störquellen umgangen:
- Die Vp muß keine Auskünfte geben
- Der Vp ist nicht bewußt, daß nonverbales Verhalten beobachtet wird und
- Die Vpn stellen keinen direkten Zusammenhang zwischen nonverbalem Verhalten (z.B. räumlicher Distanz) und der Wertschätzung einer Person her.

Nonverbale Indikatoren für ein **erhöhtes Intimitätsniveau** sind: Vermehrtes Anblicken, Verringerung des Abstandes, entsprechende Mimik, Lächeln, direkte auf den Partner gerichtete Körperhaltung; lange Sprechdauer, hoher Grad an Selbstöffnung.

Es besteht eine Diskrepanz zwischen verschiedenen Ebenen des Interaktionsverhaltens von NB zu B: In den physiologischen Reaktionen, dem nonverbalen Verhalten zeigen sich oft Zurückhaltung und Vermeidungstendenzen; im Verbalbereich oft positive Beurteilungen (siehe Sympathie-Effekt).
Das **Verbal**verhalten ist stärker intentional kontrolliert, kognitiv gesteuert und stärker den sozialen Normen unterliegend und eher im Bereich der Aufmerksamkeit als das nonverbale Verhalten, sodaß sozial unerwünschte Affekte sich eher im nonverbalen Verhalten niederschlagen.
Diese Gegenläufigkeit läßt sich durch die ambivalenten Dispositionen von NB erklären: Positiv gefärbte, kognitiv normative Disposition einerseits, aus der eine freundliche Haltung, das Vermeiden von Meinungsdivergenzen und positive Eindrucksurteile resultieren; andererseits eine negativ gefärbte, affektiv-motivationale Disposition (vornehmlich im nonverbalen Bereich), die auf Verhaltensunsicherheit basiert und eine erhöhte Anspannung sowie Vermeidungstendenzen impliziert, was sich vorwiegend in den nonverbalen Verhaltensaspekten äußert.

Sind B sowohl mit positiven wie negativen Feedbacks seitens NB konfrontiert, dann führt dieses inkonsistente Verhalten zu Interaktionsspannungen und Unbehagen zwischen B-NB, mit der Folge, daß der B gefühlsmäßig die Einstellung des NB weniger gut einschätzen kann. Der B paßt sein Verhalten an das des NB an, d.h. er zeigt ebenfalls nonverbale Vermeidungstendenzen und kommt verbal eher den Erwartungshaltungen der NB nach, um Spannungen zu reduzieren. Daraus ergibt sich für beide Seiten (B, NB) ein gestörtes Feedback und über den Prozeß der **self fulfilling prophecy** (sich selbst erfüllende Prophezeiung) verfestigen sich die beiden Dispositionen.
NB neigen im Gespräch mit B ihre geäußerten Meinungen den Ansichten der B-Gesprächspartner anzupassen (sog. **opinion distortion**): Sie äußern dann ähnliche Meinungen und Ansichten im Gespräch wie der B, um Meinungsdivergenzen nicht aufkommen zu lassen. Die opinion distortion kann als eine Variante des Sympathie-Effektes betrachtet werden.

BEEINFLUSSUNG der Einstellungen von NB gegenüber B

Es sind bislang wenig empirische Untersuchungen über den tatsächlichen Erfolg systematischer Maßnahmen zur Einstellungs-Verhaltensänderung verfügbar.

Möglichkeiten der Veränderung von Einstellungen und Verhalten sind:
❏ Informationsvermittlung über B (Audiovision, Lehrveranstaltungen, Massenmedien, Besuch von Institutionen ect.). Doch durch Aufklärungsarbeit erfolgt eher eine Sensibilisierung der Öffentlichkeit, jedoch kein grundlegender Einstellungswandel, da diese Maßnahmen einseitig auf die kognitive Seite der Einstellung abzielen. Siehe dazu II.2.3.1; S. 109 ff; insbes. **"information approach"**

❐ Veränderung über direkte Kontakte (siehe **Kontakthypothese**; S. 109 ff.)
❐ Veränderungen durch **Rollenspiel und Simulation** erscheinen vielversprechend. Dabei simuliert ein NB unter weitgehendst realistischen Bedingungen eine Behinderung (NB fährt z.B. eine zeitlang im Rollstuhl). Hierbei dürfte es zu einer Intensivierung des Erlebens, einer Sensibilisierung und Förderung der Empathie kommen. Sowohl die kognitive wie die affektive Komponente der Einstellung werden angesprochen!

Einflußmöglichkeiten der B:

Die soziale Kompetenz der B gezielt fördern; Aufbau eines Verhaltensrepertoires, sodaß die Befangenheit und Unsicherheit des NB in der Interaktionssituation reduziert wird. Spricht beispielsweise der B seine Behinderung offen an, werden Spannungen im Gespräch reduziert und der NB zu einer offeneren, positiveren Haltung veranlaßt.

Der B sollte auch die **soziale Irrelevanzregel** (SEYWALD, 1976) thematisieren oder durchbrechen. Diese Regel besagt, "so zu tun, als existiere das Stigma nicht". Im Rahmen dieser Regel ist es "verboten", das Stigma offen anzusprechen. Durch diese soziale Norm wird auch die Andersartigkeit des Gegenüber geflissentlich übersehen.

Literatur zu Vertiefung:

H. TROSTER: Sozialpsychologische Aspekte in der Rehabilitationspsychologie - Einstellungen und Verhalten gegenüber Behinderten - In: SCHULTZ-GAMBERT (Hrsg): Angewandte Sozialpsychologie, PVU 1987, S. 331 - 353 .

H. TRÖSTER: Einstellungen und Verhalten gegenüber Behinderten. Verlag Hans Huber Bern 1990.

Literaturverzeichnis

Adorno T.W., Bettelheim B., Frenkel-Brunswick F., Guterman N.,Janowitz M.,Levinson D., Lowenthal L., Sanford R.N.: Der autoritäre Charakter. Studien über Autorität und Vorurteil. Band I und II. de Munter 1977

Ajzen I.: Attitudinal versus normative messages: An investigation of the differential effects of persuasive communications on behavior. Sociometry, 1971, 34, 263-280

Ajzen I.: From intentions to actions: A theory of planned behavior. In: Kuhl J. & Beckman J. (Eds.): Action control. Springer Berlin 1985

Ajzen I. and Madden T.J.: Prediction of goal-directed behavior: Attitudes, intentions and perceived behavioral control. Journal of Experimental Social Psychology 1986, 22, 453-474

Albee G.W.: Prävention: Die Brücke in die Zukunft. Psychologie heute,1985,5,55-59

Allport F.H.: Social psychology. Boston 1924

Allport G.W.: The nature of prejudice. Cambridge, Mass.: Addison-Wesley 1954

Allport G.W.: Attitudues. In: Murchison C.M. (Ed.): Handbook of social psychology. Worcester 1935

Allport G.W.: Die Natur des Vorurteils. Kiepenheuer & Witsch 1971

Aronson E. & Mills J.: The effect of severity of initiation on liking for a group. Journal of Abnormal and Social Psychology 1959, 59, S. 177-181

Aronson E.: Sozialpsychologie. Menschliches Verhalten und gesellschaftlicher Einfluß. Spektrum Heidelberg 1994

Ashmore R.D.: The problem of intergroup prejudice. In: Collins B.E.: Social psychology. Addison-Wesley 1970

Bandler R., Grinder J.: Metasprache und Psychotherapie. Die Struktur der Magie I. Junfermann Verlag Paderborn 1990

Bandler R., Donner P.: Die Schatztruhe. NLP im Verkauf. Junfermann Verlag Paderborn 1995

Bar-Tal D.: Delegitimization: The extreme case of stereotyping and prejudice. In: Bar-Tal D. et. al.: Stereotyping and prejudice. Changing conceptions. Springer Berlin 1989, S. 169-182.

Bar-Tal D.: Case One: German delegitimization beliefs about Jews 1933 - 1945. In Bar-Tal: Group beliefs. New York 1990.

Bateson G.: Geist und Natur. Suhrkamp 1987

Bateson G.: Ökologie des Geistes. Suhrkamp 1988

Ben-Ari R. & Amir Y.: Intergroup contact, cultural information and change in ethnic attitudes. In: Stroebe W.,Kruglanski A.W., Bar-Tal D.,Hewstone M. (Eds.): The social psychology of intergroup conflict. Theory, research and applications. Springer Verlag Berlin 1988

Benninghaus H.: Soziale Einstellungen und soziales Verhalten. In: Albrecht G., Daheim H., Sack F. (Hrsg.): Soziologie - Sprache, Bezug zur Praxis. Opladen 1973, S. 671-708

Berg K.I.: Familien-Zusammenhalt(en). Ein kurz-therapeutisches und lösungs-orientiertes Arbeitsbuch. Verlag modernes Lernen Dortmund 1992 .

Bierhoff H.W.: Psychologie hilfreichen Verhaltens. Kohlhammer 1990

Bierhoff H.W.: Sozialpsychologie. Kohlhammer Stuttgart 1993

Bless H., Bohner G. und Schwarz N.: Gut gelaunt und leicht beeinflußbar? Stimmungseinflüsse auf die Verarbeitung persuasiver Kommunikation. Psychologische Rundschau, 1991, 43, 1-17

Bogardus E.S.: Measuring social distance. Journal of Applied Sociology 1925,9,S.299-308

Bortz J.: Statistik für Sozialwissenschaftler. Springer Verlag Heidelberg 1993

Bracken von,H.: Vorurteile gegenüber behinderten Kindern, ihren Familien und Schulen. Berlin 1976

Brehm J.W.: A theory of psychological reactance. New York: Academic Press 1966

Brehm S.S.: Anwendung der Sozialpsychologie in der klinischen Praxis. New York 1980

Bruner J.S. & Goodman C.C.: Value and need as organizing factors in perception. Journal of Abnormal Social Psychology 1947, 42, 33-44

Burisch M.: Das Burnout-Syndrom: Theorie der inneren Erschöpfung. Springer Verlag Berlin 1989

Campbell D.T.: The indirect assessment of social attitudes. Psychol. Bull. 1950, 47, 15-38

Campbell D.T.: Ethnocentric and other altruistic motives. Nebraska Symposium on motivation, 1965,13,283-311.

Capra F.: Wendezeit. Scherz Verlag Bern, München 1987

Capra F.: Das neue Denken. Die Entstehung eines ganzheitlichen Weltbildes im Spannungsfeld zwischen Naturwissenschaft und Mystik. Scherz Verlag Bern, München 1987

Carroll J.S. & Payne J.W.: The psychology of the parole and decision process: A joint application of attribution theory and information processing psychology. In: J.S. Carroll & J.W. Payne (Eds.): Cognition and social behavior. Hillsdale 1976

Carroll J.S. & Payne J.W.: Judements about crime and the criminal: A model and method for investigating parole decision. In: B.D. Sales (Ed.): Prospectives in law and psychology. Vol 1. The criminal justice system. New York: Plenum 1977

Cialdini R.B.: Einfluß. Wie und warum sich Menschen überzeugen lassen. mvg Verlag Landsberg a.L. 1987

Cottrell N.B.: Social facilitation. In: C.G. Mc Clintock (Ed.): Experimental social psychology. New York 1972

Darley J.M. & Latane B.: Bystander intervention in emergencies: Diffusion of responsibility. Journal of Personality and Social psychology, 1968, 8, 377-383.

De Shazer S.: Wege der erfolgreichen Kurztherapie. Klett-Cotta 1989

De Shazer S.: Das Spiel mit Unterschieden. Wie therapeutische Lösungen lösen. Auer 1992 (a)

De Shazer S.: Muster familientherapeutischer Kurzzeit-Therapie. Junfermann Paderborn 1992 (b)

Duval S. & Wicklund R.A.: A theory of objective self-awareness. New York 1972

Ehrlich H.J.: Das Vorurteil. Eine sozialpsychologische Bestandsaufnahme amerikanischer Vorurteilsforschung. Ernst Reinhard München 1979

Ellis A. und Grieger R.: Praxis der rational-emotiven Therapie. U&S 1979

Eysenck H.J., Nias D.K.B. & Cox D.N.: Sport and personality. Avances in Behavior Research and Therapy 1982, 4, 1-56

Festinger L.: A theory of social comparison processes. Human Relations, 1954,7,117-140

Festinger L.: A theory of cognitive dissonance. Stanford University Press 1957

Festinger L.: Theorie der kognitiven Dissonanz. Bern 1978

Festinger L. & Carlsmith J.M.: Cognitive consequences of forced compliance. Journal of Abnormal and Social Psychology 1959,58,203-210. Deutsche Übersetzung in Irle M. (Hrsg.): Texte aus der experimentellen Sozialpsychologie. Luchterhand 1969

Fichten C.S. & Amsel R.: Trait attributions about college students with a physical disability. Journal of Applied Social Psychology. 1986, 16, 410-427

Fiedler K.: Zur Stimmungsabhängigkeit kognitiver Funktionen. Psychol. Rundschau, 1985, 36, 125-134

Filipp S.-H. (Hrsg.): Kritische Lebensereignisse. München 1990

Fischer I.: Über die unterschiedliche Bedeutungsstruktur zwischen der "Alltagssprache" und der "Wissenschaftssprache". Manuskript Hamburg 1977

Fishbein M. & Ajzen I.: Belief, attitude, intention and behavior. Reading, Mass.: Addison-Wesley 1975

Fiske S.T. und Pavelchak M.A.: Category-based versus piecemeal-based affective responses. In: Sorrentino R.M. u. Higgins E.T. (Eds): Handbook of motivation and cognition. Wiley 1986

Förster H. von. : Wissen und Gewissen. Versuch einer Brücke. Suhrkamp Frankfurt 1993

Försterling F.: Attributionstheorie in der klinischen Psychologie. PVU U&S München 1986

Forgas J.P.: Sozialpsychologie. Eine Einführung in die Psychologie der sozialen Interaktionen. Psychologie Verlags Union Weinheim 1987

Frey D., Dauenheimer D., Parge O., Haisch J.: Die Theorie sozialer Vergleichsprozesse. In: Frey D. und Irle M.(Hrsg.): Theorien der Sozialpsychologie. Band I: Kognitive Theorien. Huber Bern 1993

Frey D., Stahlberg D., Gollwitzer P.M.: Einstellung und Verhalten: Die Theorie des überlegten Handelns und die Theorie des geplanten Verhaltens. In: Theorien der Sozialpsychologie. Band I: Kognitive Theorien. Huber Bern 1993.

Fries G., Gruber R., Leistikow J., Buchner D., Lasko W.: Der erleuchtete Bio-Computer. NLP-Betriebshandbuch. Junfermann Verlag Paderborn 1993

Gergen K.J and Gergen M.M.: Social psychology. Springer Verlag Heidelberg 1986

Gniech G., Grabitz H.-J.: Freiheitseinengung und psychologische Reaktanz. In: Frey D. und Irle M. (Hrsg.): Theorien der Sozialpsychologie. Band I: Kognitive Theorien. Huber Bern 1984

Graumann C.F. und Wintermantel M.: Discriminatory speechs achts: A functional approach. In Bar-Tal D.,C.F. Graumann, A.W.Kruglanski,W.Stroebe (Eds): Stereotyping an prejudice. Changing conceptions. Springer Verlag New York 1989

Guilford J.P.: Psychometric methods. New York 1954

Guntern G.: Systemtherapie. In: Schneider Chr. (Hrsg): Familientherapie. 1983

Güttler P.O.: Statistik mit SPSS/PC+ und SPSS für Windows. Oldenbourg München 1996

Haisch J., Osnabrügge G. & Frey D.: Dissonanztheorie-Dissonanztherapie. In: Haisch J.: Angewandte Sozialpsychologie. Huber Bern 1983

Haisch J. und Haisch I.: Gesundheitspsychologie als Sozialpsychologie: Das Beispiel der Theorie sozialer Vergleichsprozesse. Psychologische Rundschau 1990,41,25-36.

Hamilton D.L. & Gifford R.K.: Illusory correlation in interpersonal perception: A cognitive basis of stereotypic judgements. Journal of Experimental Social Psychology 1976,12, 392-407

Hamilton D.L. and Sherman S.J.: Illusory correlation: Implications for stereotype theory and research. In: Bar-Tal et.al.: Stereotyping and prejudice. Changing conceptions. Springer Verlag 1989, S. 59-82

Harten R.: Sucht, Begierde, Leidenschaft. Annäherung an ein Phänomen. Ehrenwirth München 1991

Hartley E.L. und Hartley R.E.: Die Grundlagen der Sozialpsychologie. Berlin 1955
Hehlmann W.: Geschichte der Psychologie. Kröner Verlag Stuttgart 1967
Heider E.: The Psychology of interpersonal Relations. New York 1958
Heider E.: Psychologie der interpersonalen Beziehung. Klett Stuttgart 1977
Herkner W.: Lehrbuch der Sozialpsychologie. Huber Bern 1990
Hewstone M.: Attributional bases of intergroup conflict. In: Stroebe et. al.(Eds.):The social psycho-
    logy of intergroup conflict. Springer Berlin 1988
Hofstätter P.R.: Einführung in die Sozialpsychologie. Stuttgart 1959
Hofstätter P.R.: Fischer Lexikon Psychologie. Fischer Frankfurt 1963
Hofstätter P.R.: Gruppendynamik. Rowohlt 1972
Homans G.C.: Theorie der sozialen Gruppe. Köln 1960
Hull C.L.: Principles of behavior. New York 1943
Hull C.L.: A behavior system. New Haven 1952
Hunt P.J. & Hillery J.M.:Social facilitation in a coaction setting. Journal of Experimental Social
    Psychology, 1973, 9, 563-571

Irle M.: Lehrbuch der Sozialpsychologie. Hogrefe Göttingen 1975

Jansen G.W.: Die Einstellung der Gesellschaft zu Körperbehinderten. Neuburgweier: Schindele 1972

Katz D., & Braly K.W.: Racial stereotypes of 100 college students. Journal of Abnormal and Social
    Psychology , 1933, 28, 280-290.
Katz D.: The functional approach to the study of attitudes. Public Opinion Quarterly 1960,24,163-
    204
Keeney B.P. : Ästhetik des Wandels. Isko-Press Hamburg 1987
Kohn A.: Warum wir helfen. Psychologie heute März 1989, S. 20-29
Kleiber D. & Enzmann D.: Helfer-Leiden: Stress und Burnout in psychosozialen Berufen. Ansager
    Heidelberg 1989
Krech D., Crutchfield R.S., Ballachey E.L.: Individual in society. Mc Graw-Hill New York 1962

Laucken U.: Die Verhaltenstheorie des kleinen Mannes. Psychologie heute November 1974
Laucken U., Schick : Naive Verhaltenstheorie. Klett Stuttgart 1978
Langfeldt H.-P.(Hrsg.): Psychologie. Grundlagen und Perspektiven. Luchterhand 1993
LeVine R.A. & Campbell D.T.: Ethnocentrism. New York Wiley 1972
Lilly W.: Das Zustandekommen von Stereotypen über einfache und komplexe Sachverhalte. Experi-
    mente zum klassifizierenden Urteil. Zeitschrift für Sozialpsychologie 1970, 1, 57-79
Lilli W. & Rehm J.: Judgmental processes as bases of intergroup conflict.In: Stroebe et.al. (Eds.):
    The social psychology of intergroup conflict. Springer Berlin 1988
Linder D.E., Cooper J. und Jones E.E.: Decision freedom as a determinant of the role of incentive
    magnitude in attitude change. J. Pers. Soc. Psychol., 1967,6, 245-254.
Lück H.E.: Prosoziales Verhalten. Empirische Untersuchungen zur Hilfeleistung. Kiepenheuer &
    Witsch Köln 1975
Lück H.E.: Psychologie sozialer Prozesse. Leske+Budrich Opladen 1987

Marbe K.: Über Einstellung und Umstellung. Z. f. Angewandte Psychol.1926, 26, 43-57

Mc Guire W.J.: The nature of attitude and attitude change. In: Lindzey G. and Aronson E.(Eds.): Handbook of Social Psychology (Vol. 2). Addison-Wesley 1969

Meyer W.-U.: Die Attributionstheorie. In: Frey D. und Irle M.: Theorien der Sozialpsychologie. Band I: Kognitive Theorien. Verlag Hans Huber Göttingen 1993, S. 175-214.

Moede W.: Experimentelle Massenpsychologie. Beiträge zur Experimentalpsychologie der Gruppe. Leipzig 1920

Mummendey A.: Verhalten zwischen sozialen Gruppen: Die Theorie der sozialen Identität. In: FREY D. und Irle M. (Hrsg.): Theorien der Sozialpsychologie. Band II Gruppen- und Lerntheorien. Huber Bern 1985

Mummendey H.D.: Die Fragebogenmethode. Verlag für Psychologie, Göttingen 1987

Mummendey H.D.: Verhalten und Einstellung. Untersuchung der Einstellungs- und Selbstkonzeptänderung nach Änderung des alltäglichen Verhaltens. Springer Verlag Berlin 1988

Mummendey H.D.: Psychologie der Selbstdarstellung. Verlag für Psychologie Göttingen 1990

Newcomb T.M.: Sozialpsychologie. Meisenheim am Glan 1959

Nolting H.-P., Paulus P.: Psychologie lernen. Eine Einführung und Anleitung. Psychologie Verlags Union 1993

Pomazal R.J. & Jaccard J.J.: An informational approach to altruistic behavior. Journal of Personality and Social Psychology 1976,33,317-326.

Petermann F.: Einstellungsmessung - Einstellungsforschung. Verlag f. Psychologie Göttingen 1980

Petty R.E., Cacioppo J.T.: Communication and persuasion. Central and peripheral routes to attitude change. Springer New York 1986

Rabbie J.M.,Benoist F.,Costerbaan H., Visser L.: Differential power and effects of expected competitive and cooperative intergroup interaction on intragroup and outgroup attitudes. Journal of Personality and Social Psychology 1974, 30, 46-56

Rosenberg M.J. : An analysis of affective-cognitive consistecy. In: Yale studies in attitude and communication. 1960

Rosenberg M.J. & Hovland C.I.: Cognitive, affective and behavioral components of attitudes. In: Hovland C.I. & Rosenberg M.J. (Eds.): Attitude organization and change. New Haven: Yale university press 1960

Rosenhan D.L.: Gesund in kranker Umgebung. In: Watzlawick (Hrsg.) Die erfundene Wirklichkeit. Wie wissen wir, was wir zu wissen glauben? Beiträge zum Konstruktivismus. Serie Piper München 1985

Roth E.: Einstellung als Determination individuellen Verhaltens. Hogrefe Göttingen 1967

Rotter J.B.: Generalized expectancies for internal versus external control of reinforcement. Psychological Monographs 1966

Sanbonmatsu D.M.,Sherman S.J. & Hamilton D.L.: Illusory correlation in the perception of individuals and groups. Social Cognition 1987,5,1-25

Sanders G.S.: Driven by distraction: An integrative review of social facilitation theory and research. Journal of Experimental Social Psychology , 1981, 17, 227-251

Schiefele U.:Einstellung,Selbstkonsistenz und Verhalten. Verlag für Psychologie Hogrefe Göttingen 1990

Schlippe A. von: Familientherapie im Überblick. Junfermann Verlag Paderborn 1984

Schnell R., Hill P.B., Esser E.: Methoden der empirischen Sozialforschung. Oldenbourg München 1993

Schwarz N.: Stimmung als Information: Untersuchungen zum Einfluß von Stimmungen auf die Bewertung des eigenen Lebens. Heidelberg Springer Verlag 1987

Schwarz N.: Stimmung als Information. Psychol. Rundschau, 1988, 39, 148-159

Secord P.F., Backman C.W.: Sozialpsychologie. Frankfurt am Main 1976

Seifert K.H. & Bergmann C.: Entwicklung eines Fragebogens zur Messung der Einstellungen gegenüber Körperbehinderten. Heilpädagogische Forschung, 1983, 10, 290-320

Seifert K.H.: Einstellungen von Nichtbehinderten gegenüber Behinderten. Neuere Forschungsergebnisse. Erziehung und Unterricht, 1984, 134, 100-111

Seywald A.: Physische Abweichung und soziale Stigmatisierung. Zur sozialen Isolation und gestörten Rollenbeziehung physisch Behinderter und Entstellter. Rheinstetten: Schindele 1976

Sherif M. und Sherif C.W.: An outline of social psychology. Harper New York 1956

Sherif M. und Sherif C.W.: Social psychology. New York 1962

Sherif M. & C.I. Hovland: Social judgement: Assimilation and contrast effects in communication and attitude change. New Haven Yale University Press 1961

Shotland R.L.: Hilfe ! Wer greift bei Notfällen ein ? Psychologie heute 1985,8,45-51

Simpson G.E. und Yinger J.M.: Racial and cultural minorities. Harper & Row New York 1965

Sixtl F.: Einführung in die exakte Psychologie. Oldenbourg München 1996

Sommer G. und Schmidt T.: Verzerrte Information. Psychologie heute. 1993,5,9-10

Snyder M.: Self-monitoring of expressive behavior. Journal of Personality and Social Psychology 1974, 30, 526-537.

Snyder M.: Selbstdarstellung.Was ist hinter den Masken? Psychologie heute 1980,7,20-27

Snyder M & Swann W.B.: When actions reflect attitudes:The politics of impression management. Journal of Personality and Social Psychology 1976, 4, 510-517

Spies K. und Hesse F.W.: Interaktion von Emotion und Kognition. Psychol. Rundschau, 1986, 37, 75-90

Stroebe W.: Grundlagen der Sozialpsychologie I. Klett-Cotta: Stuttgart 1980

Tajfel H.: Individuals and groups in social psychology. British Journal of Social Psychology, 1979, 18, S. 183-190

Tajfel H.: Gruppenkonflikt und Vorurteil. Entstehung und Funktion sozialer Stereotypen. Huber Bern 1982

Tajfel H. & Wilkes A.L.: Classification and quantitative judgement. British Journal of Psychology 1963, 54, S. 101-114

Tedeschi J.T., Lindskold S., Rosenfeld P.: Introduction to social psychology. St.Paul, MN:West Publishing Company 1985

Thomas W.J. and Znaniecki F.: The polish peasant in Europe and America. New York 1958

Thompson T.L.: Gaze toward and avoidance of the handicapped: A field experiment. Journal of Nonverbal Behavior, 1982, 6, 188-196

Triandis H.C.: Einstellungen und Einstellungsänderungen. Beltz Weinheim 1975

Triplett N.D.: The dynamogenic factors in pacemaking and competition. Am. J. Psychol. 1897/98,9, 507-533

Tröster H.: Sozialpsychologische Aspekte der Rehabilitationspsychologie - Einstellungen und Verhalten gegenüber Behinderten. In:Schultz-Gambert (Hrsg.):Angewandte Sozialpsychologie, PVU 1987, S. 331-353

Tröster H.: Einstellungen und Verhalten gegenüber Behinderten. Huber Bern 1990

Vester F.: Unsere Welt - ein vernetztes System. dtv Sachbuch Stuttgart 1983

Vester F.: Neuland des Denkens. dtv Sachbuch Stuttgart 1988

Wagner U., Zick A.: Psychologie der Intergruppenbeziehungen: Der Social Identity Approach. Gruppendynamik 1990,3, S.319-330.

Wagner U. Sozialpsychologie der Intergruppenbeziehungen - Überblick über einen Forschungsbereich. Gruppendynamik 1985,S. 3 -17

Walter J.L./ Peller J.E.:Lösungs-orientierte Kurztherapie. Verlag modernes Lernen Dortmund 1994

Watzlawick P., Beavin J.H., Jackson D.D.: Menschliche Kommunikation. Huber Stuttgart 1971

Watzlawick P.(Hrsg.): Die erfundene Wirklichkeit. Wie wissen wir, was wir zu wissen glauben? Serie Piper München 1985

Watzlawick P.,Weakland J.H.,Fisch R.: Lösungen. Huber Bern 1979

Weiner B.: Motivationspsychologie. Beltz Verlag Weinheim 1984

Wellhöfer P.R.: Grundstudium Allgemeine Psychologie. Enke Verlag Stuttgart 1990

Wellhöfer P.R.: Grundstudium Sozialpsychologie. Enke Verlag Stuttgart 1988

Wellhöfer P.R.: Grundstudium sozialwissenschaftliche Methoden und Arbeitsweisen. Enke Verlag Stuttgart 1984

Wicker A.W.: Attitudes versus actions: The relationship of verbal and overt behavioral responses to attitude objects. Journal of Social Issues 1969, 25, 41-78.

Wicker A.W.:An examination of the "other variables" explanation of attitude behavior inconsistency. Journal of Personality and Social Psychology 1971,19,18-30

Wicklund R.A. & Frey D.: Die Theorie der Selbstaufmerksamkeit. In: Frey D. und Irle M.(Hrsg.): Theorien der Sozialpsychologie. Band I: Kognitive Theorien. Huber Bern 1993

Witte E.H.: Sozialpsychologie. Ein Lehrbuch. PVU München 1989

Wolf H.E.: Kritik der Vorurteilsforschung. Enke Stuttgart 1979

Zajonc R.B.: Social facilitation. Science, 1965, 269-274

Zimbardo P.G., Ruch F.L.: Lehrbuch der Psychologie. Springer Verlag Heidelberg 1978

Abszisse: im zweidimensionalen Koordinatensystem die Waagrechte (X-Achse)
adäquat: angemessen
Audience: Zuhörerschaft; ein Publikum, das einem Akteur zuhört
Affinität; affin: Wesensverwandtschaft; verwandt
affizieren: betreffen, einwirken auf, in Mitleidenschaft ziehen
aktualisieren: aktuell machen; in Gang setzen
akzeptieren; Akzeptanz: annehmen; Annahme
Ambiguität; ambig: Doppeldeutigkeit, Unklarheit; doppeldeutig, unklar
Ambiguitätsintoleranz: jmd., der Zweideutigkeiten nicht ertragen kann, ist ambiguitätsintolerant
Ambiguitätstoleranz: jmd., der Unklarheiten/Doppeldeutigkeiten gut aushalten (tolerieren, erdulden) kann, ist ambiguitätstolerant
ambivalent: doppelwertig, zwiespältig
analoge Kommunikation: Kommunikation durch Körpersprache (Gesten, Mimik ect.)
antezedent: vorausgehend
Antizipation; antizipieren; antizipatorisch: Vorwegnahme; vorwegnehmen, vorausgreifen; vorwegnehmend
approximativ: angenähert; abgestuft, in kleinen Schritten vorgehend
Äquifinalität; äquifinal: zum gleichen Ergebnis führend
Äquivalenz; äquivalent: Gleichwertigkeit; gleichwertig
assertiv: sich behauptend
Assimilation; assimilieren: Angleichung; anpassen, angleichen
atomistisch: in kleinste Teile zerlegt
attitude (engl.): Einstellung
Attribution, attribuieren: Zuschreibung, zuschreiben
Aversion; aversiv: Widerwillen, Abneigung; eine Aversion hervorrufend
Axiom: eine Aussage, die nicht bewiesen werden muß

basking in reflected glory (engl.: to bask): sich mit dem Ruhm einer anderen Person schmücken
behavior (engl.); behavioral: Verhalten; das Verhalten betreffend
belief (engl.): Meinung, Ansicht über ein Einstellungsobjekt
bias (engl.); biased: systematische Verzerrung; verzerrte Informationsverarbeitung
bipolar: zwei Pole; bipolare Dimension (z.B. gut - schlecht)
binokulares Sehen: Sehen mit zwei Augen
BIRGing: Abk. für basking in reflected glory: sich mit dem Ruhm anderer schmücken
bivariat: zwei Variable (Merkmale) betreffend
blasting (engl. to blast): abwerten, verteufeln
bottom up: von unten nach oben; aufsteigende Informationsverarbeitung

Co-Aktion: die Anwesenden, das Publikum, tun das Gleiche wie der Akteur
common sense: den gesunden Menschenverstand betreffend
Coping-Strategien: Konfliktbewältigungsmechanismen; (engl. to cope: bewältigen, meistern)
cue: Hinweisreiz

Date: eine Verabredung

deduzieren: ableiten, erschließen, deduktiv vorgehen

defensiv: verteidigend, abweisend

Defensivreaktion: Abwehrreaktion

dekodieren; decodieren: entschlüsseln

dependent; Dependenz: abhängig; Abhängigkeit

Deprivation: Entbehrung, Entzug

desensibilisieren: die Empfindlichkeit herabsetzen; eine verhaltenstherapeutische Technik zur Behandlung (Desensibilisierung) von Phobien

Design: experimenteller Versuchsplan

destabilisieren: Gegenteil von stabilisieren bzw. stabil machen

deterministisch; Determination: festgelegt, bestimmt; Bestimmung

devaluieren, Devaluation: abwerten, Abwertung

deviant: abweichend von sozialen Normen

dichotom; Dichotomisierung; dichotomisieren: zweigeteilt; Zweiteilung; zweiteilen

differentiell: unterscheidend

differenzieren; Differenzierung: unterscheiden; Unterscheidung

digitale Kommunikation: sprachliche Kommunikation

diskontinuierlich: nicht fortlaufend, nicht stetig, nicht kontinuierlich

Diskrepanz; diskrepant: Zwiespalt, Widerspruch; widersprüchlich

Disparität: Ungleichartigkeit

disponibel: verfügbar

disputing (engl.: to dispute): diskutieren, erörtern

Dissonanz, dissonant: Mißklang, Unstimmigkeit; nicht übereinstimmend mit, nicht passend zu; unstimmig

Dissonanz-Shaping: ein Prozeß der Ausformung von Dissonanz; to shape (engl.):gestalten, formen, bilden

distal: weiter entfernt

distant; Distanz: entfernt; Entfernung

distinkt: deutlich, klar, sich unterscheidend

divergent; divergieren; Divergenz: abweichend, auseinandergehend; abweichen; Meinungsverschiedenheit; Ggs.: konvergent

dominant: vorherrschend

dormitiv: einschläfernd

Dyade; dyadisch: Zweiergruppe; eine Zweiergruppe betreffend

effektiv: wirksam

effizient; Effizienz: wirksam; Wirksamkeit

effort justification: Rechtfertigung des Aufwands (siehe Dissonanztheorie)

EG: Abkürzung für Experimentalgruppe

ego-involvement (engl.): Ich-Beteiligung

emarginalisieren: ausgrenzen

einstellungsdiskrepantes Verhalten: ein Verhalten, das mit der Einstellung nicht vereinbar ist, zu ihr in Widerspruch steht; synonym: einstellungskonträres Verhalten

Elaboration; elaborieren: gründliche Ausarbeitung; ausarbeiten, nachdenken über eine Mitteilung (Botschaft)

eliminieren; Elimination: entfernen; das Entfernen

ELM: Abk. für elaboration likelihood model (Modell der Elaborationswahrscheinlichkeit)

emergieren; emergent; Emergenz: auftauchen, entstehen

Empathie, empathisch: Mitgefühl; mitfühlend

empirisch: auf Erfahrung (Beobachtung) beruhend

encodieren: verschlüsseln

Entelechie: eine dem Organismus innewohnende, zielstrebige Kraft

Epistemologie, epistemologisch: Wissenschafts-, Erkenntnistheorie; erkenntnistheoretisch

ethnisch: volksmäßig, ein Volk betreffend, zu einem bestimmten Volk gehörend

Evaluation; evaluieren; evaluativ: Bewertung; bewerten; bewertend

E-V Korrespondenz: Einstellungs-Verhaltens Übereinstimmung, Entsprechung

evozieren: hervorrufen

existent: vorhanden

exkludieren: ausschließen

exklusiv: ausgenommen

explizit: ausschließlich

external: außerhalb der Person liegend

exzessiv: ein normales Maß überschreitend

F&A: Abk. für die Namen der Autoren FISHBEIN & AJZEN

face to face: von Angesicht zu Angesicht

facilitation (social facilitation): soziale Erleichterung

fading (out): ausblenden; sich abschwächen

faktorielles Design: ein (sozial)psychologischer Versuchsplan, oft mehrstufig mit 2-3 unabhängigen Merkmalen, die experimentell manipuliert werden

fait accompli (frz.): eine vollendete Tatsache

falsifizieren: widerlegen, als falsch erkennen; eine Hypothese verwerfen (falsifizieren)

Feedback: Rückkoppelung

Fiktion; fiktiv: eine Annahme, etwas Ausgedachtes; ausgedacht, nur angenommen

final: abschließend; das Ende betreffend

fokussieren: ins Zentrum, in den Mittelpunkt stellen, richten bzw. rücken

forced compliance: erzwungene Zustimmung/Einwilligung (siehe Dissonanztheorie)

fungieren: wirksam sein; eine Funktion verrichten

generieren: erzeugen

generalisieren; Generalisierung, Generalisation: verallgemeinern; Verallgemeinerung

Genozid: Völkermord

global: umfassend

glorifizieren: verherrlichen

Glossar: Wörterverzeichnis mit kurzen Erklärungen
Gruppenkohäsion: die Gesamtheit aller Kräfte, die eine soziale Gruppe zusammenhalten
Habit: Verhaltensgewohnheiten; gelernte Reiz-Reaktionsverbindungen ($_sH_R$)
habituell: gewohnheitsmäßig, häufig wiederkehrend
Handicap: Nachteil, Erschwernis, Behinderung
heterogen; Heterogenität: uneinheitlich; Uneinheitlichkeit
Heuristiken: Faustregeln zu einer vereinfachten Informationsverarbeitung
Holocaust: Massenmord; Judenmord
homogen; Homogenität: einheitlich; Einheitlichkeit

---

idiographisch: das Einmalige, das Besondere, das "Individuelle" beschreibend
illusorische Korrelation: eine "eingebildete" Beziehung; ein Zusammenhang, der de facto nicht besteht
immanent: innewohnend
Impression: Eindruck von einer Person
Impression-Management: bewußte (vorgetäuschte) Kontrolle des Eindrucks auf andere Personen
implizieren: einschließen, mit einbegreifen
implizit: einschließlich, inbegriffen
immun; immunisieren: unempfindlich gegen; unempfindlich machen für; impfen
indifferent; Indifferenz: unbestimmt; Unbestimmtheit; Gleichgültigkeit
Indikation: Anzeichen, Merkmal, Grund
indizieren; indiziert: hinweisen auf, ratsam erscheinen lassen, auf etwas schließen lassen; ratsam; angezeigt
induzieren: veranlassen, verursachen, bewirken
Inferenz: Schlußfolgerung
inferior: untergeordnet
infrequent: selten
ingroup: Innen-, Binnengruppe; Wir-Gruppe
inhibieren: daran hindern; hemmen
inhibition (social inhibition): soziale Hemmung
inklusiv: inbegriffen
inkompatibel; Inkompatibilität: unvereinbar, nicht dazu passend; Unvereinbarkeit
Inspektion: Durchsicht
intendieren: planen, beabsichtigen
intensiv: angestrengt; gründlich
intensivieren: steigern
Intention; intentional: Absicht, Vorhaben; beabsichtigt
Interaktionseffekt: statistischer Wechselwirkungseffekt
Interdependenz; interdependent: wechselseitige Abhängigkeit; wechselseitig abhängig
interferieren: dazwischentreten, überlagern, überschneiden; aufeinander einwirken; stören, hindern
Interferenz: Einmischung, Störung, Beeinträchtigung
intergruppal: zwischen Gruppen (siehe TAJFEL)
intergruppales Verhalten: Verhalten zwischen Individuen als Mitglieder von Gruppen

interindividuell: zwischen Individuen

Interkorrelation: eine Beziehung, ein Zusammenhang zwischen (mehreren Merkmalen z.B.)

internal: innerhalb der Person liegend

interpersonales Verhalten: Verhalten zwischen Individuen (siehe TAJFEL)

interpunktieren: einen Kreisprozeß, einen zirkulären Ablauf, individuell strukturieren, beginnen lassen

intervenieren; intervenierend: dazwischen schalten, eingreifen; dazwischen liegend

intolerant: nicht duldend, nicht ertragen können

intragruppal: innerhalb einer Gruppe

intraindividuell: innerhalb eines Individuums

introspektiv: nach innen schauend; sich selbst beobachtend

involvement (engl.): die Verwicklung, die Betroffenheit; die (ICH)Beteiligung; [ego-involvement]

involvieren; involviert: nach sich ziehen, einbegreifen; verwickelt, betroffen (von)

irrelevant: unerheblich, unbedeutend

irreversibel; Irreversibilität: nicht umkehrbar; Nichtumkehrbarkeit

issue-involvement (engl.): eine Form der Ich-Beteiligung, hervorgerufen durch die Thematik der kommunizierten Botschaft; engl. < issue > die Streitfrage, das Problem

Item: Statement in einem Fragebogen oder eine Aufgabe in einem psychologischen Test

kausal: ursächlich

Kausalattribution: Ursachenzuschreibung

Kausalität: Ursächlichkeit; Ursache-Wirkungs Zusammenhang

KG: Abkürzung für Kontrollgruppe

kognitiv: das Wissen, die Erkenntnis betreffend

kognizieren: erkennen, wahrnehmen

kohärent: verbunden mit, zusammenhängend

Koinzidenz, koinzident: Zusammentreffen von Ereignissen; zum gleichen Zeitpunkt stattfindend

Kompensation; kompensieren: Ausgleich; ausgleichen

komplementär: sich ergänzend

konative Komponente: die Verhaltens- (behaviorale) Komponente

konditionieren: bedingen; Fachwort in der Lernpsychologie (Konditionierungsexperimente)

konfligieren: miteinander in Widerstreit (Konflikt) liegen

konform: mit etwas übereinstimmen

Konformität: Angepaßtheit, Übereinstimmung

konfundieren: vermischen, verwirren

kongruent: übereinstimmend, sich deckend mit

Konnotation: Bedeutung; Inhalt, Sinn eines Begriffs, eines sprachlichen Ausdrucks

konsekutiv: darauf folgend

Konsens; konsensual, konsensuell: Übereinstimmung der Meinungen/Ansichten; übereinstimmend

Konsonanz; konsonant: Übereinstimmung; übereinstimmend

konsistent: zusammenhängend; widerspruchsfrei

Kontext; kontextuell: Zusammenhang; den Zusammenhang betreffend

konvergent; Konvergenz; konvergieren: zusammenlaufend; Übereinstimmung; übereinstimmen; Ggs.: divergent
Konzession: ein Zugeständnis
konzipieren: einen Entwurf (Konzept) machen, entwerfen
Korrelation; korrelativ: Zusammenhang, Beziehung zwischen; einen Zusammenhang betreffend
Kriteriumsvariable: in der Statistik die abhängige Variable, die vorhergesagt werden soll
Kybernetik; kybernetisch: Wissenschaft von den Steuerungs- und Regelungsvorgängen

label (labeling): Etikett; Etikettierung
lancieren: an eine bestimmte Stelle bringen
larvieren; larviert: verstecken, verbergen; verborgen
legitim; Legitimität: rechtmäßig; gesetzlich anerkannt; Rechtmäßigkeit
linear, lineal: geradlinig
lineare Kausalität: diese liegt z.B. vor, wenn ein Problem auf eine Ursache zurückgeführt wird: Ursache ➔ Wirkung.

markant: ausgeprägt, auffallend
memory based (engl.): ein Informationsverarbeitungsprozess, gestützt auf die Erinnerung (memory: Gedächtnis); Ggs.: on-line based processing
mental: geistig
Metakommunikation: eine Kommunikation über die Kommunikation
metakommunizieren: 2 Personen kommunizieren "meta", wenn sie anschließend über das abgelaufene Gespräch miteinander sprechen, es kommentieren (i.S. von einen Kommentar abgeben)
mobil; Mobilität: beweglich; Beweglichkeit
Modalität: Ausführungsart; z.B. visuell, akustisch ect. ausgeführt
Moderatoren: Merkmale, die z.B. die Elaborationswahrscheinlichkeit im ELM beeinflussen, moderieren
moderieren: mäßigen, mildern, einschränken, dämpfen
modifizieren; Modifikation: verändern, umgestalten; Umgestaltung
monokulares Sehen: einäugiges Sehen
motivation to comply (engl.): Entsprechungsbereitschaft
multiple: mehrfach

need for cognition (NC): Bedürfnis nach Erkenntnis
negieren; Negation: verneinen, ablehnen; Verneinung
nonverbal: nicht-sprachlich; nonverbales Verhalten: Gestik, Mimik, Körpersprache
norm to be kind Hypothese: die soziale Norm, sich liebenswürdig und wohlwollend gegenüber benachteiligten Menschen verhalten; siehe Anhang Einstellungen gegenüber Behinderte

on-line (engl.): ein Informationsverarbeitungsprozess, der von den Daten (Verhalten) ausgeht; Ggs.: memory-based bzw. recall-based processing
Operationalisierung, operationalisieren: ein Merkmal (eine Variable) der Beobachtung zugänglich machen, sodaß es empirisch "gemessen" werden kann.

opinion distortion: die wahre Meinung/Ansicht über ... verzerren; siehe Einstellungen gegenüber Behinderten

Ordinalskala: Rangskala; ein Begriff aus der beschreibenden Statistik

Ordinate: die Senkrechte im zweidimensionalen Koordinatensystem (Yachse)

originär: ursprünglich

OSA: Abkürzung für objektive Selbstaufmerksamkeit

outgroup: Außengruppe; Die-Gruppe

overt:offen, sichtbar; overtes Verhalten:sichtbares, beobachtbares Verhalten; Ggs.: covert verborgen

Paradigma: Musterbeispiel

partiell: teilweise

Partizipant: Teilnehmer

P&C: Abk. für die Namen der Autoren PETTY & CACIOPPO

peripher: am Rande liegend; unbedeutend

perseverieren; Perseveration: immer wiederkehren bzw. auftauchen von bestimmten Vorstellungen z.B.; beharrliche Wiederkehr (von Bewußtseinsinhalten)

Persuasion; persuasiv: Überredung; die Überredung betreffend

persuasive Kommunikation: eine Kommunikation, die den Kommunikationspartner zu überreden beabsichtigt

Perzeption; perzipieren: Wahrnehmung; wahrnehmen

Phobie: Furcht vor bestimmten Dingen, Tätigkeiten oder Situationen; z.B. vor Spinnen, über einen großen Platz zu gehen

Pogrom: gewalttätige Ausschreitungen gegen rassische, religiöse oder nationale Gruppen

prädestinieren: vorbestimmen

Prädiktor: eine Variable, die eine andere Variable (Kriteriumsvariable) vorhersagt

Prädisposition: Empfänglichkeit für

Prävention; präventiv: Vorbeugung; vorbeugend

präsent, Präsenz: anwesend, Anwesenheit

primär: an erster Stelle

probabilistisch: wahrscheinlich

probat: bewährt, erprobt

Prototyp: bestes Exemplar einer sozialen Kategorie; Musterbeispiel

Projektion; projizieren: tiefenpsychologischer Abwehrmechanismus; unbewußte Motive nach außen verlagern

proximal: näher liegend an; das Gegenteil ist "distal"

Postulat: einleuchtende Annahme

postzedent: nachfolgend

Prognose; prognostisch: Vorhersage; vorhersagend

Prozessierung: (kognitive) Verarbeitung

prozessual: einen Prozeß betreffend

Randomisierung (engl.: random): Zufallsaufteilung

randomisieren: Versuchspersonen nach dem Zufallsprinzip auf 2 oder mehr Gruppen aufteilen

Ratingverfahren: ein in der Psychologie beliebtes Meßinstrument zur Selbst-/Fremdeinstufung
rationalisieren; Rationalisierung: rechtfertigen; tiefenpsychologischer Abwehrmechanismus i.S. von unbewußter Rechtfertigung
Reaktanz, reaktant: Widerstand; widerstehend, Widerstand leistend
recall (engl.): Erinnerung, Gedächtnis;
recall based: ein Informationsverarbeitungsprozess, gestützt auf die Erinnerung; Ggs.: on-line
redundant; Redundanz: überflüssig; Überfluß
reduzieren; Reduktion: verringern, vermindern; Verminderung; Zurückführung
reference group: Bezugsgruppe
Referenz: Empfehlung
Reframing (engl. reframe: der Rahmen): in einem neuen Rahmen sehen bzw. stellen
Regressionsanalyse: ein statistisches Verfahren zur Analyse bivariater und multivariater Zusammenhänge
regret Phänomen: (engl. to regret: bereuen); Reueverhalten (siehe Dissonanztheorie)
rekursiv: zurücklaufend, zurückgehend
Relegation: Verweisung von einer Schule
Relevanz; relevant: Wichtigkeit; wichtig
Reliabilität; reliabel: Zuverlässigkeit, Meßgenauigkeit eines Meßinstrumentes; zuverlässig
repetieren: wiederholen
replizieren; Replikation: wiederholen; Wiederholung, Reproduktion; ein Experiment z.B. replizieren
response: Reaktion
response-involvement: reaktionsrelevante Ich-Beteiligung
retrospektiv: zurückblickend (in die Vergangenheit)
reversibel; Reversibilität: umkehrbar; Umkehrbarkeit
rezeptiv; Rezeption: aufnehmend; Aufnahme
Rezipient: Empfänger einer Botschaft
Reziprozität; reziprok: Gegenseitigkeit, Wechselseitigkeit; wechselseitig
rigid; Rigidität: starr; Starrheit

Salienz, salient: Auffälligkeit; auffällig, sich hervorhebend; die Aufmerksamkeit anziehend; ein Reiz, der sich aus dem Kontext hervorhebt, ist salient
Segregation: Absonderung (von ethnischen Minoritäten z.B.)
sekundär: an zweiter Stelle
Selektion; selegieren; selektiv: Auswahl, Auslese; auswählen; ausgewählt
self-fulfilling prophecy: eine Prophezeiung, die sich selbst erfüllt
self-handicapping: sich selbst behindern, sich selbst Hindernisse in den Weg legen
self-monitoring: Selbstüberwachung
Semantik; semantisch: Bedeutung; die Bedeutung betreffend, zur Semantik gehörig
sensorisch: die Sinnesorgane, die Wahrnehmung betreffend
Separation: Trennung
seriell: der Reihe nach, nacheinander
servil: untertänig, unterwürfig
shaping (engl.): etwas ausformen; siehe Dissonanz-Shaping

signifikant: statistisch überzufällig; statistisch gesichertes Ergebnis
simplifizieren: (stark) vereinfachen
simultan: gleichzeitig
Simulation, simulieren: Vortäuschung; vortäuschen, so tun als ob
Simulant: jemand der (eine Krankheit) vortäuscht
S.I.T.: Abk. für Soziale-Identitäts-Theorie (siehe TAJFEL)
situational: eine Situation betreffend, zu einer Situation zugehörig
Sketchperson: eine einzelne, näher beschriebene Person
Skore: Gesamtpunktwert (z.B. in einem psychologischen Test)
social facilitation: soziale Erleichterung
social inhibition: soziale Hemmung
social perception: soziale Wahrnehmung
Soloperson: z.B. nur 1 Mann unter Frauen oder nur 1 Frau unter Männern
soziabel: gesellig, umgänglich
spreading-apart (engl.): ausbreiten, spreizen (siehe Dissonanztheorie)
SSA: Abkürzung für subjektive Selbstaufmerksamkeit
Statements: Behauptungen/Formulierungen der zu beantwortenden Fragen eines Fragebogens
Stigma: ein kennzeichnendes Merkmal
Stigma-Management: die bewußte Kontrolle einer Person, die durch ein Stigma gekennzeichnet ist
stigmatisieren: mit einem kennzeichnenden Merkmal versehen
Stimulus: Reiz, Auslöser
Stratifikation: (soziale) Schichtung;
Subgruppe: eine Untergruppe, eine Teilgruppe; z.B. die 2 Kinder einer 4 köpfigen Familie sind eine Teilgruppe der Familiengruppe
suggerieren: etwas einreden
suggestibel; Suggestibilität: beeinflußbar; Beeinflußbarkeit
SÜW: Abkürzung für Selbstüberwachung (HSÜW: hohe Selbstüberwacher; NSÜW: niedrige Selbst-überwacher)
superior: übergeordnet
symmetrisch: spiegelbildlich
S-R Psychologie: Reiz-Reaktions Psychologie; (stimulus - reaction)

temporärer Shift: eine nur zeitweilige, vorübergehende Verschiebung (einer Einstellung z.B.)
tendieren (zu): zu etwas neigen
tendenziell: der Tendenz nach
tolerant; tolerieren: ertragen können
top down: von oben nach unten; absteigende Informationsverarbeitung
Triade: Dreiergruppe
Trias; triadisch: Dreiheit; dreigeteilt

umstrukturieren: die Struktur ändern
Understatement (engl.): Untertreibung; Ggs.: Overstatement
uniform, Uniformität: einheitlich, einförmig; Gleichmäßigkeit, Einförmigkeit; Einheitlichkeit

uniformieren: einheitlich machen
Unifikation: Vereinheitlichung
unifizieren: vereinheitlichen
universal: umfassend, gesamt

Valenz: Wertigkeit
valide; Validität: gültig; Gültigkeit; in der Teststatistik und Diagnostik die Gültigkeit eines Verfahrens, Tests u.dgl.
Variable: Merkmal
variabel; Variabilität: veränderlich, nicht konstant; Veränderlichkeit
Verantwortungsdiffusion: Verschiebung der Verantwortung auf andere Personen
Verhaltensdifferential: ein Meßinstrument von TRIANDIS zur Erfassung der Verhaltensintentionen bezüglich Kategorien von Personen
Verhaltensperformanz: (tatsächliche) Verhaltensausführung
verifizieren: eine Hypothese bestätigen (verifizieren)
Visibilität; visibel: Sichtbarkeit; sichtbar
vice versa: umgekehrt
Vp, Vpn: Abkürzung für Versuchsperson, Versuchspersonen

zentral: in der Mitte liegend; wesentlich
zirkulär; Zirkularität: kreisförmig; Kreisförmigkeit; Ggs.: Linearität; linear

Sachverzeichnis